Barrierefreie Informationssysteme

Age of Access? Grundfragen der Informationsgesellschaft

Herausgegeben von
André Schüller-Zwierlein

Band 6

Barrierefreie Informations-systeme

Zugänglichkeit für Menschen mit Behinderung in Theorie und Praxis

Herausgegeben von
Friederike Kerkmann und
Dirk Lewandowski

DE GRUYTER
SAUR

ISBN 978-3-11-033709-9
e-ISBN (PDF) 978-3-11-033729-7
e-ISBN (EPUB) 978-3-11-039625-6
ISSN 2195-0210

Library of Congress Cataloging-in-Publication Data
A CIP catalog record for this book has been applied for at the Library of Congress.

Bibliografische Information der Deutschen Nationalbibliothek
Die Deutsche Nationalbibliothek verzeichnet diese Publikation in der Deutschen Nationalbibliografie; detaillierte bibliografische Daten sind im Internet über http://dnb.dnb.de abrufbar.

Satz: Dr. Rainer Ostermann, München
Druck und Bindung: CPI books GmbH, Leck
♾ Gedruckt auf säurefreiem Papier
Printed in Germany

www.degruyter.com

Age of Access?
Grundfragen der Informationsgesellschaft

Vorwort zur Reihe

Zugänglichkeit: Wann immer es um das Thema Information geht, gehört dieser Begriff zu den meistverwendeten. Er ist zugleich facettenreich und unterdefiniert. Zahlreiche seiner Dimensionen werden in unterschiedlichen Fachtraditionen analysiert, jedoch oft nicht als Teile derselben Fragestellung wahrgenommen. Die Reihe *Age of Access? Grundfragen der Informationsgesellschaft* geht die Aufgabe an, die relevanten Diskurse aus Wissenschaft und Praxis zusammenzubringen, um zu einer genaueren Vorstellung der zentralen gesellschaftlichen Rolle zu kommen, die die Zugänglichkeit von Information spielt.

Die ubiquitäre Rede von „Informationsgesellschaft" und „age of access" deutet auf diese zentrale Rolle hin, suggeriert aber – je nach Tendenz – entweder, dass Information allenthalben zugänglich ist, oder, dass sie es sein sollte. Beide Aussagen, so der Ansatz der Reihe, bedürfen der Überprüfung und Begründung. Der Analyse der Aussage, dass Information zugänglich sein sollte, widmet sich – grundlegend für die folgenden – der erste Band der Reihe, *Informationsgerechtigkeit*. Weitere Bände arbeiten die physischen, wirtschaftlichen, intellektuellen, sprachlichen, politischen, demographischen und technischen Dimensionen der Zugänglichkeit bzw. Unzugänglichkeit von Information heraus und ermöglichen so die Überprüfung der Aussage, dass Information bereits allenthalben zugänglich ist.

Einen besonderen Akzent setzt die Reihe, indem sie betont, dass die Zugänglichkeit von Information neben der synchronen auch eine diachrone Dimension hat – und dass somit die Forschung zu den Praktiken der kulturellen Überlieferung die Diskussion zum Thema Zugänglichkeit von Information befruchten kann. Daneben analysiert sie Potenziale und Konsequenzen neuer Techniken und Praktiken der Zugänglichmachung. Sie durchleuchtet Bereiche, in denen Zugänglichkeit nur simuliert wird oder in denen Unzugänglichkeit nicht bemerkt wird. Und schließlich widmet sie sich Gebieten, in denen sich die Grenzen der Forderung nach Zugänglichkeit zeigen. Die Themen- und Diskursvielfalt der Reihe vereint eine gemeinsame Annahme: Erst wenn die Dimensionen der Zugänglichkeit von Information erforscht worden sind, kann man mit Recht von einer Informationsgesellschaft sprechen.

Die Publikation der Bände in gedruckter und elektronischer Form in Kombination mit der Möglichkeit der zeitversetzten Open Access-Publikation der Beiträge stellt einen Versuch dar, verschiedenen Zugänglichkeitsbedürfnissen Rechnung zu tragen.

André Schüller-Zwierlein

Inhaltsverzeichnis

Friederike Kerkmann und Dirk Lewandowski

Einleitung

Zu diesem Buch

Recherchiert man nach Literatur zum Thema Barrierefreiheit, eventuell noch mit der Konkretisierung auf den Kontext Informations- und Kommunikationstechnologien (IKT), so lassen sich vor allem zwei Arten von Material finden: Auf der einen Seite existieren zahlreiche Ratgeber auf technischer Ebene, die insbesondere Handlungsempfehlungen und konkrete Anleitungen zur Gestaltung barrierefreier Websites oder anderer Anwendungen liefern und sich schwerpunktmäßig an Designer[1], Systembetreiber und/oder Programmierer wenden. Auf der anderen Seite bieten Interessenvertretungen und Organisationen u.a. aus dem Selbsthilfebereich Dokumente und Stellungnahmen sowohl zur Relevanz von Barrierefreiheit als auch zur Umsetzung und zur rechtlichen Situation, häufig auch in Form von Ratgebern für Betroffene. Jedoch gibt es unseres Wissens nach kaum Werke, die die Bandbreite von Barrierefreiheit aus unterschiedlichen Perspektiven für den Informationssektor aufzeigen und dabei Innensicht (Experten in eigener Sache) und Außensicht (Experten für einen bestimmten fachlichen Schwerpunkt) sowie Wissenschaft und Praxis miteinander verbinden. Speziell in der informationswissenschaftlichen Community scheint das Thema bislang nur zögerlich systematisch aufgegriffen zu werden. Diese Lücke ist umso bemerkenswerter, als dass in dieser Fachgemeinschaft dem eigenen Selbstverständnis nach stets der Nutzer an der Schnittstelle der Mensch-System-Interaktion im Fokus steht, und hier somit eine bestimmte Nutzergruppe offenbar bislang weitestgehend unbeachtet geblieben ist. An dieser Stelle setzt der vorliegende Band an: Wunsch der Herausgeber und Intention des Buches ist es, das Thema (weiter) in unserer Community zu etablieren, dabei unterschiedliche Perspektiven zusammenzuführen, relevante Arbeiten zu bündeln und den Austausch mit anderen wissenschaftlichen Disziplinen und der Praxis zu befördern. Im Sinne eines solchen angestrebten freien, „unzensierten“ Austausches haben wir dabei bewusst auf den Versuch verzichtet, dem Werk einheitliche Definitionen für die zentralen Begrifflichkeiten *Behinderung*, *Barrierefreiheit* und *Informationssystem* zu Grunde zu legen – zu unterschiedlich sind angesichts der Heterogenität der beteiligten Autoren die jeweiligen Begriffsverständnisse und Gedankenansätze. Die den Beiträgen

1 Aus Gründen der besseren Lesbarkeit wird in dieser Einleitung sowie in der Mehrzahl der Beiträge auf die gleichzeitige Verwendung männlicher und weiblicher Sprachformen verzichtet. Sämtliche Personenbezeichnungen gelten gleichwohl für beiderlei Geschlecht.

zugrundeliegenden Definitionen der Autoren stehen daher in diesem Band ohne Wertung nebeneinander und gelten für eben diesen einen Beitrag ohne Anspruch auf Allgemeingültigkeit. Für den gesamten Band jedoch gilt der Spagat zwischen notwendiger Verallgemeinerung im Sinne guter Lesbarkeit und eines Gesamtverständnisses und dem berechtigten Anspruch auf Individualität. Dies betrifft insbesondere die Abgrenzung von Behinderung/Nicht-Behinderung bzw. behindert/nicht-behindert und deren unterschiedliche Benennungen. Die Vielfalt der verwendeten Begrifflichkeiten, bezogen auf die (ganz unterschiedlichen) Menschen, die im Zentrum der vorliegenden Arbeiten stehen, haben wir daher bewusst erhalten. Sollte sich jemand nicht angemessen benannt oder durch eine verwendete Formulierung unangenehm berührt fühlen, so bitten wir dies zu entschuldigen. Die Begrifflichkeiten sind wertfrei, rein als sprachliches Ausdrucksmittel gewählt worden; eine damit einhergehende Zuschreibung bestimmter Rollen, Fähigkeiten oder Funktionen war in keiner Weise beabsichtigt. Die folgende Zusammenfassung der enthaltenen Beiträge zeigt einerseits die inhaltliche Ausrichtung dieses Bandes auf, der gemäß seiner Konzeption eben möglichst breit das Themenfeld Barrierefreiheit von Informationssystemen abdecken will und bewusst keine Eingrenzung auf bestimmte Systeme oder Anwendungsbereiche vornimmt. Gleichzeitig war es gemäß der Reihenkonzeption von „Age of Access? Grundfragen der Informationsgesellschaft“ der Wunsch, sowohl Wissenschaftler als auch Praktiker verschiedenster Hintergründe zusammenzubringen, „um die verschiedenen Dimensionen der Unzugänglichkeit von Information auszuloten sowie Prinzipien und Techniken ihrer praktischen und gesellschaftlichen Überwindung aufzuzeigen [...]“ (s. Produktinformation auf: http://www.degruyter.com/view/serial/129907). Wir hoffen, dass uns dies gelungen ist.

Aufbau des Buchs

Das vorliegende Buch wendet sich schwerpunktmäßig an den Leser ohne ausgeprägte Vorerfahrung im Bereich Barrierefreiheit und gliedert sich in drei Themenblöcke. Im ersten Teil werden grundlegende Fragestellungen barrierefreier Information und Kommunikation diskutiert bzw. die theoretischen Grundlagen ausgewählter Aspekte beschrieben. Daran anschließend wird im zweiten Block dann die Umsetzung von Barrierefreiheit beispielhaft an ganz unterschiedlichen Informationssystemen bzw. Anwendungsbereichen demonstriert. Dabei geht es darum zu zeigen, wie praktikable Lösungen erreicht werden können, die allen Nutzern gleichermaßen dienen können. Die Anwendungsbereiche reichen von Content-Management-Systemen über Textverarbeitungsprogramme bis hin zur

Gestaltung barrierefreier PDF-Dokumente und der Schaffung einer barrierefreien IT-Infrastruktur in der Justiz. Der dritte Teil des Buchs beschäftigt sich schließlich mit der Evaluierung von Barrierefreiheit; hier geht es darum, den Grad der Barrierefreiheit von Informationssystemen tatsächlich (qualitativ und quantitativ) messbar und damit auch vergleichbar zu machen. Im ersten Kapitel gibt Friederike Kerkmann (Hochschule für Angewandte Wissenschaften Hamburg) einen Überblick über den rechtlichen Rahmen zur Umsetzung von Barrierefreiheit. Die Vielzahl der Gesetze, Verordnungen, Richtlinien und Normen macht es für Personen, die sich neu mit dem Thema auseinandersetzen, in der Regel schwierig, einen Überblick zu gewinnen und dadurch entscheiden zu können, welche Maßnahmen bindend umzusetzen sind und welche als optional anzusehen sind. Die rechtlichen Regelungen reichen von allgemeinen Grundsätzen der Gleichstellung, wie sie etwa von den Vereinten Nationen formuliert wurden, über europäische und bundesdeutsche Gesetze bis hin zu Gesetzen und Verordnungen auf Länderebene. Gerade diese Vielfalt – und damit verbunden die teils unterschiedlichen Regelungen in den deutschen Bundesländern – machen es selbst denjenigen, die gewillt sind, Barrierefreiheit möglichst weitreichend umzusetzen, schwer, tatsächlich alle relevanten Punkte zu identifizieren. Die Betrachtung der rechtlichen Lage zeigt aber auch eine positive Entwicklung weg von der Betrachtung von Behinderung als „medizinischem Problem“ hin zu Regelungen, die der Gesellschaft als Ganzes Teilhabe ermöglichen sollen, auch und insbesondere in Hinblick auf die Nutzung von Informationssystemen. Im zweiten Kapitel diskutiert Karsten Weber (Brandenburgische Technische Universität Cottbus-Senftenberg und Ostbayerische Technische Hochschule Regensburg) Benutzerschnittstellen in Hinblick auf ihre Zugänglichkeit für Menschen mit unterschiedlichen sensorischen Handicaps. Der dabei verfolgte Ansatz ist, dass Benutzerschnittstellen im besten Fall allen Menschen, unabhängig von einer eventuellen Behinderung, zugänglich sein sollen. Die technischen Entwicklungen der vergangenen Jahre und die in näherer Zukunft zu erwartenden Entwicklungen deuten auf eine bessere Zugänglichkeit der Benutzerschnittstellen hin, auch wenn die Unterstützung gehandicapter Personen nicht das primäre Ziel der technischen Entwicklungen gewesen sein mag, sondern vielmehr als ein positiver Nebeneffekt zu betrachten ist. Die in diesem Kapitel vertretene weitreichende Definition der Benutzerschnittstelle als einer technischen Unterstützung, die dabei hilft, „mit der Umwelt in Interaktion zu treten, dort Handlungen zu vollziehen und Rückmeldungen über die Zustände der Umwelt zu bekommen“ (S. 56), erlaubt eine Bewertung auch grundlegender technischer Konzepte wie *Augmented Reality* und *Ambient Intelligence* hinsichtlich ihres Potentials zur Kompensation sensorischer Handicaps. Solche Konzepte und ihre (meist noch prototypischen) Anwendungen werden beschrieben und bewertet. Die implizite Frage dabei lautet, was

Technik überhaupt leisten kann, um Handicaps zu kompensieren. Denn letztlich kann zwar eine Umgestaltung technischer Geräte in eine Form, die die Nutzung durch alle Nutzer möglich macht, wünschenswert sein, allerdings ist aufgrund ökonomischer Faktoren kaum anzunehmen, dass eine solche Umgestaltung tatsächlich Wirklichkeit werden wird. Vielmehr sei davon auszugehen, dass sich Benutzerschnittstellen an einem wie auch immer definierten „durchschnittlichen" Nutzer ausrichten. Angesichts der hohen Zahl vor allem seh- und hörbehinderter Menschen (und der Zunahme dieser Beeinträchtigungen in einer alternden Gesellschaft) sei allerdings damit zu rechnen, dass es für Hersteller lohnenswert werde, entsprechende Technologien nicht nur in speziellen Geräten, sondern standardmäßig anzubieten. Christian Bühler, Christian Radek, Birgit Scheer und Wolfgang Tigges (Forschungsinstitut Technologie und Behinderung (FTB) der evangelischen Stiftung Volmarstein und Bundesarbeitsgemeinschaft Selbsthilfe von Menschen mit Behinderung, chronischer Erkrankung und ihren Angehörigen e.V.) beschäftigen sich in ihrem Beitrag mit konkreten Möglichkeiten, Barrieren im Bereich der Informations- und Kommunikationstechnik zu beseitigen. Über die Meldestelle für digitale Barrieren können problematische Angebote gemeldet werden; die Meldestelle verfolgt diese dann weiter und kümmert sich um einen Dialog mit den Anbietern. Allerdings können weder die Meldestelle noch Verbände Sanktionen verhängen. Den durch das Gesetz zur Gleichstellung behinderter Menschen (BGG) berechtigten Verbänden steht die Möglichkeit offen, mit Anbietern Zielvereinbarungen abzuschließen. Allerdings konnten bislang nur recht wenige Zielvereinbarungen erreicht werden, da die Vereinbarungen zum einen auf Freiwilligkeit beruhen und zum anderen zur Umsetzung von Zielen oft Expertise und Beratungsleistungen von den Verbänden erwartet werden, die diese nicht ohne Weiteres erbringen können. Als weitere Möglichkeit sieht das BGG das Verbandsklagerecht vor, durch das Verbände einzelne Personen rechtlich bei der Durchsetzung der Barrierefreiheit bestimmter Angebote vertreten können. Um aber zu verstehen, an welchen Stellen überhaupt Barrieren bestehen (können), ist eine systematische Betrachtung vorhandener Barrieren nötig. Die Verfasser beschreiben ausführlich die verschiedenen Arten von Barrieren, denen Menschen mit Behinderung in der Nutzung von Informations- und Kommunikationstechnologien begegnen. Eine wesentliche Rolle bei der Beseitigung von Barrieren dürfte der Wandel hin zum universellen Design bedeuten: Hier werden Informationssysteme bzw. Software unabhängig von konkreten Geräten und/oder Anwendern mit speziellen Fähigkeiten erstellt, so dass die Inhalte nun beispielsweise mit unterschiedlichen Ausgabegeräten genutzt werden können. Bis sich dieser Ansatz durchgesetzt haben wird, dürfte allerdings noch viel Zeit vergehen; es ist auch nicht damit zu rechnen, dass es in absehbarer Zeit zur Beseitigung aller Barrieren kommen wird. Sandra Schadenbauer, Alexander Nischelwitzer, Robert Strohmaier und Gerhard Sprung (FH JOANNEUM Graz, Institut für Informationsmanagement) stellen in ihrem Beitrag ein E-Learning-System vor, das auf die Bedürfnisse gehörloser Menschen ausgerichtet ist, und zeigen, wie Usabilitytests mit gehörlosen Personen durchgeführt werden können. Ein Problem bei Usabilitytests besteht gerade darin, dass sie in der Regel davon ausgehen, dass ein System gleichzeitig genutzt und diese Nutzung beschrieben werden kann (meist in Form des sog. „thinking aloud“, bei dem die Testpersonen ihre Handlungen und Gedanken während der Nutzung beschreiben). Die Autoren stellen nun Verfahren vor, mit denen gängige Usabilitytests auch mit gehörlosen Probanden durchgeführt werden können. Diese Verfahren wurden bereits ausführlich in der Praxis getestet, so dass sie sich unmittelbar auf den Test anderer Systeme als das in diesem Beitrag vorgestellte übertragen lassen. Stefanie Alberding und Matthias Schneider (Universität Trier, Kompetenzzentrum für elektronische Erschließungs- und Publikationsverfahren in den Geisteswissenschaften) stellen in ihrem Beitrag die Umsetzung von Barrierefreiheit anhand eines konkreten Fallbeispiels vor. Dabei handelt es sich um das Textverarbeitungsprogramm TUSTEP („Tübinger System von Textverarbeitungsprogrammen“), welches bereits seit 40 Jahren für den Einsatz in den Geisteswissenschaften verwendet und kontinuierlich weiterentwickelt wird. Da es sich um ein „gewachsenes System“ handelt, bei dem Barrierefreiheit nicht bereits in der ursprünglichen Konzeption des Systems mitgedacht wurde, müssen nun, damit das System auch von Nutzern mit Behinderungen benutzbar ist, entsprechende Funktionen im Nachgang ergänzt werden. Anhand der von Kulick (S. 128) vorgeschlagenen Unterteilung der Bereiche, in denen Barrieren auftreten können (Informationsaufnahme, Informationsverarbeitung, Informationsausgabe) stellen die Autoren konkrete Lösungen für die Beseitigung von Barrieren in TUSTEP sowie deren Umsetzung vor; Erkenntnisse, die sich bestenfalls ebenfalls auf andere Bereiche bzw. Programme übertragen lassen. Benjamin Grießmann (WEB for ALL) geht in seinem Beitrag konkret auf die Erstellung von barrierefreien Dokumenten im PDF-Format ein. Bei PDF handelt es sich um eines der wichtigsten Dokumentformate, das eine breite Anwendung in verschiedenen Kontexten findet. Während die Spezifikationen von PDF die Erstellung von barrierefreien Dokumenten erlauben, finden sich in der Praxis jedoch häufig Dateien, die Barrieren und diesbezügliche Mängel aufweisen. Der Beitrag widmet sich einerseits der Frage, wie man selbst barrierefreie PDF-Dokumente erstellen kann, auf der anderen Seite zeigt er Lösungen auf, wie solche Dateien, wenn sie bereits in großen Mengen vorhanden sind, barrierefrei bzw. barrierearm gemacht werden können. Weiterhin geht der Autor auf unterschiedliche Testmethoden zur Prüfung der Barrierefreiheit ein und gibt konkrete Hinweise zum Umgang mit Dienstleistern, die im Auftrag PDF-Dateien erstellen bzw. konvertieren. Wenn diese Dienstleister ein Bewusstsein für Barrierefreiheit gewinnen und die notwendigen Spezifikationen kennen bzw. diese von den Auftraggebern abgefordert werden, können so ohne allzu großen Mehraufwand barrierefreie PDFs erstellt werden, die letztlich allen Nutzern zugute kommen. Andreas Carstens (Richter am Niedersächsischen Finanzgericht) widmet sich in seinem Beitrag der Barrierefreiheit im Justizbereich. Hier findet ein Wandel von der Arbeit mit Papierdokumenten hin zu elektronischen Dokumenten statt. Entsprechende rechtliche Rahmenbedingungen wurden erlassen, nun besteht in der Umsetzung die reelle Chance, eine papierlose, durchgängig barrierefreie IT in der Justiz zu schaffen. Allerdings handelt es sich bei der Justiz um einen umfassenden Bereich, der die Umsetzung der Barrierefreiheit nicht nur in Web-Angeboten oder webbasierten Diensten notwendig macht, sondern auch im elektronischen Rechtsverkehr und der elektronischen Vorgangsbearbeitung. Carstens zeigt nicht nur die sich daraus ergebende Komplexität der Umsetzung auf, sondern beschreibt auch, welche Rahmenbedingungen notwendig sind, um zu einer erfolgreichen Umsetzung zu gelangen. Die konkrete Beschreibung der zu gehenden Schritte dürfte auch Lesern aus ganz anderen Bereichen Anregung und Hilfestellung beim Transfer auf ihren jeweiligen Anwendungsfall bieten. Sebastian Sünkler (Hochschule für Angewandte Wissenschaften Hamburg) beschreibt in seinem Beitrag Software bzw. Web-basierte Tools, die eine halb-automatische Evaluierung der Accessibility von Web-Angeboten möglich machen. Mit solchen Tests können Barrieren identifiziert werden, um dann für deren Beseitigung (oder zumindest Verringerung) zu sorgen. Zwar können halbautomatische Tests keineswegs eine intellektuelle Evaluierung ersetzen, sie erlauben jedoch eine schnelle (und im Sinne der Sensibilisierung der Softwareentwickler barrierearme) Überprüfung der wichtigsten Kriterien von Barrierefreiheit. Dabei können mit automatischen Evaluierungen stets nur strukturelle Barrieren (bspw. aufgrund der Strukturen und Layouts von Webseiten) identifiziert werden; die Tools können also nur einen ersten Anhaltspunkt zur weitergehenden Beschäftigung mit Barrierefreiheit geben. Sünkler beschreibt die wichtigsten Software-Tools mit ihren Vor- und Nachteilen und gibt damit Web-Entwicklern und allen an einer barrierefreien Gestaltung von Web-Inhalten Interessierten eine Handreichung zur Auswahl geeigneter Evaluierungswerkzeuge. Abschließend geht er auf die Grenzen der automatischen Evaluierung ein und plädiert im Fazit für eine verstärkte Evaluierung von Web-Angeboten hinsichtlich ihrer Zugänglichkeit, um schließlich zu einem *Accessible Web* zu gelangen. Neben der halb-automatischen Evaluierung eher technisch-formaler Kriterien lassen sich auch qualitative Untersuchungen durchführen, die sich mit der Zugänglichkeit von Web-Angeboten aus Nutzerperspektive beschäftigen. Sie eignen sich insbesondere, wenn es nicht um die Überprüfung der Einhaltung von Standards, sondern vielmehr um die Offenlegung bislang nicht bekannter Problemfelder geht. Eva Nesbach (Goodgame

Studios) zeigt auf, wie sich ursprünglich in der Usability-Forschung entwickelte Methoden dazu eignen, ein umfassendes Bild von den Herangehensweisen und Herausforderungen von Menschen mit Behinderungen bei der Nutzung von Web-Angeboten zu erlangen. Sie beschreibt die vier wichtigsten Methoden der qualitativen Usability-Evaluierung und zeigt, wie diese auch in Hinblick auf die Evaluierung der Accessibility eingesetzt bzw. für diesen Einsatz modifiziert werden können. In ihrem Fazit plädiert die Autorin für eine stärkere Beschäftigung mit dem Thema Accessibility, vor allem auch in Unternehmen. Qualitative Untersuchungen können dabei helfen, dort Aufmerksamkeit für dieses Thema zu schaffen und Verantwortliche zu sensibilisieren.

Danksagung

Versucht man, alle an einem solchen Sammelband Beteiligten zu nennen, so fallen einem an erster Stelle – das liegt in der Natur der Sache – die Autorinnen und Autoren ein, die ihre Expertise und ihr Wissen mit viel Arbeit in den einzelnen Beiträgen aufbereiten und der Leserschaft zur Verfügung stellen. Ohne ihr Engagement und ihre Bereitschaft, in vielen Fällen auch nach Feierabend und am Wochenende, an ihren Kapiteln zu arbeiten, sich immer wieder untereinander und mit den Herausgebern des Bandes abzustimmen und dabei den Zeitplan nicht aus dem Blick zu verlieren, wäre dieses Buch nicht zustande gekommen. Vielen Dank dafür. Den inhaltlichen Rahmen und die öffentliche Wahrnehmung jedoch erhalten die einzelnen Beiträge bzw. der gesamte Band erst durch die Einbindung in eine thematisch passende Reihe. Nicht weniger wichtig für das Zustandekommen dieses Buches ist somit der Reihenherausgeber, der dem Band ein geeignetes „Zuhause" bietet. Unser Dank gilt daher Herrn Dr. André Schüller-Zwierlein als Herausgeber der Reihe „Age of Access? Grundfragen der Informationsgesellschaft", der dem Thema Barrierefreiheit von Beginn an positiv gegenüberstand und seine Reihe ohne Bedenken für uns geöffnet hat. Vielen Dank auch ihm. Sebastian Sünkler und Christiane Behnert danken wir für ihre wertvollen Anregungen und Hinweise bei der Begutachtung der Beiträge: Ein Blick von außen hilft immer. Häufig übersehen, für das Gesamtergebnis jedoch ebenso so entscheidend wie die inhaltliche Auseinandersetzung mit dem einzelnen Beitrag, ist die formale Aufbereitung der Texte. Wir danken Sven Konstantin für seine Unterstützung bei der Formatierung und formalen Korrektur des Manuskripts. Nicht zuletzt bedanken wir uns bei Christina Lembrecht, stellvertretend für den Verlag de Gruyter, die unsere vielen Fragen stets zeitnah, kompetent und freundlich beantwortet und uns den gesamten Veröffentlichungsprozess über hilfreich begleitet hat.

Zugänglichkeit des Buchs

Dieses Buch erscheint in der verlagsüblichen Form und enthält aus produktionstechnischen Gründen keine besonderen Merkmale der Barrierefreiheit. Sollten Sie Bedarf an einem barrierefreien Exemplar – in welcher Form auch immer – haben oder von jemandem wissen, der diesen Bedarf hat, wenden Sie sich bitte an die Herausgeber, damit wir in Absprache mit dem Verlag prüfen können, wie wir Ihre jeweiligen Anforderungen im Einzelfall umsetzen können.

Grundlagen

Friederike Kerkmann

Der rechtliche Rahmen – Ein Überblick über Gesetze, Verordnungen, Richtlinien und Normen zu barrierefreier Information und Kommunikation

Einleitung

Die Zuordnung von Menschen zu den Kategorien „behindert" oder „normal" auf Basis bestimmter körperlicher, seelischer oder geistiger Merkmale sowie die damit verknüpften gesellschaftlichen Rollen und Rechte haben in der Geschichte Deutschlands einen wechselvollen Prozess erfahren und sind auch weiterhin in der Fortentwicklung begriffen: Lange wurde Behinderung vor allem als individuelles, funktionales Defizit des Einzelnen in Bezug auf seine Erwerbsfähigkeit und wirtschaftliche Produktivität verstanden und als medizinischer Defekt gewertet, den es zu beheben galt (Bösl 2010; Arnade 2011). Noch in einer Definition des Bundesinnenministeriums aus dem Jahr 1958 heißt es bspw.: „Als behindert gilt ein Mensch, der entweder aufgrund angeborener Missbildung bzw. Schädigung oder durch Verletzung oder Krankheit [...] eine angemessene Tätigkeit nicht ausüben kann. Er ist mehr oder minder leistungsgestört (lebensuntüchtig)" (BMI 1958, zitiert nach Bösl 2010). Menschen mit Behinderungen wurden vor allem als Empfänger staatlicher Hilfen betrachtet; verantwortlich für eine fehlende Teilhabe an der Gesellschaft wurde in erster Linie ihr medizinisches Defizit gemacht. Die „Wiederherstellung" ihrer Funktionalität und Fürsorge durch den Staat waren somit vorrangiges Ziel der behindertenpolitischen Gesetzgebung. Erste Impulse eines politischen und gesellschaftlichen Denkwandels und Ansätze einer Gegenbewegung zur medizinisch-defizitären Sichtweise von Behinderung kamen in den 1960er Jahren auf: Menschen mit Behinderungen organisierten sich allmählich in Vereinen, Selbsthilfeorganisationen oder Arbeitsgemeinschaften und wurden erstmals, wenn auch noch leise, als Expertinnen und Experten in eigener Sache wahrgenommen. Schritt für Schritt floss – zunächst aus der Wissenschaft heraus – die Bedeutung des gesellschaftlichen Kontextes in die Erklärungsmodelle von Behinderung ein; das soziale Modell von Behinderung, das gleichwertig auch die Gesellschaft als Verursacher von einstellungs- und umweltbedingten Barrieren und Ausgrenzung in die Verantwortung nimmt, entwickelte sich (Bösl 2010; Arnade 2011). Die 1980er und 1990er Jahre waren geprägt von Emanzipationsbestrebungen der Behindertenrechtsbewegung und dem Kampf um Gleichstellung, die u.a. in einer Ergänzung des Grundgesetzes der Bundesrepublik Deutschland um den Passus des expliziten Benachteiligungsverbots gegenüber Menschen mit Behinderungen mündeten (Bösl 2010; Arnade 2011). Bis heute folgten weitere Gesetze und Gesetzesänderungen, die Menschen mit Behinderungen statt staatlicher Fremdbestimmung und Fürsorge tendenziell stärker das Recht auf selbstbestimmte Lebensführung und gleichberechtigte gesellschaftliche Teilhabe einräumen und die Verantwortung der Gesellschaft an einer „Behinderung" zunehmend anerkennen. Immer stärker werden auch Menschen mit Behinderungen selbst oder ihre Interessenvertretungen in die Gestaltungsprozesse entsprechender Gesetze eingebunden. Mit der Behindertenrechtskonvention der Vereinten Nationen wurde dieser Perspektivwechsel erstmals in völkerrechtlich verbindliche Form gegossen: Inklusion, Würde, Selbstbestimmung, Teilhabe, Chancengleichheit und Empowerment gelten inzwischen, zumindest sprachlich, als zentrale Begrifflichkeiten im Bezug auf die gesellschaftliche Rolle von Menschen mit Behinderungen. Dabei wird nicht länger vorrangig der Bereich baulicher Zugänglichkeit thematisiert; zunehmend stärker rückt auch der Aspekt barrierefreier Informations- und Kommunikationstechnologie in den Fokus. Dieses Kapitel versucht, ausgehend von den skizzierten Umbrüchen der behindertenpolitischen Gesetzgebung, die aktuellen Rechtsgrundlagen und politischen Maßnahmen zur Gleichstellung von Menschen mit Behinderung sowie deren Umsetzungsbestimmungen in Deutschland zu beschreiben: Im ersten Abschnitt erfolgt eine allgemeine Betrachtung dieser Thematik für alle Lebensbereiche, im zweiten Abschnitt werden die speziellen Bedingungen für barrierefreie Informations- und Kommunikationssysteme vorgestellt. Beide Abschnitte widmen sich schwerpunktmäßig der Situation in Deutschland bzw. dem deutschen Recht und politischen Handeln. Europäische bzw. internationale Regelungen werden berücksichtigt, sofern nationale Regelungen auf diese zurückgreifen oder sich aus ihnen ableiten. Ziel des Kapitels ist es, dem Leser einen Überblick über den derzeitig bestehenden, durchaus komplexen rechtlichen und politischen Rahmen von Barrierefreiheit, insbesondere im Kontext von Information und Kommunikation, zu geben und den, zum Teil unübersichtlichen, aktuellen Stand entsprechender Bemühungen auf Länder-, Bundes- und europäischer Ebene zu dokumentieren. Im Rahmen dieses Sammelbandes soll dieses Kapitel helfen, die folgenden Beiträge, die je nach thematischer Ausrichtung mitunter starken Bezug auf Gesetze und Verordnungen nehmen, besser zu verstehen. Eine detaillierte inhaltliche Diskussion und menschenrechtliche oder technische Bewertung der einzelnen Gesetze, Verordnungen, Richtlinien und Normen kann dieses Kapitel allerdings nicht leisten.

Allgemeine Rechtsgrundlagen der Gleichstellung

Das Recht von Menschen mit Behinderung auf Gleichstellung im Allgemeinen und Barrierefreiheit im Speziellen ist jeweils mit Schwerpunkt auf unterschiedliche Lebensbereiche in verschiedenen Gesetzen und Bestimmungen auf Landes-, bundesdeutscher und internationaler Ebene verankert. Die räumlich und inhaltlich weitest reichende Wirkung entfaltet dabei die UN-Konvention über die Rechte von Menschen mit Behinderungen, die als völkerrechtlicher Vertrag die Menschenrechte für Menschen mit Behinderung in den Vertragsstaaten konkretisiert. Auf europäischer Ebene fördert die EU-Kommission[1] die aktive Eingliederung und uneingeschränkte Teilnahme von Menschen mit Behinderungen am gesellschaftlichen Leben in Form einer langfristigen Eingliederungsstrategie im Einklang mit dem menschenrechtlichen Ansatz der UN-Konvention (Europäische Kommission 2014). Das auf Bundesebene greifende deutsche Behindertengleichstellungsgesetz regelt die Gleichstellung von Menschen mit Behinderung speziell im Umgang mit Bundesbehörden. Entsprechende Landesgleichstellungsgesetze setzen das Behindertengleichstellungsgesetz auf landesrechtlicher Ebene um. Weitere relevante Gesetze(steile), wie das Grundgesetz oder das Allgemeine Gleichbehandlungsgesetz, betreffen das allgemeine Diskriminierungsverbot, oder regeln wie das (in diesem Kapitel nicht detaillierter besprochene) Neunte Buch Sozialgesetzbuch (SGB IX) den Anspruch von Menschen mit Behinderungen auf medizinische Rehabilitation oder die ihnen zustehenden staatlichen Leistungen[2].

UN-Konvention über die Rechte von Menschen mit Behinderungen (UN-BRK)

Entstehungsgeschichte, Aufbau und wesentliche Inhalte der UN-Behindertenrechtskonvention

Das *Übereinkommen der Vereinten Nationen über die Rechte von Menschen mit Behinderungen* (UN-Behindertenrechtskonvention, UN-BRK) sowie das *Fakultativprotokoll*[3] *zum Übereinkommen der Vereinten Nationen über die Rechte von*

---

1 Auch die Europäische Union als Staatenverbund hat die Behindertenrechtskonvention der Vereinten Nationen ratifiziert.

2 Sozialgesetzbuch (SGB) Neuntes Buch (IX) – Rehabilitation und Teilhabe behinderter Menschen.

3 Ein Fakultativprotokoll regelt Sachverhalte, die über den eigentlichen Hauptvertrag hinausgehen, entweder mit Blick auf einzelne Rechtsbereiche oder Individualbeschwerdeverfahren.

Menschen mit Behinderungen wurden am 13. Dezember 2006 von der UNO-Generalsversammlung verabschiedet (Resolution A/RES/61/106) und traten Anfang Mai 2008 nach Ratifizierung der ersten 20 Staaten auf internationaler Ebene in Kraft. Der Verabschiedung vorangegangen war ein rund vierjähriger intensiver Beratungsprozess zwischen Mitgliedstaaten der Vereinten Nationen, Nichtregierungsorganisationen sowie Menschen mit Behinderungen als Vertreter von Nichtregierungsorganisationen, Regierungsdelegationen und den Vereinten Nationen (FHH 2013, 10). Vorherige Versuche, eine Behindertenrechtskonvention zu etablieren, waren u.a. aus Sorge, durch eine solche Sonderkonvention für Menschen mit Behinderung die bestehende Marginalisierung zu verschärfen, gescheitert (BPB 2003, FHH 2013, 10). Als umso bemerkenswerter muss der verhältnismäßig kurze Zeitraum, der bis zum verbindlichen Zustandekommen der UN-Behindertenrechtskonvention verging, bewertet werden. Die Bundesrepublik Deutschland unterzeichnete am 30. März 2007 die beiden Menschenrechtsverträge ohne Vorbehalt, so dass alle Artikel in Übereinkommen und Fakultativprotokoll vollständig und ohne Einschränkung ihre nationale Wirkung erlangten. Nach der Ratifizierung am 24. Februar 2009 traten Konvention und Fakultativprotokoll als innerdeutsches Recht am 26. März 2009 in Kraft (FHH 2013, 11). Die UN-Behindertenrechtskonvention beinhaltet neben der vorangestellten Präambel, die in die Konvention einführt und einen Überblick über die ihr zugrunde liegenden Werte gibt, insgesamt 50 Artikel, von denen die Artikel 1 bis 30 als Kernstück angesehen werden können (FHH 2013, 12). Die Artikel 1 (Zweck) bis 9 (Zugänglichkeit) bilden den eher allgemeinen Teil und liefern u.a. mit Begriffsbestimmungen, einer Verpflichtungsklausel sowie allgemeinen Prinzipien die Grundlage für die Auslegung und Anwendung der Konvention (FHH 2013, 12ff). In den folgenden Artikeln 10 (Recht auf Leben) bis 30 (Teilhabe am kulturellen Leben sowie an Erholung, Freizeit und Sport) werden konkreten Rechte für unterschiedliche Lebenssituationen im Einzelnen aufgeführt. Diese reichen vom existenziellen Recht auf Leben und Schutz in Notsituationen über den Anspruch auf Freiheit und Sicherheit bis hin zur Gleichberechtigung in den Bereichen Wohnen, Bildung, Gesundheit und Arbeit sowie zur Teilhabe am politischen, öffentlichen und kulturellen Leben (UN-BRK 2008, FHH 2013, 14). Die Artikel 31 (Statistik und Datensammlung) bis 40 (Konferenz der Vertragsstaaten) befassen sich mit den Regelungen zur Umsetzung und Überwachung der Konvention, mit dem Berichtswesen sowie der Zusammenarbeit der Beteiligten. Den Abschluss bilden die Artikel 41 (Verwahrer) bis 50 (Verbindliche Wortlaute), welche die formalen

---

Ein Fakultativprotokoll muss von den Vertragsstaaten separat zum Hauptvertrag ratifiziert werden (Deutsches Institut für Menschenrechte e. V., o. J.). Ein Staat kann allerdings auch nur die Konvention zeichnen, dem Protokoll aber nicht beitreten.

Aspekte wie Unterzeichnung, Inkrafttreten, Änderungen oder Kündigungsbedingungen formulieren (UN-BRK 2008). Das Fakultativprotokoll ergänzt mit seinen 18 Artikeln die Regelungen der Konvention speziell zur Umsetzungskontrolle. Mit dem Instrument des internationalen Beschwerdeverfahrens erhalten Einzelpersonen oder Personengruppen so die Möglichkeit, sich bei einer Verletzung des Übereinkommens durch einen Vertragsstaat an den Ausschuss für die Rechte von Menschen mit Behinderungen zu wenden, sofern der nationale Rechtsweg ausgeschöpft ist. Der Ausschuss prüft die Mitteilung auf Zulässigkeit (Artikel 2), leitet sie dem Vertragsstaat zur Kenntnis zu und gibt diesem die Gelegenheit zur Stellungnahme (Artikel 3). Anschließend berät sich der Ausschuss und übermittelt dem betreffenden Vertragsstaat seine Empfehlungen (Artikel 5). Bei schwerwiegenden oder systematischen Verletzungen der im Übereinkommen niedergelegten Rechte, kann der Ausschuss eines oder mehrere seiner Mitglieder beauftragen eine Untersuchung – ggf. auch im Hoheitsgebiet des Vertragsstaates – durchzuführen (Artikel 6) (Fakultativprotokoll 2008; FHH 2013, 18). Leitgedanke und zentrale Handlungsmaxime der Behindertenrechtskonvention und ihres ergänzenden Fakultativprotokolls sind – je nach herangezogener Sprachversion und ihrer jeweiligen Auslegung – die Integration bzw. Inklusion (siehe dazu auch die Diskussion um die Schattenübersetzung) und gleichberechtigte Teilhabe von Menschen mit Behinderung an allen Lebensbereichen der Gesellschaft. Ihr Ziel ist es, auf Basis des Grundsatzes der gleichberechtigten Teilhabe und Chancengleichheit die universellen Menschenrechte für die speziellen Bedürfnisse und Lebenslagen von Menschen mit Behinderungen zu konkretisieren und ihre Umsetzung in den Vertragsstaaten zu gewährleisten (BMAS 2011b, 8). Dabei zählen im Sinne der Konvention zu Menschen mit Behinderungen all diejenigen, die „langfristige körperliche, seelische, geistige oder Sinnesbeeinträchtigungen haben, welche sie in Wechselwirkung mit verschiedenen Barrieren an der vollen, wirksamen und gleichberechtigten Teilhabe an der Gesellschaft hindern können“ (UN-BRK 2008 Artikel 1). Mit diesem Verständnis von Behinderung verortet die Konvention im Vergleich zu anderen Rechtsdokumenten das „Problem“ nicht ausschließlich bei den Menschen mit Behinderungen selbst, sondern nimmt dem sozialen Modell von Behinderung folgend gleichermaßen auch Barrieren bzw. die verursachende und damit ausgrenzende Gesellschaft in die Verantwortung. Auch trifft die Konvention keine Unterscheidung zwischen unterschiedlichen Schweregraden einer Behinderung (bspw. eine Differenzierung zwischen Behinderung und Schwerbehinderung[4]). Entscheidend für das Vorliegen einer Behinderung ist nach

---

4 Als schwerbehindert gelten bspw. nach deutschem Recht alle Personen mit einem Grad der Behinderung (GdB) von mindestens 50 (§ 2 Absatz 2 SGB IX), der auf Antrag durch die zuständigen Behörden festgestellt wird.

diesem Verständnis einzig das Behindert-Werden eines Menschen mit körperlicher, seelischer, geistiger oder Sinnesbeeinträchtigung durch einstellungs- oder umweltbedingte Barrieren, die seiner vollumfänglichen Teilhabe an der Gesellschaft entgegenstehen.

Exkurs: Die Schattenübersetzung der UN-Behindertenrechtskonvention

Die amtliche deutsche Version der englischsprachigen Behindertenrechtskonvention wurde von offizieller Seite zwischen den Staaten Deutschland, Liechtenstein, Österreich und der Schweiz abgestimmt. In diesem Abstimmungsprozess sah sich jedoch der eigentliche Adressatenkreis der Konvention, nämlich Menschen mit Behinderungen und ihre Interessenvertretungen, als Expertinnen und Experten in eigener Sache nicht ausreichend beteiligt, und die englische Originalversion im Hinblick auf bestimmte Begrifflichkeiten als nicht korrekt wiedergegeben. U.a. führte die Übersetzung des in der Originalkonvention verwendeten Begriffs *Inclusion* mit dem deutschen Begriff *Integration* zu Unstimmigkeiten. Eine Einigung zwischen den Verantwortlichen und den beteiligten Behindertenrechtsorganisationen in dieser Sache konnte nicht herbeigeführt werden (Arnade 2009). Während im Erstellungsprozess der Konvention Menschen mit Behinderung systematisch eingebunden worden waren, war dies bei der Erstellung der deutschen Übersetzung offensichtlich nicht ausreichend konsequent geschehen. Aus dieser Situation heraus erstellte das Netzwerk Artikel 3 e. V. (vormals Initiativkreis Gleichstellung Behinderter, siehe unten) eine verbands- und behinderungsübergreifende Vernetzung von Einzelpersonen, Projekten und Organisationen, die sich für die Umsetzung des Artikel 3 des Grundgesetzes und des Behindertengleichstellungsgesetzes in Deutschland einsetzen, unabhängig von der amtlichen Version eine sogenannte Schattenübersetzung[5] der Konvention sowie des Fakultativprotokolls, in der die strittigen Formulierungen entsprechend angepasst wurden. Die erste Auflage dieser inoffiziellen Schattenübersetzung erschien 2009, die zweite Auflage ein Jahr später. Die Schattenübersetzung

5 Die Bezeichnung *Schattenübersetzung* wurde in Anlehnung an die sogenannten *Schattenberichte* (shadow reports) im Berichtswesen zu bestehenden UN-Konventionen gewählt: Die Vertragsstaaten von UN-Konventionen sind verpflichtet, dem überwachenden Komitee regelmäßig Berichte zur Umsetzungssituation der jeweiligen Konvention in ihrem Land zukommen zu lassen. Parallel zu diesen Berichten von offizieller Seite werden von ‚betroffenen' Nichtregierungsorganisationen ebendiese Schattenberichte erstellt, die aus ihrer Perspektive als Experten in eigener Sache heraus auf mögliche fehlende Fakten hinweisen und ebenfalls in die Bewertung des Komitees einfließen (Arnade 2009).

weicht u.a. in folgenden zentralen Begrifflichkeiten von der amtlichen deutschen Version ab (Netzwerk Artikel 3 e. V. 2009):

- *Selbstbestimmung* statt *Unabhängigkeit* bzw. *selbstbestimmtes Leben* statt *unabhängige Lebensführung*
- *barrierefrei* statt *leicht zugänglich* bzw. *Barrierefreiheit* statt *Zugänglichkeit*
- *Assistenz, Unterstützung* oder *Förderung* statt *Hilfe*
- *inklusiv* statt *integrativ* bzw. *Inklusion* statt *Integration*

Vergleicht man die Formulierungen von amtlicher Seite mit diesen Änderungsforderungen der Initiatoren der Schattenübersetzung, wird die Diskrepanz beider Perspektiven bzw. die unterschiedliche Bewertung desselben Sachverhaltes deutlich: Während die offizielle Version sprachlich „weicher" bleibt und eine (vermeintlich) wohlwollende, gebende Haltung gegenüber Menschen mit Behinderung einnimmt, fordern die Betroffenen ein schärferes Bekenntnis zu ihren Rechten und die Betonung ihrer Nicht-Bedürftigkeit. Die amtliche Formulierung *leicht zugänglich* bspw. bietet durchaus Spielraum in der Umsetzung, während das geforderte *barrierefrei* tatsächlich die vollständige Abwesenheit sämtlicher Barrieren beinhaltet und damit der Zielgruppe entsprechender Maßnahmen umfassendere Rechte einräumt. Die Forderung, den Anspruch auf *Hilfe* in *Assistenz* oder *Unterstützung* abzuändern, spiegelt den Wunsch nach Anerkennung der eigenen Stärke bzw. der Nicht-Bedürftigkeit wider. Geholfen wird üblicherweise einem Schwächeren von einem Stärkeren; dafür ist der Schwächere dem Stärkeren zu Dank verpflichtet. Assistenz oder Unterstützung hingegen sucht sich im allgemeinen Sprachgebrauch eine Person selbstbestimmt, damit sie ausgewählte Aufgaben an einen „Untergebenen" delegieren und sich somit auf ihre eigentlichen Stärken konzentrieren kann. Auch das in dieser Diskussion zentrale Bedürfnis, die im englischen Original verwendete Begrifflichkeit *Inclusion* in der deutschsprachigen Fassung ebenfalls mit *Inklusion* (und nicht wie geschehen mit *Integration*) zu übersetzen, verdeutlicht diesen Wunsch nach einem Perspektivwechsel in der Wahrnehmung von Menschen mit Behinderungen: Während beim Konzept der Integration noch immer unterschieden wird zwischen Menschen mit unterschiedlichen Fähigkeiten und es darum geht, das „Besondere" (wieder) einzugliedern in das „Normale", so begreift der Inklusionsbegriff die individuelle Vielfalt der Menschen als Normalität und nimmt keine Kategorisierung vor. Nicht die Menschen müssen sich ihrer Umwelt anpassen, um in ein bestehendes System integriert zu werden, sondern die Rahmenbedingungen müssen sich an den Bedürfnissen und Besonderheiten aller Menschen ausrichten und sicherstellen, dass alle Menschen an der Gesellschaft teilnehmen können und gleichzeitig ihre Verschiedenartigkeit zum Vorteil für alle bestehen bleiben kann (u.a. Schumann 2009). Die Befürworter der Schattenübersetzung halten diese Änderungen in der

Wortwahl für unerlässlich, da Sprache nicht unerheblich zur gesellschaftlichen Bewusstseinsbildung beitrage und beeinflussen könne, welche Sicht eine Gesellschaft auf Menschen mit Behinderung einnimmt. Insbesondere mit Verweis auf Artikel 8 der Behindertenrechtskonvention, der sich explizit der Bewusstseinsbildung widmet und die Unterzeichner verpflichtet, Maßnahmen zu ergreifen, um das Bewusstsein für Menschen mit Behinderungen in der gesamten Gesellschaft zu schärfen und die Achtung ihrer Rechte und Fähigkeiten zu fördern (UN-BRK 2008 Artikel 8), möchte das Netzwerk Artikel 3 mit der Schattenübersetzung eine deutsche Version zur Verfügung stellen, die im Vergleich zur amtlichen Version diesem Anspruch gerecht wird (Arnade 2009). Neben den sprachlichen Änderungen, die eine andere Bedeutung transportieren und so einen Perspektivwechsel einfordern sollen, enthält die Schattenübersetzung zudem etliche Rückübersetzungen, in denen die in der amtlichen Version verwendete deutsche Formulierung in der – ebenfalls deutschsprachigen – Schattenübersetzung zurück ins Englische übersetzt wird. So verwendet die Schattenübersetzung gegenüber der amtlichen deutschen Version bspw. wieder folgende (z. T. eingedeutschte) Anglizismen (Netzwerk Artikel 3 e. V. 2009):

- *Disability mainstreaming* statt *Behinderungsthematik*
- *Empowerment* statt *Stärkung der Autonomie*
- *Peer support* statt *Unterstützung durch andere Menschen mit Behinderungen*
- *Capacity-building* statt *Aufbau von Kapazitäten*
- *Focal points* statt *Anlaufstellen*

Die Beweggründe, zentrale Begrifflichkeiten als englisches Fremdwort in einem deutschen Text zu belassen, lassen sich nicht recherchieren; der Beitrag zur Bewusstseinsbildung in der deutschen Gesellschaft bleibt unklar. Eine parallele Darstellung der amtlichen deutschen Übersetzung, der deutschen Schattenübersetzung und des englischsprachigen Originaltextes sowie einer Version in leichter Sprache findet sich bspw. in einer Veröffentlichung des Beauftragten der Bundesregierung für die Belange behinderter Menschen (Behindertenbeauftragter 2010). Die Schattenübersetzung bleibt ebenso wie eine vom Bundesministerium für Arbeit und Soziales (BMAS) beauftragte deutsche Übersetzung der Konvention in leichte Sprache ein nicht-offizielles Dokument. Als offizielles deutschsprachiges Dokument gilt einzig die amtliche, gemeinsame Übersetzung von Deutschland, Österreich, der Schweiz und Liechtenstein. Dennoch hat auch diese amtliche deutsche Fassung keine rechtsverbindliche Wirkung, sondern dient lediglich der Orientierung. Bei Zweifeln über den genauen Wortlaut der Vertragsbestimmungen muss auf eine der in Artikel 50 UN-BRK als „verbindliche Wortlaute“ definierten Sprachen (Arabisch, Chinesisch, Englisch, Französisch, Russisch oder Spanisch) zurückgegriffen werden (UN-BRK 2008, FHH 2013, 12).

Umsetzung der UN-Behindertenrechtskonvention auf Bundesebene

Mit der Ratifikation der UN-Behindertenrechtskonvention hat sich die Bundesrepublik Deutschland völkerrechtlich verbindlich verpflichtet, die dort festgeschriebenen Bestimmungen umzusetzen. Als strategisches Instrument hierfür wurde ein sogenannter Nationaler Aktionsplan (NAP) (BMAS 2011b) formuliert[6]. Bei dem unter Verantwortung des Bundesministeriums für Arbeit und Soziales entstandenen und am 15. Juni 2011 vom Bundeskabinett verabschiedeten Dokument handelt es sich nicht um ein konkretes Gesetzespaket, sondern vielmehr um eine bundesweite Gesamtstrategie, die nach eigenem Verständnis neben einer Bestandsaufnahme der aktuellen Situation auch die praktische Umsetzung der UN-Behindertenrechtskonvention durch Maßnahmen und Projekte von staatlicher Seite sicherstellen und so langfristig die Alltagskultur und das gesellschaftliche Bewusstsein in Deutschland verändern soll (BMAS 2011b, 8ff). Dafür wurden anlehnend an die in der Behindertenrechtskonvention geregelten Lebensbereiche zwölf relevante Handlungsfelder und sieben Querschnittsthemen benannt, in denen der Aktionsplan über einem Zeithorizont von zehn Jahren (2011 bis 2020) greifen soll (BMAS 2011b, 36):

1. Arbeit/Beschäftigung,
2. Bildung,
3. Prävention/Rehabilitation/Gesundheit/Pflege
4. Kinder/Jugendliche/Familien/Partnerschaft
5. Frauen
6. Ältere Menschen
7. Bauen/Wohnen
8. Mobilität
9. Kultur/Freizeit
10. gesellschaftliche/politische Teilhabe
11. Persönlichkeitsrechte
12. Internationale Zusammenarbeit

1. Assistenzbedarf
2. Barrierefreiheit
3. Gender Mainstreaming
4. Gleichstellung
5. Migration
6. Selbstbestimmtes Leben
7. Vielfalt von Behinderung.

---

6 Zur Form eines Aktionsplans und seinen Grundsätzen bzw. zu praktischen Hinweisen zur Erstellung s. bspw. (DIMR 2010) oder (Grüber, Mehrhoff & Wetzstein 2012).

Für jedes dieser Handlungsfelder und Querschnittsthemen wiederum wurden Maßnahmen und Projekte entwickelt, die jeweils einem verantwortlichen Ressort zugeordnet und mit einer Laufzeit belegt wurden. Die Auseinandersetzung mit den Inhalten der Behindertenrechtskonvention beschränkt sich somit nicht ausschließlich auf das Bundesministerium für Arbeit und Soziales, sondern bezieht auch ausdrücklich andere Ministerien ein. Die Beispiele für konkrete, eher kleinteilige und praxisorientierte Projekte reichen u.a. von der Einrichtung eines Gebärdentelefons bei der Bundesagentur für Arbeit (Verantwortung: Bundesagentur für Arbeit, Laufzeit: ab 2012) über Fortbildungen für Richter und Richterinnen zum Betreuungsrecht und europäischen/internationalen Menschenrechtsschutz (Verantwortung: Bundesministerium der Justiz und für Verbraucherschutz, Laufzeit: fortlaufend) bis hin zur Entwicklung einer barrierefreien Anwendersoftware für die sogenannte „AusweisApp" (Verantwortung: Bundesministerium des Innern, Laufzeit: fortlaufend). Als Beispiele für übergeordnete, langfristig angelegte Maßnahmen auf gesetzgebender Ebene lassen sich u.a. eine Neuausrichtung des Werkstättenrechts (Verantwortung: BMAS, Laufzeit: 2011/2012), die Überprüfung und Evaluierung des Neunten Buches Sozialgesetzbuch (Verantwortung: ebenfalls BMAS, Laufzeit: 2013-2015) oder die Einleitung eines Gesetzgebungsverfahrens für ein E-Government-Gesetz (Verantwortung: Bundesministerium des Innern, Laufzeit: 2012) nennen. Hinzu kommen über 200 weitere Kampagnen, Forschungsprojekte, Aktionen und Arbeitsvorhaben, die zu einer breiten Implementierung der UN-Behindertenrechtskonvention beitragen sollen (BMAS 2011b, Kapitel 6). Zur Messung seiner Zielerreichung und Erfolgskontrolle sieht der Nationale Aktionsplan selbst eine regelmäßige Evaluierung der Maßnahmen, des Verfahrens sowie der jeweils aktuellen Lebenssituation von Menschen mit Behinderung in Deutschland vor. Die erste Evaluierung erfolgte zum Ende der 17. Legislaturperiode[7] (BMAS 2011b, 111). 2015 werden die Fortschritte Deutschlands bei der Umsetzung der Behindertenrechtskonvention auf übergeordneter Ebene im Rahmen einer sogenannten Staatenprüfung durch den UN-Fachausschuss für die Rechte von Menschen mit Behinderungen (*Committee on the Rights of Persons with Disabilities*, CRPD) überprüft werden. Die Prüfung erfolgt anhand einer Frageliste[8], die die Bundesregierung schriftlich beantworten muss, und zu der die Zivil-

---

7 Von September 2013 bis Juni 2014 wurde der Nationale Aktionsplan im Auftrag des Bundesministeriums für Arbeit und Soziales von der Prognos AG (www.prognos.com), einem Wirtschaftsforschungs- und Beratungsunternehmen, evaluiert (Schmidt 2014, etwa ab Minute 03:50). Die Ergebnisse dieser Evaluation stehen zum Zeitpunkt des Erscheinens dieses Kapitels noch aus.

8 Die Frageliste sowie weiterführende wichtige Dokumente zur Staatenprüfung werden u.a. bereitgestellt vom Deutschen Institut für Menschenrechte e. V. unter http://www.institut-fuer-menschenrechte.de/monitoring-stelle/staatenberichtspruefung.html

gesellschaft Stellung nehmen bzw. weitere Parallelberichte einreichen kann, sowie durch einen Dialog zwischen dem Fachausschuss und einer Delegation der Bundesregierung. Betrachtet man die Wortwahl des Nationalen Aktionsplans, so fällt auf, dass die im Entstehungsprozess der deutschen Fassung der Behindertenrechtskonvention angemahnte konsequentere Beteiligung von Behindertenorganisationen bzw. ihre spezifischen Formulierungsforderungen im Nationalen Aktionsplan ihren Niederschlag gefunden zu haben scheinen. So werden die in der Schattenübersetzung geforderten Begrifflichkeiten *Focal Points*, *Disability Mainstreaming* und *Empowerment* im Nationalen Aktionsplan verwendet und auch der verlangte Bewusstseinswechsel scheint dort sprachlich umgesetzt: Die Rede ist konsequent von *Inklusion* anstelle von Integration; ebenso wird von *Unterstützungsangeboten* und nicht von *Hilfe* gesprochen. Der Appell der Interessenvertretungen von Menschen mit Behinderungen nach einer stärkeren Einbeziehung in eigener Sache scheint somit von Seiten der Politik zumindest in Bezug auf die sprachliche Formulierung deutlicher gehört worden zu sein als 2008/2009 im Rahmen der deutschen Übersetzung der Behindertenrechtskonvention. Gleichwohl äußern verschiedene Organisationen, Verbände und Parteien Ergänzungs- oder Verbesserungswünsche bzw. offene Kritik an der inhaltlichen Ausgestaltung des Nationalen Aktionsplans (u.a. Deutscher Gewerkschaftsbund (DGB), Forum selbstbestimmte Assistenz behinderter Menschen (ForseA) e. V. oder Sozialverband Deutschland (SoVD)). So begreift sich der Nationale Aktionsplan selbst zwar als Initialzündung für eine gesamtgesellschaftliche Umsetzung der Behindertenrechtskonvention in Deutschland, nimmt jedoch die Länder, Kommunen und Städte der Bundesrepublik diesbezüglich nicht weiter verbindlich in die Pflicht. Er „ermuntert" sie lediglich dazu, eigene Aktionspläne zu erstellen sowie eigene formalisierte Anlaufstellen („Focal Points") einzurichten (BMAS 2011b, 112). Eine klare, einforderbare Verpflichtung ist allerdings nicht vorgesehen. U.a. diese fehlende Verbindlichkeit ist neben den Finanzvorbehalten und einer „enttäuschenden Mutlosigkeit" im Hinblick auf die vorgeschlagenen Maßnahmen einer der zentralen Kritikpunkte am Nationalen Aktionsplan (SoVD 2011). Eine detaillierte kritische Würdigung der Stärken und Schwächen des Nationalen Aktionsplans sowie des mit seiner Erstellung verbundenen Prozesses stellt das Deutsche Institut für Menschenrechte (DIMR) e. V. bereit, das im Zuge der Ratifikation der Konvention von der Bundesregierung beauftragt wurde, eine unabhängige Monitoring-Stelle im Sinne des Artikel 33 Absatz 2 UN-BRK aufzubauen (DIMR 2011). Trotz fehlender Verpflichtung sind inzwischen etliche Länder der Aufforderung nachgekommen, eigene Aktions- und Maßnahmenpläne zu entwickeln. Jedoch haben noch nicht alle Bundesländer entsprechende Dokumente erarbeitet und auch die Einrichtung eigener Focal Points ist noch nicht flächendeckend erfolgt.

Umsetzung der UN-Behindertenrechtskonvention auf Landesebene

Insgesamt 11 der 16 deutschen Bundesländer haben aufbauend auf dem Nationalen Aktionsplan der Bundesregierung mittlerweile eigene strategische Aktions- oder Maßnahmenpläne in Kraft gesetzt. Die bislang noch ausstehenden Pläne von Baden-Württemberg, Bremen, Niedersachsen, Sachsen und Schleswig-Holstein werden von der Monitoring-Stelle dringend angemahnt (Aichele 2013). Nicht zuletzt vor dem Hintergrund der anstehenden Staatenprüfung (siehe oben), in deren Frageliste die Bundesregierung auch explizit aufgefordert wird, zu beschreiben, wie die Bundesländer die Behindertenrechtskonvention in ihrem Land implementiert haben[9], werden diese Fragen drängend. Tabelle 1 zeigt die aktuelle Übersicht der bisherigen Bemühungen.

Auch Landkreise, Kommunen und Städte haben in der Zwischenzeit ebenso wie einige, noch wenige Institutionen (u.a. Deutsche Rentenversicherung, Landschaftsverband Rheinland, Deutsche Gesetzliche Unfallversicherung) und Unternehmen (bislang lediglich RWE AG, Boehringer Ingelheim Pharma GmbH & Co. KG sowie SAP AG) auf freiwilliger Basis eigene Aktionspläne formuliert. Diese Pläne werden auf dem vom BMAS verantworteten Internet-Angebot „gemeinsam-einfach-machen“ zentral gesammelt.

Tab. 1: Übersicht der Aktionspläne auf Landesebene (Stand Mai 2014) (in Anlehnung an DIMR 2013)

Geltungsbereich	Aktions-/ Maßnahmenplan	Stand
Baden-Württemberg		in Vorbereitung
Bayern	Schwerpunkte der bayerischen Politik für Menschen mit Behinderung im Lichte der UN-Behindertenrechtskonvention – Aktionsplan	veröffentlicht und in Kraft: 12.03.2013
Berlin	Aktions- und Maßnahmenplan im Land Berlin	veröffentlicht und in Kraft: 09.06.2011
Brandenburg	Behindertenpolitisches Maßnahmenpaket für das Land Brandenburg. Auf dem Weg zur Umsetzung des Übereinkommens der	veröffentlicht und in Kraft: 29.11.2011

9 So heißt es in der *List of issues in relation to the initial report of Germany*, Abschnitt A, Frage 1: „Please provide information for each of the 16 Länder on their understanding and implementation of their legal obligations of the United Nations Convention on the Rights of Persons with Disabilities and on their action plans for implementation [...]“.

Geltungsbereich	Aktions-/ Maßnahmenplan	Stand
	Vereinten Nationen über die Rechte von Menschen mit Behinderungen	
Bremen		in Vorbereitung
Hamburg	Hamburger Landesaktionsplan zur Umsetzung der UN-Konvention über die Rechte von Menschen mit Behinderungen	veröffentlicht und in Kraft: 18.12.2012
Hessen	Hessischer Aktionsplan zur Umsetzung der UN-Behindertenrechtskonvention	veröffentlicht und in Kraft: 17.08.2012
Mecklenburg-Vorpommern	Mecklenburg-Vorpommern auf dem Weg zu einer inklusiven Gesellschaft. Maßnahmenplan der Landesregierung Mecklenburg-Vorpommern zur Umsetzung des Übereinkommens der Vereinten Nationen über die Rechte von Menschen mit Behinderungen	veröffentlicht und in Kraft: 27.08.2013
Niedersachsen		in Vorbereitung
Nordrhein-Westfalen	Eine Gesellschaft für alle –NRW inklusiv. Aktionsplan der Landesregierung zur Umsetzung der UN-Behindertenrechtskonvention	veröffentlicht und in Kraft: 03.07.2012
Rheinland-Pfalz	Aktionsplan der Landesregierung – Umsetzung der UN-Konvention über die Rechte von Menschen mit Behinderungen	veröffentlicht und in Kraft: 26.03.2010
Saarland	Saarland inklusiv – unser Land für alle. Aktionsplan der Landesregierung zur Umsetzung der UN-Behindertenrechtskonvention	veröffentlicht und in Kraft: 17.08.2012
Sachsen		in Planung
Sachsen-Anhalt	einfach machen – Unser Weg in eine inklusive Gesellschaft. Landesaktionsplan Sachsen-Anhalt zur Umsetzung des Übereinkommens der Vereinten Nationen über die Rechte von Menschen mit Behinderungen	veröffentlicht und in Kraft: 15.01.2013
Schleswig-Holstein		in Planung
Thüringen	Thüringer Maßnahmenplan zur Umsetzung der UN-Konvention über die Rechte von Menschen mit Behinderungen	veröffentlicht und in Kraft: 24.04.2012

Das Gesetz zur Gleichstellung behinderter Menschen (BGG)

Entstehungsgeschichte, Aufbau und wesentliche Inhalte des Behindertengleichstellungsgesetzes

Das *Gesetz zur Gleichstellung behinderter Menschen* (Behindertengleichstellungsgesetz, BGG) trat am 01. Mai 2002 in Kraft und regelt als Bürgerrechtsgesetz das Verhältnis zwischen dem Staat und seinen Bürgern und Bürgerinnen mit Behinderung auf Bundesebene. Kernstück ist es, die Benachteiligung von Menschen mit Behinderung, d.h. ihre unterschiedliche Behandlung ohne zwingenden Grund im Vergleich zu Menschen ohne Behinderung, im Umgang mit Trägern öffentlicher Gewalt zu beseitigen und zu verhindern und so die gleichberechtigte Teilhabe am Leben in der Gesellschaft und selbstbestimmte Lebensführung zu gewährleisten. Insbesondere das Benachteiligungsverbot aus Artikel 3 Absatz 3 Satz 2 Grundgesetz („Niemand darf wegen seiner Behinderung benachteiligt werden", siehe unten) im Umgang mit Trägern der öffentlichen Gewalt findet im BGG seine Konkretisierung (DIMR o.J. b). Das 15 Artikel umfassende Gesetz untergliedert sich in vier Abschnitte:

- Abschnitt 1 (Allgemeine Bestimmungen, §1-§6) beschreibt die Zielsetzung des Gesetzes, definiert zentrale Begrifflichkeiten wie Behinderung und Barrierefreiheit und führt unter § 5 das Instrument der sogenannten Zielvereinbarungen (siehe unten) aus.
- Abschnitt 2 (Verpflichtungen zur Gleichstellung und Barrierefreiheit, §7-§11) führt das generelle Benachteiligungsverbot für Träger öffentlicher Gewalt aus, regelt den Anspruch auf eine barrierefreie Gestaltung in den Bereichen Bau und Verkehr, bei schriftlichen Bescheiden und Vordrucken sowie in der Informationstechnik und schreibt den Anspruch auf Verwendung von Gebärdensprache oder anderen Kommunikationshilfen von Menschen mit Hör- und/oder Sprachbehinderung in einem Verwaltungsverfahren fest.
- Abschnitt 3 (Rechtsbehelfe, §12-§13) regelt Vertretungsbefugnisse und das Recht der Verbandsklage für anerkannte Verbände bei Verstößen gegen das Benachteiligungsverbot.
- In Abschnitt 4 (Beauftragte oder Beauftragter der Bundesregierung für die Belange behinderter Menschen, §14-§15) werden die Bestellung einer Beauftragten/eines Beauftragten für die Belange von Menschen mit Behinderungen durch die Bundesregierung festgeschrieben und seine bzw. ihre Aufgaben und Befugnisse definiert.

Diese Rechte gelten im Sinne von § 3 BGG für alle Menschen, deren „körperliche Funktion, geistige Fähigkeit oder seelische Gesundheit mit hoher Wahrscheinlichkeit länger als sechs Monate von dem für das Lebensalter typischen Zustand abweichen und daher ihre Teilhabe am Leben in der Gesellschaft beeinträchtigt ist" (§ 3 BGG)[10]. Mit dieser aus dem SGB IX übernommenen Definition differenziert das BGG ebenso wie die Behindertenrechtskonvention der Vereinten Nationen zwar nicht zwischen unterschiedlichen Schweregraden von Behinderung, bezieht im Gegensatz zur Behindertenrechtskonvention jedoch bislang nicht den Aspekt der gesellschafts- bzw. umweltbedingten Barrieren, die eine Behinderung möglicherweise überhaupt erst zu einer tatsächlichen Einschränkung machen, ein. Die Verantwortung für eine Teilhabebeeinträchtigung wird – eher dem medizinischen Modell von Behinderung folgend – einzig dem persönlichen körperlichen, geistigen oder seelischen „Defizit" der betroffenen Person zugeschrieben. Die Gesellschaft, die nach dem Verständnis der Behindertenrechtskonvention entsprechende Barrieren zu verantworten hätte, wird dagegen nicht angesprochen. U.a. dieses überkommene Konzept von Behinderung ist einer der zentralen Punkte, in denen die Monitoring-Stelle und weitere Interessensvertretungen eine Novellierung des Behindertengleichstellungsrechts in Bund und Ländern auf Basis der nach Erlassung des BGG in Kraft getretenen Behindertenrechtskonvention fordern. Konkrete Vorschläge für eine Reform im Lichte der UN-Behindertenrechtskonvention erarbeitete das Deutsche Institut für Menschenrechte e. V. (DIMR 2012). Aufgrund der föderalen Zuständigkeitsverteilungen in der Bundesrepublik verpflichten die Vorschriften des BGG grundsätzlich nur die Bundesbehörden. Landesbehörden sind durch das BGG nur insoweit gebunden, sofern sie Bundesrecht ausführen. Zur Umsetzung der Inhalte, die ausschließlich in die Zuständigkeit der Länder fallen, wie etwa Bauordnungsrecht, Schul- und Hochschulrecht oder das Recht psychisch kranker Menschen, sind in sämtlichen Bundesländern nach und nach korrespondierende Landesgleichstellungsgesetze erlassen worden.

Umsetzung des BGG auf Landesebene mittels Landesgleichstellungsgesetze (LGG)

In Ergänzung zum Behindertengleichstellungsgesetz des Bundes, das das Verhältnis zwischen Staat und Bürgern mit Behinderung übergreifend auf Bundesebene regelt, wird die Gleichstellung von Menschen mit Behinderungen in landesrecht-

---

10 Allerdings können Ansprüche aus dem Behindertengleichstellungsgesetz in Verwaltungs- und Gerichtsverfahren nur von Menschen durchgesetzt werden, deren Behinderteneigenschaft von offizieller Seite festgestellt wurde. Vor diesem Hintergrund bekommt das Recht der Verbandsklage (§ 13 BGG), bei der anerkannte Vereine und Verbände anstelle der betroffenen Einzelperson das Verfahren auch ohne Feststellung einer Behinderung durchführen können, seine Bedeutung (DIMR o. J. b).

lichen Angelegenheiten in entsprechenden Landesgleichstellungsgesetzen (LGG) sowie in ergänzenden Verordnungen festgeschrieben. Inzwischen haben alle 16 deutschen Bundesländer ein eigenes Landesgleichstellungsgesetz verabschiedet. Tabelle 2 listet den aktuellen Stand der Landesgleichstellungsgesetze auf.

Tab. 2: Übersicht der Landesgleichstellungsgesetze (in Anlehnung an Meron 2007, 9)

Geltungsbereich	Gesetz	Stand
Baden-Württemberg	Landesgesetz zur Gleichstellung von Menschen mit Behinderungen (Landes-Behindertengleichstellungsgesetz, L-BGG)	03. Mai 2005
Bayern	Bayerisches Gesetz zur Gleichstellung, Integration und Teilhabe von Menschen mit Behinderung (Bayerisches Behindertengleichstellungsgesetz, BayBGG)	09. Juli 2003
Berlin	Gesetz über die Gleichberechtigung von Menschen mit und ohne Behinderung (Landesgleichberechtigungsgesetz, LGBG)	17. Mai 1999
Brandenburg	Gesetz des Landes Brandenburg zur Gleichstellung von Menschen mit Behinderungen (Brandenburgisches Behindertengleichstellungsgesetz, BbgBGG)	11. Februar 2013
Bremen	Bremisches Gesetz zur Gleichstellung von Menschen mit Behinderungen (Bremisches Behindertengleichstellungsgesetz, BremBGG)	18. Dezember 2003
Hamburg	Hamburgisches Gesetz zur Gleichstellung behinderter Menschen (HmbGGbM)	10. März 2005
Hessen	Hessisches Gesetz zur Gleichstellung von Menschen mit Behinderungen (Hessisches Behinderten-Gleichstellungsgesetz, HessBGG)	20. Dezember 2004
Mecklenburg-Vorpommern	Gesetz zur Gleichstellung, gleichberechtigten Teilhabe und Integration von Menschen mit Behinderungen (Landesbehindertengleichstellungsgesetz, LBGG M-V)	10. Juli 2006
Niedersachsen	Niedersächsisches Behindertengleichstellungsgesetz, NBGG)	25. November 2007
Nordrhein-Westfalen	Gesetz des Landes Nordrhein-Westfalen zur Gleichstellung von Menschen mit Behinderung (Behindertengleichstellungsgesetz Nordrhein-Westfalen, BGG NRW)	16. Dezember 2003

Geltungsbereich	Gesetz	Stand
Rheinland-Pfalz	Landesgesetz zur Gleichstellung behinderter Menschen (LGGBehM)	16. Dezember 2002
Saarland	Gesetz zur Gleichstellung von Menschen mit Behinderungen im Saarland (Saarländisches Behindertengleichstellungsgesetz, SBGG)	26. November 2003
Sachsen	Gesetz zur Verbesserung der Integration von Menschen mit Behinderungen im Freistaat Sachsen (Sächsischen Integrationsgesetz, SächsIntegrG)	28. Mai 2004
Sachsen-Anhalt	Gesetz des Landes Sachsen-Anhalt zur Gleichstellung von Menschen mit Behinderungen (Behindertengleichstellungsgesetz Sachsen-Anhalt, BGG LSA)	16. Dezember 2010
Schleswig-Holstein	Gesetz zur Gleichstellung von Menschen mit Behinderung in Schleswig-Holstein (Landesbehindertengleichstellungsgesetz, LBGG)	16. Dezember 2002
Thüringen	Thüringer Gesetz zur Gleichstellung und Verbesserung der Integration von Menschen mit Behinderungen (ThürGiG)	16. Dezember 2005

Bis auf die Gesetze der Länder Berlin und Sachsen-Anhalt sind alle Landesgleichstellungsgesetze erst nach dem Inkrafttreten des Bundes-Behindertengleichstellungsgesetzes entstanden. Berlin und Sachsen-Anhalt, die bereits vor dem Bund eigene Behindertengleichstellungsgesetze erlassen hatten, haben jedoch ihre Gesetze in der Folge des BGG nochmals überarbeitet. Von einzelnen Abweichungen abgesehen, stimmen die Gleichstellungsgesetze der Länder mit denen des Bundes im Wesentlichen überein und sind zum Teil sogar im Wortlaut identisch (DIMR 2012).

Exkurs: Zielvereinbarungen gemäß § 5 BGG

Mit dem im BGG beschriebenen Instrument der Zielvereinbarungen wurde erstmals ein neuer Weg in der Herstellung von Barrierefreiheit beschritten. Anerkannten Behindertenverbänden wird in § 5 BGG das Recht eingeräumt, mit Unternehmen und Unternehmensverbänden sowie mit staatlichen Stellen, Kommunen, Interessenverbänden, Gewerkschaften, Parteien, Kirchen etc. in Verhandlung zu treten, um mit ihnen Mindestbedingungen der Barrierefreiheit ihrer Produkte oder Angebote festzulegen und einen Maßnahmen- und Zeitplan aufzustellen, wie und bis wann diese Mindestbedingungen erreicht werden sollen. Ein

Anspruch auf Aufnahme von Verhandlungen besteht lediglich gegenüber Unternehmen und Unternehmensverbänden, nicht aber gegenüber anderen potentiellen Zielvereinbarungspartnern (BKB o. J.). Die Anerkennung eines Verbandes erfolgt bei Vorliegen bestimmter Voraussetzungen (u.a. Bestehen des Vereins seit mindestens drei Jahren, ausreichender Mitgliederkreis, Gemeinnützigkeit) durch das Bundesministerium für Arbeit und Soziales auf Vorschlag des Beirates für die Teilhabe behinderter Menschen und ist in § 13 BGG geregelt. Unter bestimmten Voraussetzungen können sich die anerkannten Verbände bei Verstößen gegen das Benachteiligungsverbot oder gegen die Verpflichtung zur Herstellung der Barrierefreiheit mit einer Verbandsklage wehren (BMAS 2011a, 118). Dazu muss ein Verband nicht zwingend in seinen eigenen Rechten betroffen sein, sondern kann die Verbandsklage auch für Dritte, bspw. betroffene Einzelpersonen, einreichen (Netzwerk Artikel 3 e. V. 2002, 20). Abgeschlossene und beendete Zielvereinbarungen, diejenigen in Verhandlung sowie die angekündigten Zielvereinbarungen werden ebenso wie die gesonderten Mobilitätsprogramme der Eisenbahnen im sogenannten Zielvereinbarungsregister[11] des Bundesministeriums für Arbeit und Soziales erfasst. Weitere Informationen zu den Zielvereinbarungen und dem Instrument der Verbandsklage sowie eine Bewertung aus der Perspektive der Selbsthilfe finden sich in dem Kapitel Bühler et al. in diesem Band.

Weitere gesetzliche Regelungen zur Gleichstellung

Ergänzend zur UN-Behindertenrechtskonvention sowie zum Behindertengleichstellungsgesetz (und dem in diesem Kapitel nur am Rande erwähnten Sozialgesetzbuch Neuntes Buch), die beide exklusiv die Gleichstellung von Menschen mit Behinderungen festschreiben, lassen sich für Fragen der grundsätzlichen Gleichbehandlung in Deutschland weitere Gesetze heranziehen, die ein generelles Benachteiligungsverbot auch, aber nicht ausschließlich Menschen mit Behinderungen gegenüber aussprechen.

Grundgesetz für die Bundesrepublik Deutschland (GG)

Im Zuge der deutsch-deutschen Wiedervereinigung 1990 erfolgte eine Reform des Grundgesetzes der Bundesrepublik Deutschland. Diese überarbeitete bzw. ergänzte Fassung trat am 15. November 1994 in Kraft und enthält seitdem in Artikel 3

---

11 http://www.bmas.de/DE/Themen/Teilhabe-behinderter-Menschen/Zielvereinbarungen/Ziel vereinbarungsregister/inhalt.html.

Absatz 3 auch ein explizites Benachteiligungsverbot gegenüber Menschen mit Behinderungen: So heißt es von diesem Zeitpunkt an in Satz 2 „Niemand darf wegen seiner Behinderung benachteiligt werden" (Artikel 3 Absatz 3 GG). Bis dahin war lediglich der nach wie vor enthaltene Satz 1 („Niemand darf wegen seines Geschlechtes, seiner Abstammung, seiner Rasse, seiner Sprache, seiner Heimat und Herkunft, seines Glaubens, seiner religiösen oder politischen Anschauungen benachteiligt oder bevorzugt werden") Bestandteil, der vor allem basierend auf den Erfahrungen aus dem Nationalsozialismus ins Grundgesetz aufgenommen worden war (Kobinet 2009). Dieser Satz erfasste nach Ansicht von Behindertenverbänden jedoch ihre Lebenssituation nicht ausreichend und so forderten sie – auch angeregt durch den 1990 in Kraft getretenen *Americans with Disabilities Act* (ADA) – zunächst teilweise gegen den Widerstand der Politik die Aufnahme eines expliziten Benachteiligungsverbotes für Menschen mit Behinderung in das deutsche Grundgesetz. Mit dem „Düsseldorfer Appell" anlässlich der REHA-Hilfsmittelmesse 1991 wurde diese Forderung unter Federführung des Initiativkreises Gleichstellung Behinderter (später überführt in das Netzwerk Artikel 3 e. V., siehe oben) erstmals der breiten Öffentlichkeit vorgestellt. Bis Ende 1992 hatten sich bereits über 120 Organisationen und über 10.000 Einzelpersonen diesem Appell angeschlossen (Jürgens 2000). Mit der Veranstaltung des ersten Europäischen Protesttages für die Gleichstellung Behinderter[12] wurde 1992 weiterer Druck in dieser Sache auf die Politik ausgeübt. Es folgte eine Anhörung vor der Verfassungskommission im Januar 1993, und 1994 wurde der geforderte Passus „Niemand darf wegen seiner Behinderung benachteiligt werden" ergänzt (Netzwerk Artikel 3 e. V. 2002). Das Grundgesetz schreibt somit die Gleichbehandlung von Menschen mit Behinderungen als verfassungsmäßiges Grundrecht fest; eine Spezifikation dessen, was unter einer Behinderung in diesem Zusammenhang zu verstehen ist, enthält es jedoch nicht.

Das Allgemeine Gleichbehandlungsgesetz (AGG)

Das am 18. August 2006 in Kraft getretene Allgemeine Gleichbehandlungsgesetz (umgangssprachlich auch *Antidiskriminierungsgesetz* genannt, AGG) konkretisiert Artikel 3 des Grundgesetzes („Ziel des Gesetzes ist, Benachteiligungen aus Gründen der Rasse oder wegen der ethnischen Herkunft, des Geschlechts, der Religion oder Weltanschauung, einer Behinderung, des Alters oder der sexuellen

---

12 Dabei handelt es sich um einen 1992 von den Interessenvertretungen Selbstbestimmt Leben Deutschland (ISL) ins Leben gerufenen und jährlich am 5. Mai europaweit stattfindenden Aktionstag.

Identität zu verhindern oder zu beseitigen“, § 1 AGG) und zielt auf einen besseren Schutz aller Menschen vor Benachteiligung im privaten Rechtsverkehr ab. Das Gleichbehandlungsgesetz bezieht sich dabei insbesondere auf das Arbeitsleben (Abschnitt 2, Schutz der Beschäftigten vor Benachteiligung) sowie auf wesentliche Alltagsgeschäfte (z. B. den Abschluss von sogenannten Massengeschäften[13], insbesondere in der Konsumgüterwirtschaft und bei standardisierten Dienstleistungen, und von privatrechtlichen Versicherungsverträgen) (Abschnitt 3, Schutz vor Benachteiligung im Zivilrechtsverkehr) und schützt Menschen davor, in diesen Bereichen aufgrund der in § 1 genannten Diskriminierungsmerkmale benachteiligt zu werden (BMAS 2007). Das Verständnis von Behinderung im Allgemeinen Gleichstellungsgesetz entspricht dem aus dem SGB IX bzw. BGG bekannten, tendenziell medizinisch orientierten Behinderungsbegriff.

Barrierefreie Information und Kommunikation

Neben den allgemeinen Grundsätzen der Gleichstellung und des grundsätzlichen Diskriminierungsverbotes von Menschen mit Behinderungen existieren ebenso gesetzliche Regelungen und Umsetzungsbestimmungen explizit in Bezug auf die barrierefreie Gestaltung von Informations- und Kommunikationsangeboten. Sowohl die Behindertenrechtskonvention als auch das deutsche Behindertengleichstellungsgesetz bzw. die Landesgleichstellungsgesetze und das Neunte Buch Sozialgesetzbuch greifen in unterschiedlichem Detaillierungsgrad und mit unterschiedlicher Schwerpunktsetzung den Aspekt barrierefreier Information und Kommunikation bzw. Informations- und Kommunikationstechnologie (IKT) auf; die konkrete Ausgestaltung regeln bspw. flankierende (Landes-)Rechtsverordnungen. Viele der Bestimmungen greifen in einer Form auf die Grundlagen internationaler (Quasi-)Standards wie die Empfehlungen des Word Wide Web Consortiums (W3C) zurück oder legen entsprechende Normen zugrunde. Ein einheitliches europäisches Barrierefreiheitsgesetz (*European Accessibility Act*, EAA[14]), das im Sinne der Behindertenrechtskonvention und im Rahmen der „Europäischen Strategie zugunsten von Menschen mit Behinderungen (2010–2020)“ die zum Teil bisher sehr unterschiedlichen gesetzlichen Regelungen in

13 Massengeschäfte bezeichnen Geschäfte, die in der Regel ohne Ansehen einer Person zu vergleichbaren Bedingungen in einer Vielzahl von Fällen zu Stande kommen, z. B. Restaurantbesuche oder Hotelbuchungen (BMAS 2011 a, S. 120).

14 European Accessibility Act: legislative initiative to improve accessibility of goods and services in the Internal Market. Roadmap online verfügbar unter: http://ec.europa.eu/smart-regulation/impact/planned_ia/docs/2012_just_025_european_accessibiliy_act_en.pdf (20.05.2014).

den Mitgliedstaaten harmonisieren und zur Verbesserung der Barrierefreiheit, auch ausdrücklich im IKT-Bereich, im europäischen Binnenmarkt beitragen soll, befindet sich in Vorbereitung (Stand Mai 2014).

Rechtsgrundlagen barrierefreier Information und Kommunikation

Bis auf das Grundgesetz und das Allgemeine Gleichbehandlungsgesetz mit ihrem Fokus auf ein generelles Diskriminierungsverbot formulieren alle der im ersten Abschnitt beschriebenen Rechtsdokumente auch explizit die elementare Bedeutung eines barrierefreien Zugangs zu Informations- und Kommunikationssystemen für eine gleichberechtigte Teilhabe von Menschen mit Behinderungen an unserer informations(-technologie-)geprägten Gesellschaft und greifen diesen Aspekt in unterschiedlicher Konkretisierung auf. Die zugrundegelegten Definitionen von „barrierefrei" bzw. „zugänglich" und „Information und Kommunikation" sind dabei ebenso wie die bereits beschriebenen Verständnisse von „Behinderung" nicht unbedingt einheitlich.

Barrierefreie IKT in der UN-Behindertenrechtskonvention

Die UN-Behindertenrechtskonvention legt wie auch für „Behinderung" ein umfassendes, weit gefasstes Begriffsverständnis von „Kommunikation" zugrunde: So umfasst der Begriff „Kommunikation" im Sinne der Konvention neben Sprache (d.h. gesprochene Sprachen sowie explizit auch Gebärdensprachen und andere nicht gesprochene Sprachen) gleichwertig auch Textdarstellungen, Brailleschrift, taktile Kommunikation, Großdruck, leicht zugängliches Multimedia, schriftliche, auditive, in einfache Sprache übersetzte, durch Vorleser zugänglich gemachte sowie ergänzende und alternative Formen, Mittel und Formate der Kommunikation, einschließlich leicht zugänglicher Informations- und Kommunikationstechnologien (UN-BRK 2008 Artikel 2). Generelle Zugänglichkeit wird als verpflichtender Grundsatz der Konvention festgeschrieben und damit erstmals als Menschenrecht benannt (UN-BRK 2008 Artikel 3, Punkt f). Mit der konkreten Ausgestaltung entsprechend zugänglicher IK-Technologien befassen sich zwei Artikel der Behindertenrechtskonvention: In Artikel 9 (Zugänglichkeit) im allgemeinen Teil der Konvention wird der grundsätzlichen Zugänglichkeit von Information und Kommunikation als Teil der physischen Umwelt eine zentrale Bedeutung eingeräumt. Die Vertragsstaaten verpflichten sich u.a. dazu, geeignete Maßnahmen zu ergreifen, um Menschen mit Behinderungen den gleichberechtigten Zugang zu Information und Kommunikation (einschließlich entsprechender Informations- und Kommunikationstechnologien und -systeme, des Internets sowie elektronischer Dienste und Notdienste) als Grundrecht zu gewährleisten. Diese Maßnahmen umfassen vollumfänglich „die Feststellung und Beseitigung von Zugangshindernissen und -barrieren" (UN-BRK 2008 Artikel 9 Absatz 1) und gelten für alle Menschen mit Behinderungen im Sinne von Artikel 1 UN-BRK. In Absatz 2 werden die unterzeichnenden Staaten zudem angehalten, u.a. Mindeststandards für diese Zugänglichkeit zu erarbeiten, den Zugang von Menschen mit Behinderungen speziell zu neuen Informations- und Kommunikationstechnologien zu fördern sowie die Entwicklung und Herstellung entsprechend zugänglicher Informations- und Kommunikationstechnologien zu unterstützen, so dass deren Einsatz möglichst kostengünstig erreicht werden kann (UN-BRK 2008 Artikel 9 Absatz 2). Artikel 21 (Recht der freien Meinungsäußerung, Meinungsfreiheit und Zugang zu Informationen) konkretisiert die Bedeutung des Rechts auf Informationszugang für die Bereiche Meinungsfreiheit und Meinungsbildung und verpflichtet die Vertragsstaaten dazu, durch das Ergreifen geeigneter Maßnahmen zu gewährleisten, „dass Menschen mit Behinderungen das Recht auf freie Meinungsäußerung und Meinungsfreiheit, einschließlich der Freiheit, Informationen und Gedankengut sich zu beschaffen, zu empfangen und weiterzugeben, gleichberechtigt mit anderen und durch alle von ihnen gewählten Formen der Kommunikation [...] ausüben können" (UN-BRK 2008 Artikel 21). Dies erfordert im Einzelnen,

a) dass für die Allgemeinheit bestimmte Informationen rechtzeitig und ohne zusätzliche Kosten in zugänglichen Formaten und Technologien, die für unterschiedliche Arten von Behinderung geeignet sind, zur Verfügung gestellt werden,
b) dass die Verwendung sämtlicher selbst gewählter Kommunikationsmittel, -formen und -formate im Umgang mit Behörden akzeptiert und ermöglicht wird,
c) dass private Rechtsträger, die Dienste (auch über das Internet) für die Allgemeinheit anbieten, nachdrücklich aufgefordert werden, ihre Informationen und Dienstleistungen in Formaten zur Verfügung zu stellen, die für Menschen mit Behinderungen zugänglich und nutzbar sind,
d) dass die Massenmedien, einschließlich der Anbieter von Informationen über das Internet, aufgefordert werden, ihre Dienstleistungen für Menschen mit Behinderungen zugänglich zu gestalten,
e) und dass die Verwendung von Gebärdensprache anerkannt und gefördert wird.

Im Gegensatz zum Begriff der Kommunikation, der in der Behindertenrechtskonvention eine präzise und umfassende Definition erfährt, werden „Zugänglichkeit“ / „zugänglich“ bzw. „Barrierefreiheit“ / „barrierefrei“ dagegen bewusst nicht näher bestimmt. Durch eine festgeschriebene Definition ließe sich einerseits zwar eine Präzisierung und verbindliche Prüfbarkeit erreichen, anderseits besteht aber in gleichem Maße auch die Gefahr einer gleichzeitigen Einschränkung und Beschneidung der sich daraus ableitenden Ansprüche. Barrierefreiheit ist insbesondere im Bereich IKT ein hoch variabler Begriff, der sowohl vom jeweils aktuellen Stand der Technik als auch von der individuellen Situation einer einzelnen Person und ihrem jeweiligen Nutzungskontext abhängig ist, und sich damit kaum in eine langfristig, tatsächlich für alle Menschen und (mögliche künftige) Technologien geltende Begriffsbestimmung überführen lässt. Um hier eine unbewusste, nicht absehbare Ausgrenzung oder Nicht-Berücksichtigung zu vermeiden, zielt die Konvention stattdessen auf eine allgemeingültige „gleichberechtigte Teilhabe“ und „gleichberechtigten Zugang“ für Menschen mit Behinderungen sowie ein „universelles Design“ (d.h. eine Gestaltung, die allen Menschen möglichst ohne eine zusätzliche Anpassung oder ein spezielles Design, gerecht wird, Artikel 2 UN-BRK) ab (Stricker & Fischer 2009). Die sich hieraus ergebenden Rechte sind erkennbar umfassender als es jede Definition von „Zugänglichkeit“ ermöglichen könnte.

Barrierefreie IKT im Behindertengleichstellungsgesetz

Auch das deutsche Behindertengleichstellungsgesetz verfolgt das Ziel einer umfassenden Barrierefreiheit für Menschen mit Behinderung. Als barrierefrei versteht das BGG dabei: „Barrierefrei sind bauliche und sonstige Anlagen, Verkehrsmittel, technische Gebrauchsgegenstände, Systeme der Informationsverarbeitung, akustische und visuelle Informationsquellen und Kommunikationseinrichtungen sowie andere gestaltete Lebensbereiche, wenn sie für behinderte Menschen in der allgemein üblichen Weise ohne besondere Erschwernis und grundsätzlich ohne fremde Hilfe zugänglich und nutzbar sind“ (§ 4 BGG). Diese Definition macht zwei zentrale Anforderungen an Barrierefreiheit im Sinne des BGG deutlich: (1) Die Bereitstellung von gesonderten Insellösungen für Menschen mit einer speziellen Ausprägung von Behinderung (im Kontext IKT z. B. die Bereitstellung spezieller Websites in Textversion für blinde Nutzer, im baulichen Kontext z. B. die Einrichtung von speziellen Hintereingängen für Rollstuhlfahrer) erfüllt den gesetzlichen Auftrag nicht, da es sich nicht mehr um einen Zugang in der allgemein üblichen Weise handelt. (2) Ein barrierefreies Angebot muss außerdem so gestaltet sein, dass es nicht nur zugänglich, sondern für den

Anwender auch nutzbar ist. Ein Online-Shop, dessen eigene Website zwar barrierefrei gestaltet ist, der eine Bezahlung jedoch ausschließlich über ein nicht-barrierefreies Online-Bezahlsystem anbietet, ist zwar zugänglich, aber in seinem Daseinszweck nicht nutzbar. Die konkreten Ansprüche an eine barrierefreie Kommunikation und Information im Umgang mit Bundesbehörden regeln im BGG die Paragraphen

- § 6 (Gebärdensprache)
- § 9 (Recht auf Verwendung von Gebärdensprache und anderen Kommunikationshilfen)
- § 10 (Gestaltung von Bescheiden und Vordrucken) und
- § 11 (Barrierefreie Informationstechnik).

§ 6 BGG erkennt die Deutsche Gebärdensprache als eigenständige Sprache und Lautsprachbegleitende Gebärden als Kommunikationsform der deutschen Sprache an (§ 6 Absatz 1 und 2 BGG); den Anspruch auf ihre Verwendung regelt § 9 BGG sowie die flankierende *Kommunikationshilfen-Verordnung* (siehe unten). § 10 BGG beschreibt den Anspruch von Menschen mit Blindheit oder einer Sehbehinderung auf eine zugängliche Gestaltung von schriftlichen Bescheiden und Vordrucken; die konkreten Umsetzungsbedingungen werden in der *Verordnung über barrierefreie Dokumente* definiert (siehe unten). In Hinblick auf die barrierefreie Gestaltung von Informationssystemen kann der § 11 BGG (Barrierefreie Informationstechnik) als zentral angesehen werden: Hier finden sich die wichtigsten Aussagen zur barrierefreien Gestaltung von (behördlicher) Informationstechnik. Danach sind Träger öffentlicher Gewalt verpflichtet, ihre Internetauftritte und -angebote sowie von ihnen zur Verfügung gestellte Programmoberflächen so zu gestalten, dass sie von Menschen mit Behinderungen uneingeschränkt genutzt werden können. Die Richtlinien und Standards, wie diese Barrierefreiheit umzusetzen ist, werden in der *Barrierefreie-Informationstechnik-Verordnung* expliziert (siehe unten).

Barrierefreie IKT im Neunten Buch Sozialgesetzbuch

Während die in UN-Behindertenrechtskonvention und BGG definierten Ansprüche für alle Menschen mit Behinderungen unabhängig ihres Schweregrades gelten, so legt das Neunte Buch Sozialgesetzbuch in seinem zweiten Teil ausdrücklich die Regelungen zur Teilhabe für Menschen mit einer Schwerbehinderung fest und nimmt Unternehmen aus der Privatwirtschaft als Arbeitgeber in die Verantwortung. In Bezug auf eine zugängliche Gestaltung von IKT kann dabei insbesondere ein Paragraph als relevant angesehen werden: In § 81 (Pflichten des Arbeitgebers und Rechte schwerbehinderter Menschen) Absatz 4 und 5 SGB IX legt das Sozialgesetzbuch Neuntes Buch fest, dass schwerbehinderte Arbeitnehmer ihrem Arbeitgeber gegenüber den Anspruch auf die behindertengerechte Einrichtung ihrer Arbeitsstätte sowie die Ausstattung ihres Arbeitsplatzes mit geeigneten technischen Arbeitshilfen haben.

Relevante Rechtsverordnungen in Deutschland

Die verbindlichen Anordnungen und konkreten Ausführungsbestimmungen der beschriebenen Gesetzesansprüche auf barrierefreie IKT in Deutschland regeln korrespondierende Rechtsverordnungen.

Rechtsverordnungen nach dem Behindertengleichstellungsgesetz

In den Rechtsverordnungen nach dem Behindertengleichstellungsgesetz ist konkretisiert, wie die Umsetzung der im BGG beschriebenen Barrierefreiheit für bestimmte Zielgruppen im Kontakt mit Bundesbehörden in der Praxis zu gewährleisten ist. Auf folgende Verordnungen wird im Behindertengleichstellungsgesetz Bezug genommen:

- Die Rechtsverordnung nach § 9 BGG: Kommunikationshilfen-Verordnung
  Die sogenannte Kommunikationshilfen-Verordnung („Verordnung zur Verwendung von Gebärdensprache und anderen Kommunikationsregeln im Verwaltungsverfahren nach dem Behindertengleichstellungsgesetz“, KHV) regelt auf Grundlage von § 9 BGG (Recht auf Verwendung von Gebärdensprache und anderen Kommunikationshilfen, siehe oben) die gesetzlichen Ansprüche von Menschen mit Hörschädigung auf Kommunikationshilfen im Umgang mit Behörden und Verwaltungsorganen. Sie legt fest, dass die Beteiligten eines Verwaltungsverfahrens mit einer Hör- und/oder Sprachbehinderung Anspruch auf die Bereitstellung eines Dolmetschers für die Deutsche Gebärdensprache (DGS), auf lautsprachbegleitende Gebärden (LBG) oder andere geeignete Kommunikationshilfen (KommunikationshelferInnen, spezielle Kommunikationsmethoden, wie bspw. Lormen, oder spezielle Kommunikationsmittel wie akustisch-technische Hilfen oder grafische Symbol-Systeme) haben (§ 2 und 3 KHV). Das Wahlrecht der zu benutzenden Kommunikationshilfe liegt bei dem Berechtigten (§ 2 Absatz 2 KHV); die Kosten trägt die jeweils zuständige Behörde (§ 5 KHV).
- Die Rechtsverordnung nach § 10 BGG: Verordnung über barrierefreie Dokumente in der Bundesverwaltung

Während die KHV die Ansprüche von Personen mit Hör- und/oder Sprachbehinderung regelt, gilt die *Verordnung zur Zugänglichmachung von Dokumenten für blinde und sehbehinderte Menschen im Verwaltungsverfahren nach dem Behindertengleichstellungsgesetz* (Verordnung über barrierefreie Dokumente, VBD) nach § 10 BGG (Gestaltung von Bescheiden und Vordrucken, siehe oben) für alle Beteiligten eines Verwaltungsverfahrens mit Blindheit oder einer anderen Sehbehinderung. Diese haben einen Anspruch darauf, dass ihnen Dokumente in einer für sie wahrnehmbaren Form (schriftlich, d.h. in Blindenschrift oder in Großdruck, elektronisch, akustisch, mündlich oder in sonstiger Weise) zugänglich gemacht werden (§ 1 und 3 VBD).
Dieser Anspruch umfasst Bescheide, öffentlich-rechtliche Verträge sowie Vordrucke einschließlich ihrer Anlagen (§ 2 VBD). Werden Dokumente in analoger schriftlicher Form mittels Großdruck zugänglich gemacht, sind Schriftbild, Kontrastierung und Papierqualität so auszuwählen, dass sie den individuellen Bedürfnissen des Berechtigten entsprechen (§ 3 Absatz 2 VBD). Werden Dokumente auf elektronischem Wege zugänglich gemacht, so gelten die Standards der Barrierefreie-Informationstechnik-Verordnung (siehe unten) (§ 3 Absatz 3 VBD). Das Wahlrecht zwischen den genannten Formen der Zugänglichmachung liegt beim Berechtigten (§ 5 Absatz 2 VBD).

- Die Rechtsverordnung nach § 11 BGG: Barrierefreie-Informationstechnik-Verordnung
  Die sogenannte *Barrierefreie-Informationstechnik-Verordnung* („Verordnung zur Schaffung barrierefreier Informationstechnik nach dem Behindertengleichstellungsgesetz", BITV) entstammt in technischer Hinsicht dem Kontext der Web Content Accessibility Guidelines (WCAG) des Word Wide Web Consortiums (W3C) (siehe unten) und regelt auf Grundlage von § 11 des Behindertengleichstellungsgesetzes (Barrierefreie Informationstechnik) die Rahmenbedingungen der Zugänglichkeit aller Internetauftritte und -angebote sowie der öffentlich zugänglichen Intranetauftritte und -angebote und grafischen Programmoberflächen der Behörden der Bundesverwaltung. Dazu definiert sie neben dem Geltungsbereich (§ 1) und den einzubeziehenden Gruppen von Menschen mit Behinderungen (§ 2) die anzuwendenden Standards (§ 3) und legt Fristen für die Umsetzung dieser Standards fest (§ 4).
  2011 erfuhren die BITV sowie ihre Anlagen eine Aktualisierung, in deren Zuge auf Basis der Entwürfe der WCAG 2.0 Bezüge auf veraltete Technologien überarbeitet und technologieunabhängig formuliert wurden, und darüber hinaus die Belange gehörloser und geistig behinderter Menschen berücksichtigt werden sollten. In der neuen Version unter der Bezeichnung BITV 2.0 werden im Wesentlichen folgende Kernkriterien für eine barrierefreie IT-Gestaltung benannt (Bremus 2013, 39):

- Bereitstellung von Alternativen zu Audio- und visuellen Inhalten
- Struktur/Semantik nicht nur durch Farben darstellen
- Markup und Style Sheets korrekt einsetzen und verwenden
- W3C-Techniken und –Richtlinien einhalten
- Klare Navigationsmechanismen
- Einfach gehaltene Inhalts- und Satzstrukturen
- Geräteunabhängiges Design wählen
- Möglichst auf dynamisches Layout setzen

Anlage 1 zur BITV 2.0 regelt die technischen Details zur Umsetzung; Anlage 2 definiert in ihren beiden Teilen die Bedingungen für den Einsatz von Gebärdensprache (Teil 1) und von Leichter Sprache (Teil 2). Alle 16 Landesgleichstellungsgesetze (siehe oben) greifen den Aspekt barrierefreier Informationstechnik auf; die genauen Anforderungen bzw. Ausarbeitungen eigener Barrierefreier-Informationstechnik-Verordnungen auf Länderebene allerdings sind von Bundesland zu Bundesland unterschiedlich: Übersichten über die Landesgleichstellungsgesetze und ggf. eigene Verordnungen zur barrierefreien Informationstechnik bzw. ihre Bezüge zur Bundes-BITV(2.0) finden sich bspw. bei den Projekten „Digital informiert – im Job integriert" (Di-Ji o.J.) oder „BIK – barrierefrei informieren und kommunizieren" (BIK 2010).

Weitere relevante Rechtsverordnungen

Neben den Verordnungen auf Basis des BGG verweisen auch weitere Gesetze auf Rechtsverordnungen, die im weiteren Sinne für die Barrierefreiheit von Informations- und Kommunikationsangeboten relevant sind, so zum Beispiel:

- Die Rechtsverordnung nach § 191a Gerichtsverfassungsgesetz (GVG): Zugänglichmachungsverordnung
  Die sogenannte *Zugänglichmachungsverordnung* („Verordnung zur barrierefreien Zugänglichmachung von Dokumenten für blinde und sehbehinderte Personen im gerichtlichen Verfahren"; ZMV) regelt analog zur VBD die Anforderungen und das Verfahren für die Zugänglichmachung von Dokumenten speziell in einem gerichtlichen Verfahren (staatsanwaltschaftliche Ermittlungs- und Vollstreckungsverfahren sowie behördliche Bußgeldverfahren), wenn eine blinde oder sehbehinderte Person daran beteiligt ist (§ 1 ZMV). Die Formen der Zugänglichmachung entsprechen dabei denen der VBD; für die elektronische Zugänglichmachung gelten ebenfalls die Standards der BITV (§ 3 ZMV) (siehe oben). Ausführliche Informationen und Umsetzungsbei-

spiele zur Barrierefreiheit im gerichtlichen Kontext finden sich bei Carstens in diesem Band.

- Die Rechtsverordnungen nach dem Arbeitsschutzgesetz (ArbSchG): Bildschirmarbeitsverordnung und Verordnung zur arbeitsmedizinischen Vorsorge
  Die *Bildschirmarbeitsverordnung* („Verordnung über Sicherheit und Gesundheitsschutz bei der Arbeit an Bildschirmgeräten", BildscharbV) ist eine nicht speziell auf Menschen mit Behinderung zugeschnittene, aber gleichwohl relevante Rechtsverordnung für alle Beschäftigungsgruppen mit einer Tätigkeit am Bildschirm. Sie definiert sowohl die (technischen) Mindestanforderungen an Bildschirmgeräte/Tastatur, den Arbeitsplatz und die Arbeitsumgebung als auch an die Softwaregestaltung und die Arbeitsorganisation zum Schutz vor physischen (insbesondere die Augen und das Sehvermögen betreffende) und psychischen Fehlbelastungen. In diesem Zusammenhang ergänzend greift auch die *Verordnung zur arbeitsmedizinischen Vorsorge* (ArbMedVV), ebenfalls im Geltungsbereich des Arbeitsschutzgesetzes, die die Untersuchung der Augen und des Sehvermögens einschließlich des Zurverfügungstellens von Sehhilfen durch den Arbeitgeber regelt.

Die Richtlinien des Word Wide Web Consortiums

Ergänzend zu den beschriebenen nationalen gesetzlichen Vorgaben in Sachen barrierefreier IKT lassen sich, insbesondere im Hinblick auf die technische Realisierung von Barrierefreiheit, weitere (internationale) Richtlinien und (Quasi-) Standards, wie zum Beispiel die Dokumente der Web Accessibility Initiative, heranziehen, auf denen im Wesentlichen bspw. auch die deutsche Barrierefreie-Informationstechnik-Verordnung (siehe oben) fußt. Die Web Accessibility Initiative (WAI) ist einer von vier Schwerpunktbereichen des Word Wide Web Consortiums (W3C)[15] und hat mit seinen Arbeitsgruppen in dieser Funktion vorrangig technisch gehaltene Richtlinien definiert, um das Web für Menschen mit Behinderung barrierefreier zu gestalten. Ziel ist es, durch die Schaffung eines internationalen (Quasi-)Standards, der gleichermaßen die Bedürfnisse von Einzelpersonen, Organisationen und Regierungen berücksichtigt, Einheitlichkeit

15 Das W3C ist ein internationales Gremium, in dem sich unter Leitung von Tim Berners-Lee verschiedene Mitgliedsorganisationen 1994 zusammengefunden haben, um in den Bereichen Architektur, Interaktion, Technologie und Gesellschaft sowie Web Accessibility die Standardisierung der das Word Wide Web betreffenden Techniken voranzutreiben und so Interoperabilität im Web zu schaffen und seiner Fragmentierung entgegenzuwirken (W3C).

zu schaffen und gemäß der Intention des W3-Konsortiums auf diese Weise einer Fragmentierung des Webs entgegenzuwirken (W3C 2013). Als Empfehlungen für die Gestaltung barrierefreier Webinhalte entwickelte die WAI die sogenannten *Web Content Accessibility Guidelines* (WCAG) sowie die *Accessible Rich Internet Applications* (ARIA), die es Webentwicklern ermöglichen, Webinhalte und Applikationen insbesondere mit Web-Techniken wie Ajax und JavaScript zugänglicher zu gestalten. Da die Zugänglichkeit im Web neben barrierefreien Inhalten aber auch nicht weniger von barrierefreien Zugangssystemen und Autorenwerkzeugen abhängt, wurden ergänzend auch für diese Bereiche entsprechende Richtlinien erarbeitet, die *User Agent Accessibility Guidelines* (UUAG) und die *Authoring Tool Accessibility Guidelines* (ATAG).

Web Content Accessibility Guidelines (WCAG)

Die Web Content Accessibility Guidelines (WCAG) in der Version 2.0 bauen auf den WCAG 1.0 vom Mai 1999 auf und sind in der vom W3C offiziell beschlossenen Fassung im Dezember 2008 veröffentlich worden. Sie beschreiben technikübergreifende Richtlinien und Empfehlungen für die barrierefreie Gestaltung von Webanwendungen und wenden sich damit an verschiedene Zielgruppen, z. B. Webdesigner und -entwickler, Entscheidungsträger oder Einkäufer. Um den unterschiedlich tiefgehenden Bedürfnissen dieser verschiedenen Zielgruppen gerecht zu werden, sind die WCAG pyramidenartig aufgebaut und ermöglichen dem Anwender so je nach Detaillierungswunsch einen Einstieg auf unterschiedlichen Ebenen (WCAG 2.0 2008, Ebenen der Anleitung; Hellbusch & Probiesch 2011, 41 ff):

- Auf oberster Ebene stehen vier Prinzipien, die als sogenanntes POUR-Prinzip die Grundvoraussetzung von Barrierefreiheit im Web bilden: Barrierefreie Angebote im Web müssen *wahrnehmbar* (perceivable), *bedienbar* (operable), *verständlich* (understandable) und *robust* (robust) sein, um für Menschen mit Behinderungen zugänglich zu sein.
- Diese Prinzipien finden ihre Konkretisierung auf der nächsten Ebene in zwölf Richtlinien, die die wesentliche Zielrichtung vorgeben, auf die die Verantwortlichen hinarbeiten sollen, um ihre Angebote barrierefreier zu gestalten. Diese Richtlinien sind in ihrer Form nicht testbar, stellen aber den übergreifenden Rahmen zur Umsetzung und zum Verständnis der folgenden Erfolgskriterien bereit.
- Zur Realisierung der Richtlinien werden auf dritter Ebene für jede Richtlinie konkrete Erfolgskriterien definiert, die durch automatisierte Tests und/oder Evaluierung durch menschliche Nutzer testbar sind und u.a. als Grundlage

für die Entwicklung von Testverfahren herangezogen werden können. Diese Kriterien werden in drei Konformitätsstufen unterteilt: Konformitätsstufe A bezeichnet die niedrigste Stufe, Stufe AA die mittlere und Stufe AAA die höchste Stufe der Konformität. Dies gibt den Verantwortlichen die Möglichkeit, unterschiedliche Grade der Barrierefreiheit anzustreben und als Erklärung zur Barrierefreiheit zu dokumentieren.
- Auf unterster Ebene werden sogenannte ausreichende und empfohlene Techniken dokumentiert, die für die Umsetzung bzw. darüber hinausgehende Übererfüllung der genannten Erfolgskriterien herangezogen werden können. Während die *ausreichenden* Techniken geeignet sind, um die Mindestanforderungen der drei Konformitätsstufen umzusetzen, gehen die *empfohlenen* Techniken darüber hinaus und dienen der zusätzlichen Verbesserung der Barrierefreiheit. Beide Arten von Techniken sind als rein informativ und optional anzusehen – für eine Bestimmung des Konformitätslevels nach den WCAG ist einzig die Erfüllung der Erfolgskriterien ausschlaggebend, nicht aber die gewählte Technik.

User Agent Accessibility Guidelines (UUAG)

Die *User Agent Accessibility Guidelines* (UUAG) beschreiben, wie in Ergänzung zu barrierefreien Webinhalten auch die sogenannten „Benutzeragenten“, also die Software, die diese Webinhalte für den Benutzer abruft und darstellt (z. B. Browser, Media Player, Plug-Ins, aber auch assistive Zugangssoftware) gestaltet sein müssen, um Websites und Anwendungen auch tatsächlich barrierefrei wiedergeben zu können. Sie wenden sich damit vorrangig an die Entwickler entsprechender Systeme und beschreiben einerseits, welche Anforderungen bei der Interfacegestaltung eines solchen Systems zu berücksichtigen sind und andererseits, welche Bedingungen in Hinblick auf die „Zusammenarbeit“ mit anderen Technologien (z. B. assistiven Technologien) erfüllt werden müssen, um ihre Barrierefreiheit zu gewährleisten (UAAG 2.0 2013, Abstract). Analog zu den WCAG 2.0 sind auch die UAAG 2.0 pyramidenartig aufgebaut: Auf übergeordneter Ebene werden fünf grundlegende Prinzipien barrierefreier Zugangssysteme benannt, denen wiederum jeweils ein Set von Richtlinien zur Umsetzung untergeordnet ist. Die testbaren Erfolgskriterien für jede Richtlinie bilden die dritte Ebene, die wiederum durch ein separates Dokument, das weiterführende Informationen zur Implementierung enthält, ergänzt werden (UAAG 2.0 2013, Layers of Guidance). Das von der *User Agent Accessibility Guidelines Working Group* (UAWG) erarbeitete Dokument in Version 2.0 befindet sich bislang noch im (letzten) Überarbeitungszyklus (Last Call Working Draft, Stand Mai 2014), in dem noch Änderungen möglich sind. Bis zu einer Veröffentlichung als vom W3C beschlossene Empfehlung gilt nach wie vor die UAAG 1.0 als zitierfähiges Dokument (UAAG 2.0 2013, Status of this Document).

Authoring Tool Accessibility Guidelines (ATAG)

Während die WCAG und die UAAG die barrierefreie Gestaltung des zugänglichen Frontend eines Webangebotes für den „konsumierenden" Endnutzer beschreiben, definieren die *Authoring Tool Accessibility Guidelines* (ATAG) Entsprechendes für das Backend, das der Produzent bzw. Administrator von Webinhalten verwendet (z. B. WYSIWYG-Editoren, Content Management Systeme, Social Media Tools). In dieser Funktion beschreiben die ATAG einerseits, wie entsprechende Werkzeuge gestaltet sein müssen, um selbst zugänglich für Menschen mit Behinderung in ihrer Funktion als Autoren zu sein (Part A), und andererseits, welche Anforderungen zu erfüllen sind, um barrierefreien Web-Content durch alle Autoren unabhängig einer möglichen Behinderung produzieren zu lassen (Part B). Das in den WCAG und UAAG verwendete Prinzip der unterschiedlichen Ebenen kommt auch in beiden Teilen der ATAG wieder zum Tragen: Übergeordnete Prinzipen geben die grundlegende Zielrichtung der Empfehlung vor, untergeordnete, nicht testbare Richtlinien definieren den Rahmen, den es zu erfüllen gilt. Jeder Richtlinie sind auch hier wiederum konkrete, d. h. testbare Erfolgskriterien ebenfalls wieder nach dem dreistufigen Konformitätsmodell zugeordnet. Zusätzliche Informationen zur Implementierung der Kriterien und Beispiele finden sich in einem gesonderten Dokument (ATAG 2.0 2013, Layers of Guidance). Die von der *Authoring Tool Accessibility Guidelines Working Group* (AUWG) erarbeitete Version 2.0 ist nach Überarbeitung und Begutachtung bereit zur Implementierung (Candidate Recommendation, Stand Mai 2014); vor der offiziellen Anerkennung als W3C-Empfehlung steht noch der Nachweis der Praxistauglichkeit (ATAG 2.0 2013, Status of the Document).

Normen

Auch in verschiedenen Normen findet die barrierefreie bzw. ergonomische Gestaltung von Informations- und Kommunikationssystemen im weiteren Sinne einschließlich ihrer Inhalte und ergänzenden Dokumente (z. B. Gebrauchsanleitungen) als formalisierter Standard Berücksichtigung. Menschen mit Behinderungen werden hier mehr oder weniger explizit als Zielgruppe entsprechender Regelungen benannt. U.a. folgende nationale, europäische und internationale

Normen[16] lassen sich bei Fragen zur Zugänglichkeit in unterschiedlichen Kontexten heranziehen:

- *DIN EN ISO 9241 „Ergonomie der Mensch-System-Interaktion"*
  Die in Bezug auf die ergonomische Gestaltung von IKT als zentral anzusehende ISO-Norm 9241 „Ergonomie der Mensch-System-Interaktion" beschreibt als internationaler Standard die Anforderungen an eine ergonomische Arbeitsumgebung sowie an Hard- und Software im Kontext der Mensch-System-Interaktion und liefert die Grundlagen einer an der Benutzungseffizienz orientierten Vorgehensweise. Die Inhalte der insgesamt mehr als 30 Einzelabschnitte reichen u.a. von Leitlinien zur Gestaltung von Websites (DIN EN ISO 9241-151) über die Anforderungen an die Zugänglichkeit von Software wie z. B. Büroanwendungen, Lernunterstützungen oder Bibliothekssystemen (DIN EN ISO 9241-171) bis hin zu den Grundsätzen einer ergonomischen Gestaltung physikalischer Eingabegeräten wie Tastaturen, Joysticks, Trackballs, Touchscreens oder sprach- bzw. gestengesteuerte Geräte (DIN EN ISO 9241-400). Ein Leitfaden zur Interface-Gestaltung mit visuellen Elementen befindet sich derzeit in Vorbereitung (DIN EN ISO 9241-161) (Stand Mai 2014).
- *BS ISO/IEC 24751 „Individuelle Anpassbarkeit und Barrierefreiheit für E-Learning, Ausbildung und Weiterbildung"*
  Der dreiteilige Standard ISO/IEC 24751 „Individuelle Anpassbarkeit und Barrierefreiheit für E-Learning, Ausbildung und Weiterbildung" beschreibt die Anforderungen an die individuelle Anpassbarkeit und barrierefreie Gestaltung von Systemen und Inhalten im Kontext von E-Learning, Aus- und Weiterbildung, in denen Menschen mit Behinderung als Lernende agieren.
- *ISO/IEC 24786 „Informationstechnik – Zugänglichkeit – zugängliche Benutzungsschnittstellen für Zugänglichkeitseinstellungen"*
  Die ISO/IEC 24786 „Informationstechnik – Zugänglichkeit – zugängliche Benutzungsschnittstellen für Zugänglichkeitseinstellungen" definiert, welche Anforderungen IKT-Systeme erfüllen müssen, damit Menschen mit Behinderungen vor der eigentlichen Benutzung individuelle Einstellungen

---

16 Unterschieden werden nationale Normen (Bezeichnung DIN plus Zählnummer), die ausschließlich oder überwiegend nationale Bedeutung haben oder (zunächst) als Vorstufe zu einem internationalen Dokument veröffentlicht werden, von der deutschen Ausgabe einer europäischen Norm (Bezeichnung DIN EN plus Zählnummer) sowie von der deutschen Ausgabe einer europäischen Norm, die wiederum mit einer internationalen Norm identisch ist (Bezeichnung DIN EN ISO plus Zählnummer). Bei Normen mit der Bezeichnung DIN ISO, DIN IEC oder DIN ISO/IEC plus Zählnummer handelt es sich ebenfalls um die unveränderte Übernahme einer Internationalen Norm in das deutsche Regelwerk (DIN-VDE-Taschenbuch 354/1 2011, S. VIII f.).

in Sachen Zugänglichkeit vornehmen und sich selbst auf diese Weise den Zugang zu den Systemen unabhängig von Dritten ermöglichen können.

- *ISO/IEC 40500 „Informationstechnik – W3C Richtlinien für die Barrierefreiheit von Web-Inhalten (WCAG) 2.0“*
  Mit der Freigabe der ISO/IEC 40500 „Informationstechnik – WC3 Richtlinien für die Barrierefreiheit von Web-Inhalten (WCAG) 2.0“ erfuhren die *Web Content Accessibility Guidelines* 2.0 (siehe oben) im Jahr 2012 ihre offizielle Anerkennung als internationaler Standard. Die Inhalte der Norm sind identisch mit denen der beschriebenen Richtlinien der W3C Web Accessibility Initiative und bleiben der Allgemeinheit auf diesem Weg auch weiterhin frei zugänglich. Die Zulassung als internationale Norm verspricht die Möglichkeit einer weiteren Stabilisierung der WCAG 2.0; für Regierungen und behördliche Institutionen wird es damit einfacher, diese Richtlinien mit Verweis auf die entsprechende Norm in ihrem Geltungsbereich zu implementieren.
- *ISO/IEC 82079 „Erstellen von Gebrauchsanleitungen – Gliederung, Inhalt und Darstellung“*
  Seit 2012 liegt mit der ISO/IEC 82079 „Erstellen von Anleitungen – Gliederung, Inhalt und Darstellung“ (Vorgängerdokument: DIN EN 62079) ein neues Regelwerk vor, das die Anforderungen, die beim Erstellen von (digitalen wie analogen) Gebrauchsanleitungen und Anwenderinformationen im Hinblick auf ihre Gliederung, Inhalt und Darstellung zu berücksichtigen sind, spezifiziert. Dieser Standard in Form eines „Style Guides“ verfolgt nicht explizit eine Verbesserung der Barrierefreiheit entsprechender Dokumente, enthält jedoch etliche Anforderungen, die auch für eine Verbesserung der Zugänglichkeit für Menschen mit Behinderungen elementar sind, so z. B. Hinweise zu Formulierungsmustern, Wortwahl, Layout oder der Konsistenz enthaltener Informationen etwa bei Tabellen oder Abbildungen, und trägt damit zur verbesserten Zugänglichkeit bei (Tanner AG 2012).
- *EN 301549* „Zugänglichkeitsanforderungen von IKT-Produkten und -Services für die öffentliche Beschaffung“
  Der im Rahmen des Mandats 376 neu erarbeitete Standard EN 301549 „Zugänglichkeitsanforderungen von IKT-Produkten und -Services für die öffentliche Beschaffung“ spezifiziert die Anforderungen an die Barrierefreiheit sowie deren Testmethoden bei der Beschaffung von Produkten und Dienstleistungen im Bereich der Informations- und Kommunikationstechnologien durch die öffentliche Hand.

Zusammenfassung

Ausgehend von der in der Einleitung grob skizzierten Zielrichtung der früheren deutschen Rechtsprechung und Politik lässt sich bei der inhaltlichen Ausrichtung aktueller Gesetzestexte und Verordnungen zur Situation von Menschen mit Behinderungen auf zwei Ebenen eine im Sinne dieses Kapitels relevante, allmähliche Entwicklung konstatieren: Zum einen finden die von Menschen mit Behinderungen zunehmend lauter geäußerten Inklusions- und Normalisierungserwartungen an die Gesellschaft und dem damit verbundenen Wunsch nach Bewusstseinsbildung und Perspektivwechsel auch (oder zumindest) in offiziellen Dokumenten langsam stärkere Berücksichtigung, vor allem vorerst in sprachlicher Hinsicht. Nicht der einzelne Mensch, sondern die gesamte Gesellschaft mit all ihren Subsystemen muss sich auf eine Art und Weise verändern, so dass alle Menschen an ihr teilhaben können. Die Verantwortung für eine gleichberechtigte Teilhabe wird damit – zumindest theoretisch – nicht länger Menschen mit Behinderungen, sondern der Gesellschaft zugeschrieben. Vereinfacht geht die Tendenz weg von einem engen, medizinisch fokussierten hin zu einem weit gefassten, sozialen Verständnis von Behinderung mit all seinen Konsequenzen. Als wichtiger Zwischenerfolg in diesem Zusammenhang kann, trotz der vorgebrachten Kritik, die Behindertenrechtskonvention der Vereinten Nationen gewertet werden. Zum anderen rückt der Aspekt barrierefreier Information und Kommunikation als Schlüssel zur „Enthinderung" immer stärker in den Fokus entsprechender gesetzgeberischer Ansätze. Ein gleichberechtigter Zugang umfasst nicht länger ausschließlich bauliche Gegebenheiten und die „behindertengerechte" Ausstattung von Gebäuden, sondern beinhaltet auch immer stärker explizit den virtuellen Raum mit seinen Informations- und Kommunikationssystemen. Das Subsystem IKT und seine Zugänglichkeit für alle werden inzwischen als elementar für eine gleichberechtigte Teilhabe an einer stark informationsgeprägten Gesellschaft anerkannt und an entsprechender Stelle in gesonderten Gesetzesabschnitten berücksichtigt. Unabhängige Initiativen wie die Web Accessibility Initiative oder auch die Organisationen der Normung greifen diese Entwicklung auf bzw. treiben sie durch die Erarbeitung und Veröffentlichung entsprechender, v.a. technisch ausgerichteter Standards voran. Während die Bemühungen von technischer Seite in weiten Teilen durchaus als ausgereift und am jeweiligen Stand der Technik orientiert bzw. bewusst technikunabhängig gehalten bewertet werden können und offensichtlich fortlaufender Überprüfung und Aktualisierung unterliegen, besteht offenbar auf Ebene der politischen Umsetzung bzw. Umsetzungskontrolle nach wie vor Handlungsbedarf. So hat sich die Bundesrepublik Deutschland mit Ratifizierung zwar zur Umsetzung der UN-Behindertenrechtskonvention, die u.a. als zentrales Element die generelle Zugänglichkeit von Information und

Kommunikation vorsieht, verpflichtet, muss gleichzeitig aber im aktuellen Teilhabebericht über die Lebenslagen von Menschen mit Behinderungen eingestehen, dass zum Bereich der Informations- und Kommunikationstechnologien bzw. -hilfsmittel bislang keine repräsentativen und verwertbaren Strukturdaten für Deutschland vorliegen (BMAS 2013, 170). Ohne eine derartige Datenbasis fällt eine aussagekräftige Kontrolle des eigenen Umsetzungserfolges natürlich schwer. Auch die fehlende konsequente Umsetzung des Nationalen Aktionsplans bspw. auf Länderebene oder die angemahnte Reform des Behindertengleichstellungsgesetzes im Lichte der UN-Behindertenrechtskonvention spiegeln diesen noch offenen Aktionsbedarf der Politik wider. Die gegebene Situation in Deutschland mit seiner föderalen Struktur und dem daraus resultierenden Nebeneinander von Bundes- und Landesgesetzgebung, erschwert durch eine europäische Gesetzeslage, die ebenfalls Berücksichtigung finden will, macht diese Aufgabe nicht eben einfacher. Ganz zu schweigen von der Herausforderung, auch (endlich) auf allen Ebenen die private Wirtschaft in Sachen barrierefreier Information und Kommunikation verpflichtend einzubinden.

Literatur

Aichele, V. (2013): Pressemitteilung zum 26. März 2013: Monitoring-Stelle fordert verstärkte Anstrengungen: 6 Bundesländer noch ohne Aktions- und Maßnahmenpläne zur Umsetzung der UN-BRK. http://www.institut-fuer-menschenrechte.de/aktuell/news/meldung/archive/2013/march/25/article/pressemitteilung-zum-26-maerz-2013-monitoring-stelle-fordert-verstaerkte-anstrengungen-6-bundesl.html (abgerufen am: 26.05.2014).

Arnade, S. (2011): Entstehung, Bedeutung und Umsetzung der UN-Behindertenrechtskonvention: Eine Einführung mit besonderer Würdigung der Rechte von Frauen mit Behinderung. Vortrag im Rahmen der Ringvorlesung „Behinderung ohne Behinderte?! Perspektiven der Disability Studies", Universität Hamburg, 11.07.2011. Online verfügbar unter: www.zedis-ev-hochschule-hh.de/files/arnade_11072011.pdf (abrgerufen am: 09.05.2014).

Arnade, S. (Netzwerk Artikel 3) (2009): UN-Behindertenrechtskonvention – Schattenübersetzung. http://www.netzwerk-artikel-3.de/index.php/vereinte-nationen (abgerufen am: 09.05.2014)

ATAG Authoring Tool Accessibility Guidelines 2.0. W3C Candidate Recommendation 7 November 2013. http://www.w3.org/TR/ATAG20/#exit (abgerufen am: 16.05.2014).

Beauftragter der Bundesregierung für die Belange behinderter Menschen (2010): UN-Behindertenrechtskonvention. Stand Oktober 2010. http://www.behinderten beauftragte.de/SharedDocs/Publikationen/DE/Broschuere_UNKonvention_KK.pdf;jsessionid=97FF0986FBF9F1D78C9D3B7CB71AB867.2_cid345?__blob=publicationFile (abgerufen am: 10.05.2014).

BIK – barrierefrei informieren und kommunizieren (2010): Gleichstellungsgesetze der Länder. Tabelle. http://www.bikonline.info/XAUSgesetze/lgg_tabelle.php?prod2=1 (abgerufen am: 31.05.2014).

BKB Bundeskompetenzzentrum Barrierefreiheit (o.J.): Zielvereinbarungen. http://www.barrierefreiheit.de/zielvereinbarungen.html (abgerufen am: 02.05.2014).

BMAS Bundesministerium für Arbeit und Soziales (2013): Teilhabebericht der Bundesregierung über die Lebenslagen von Menschen mit Beeinträchtigungen. Teilhabe – Beeinträchtigung – Behinderung. Stand August 2013. Bestellt-Nr. A125–13

BMAS Bundesministerium für Arbeit und Soziales (2011a): Ratgeber für Menschen mit Behinderung. Stand Januar 2011. Bestell-Nr. A 712.

BMAS Bundesministerium für Arbeit und Soziales (2011b): Unser Weg in eine inklusive Gesellschaft. Der Nationale Aktionsplan der Bundesregierung zur Umsetzung der UN-Behindertenrechtskonvention. Stand September 2011. Bestell-Nr. A 740.

BMAS Bundesministerium für Arbeit und Soziales (2007): Das Gesetz zur Gleichstellung behinderter Menschen. Stand Januar 2007. Bestell-Nr. A 301.

BMI Bundesministerium des Innern (1958): Abt. Va1, Schreiben an Abt. Va2, 12. 8. 1958, Bundesarchiv. Zitiert nach Bösl 2010.

Bösl, E. (2010): Die Geschichte der Behindertenpolitik in der Bundesrepublik aus Sicht der Disability Studies. In: Aus Politik und Zeitgeschichte (APuZ) 23/2010. 6–12.

BPB Bundeszentrale für politische Bildung (2003): Eine UN-Menschenrechtskonvention für Behinderte als Beitrag zur ethischen Globalisierung. http://www.bpb.de/apuz/27798/eine-un-menschenrechts-konvention-fuer-behinderte-als-beitrag-zur-ethischen-globalisierung?p=all (abgerufen am: 12.05.2014).

Bremus, T. (2013): Barrierefreiheit. Webanwendungen ohne Hindernisse. Frankfurt am Main : entwickler.press.

Digital informiert – im Job integriert (Di-Ji) (o.J.): Übersicht über den Stand der Gesetzgebung in den Ländern. http://www.di-ji.de/index.php?option=com_content&view=category&layout=blog&id=76&Itemid=57&lang=de (abgerufen am: 31.05.2014).

DIMR Deutsches Institut für Menschenrechte e. V. (2013): Stand der Aktionspläne/Maßnahmenpläne zur Umsetzung der UN-BRK in Bund und Ländern. Stand: September 2013. http://www.institut-fuer-menschenrechte.de/monitoring-stelle/monitoring/aktions-und-massnahmenplaene/uebersicht-zum-stand-der-aktionsplaenemassnahmenplaene-zur-umsetzung-der-un-brk-in-bund-und-laendern.html (abgerufen am: 02.05.2014)

DIMR Deutsches Institut für Menschenrechte e. V. / Monitoring-Stelle zur UN-Behindertenrechtskonvention (2012): Vorschläge zur Reform des Behindertengleichstellungsrechts in Bund und Ländern im Lichte der UN-Behindertenrechtskonvention. http://www.institut-fuer-menschenrechte.de/uploads/tx_commerce/Vorschlaege_zur_Reform_des_Behindertengleichstellungsrechts_in_Bund_und_Laendern_im_Lichte_der_UN-BRK.pdf (abgerufen am: 26.05.2014).

DIMR Deutsches Institut für Menschenrechte e. V. / Monitoring-Stelle zur UN-Behindertenrechtskonvention (2011): Stellungnahme zum Nationalen Aktionsplan der Bundesregierung anlässlich der Anhörung im Deutschen Bundestag am 17. Oktober 2011. http://www.institut-fuer-menschenrechte.de/uploads/tx_commerce/stellungnahme_zum_nationalen_aktionsplan_der_bundesregierung_17_10_2011.pdf (abgerufen am: 26.05.2014).

DIMR Deutsches Institut für Menschenrechte e. V. (2010): Positionen. Monitoring-Stelle zur UN- Behindertenrechtskonvention. Nr. 2. http://www.institut-fuer-menschenrechte.de/uploads/tx_commerce/positionen_nr_2_aktionsplaene_zur_umsetzung_der_un_behindertenrechtskonvention_01.pdf (abgerufen am: 13.05.2014).

DIMR Deutsches Institut für Menschenrechte e. V. (o.J. a): Glossar: Fakultativprotokoll. http://www.institut-fuer-menschenrechte.de/service/glossar.html?tx_contagged[source]=default&tx_contagged[uid]=589&cHash=6d9dbd08a59d42d43bcf3f4bc162b841 (abgerufen am: 10.05.2014).

DIMR Deutsches Institut für Menschenrechte (o.J. b): Reichweite und Ziele des BGG. http://www.aktiv-gegen-diskriminierung.de/nationale-rechtsdurchsetzung/rechte-und-beteiligungsmoeglichkeiten/verfahren-nach-dem-bgg/reichweite-und-ziele-des-bgg.html (abgerufen am: 12.05.2014)

DIN-VDE-Taschenbuch 354/1 (2011): Gebrauchstauglichkeit von Software 1. Grundsätzliche Empfehlungen für Produkt- und Prozessgestaltung. Berlin u.a. : Beuth Verlag GmbH.

Europäische Kommission (2014): Justiz. Bekämpfung von Diskriminierungen. Menschen mit Behinderungen. http://ec.europa.eu/justice/discrimination/disabilities/index_de.htm (abgerufen am: 10.11.2014)

FHH Freie und Hansestadt Hamburg, Behörde für Arbeit, Soziales, Familie und Integration (2013): UN-Konvention über die Rechte von Menschen mit Behinderungen. Text und Erläuterung. Eigendruck. http://www.hamburg.de/contentblob/2518726/data/un-konvention-menschen-mit-behinderung.pdf (abgerufen am: 10.05.2014)

Grüber, K.; Mehrhoff, F. & Wetzstein, A. (2012): Umsetzung der Menschenrechte für Menschen mit Behinderung in Deutschland – Der Aktionsplan der gesetzlichen Unfallversicherung. In: Forum D. Entwicklungen und Reformvorschläge – Diskussionsbeitrag Nr. 17/2012. http://www.gemeinsam-einfach-machen.de/SharedDocs/Downloads/DE/StdS/UN_BRK/hinweise_erstellung_akionsplaene.pdf?__blob=publicationFile (abgerufen am: 13.05.2014).

Hellbusch, J. E. & Probiesch, K. (2011): Barrierefreiheit verstehen und umsetzen. Webstandards für ein zugängliches und nutzbares Internet. Heidelberg : dpunkt.verlag GmbH.

Jürgens, A., Forum behinderter Juristinnen und Juristen (2000): Entwurf eines Gleichstellungsgesetzes für Menschen mit Behinderung in der Bundesrepublik Deutschland (BehGleichstG). (Stand: 8. Januar 2000). Ein Vorschlag des Forums behinderter Juristinnen und Juristen. http://www.nw3.de/dokum/beglgevowo.pdf (abgerufen am: 12.05.2014)

Kobinet Die Kooperation Behinderter im Internet e. V. (2009): 15 Jahre Benachteiligungsverbot. http://www.kobinet-nachrichten.org/de/nachrichten/?oldid=22405

Meron, M. (2007): Barrierefreiheit im World Wide Web: Analysen zu Bedarf und Umsetzbarkeit. Hamburg, Univ., Department Informatik, Diss., 2007. http://ediss.sub.uni-hamburg.de/volltexte/2007/3362/pdf/diss.pdf (abgerufen am: 16.04.2014)

NETZWERK ARTIKEL 3, Verein für Menschenrechte und Gleichstellung Behinderter e. V. (2009): Schattenübersetzung des NETZWERK ARTIKEL 3. E. V. Korrigierte Fassung der zwischen Deutschland, Liechtenstein, Österreich und der Schweiz abgestimmten Übersetzung. Übereinkommen über die Rechte von Menschen mit Behinderungen. http://www.

netzwerk-artikel-3.de/attachments/article/93/093_schattenuebersetzung-endgs.pdf (abgerufen am: 09.05.2014).

NETZWERK ARTIKEL 3, Verein für Menschenrechte und Gleichstellung Behinderter e. V. / Kobinet (2002): Tour durch die Geschichte der Gleichstellungsbewegung. http://www.nw3.de/news/tour.htm (abgerufen am: 12.05.2014).

Schmidt, G. (MdB) (2014): Fortentwicklung und Verbesserung der Beteiligungsmöglichkeiten sind erklärtes Ziel. Rede zur UN-Behindertenrechtskonvention am 04.04.2014. https://www.cducsu.de/themen/familie-frauen-arbeit-gesundheit-und-soziales/fortentwicklung-und-verbesserung-der (abgerufen am: 13.05.2014).

Schumann, B. (2009): Inklusion statt Integration – eine Verpflichtung zum Systemwechsel. Deutsche Schulverhältnisse auf dem Prüfstand des Völkerrechts. Sonderdruck Pädagogik, Heft 2/2009, 51–54.

SoVD Sozialverband Deutschland (2011): Stellungnahme zum Nationalen Aktionsplan der Bundesregierung – „einfach machen" unser Weg in eine inklusive Gesellschaft – zur Umsetzung des Übereinkommens der Vereinten Nationen über die Rechte von Menschen mit Behinderungen. BT-Ausschussdrucksache 17 (11) 553. http://www.reha-recht.de/fileadmin/download/foren/d/Stellungnahmen/SoVD_Stellungnahme_NAP_Bundestag_9-2011.pdf (abgerufen am: 23.05.2014)

Stricker, S. & Fischer, I. (2009): Die UN-Konvention über die Rechte von Menschen mit Behinderungen und die Kunst der Über-/Umsetzung. Teilhabe-Workshop Barrierefreiheit, Meistersingerhalle Nürnberg, 30.03.2009. Online verfügbar unter: www.behindertenbeauftragte.bayern.de/pdf/PraesentationWorkshop.pdf (abgerufen am: 09.05.2014).

Tanner AG (2012): Normen-Check: 10 Fragen zur ISO/IEC 82079. http://www.tanner.de/wp-content/uploads/2013/01/Information_ISO_IEC_82079.pdf (abgerufen am: 20.05.2014)

UAAG User Agent Accessibility Guidelines 2.0. W3C Last Call Working Draft 7 November 2013. http://www.w3.org/TR/UAAG20/ (abgerufen am: 16.05.2014)

UN-BRK (2008): Übereinkommen über die Rechte von Menschen mit Behinderungen vom 13. Dezember 2006. Zwischen Deutschland, Liechtenstein, Österreich und der Schweiz abgestimmte Übersetzung. Bundesgesetzblatt (BGBL) 2008 II, 1419.

W3C World Wide Web Consortium (2013) : Über das W3C. http://www.w3c.de/about/ (abgerufen am: 16.05.2014).

WCAG Web Content Accessibility Guidelines 2.0 (2008): Autorisierte deutsche Übersetzung. Datum der Veröffentlichung: 29. Oktober 2009. http://www.w3.org/Translations/WCAG20-de/WCAG20-de-20091029/ (abgerufen am: 16.05.2014).

Karsten Weber

Alternative Benutzerschnittstellen als Möglichkeit der Kompensation sensorischer Handicaps

Zielgruppen, Zahlen und sprachliche Hürden: Eine Einleitung

Wissenschaftliche Arbeiten sollen objektiv sein und eine gewisse Distanz zu ihrem Gegenstand aufrechterhalten. Das ist im Falle des hier behandelten Themas durchaus schwierig, da jene Personen, die mit alternativen Benutzerschnittstellen unterstützt werden sollen, diese Assistenz deshalb benötigen, weil sie mit einem sensorischen Handicap leben (müssen). Menschen in einer solchen Situation sehen sich vor enorme Schwierigkeiten gestellt: Dies reicht von existentieller Not aufgrund des Verlusts der Möglichkeit zu arbeiten bis zur sozialen Ausgrenzung und Stigmatisierung als nicht vollwertiger Mensch – es ist bezeichnend, dass die Wörter „behindert“ und „Behinderter“ in Deutschland als Schimpf- und Schmähwörter verwendet werden. Angesichts der objektiven Schwierigkeiten, denen Menschen mit Handicap häufig gegenüberstehen, sowie der gesellschaftlichen Ausgrenzung, der sie nicht selten ausgesetzt sind, stellt eine distanzierte und nicht Partei ergreifende Behandlung alternativer Benutzerschnittstellen eine intellektuelle wie emotionale Herausforderung dar. Zahlen und Statistiken können schwerlich wiedergeben, was die Betroffenen[1] subjektiv erleben; trotzdem sind möglichst präzise quantitative Aussagen von großer Bedeutung, um die Dimensionen der gesellschaftlichen Aufgabe, Menschen mit Handicaps adäquat zu unterstützen, besser einschätzen zu können. Ein sensorisches Handicap zu haben, heißt nichts anderes, als dass Menschen einen oder mehrere ihrer Sinne teilweise oder komplett nicht (mehr) nutzen können, sei es von Geburt an oder infolge einer Krankheit und/oder einer Verletzung. Im vorliegenden Text wird es insbesondere um den teilweisen oder vollständigen Verlust des Sehens und des Hörens gehen, da diese sehr häufig auftretende Handicaps darstellen – nicht

1 Schon in der Sprache deutet sich diese Herausforderung an: Spricht man von „Betroffenen“, befindet man sich in der Gefahr, bewusst oder unbewusst die angesprochenen Menschen zu passivieren, sie gleichsam in eine hilflose Opferrolle zu stecken und benevolent, aber trotzdem paternalistisch über deren Köpfe hinweg Entscheidungen für sie treffen zu wollen. Der Autor des vorliegenden Textes ist sich dieser Gefahr durchaus bewusst. Es ist jedoch nicht unwahrscheinlich, dass eben jene Betroffenen die gewählte Sprache für inadäquat erachten könnten.

zuletzt deshalb, weil altersbedingte Veränderungen des menschlichen Körpers zur Seh- und/oder Hörschädigung führen können. Irgendwann im Laufe des Lebens nicht mehr oder nur noch teilweise hören und/oder sehen zu können ist damit ein Zustand, der angesichts des demografischen Wandels in Deutschland und in vielen anderen Ländern eine zunehmende Zahl von Menschen treffen wird. Exakte Zahlen für ganz Deutschland liegen nicht vor, da kein zentrales Register für Seh- und Hörgeschädigte existiert. Allerdings lassen sich recht verlässliche Schätzungen abgeben. Finger et al. (2012) geben die in Tabelle 1 wiedergegebenen Zahlen für erblindete Personen im Rheinland an.

Tab. 1: Entwicklung der Erblindungszahlen im Rheinland 1978-2006 (vgl. Finger et al. 2012, 485)

	1978	1987	1997	2006
Bezugspopulation Rheinland	9.130.000	8.940.000	9.520.000	9.650.000
Gesamtzahl Erblindungen	10.665	12.706	15.766	15.725
Blinde pro 100.000 Einwohner	116,8	142,1	165,6	163,0

Die Autoren[2] (Finger et al. 2012, 486) berechnen zudem eine Rate von 160,45 bis 165,54 blinden Personen pro 100.000 Einwohner für ganz Deutschland im Jahr 2006. Geht man entsprechend der Ergebnisse des letzten Zensus von einer Gesamtbevölkerungszahl von ca. 80 Millionen Menschen in Deutschland aus, so bedeutet dies, dass hier im Jahr 2006 zwischen etwas mehr als 128.000 und etwas weniger als 132.000 blinde Menschen lebten. Sie schreiben außerdem, dass

> Hochrechnungen für Deutschland aus den Daten des Blindengeldarchivs des Landschaftsverbands Nordrhein, die die demografische Entwicklung berücksichtigen, [...] von einer Zunahme der Zahl der jährlichen Neuerblindungen um 25 % von circa 10 000 auf 12 500 von 2010 bis 2030 in Deutschland aus[gehen]. (Finger et al. 2012, 484)

Der Anteil blinder Menschen an der Gesamtbevölkerung wird in Deutschland, aber nicht nur dort, also zunehmen: „Projektionen der zu erwartenden Erblindungsraten für andere Industrieländer mit einer hauptsächlich kaukasischen Bevölkerung zeigen einen ähnlichen Anstieg und ein deutlich höheres Risiko für Frauen, im Alter zu erblinden“ (Finger et al. 2012, 484). Vergleicht man die genannten Zahlen mit anderen Quellen, wird allerdings eine gewisse Diskrepanz sichtbar, denn bereits für 2002 schreibt Bertram (2005, 267):

2 Im Verlauf dieses Textes wird aus Gründen der besseren Lesbarkeit stets das generische Maskulinum genutzt.

Aus den WHO-Europazahlen kann man errechnen, daß in Deutschland 2002 164.000 Blinde (0,2%, Blindness WHO Grad 3, 4 oder 5) und 1.066.000 Sehbehinderte (1,3%, Low Vision WHO Grad 1 oder 2) lebten. Zum Vergleich kann man die Zahl der Blindengeldbezieher in Nordrhein von 1997 heranziehen. Wenn man diese auf ganz Deutschland hochrechnet, kommt man auf 133.660 Blindengeldbezieher. Die Differenz ergibt sich aus dem etwas strengeren Blindengeldkriterium in Deutschland (entspricht WHO-Grad 5, 4 und nur partiell 3), der Zunahme der Blinden und einer wahrscheinlich relativ kleinen Anzahl an Blinden, die kein Blindengeld beantragt haben.

Ungeachtet der jeweils angelegten Kriterien muss von einem Anteil von ca. 1,5% der bundesdeutschen Wohnbevölkerung ausgegangen werden, der mit erheblichen Einschränkungen der Sehfähigkeit bis hin zur völligen Erblindung leben muss. Im Fall hörgeschädigter Personen stellt sich die Datenlage noch unübersichtlicher dar. Dies liegt unter anderem auch daran, dass sich in den verfügbaren Zahlen sehr unterschiedliche Handicaps verbergen, die zwar mit dem Hörapparat verbunden sind, doch nicht unbedingt Hörschädigungen implizieren. So zählt bspw. das Statistische Landesamt Bayern für 2011 insgesamt 46.764 Personen mit „Sprach- oder Sprechstörungen, Taubheit, Schwerhörigkeit, Gleichgewichtsstörungen" (Bayerisches Landesamt für Statistik und Datenverarbeitung 2012, 5); das Statistische Bundesamt (2013, 9) wiederum weist zum Stichtag 31.12.2011 insgesamt 305.135 Menschen mit entsprechenden Handicaps aus. Der Deutsche Schwerhörigenbund e.V. (2012) geht hingegen von weitaus höheren Zahlen aus; summiert über alle Stufen der Schwerhörigkeit wird ein Anteil von fast 21% der Gesamtbevölkerung als mehr oder minder schwerhörig eingeschätzt, was in absoluten Zahlen bedeutet, dass 2011 beinahe 15 Millionen in Deutschland wohnende Menschen hörgeschädigt wären. Allerdings betont der Deutsche Schwerhörigenbund e.V., dass „[...] man [dabei] nicht das Ergebnis von Dr. Sohn [vergessen darf], wonach 50% davon nur leichtgradig schwerhörig sind und damit nicht unter die Menge der Hauptzielgruppe für behinderungsspezifische Hilfen fällt." Doch selbst wenn man diese Einschränkung beachtete, bliebe festzuhalten, dass ca. 10% der Gesamtbevölkerung in Deutschland und damit über sieben Millionen Menschen erhebliche Hörprobleme hätten. Allein diese Zahlen kann man bereits als Motivation dafür ansehen, mithilfe von grundlagen- wie anwendungsorientierter Forschung technikgestützte Lösungen zu entwickeln, die dazu beitragen können, die betroffenen Menschen im alltäglichen Lebensvollzug zu unterstützen und einen Beitrag dazu zu leisten, die oben genannten negativen Auswirkungen ihres Handicaps eben nicht erleben zu müssen.[3] Darüber hinaus verpflichtet

---

3 Maßnahmen zur Verbesserung der Situation gehandicapter Menschen sollten zweifelsohne nicht auf die technische Kompensation des jeweiligen Handicaps beschränkt bleiben, da es mindestens ebenso wichtig ist, Ausgrenzung und Stigmatisierung zu verhindern. An der Debatte

die *Charta der Rechte hilfe- und pflegebedürftiger Menschen* (Bundesgesetzblatt 2008), in Deutschland 2008 in Kraft getreten, staatliche Institutionen dazu, Maßnahmen zu ergreifen, eine diskriminierungsfreie Teilhabe aller – und damit auch gehandicapter Menschen – am gesellschaftlichen Leben zu ermöglichen. Technik kann hier einen erheblichen Beitrag leisten bspw. dadurch, dass Technik von vornherein barrierefrei gestaltet wird. Die geläufige Mensch-Maschine-Interaktion basiert aber auf der Informationsausgabe durch Visualisierung und der Informationseingabe über Tastaturen. Dies jedoch schließt viele Menschen von der Nutzung solcher Technologien aus:

> The explosion of software applications, digitally stored data and the subsequent growth in on-line communities, has frequently been denied to visually impaired and blind computer users due to the visual-centric nature of presentation methods employed. (Wall/Brewster 2005, 2140)

Es ist daher wenig überraschend, dass in wissenschaftlichen Arbeiten, die haptische Benutzerschnittstellen thematisieren, als Zielgruppe ausdrücklich auch Menschen mit einem visuellen Handicap benannt werden. Zudem wird in der Forschungsliteratur immer öfter darauf abgehoben, dass alternative Benutzerschnittstellen, die mehr als nur den visuellen Kanal ansprechen, in vielen Situationen nicht nur für gehandicapte Menschen mit erheblichen Vorteilen verbunden sein könnten (z.B. Ishii/Ullmer 1997; Cheng et al. 2010; McGookin et al. 2010; Shaer et al. 2010), weil bspw. die Aufmerksamkeit weiterhin auf die Umgebung gerichtet werden kann und/oder die Aus- und Eingabe effizienter abläuft. Ebenfalls in den Bereich der haptischen Benutzerschnittstellen gehört die Forschung zu *Tangible Media* bzw. *Tangible Interfaces*[4] (bspw. Brereton 2001; Shaer et al. 2004). Ähnliches lässt sich für die Forschung und Entwicklung sagen, bei der Technologien untersucht werden, die unter Bezeichnungen wie *Ambient Intelligence* oder *Ubiquitous Computing* bzw. *Pervasive Computing* firmieren; sie stehen für Technologien, die informations- und kommunikationsorientierte Dienstleistungen erbringen, ohne dass die entsprechenden Geräte und damit ihre Nutzerschnittstellen als technische Artefakte erkennbar wären (vgl. bspw. Beigl et al.

über *Google Glasses* (ein Head-up-Display kombiniert mit einem Android-basiertem Computer in Gestalt einer Brille) wird jedoch erkennbar, dass technische Kompensation janusköpfig sein kann: Gegner des ubiquitären Einsatzes von Informations- und Kommunikationstechnologie fordern das Verbot entsprechender Technik, weil sie bspw. Eingriffe in ihre Privatsphäre durch die Träger entsprechender Hilfsmittel befürchten.

4 Hierbei werden physische Objekte als Bestandteile der Mensch-Maschine-Interaktion genutzt. Als Beispiel könnte man sich einen Spielwürfel vorstellen: Die Zahl, die bei diesem Würfel oben liegt, könnte bspw. als Eingabewert für einen Computer interpretiert werden.

2001). Vielmehr soll die jeweilige Umgebung selbst mit technischer Funktionalität aufgerüstet sein; unzählige sehr kleine und meist auch einfache Geräte sollen sich je nach Anforderung spontan und ohne menschliche Eingriffe vernetzen und interagieren, um Benutzerwünsche zu erfüllen. Diese Gestaltungsidee hatte Mark Weiser bereits 1991 entwickelt und formuliert, dass „[t]he most profound technologies are those that disappear. They weave themselves into the fabric of everyday life until they are indistinguishable from it." (Weiser 1991, 94) Zusätzlich zu den schon genannten Bezeichnungen findet man die Benennung als *Anytime Anywhere Communication and Computing* (AACC, vgl. Neitzke et al. 2008); außerdem wird oft vom *Internet der Dinge* gesprochen (vgl. bspw. die Beiträge in Fleisch/Mattern 2005). Auch der Begriff des *Smart Home* gehört in dieses Umfeld (vgl. bspw. Park et al. 2003). Gerade hier nimmt Barrierefreiheit einen wichtigen Platz ein, da das *schlaue Heim* insbesondere jenen Menschen Unterstützung bieten soll, die durch Alter und/oder Krankheit sensorische Handicaps sowie zudem nicht selten motorische Einbußen erleben und daher die üblichen Benutzerschnittstellen wie Tastaturen und Bildschirmen nicht oder nur bedingt nutzen können.[5] Konzepte der *Mixed* bzw. *Augmented Reality* (bspw. Kabisch 2008) heben nun stärker auf Mobilität, Dezentralisierung und Benutzerzentrierung ab: Konzeptionen bspw. von Steve Mann (1997) laufen darauf hinaus, dass Menschen mithilfe von Sensoren und tragbaren Computern die Chance bekommen, ihre Sicht auf die Welt zu ergänzen und zu erweitern; sie werden daher oft unter der Bezeichnung *Computer Mediated Reality* (vgl. Rekimoto/Ayatsuka 2000) diskutiert. Informations- und Kommunikationstechnologien sollen dazu genutzt werden, die menschlichen Sinne und ihre Fähigkeiten zu ergänzen, zu erweitern oder – bspw. im Falle sensorisch gehandicapter Menschen – auch zu ersetzen. In manchen Fällen sind die genannten Technologien so gestaltet, dass sowohl Menschen mit als auch ohne Handicaps sie unterschiedslos nutzen können – in diesem Fall wird das Ideal eines *universellen Designs*[6] bzw. *benutzerzentrierten Designs* (bspw. Newell/Gregor 2000) tatsächlich umgesetzt. Eine durchaus nicht kleine Zahl solcher alternativen Schnittstellen dient aber entweder dazu, gezielt Menschen mit bestimmten Handicaps zu unterstützen oder aber Menschen ohne Handicaps neue und möglicherweise effizientere Formen der Mensch-

---

5 Eine ganz besondere Herausforderung stellen in diesem Zusammenhang Menschen mit kognitiven Einschränkungen wie bspw. demenziell veränderte Personen dar, weil es schwierig ist, sie mit der Bedienung technischer Artefakte vertraut zu machen. Da es auch aus normativer Sicht bedenklich ist, Menschen in einer solchen Situation mit Technik allein zu lassen, sollen entsprechende Nutzungsszenarien hier nicht diskutiert werden.

6 Universelles Design wird in der Charta der Rechte hilfe- und pflegebedürftiger Menschen ausdrücklich angesprochen.

Maschine-Interaktion zur Verfügung zu stellen; dass Menschen mit Handicaps diese ebenfalls nutzen können, wäre in diesen Fällen eher unbeabsichtigt. Im folgenden Abschnitt sollen zunächst die Begriffe *Gebrauchstauglichkeit* und *Barrierefreiheit* erklärt werden, um zum einen eine mögliche Motivation für die Entwicklung alternativer Schnittstellen einzuführen und zum anderen eine Bewertung dieser Schnittstellen in Bezug auf Gebrauchstauglichkeit und Barrierefreiheit vorzubereiten. Danach werden einige alternative Benutzerschnittstellen und ihre Einsatzgebiete insbesondere für sensorisch gehandicapte Personen vorgestellt; dabei soll keine Vollständigkeit angestrebt, sondern anhand der Beispiele einige grundsätzliche Entwicklungstrends aufgezeigt werden. In einem weiteren Schritt werden diese alternativen Benutzerschnittstellen dahingehend betrachtet, inwieweit ihre Gestaltung den Grundgedanken des universellen Designs und der Gebrauchstauglichkeit entspricht. Diese Bewertung muss jedoch tentativ bleiben, schon weil nur eine begrenzte Zahl von Beispielen betrachtet werden kann und weil Aussagen, ob entsprechende Ziele bei der Entwicklung verfolgt und dann auch noch empirisch überprüft wurden, nur bruchstückhaft vorliegen. Der Fokus der folgenden Bemerkungen wird auf vergleichsweise neuen alternativen Benutzerschnittstellen liegen; klassische Hilfsmittel bspw. für Sehbehinderte wie Braille und Computerbraille werden nicht betrachtet. Ebenfalls ausgelassen wird die gesamte Thematik der Barrierefreiheit von Webseiten, da dies in anderen Beiträgen im vorliegenden Sammelband behandelt wird. Kurzum: Es wird im Folgenden um nichtkonventionelle alternative Benutzerschnittstellen gehen.

Gebrauchstauglichkeit und Barrierefreiheit

Maschinen begleiten Menschen schon sehr lange und damit auch die Aufgabe, die Bedienung dieser Maschinen in einer Weise zu gestalten, dass deren Nutzung den intendierten Zwecken tatsächlich dient. Schaut man sich allerdings Maschinen in ihrer historischen Genese in Hinblick auf ihre Bedienbarkeit genauer an, so wird man vermutlich zu dem Schluss kommen müssen, dass deren Nutzer bei der Gestaltung der Geräte, wenn überhaupt, so denn als letztes berücksichtigt wurden. Dabei zeigt ein Blick in die Zeit zurück, dass die gebrauchstaugliche Gestaltung von Maschinen bereits früh durch die Prägung des Ausdrucks „Ergonomie“ durch Wojciech Jastrzębowski im Jahr 1857 als Bezeichnung einer eigenen Wissenschaftsdisziplin begann (vgl. Sarodnik/Brau 2011, 19). Heute wird unter Ergonomie eine „[...] wissenschaftliche Disziplin, die sich mit dem Verständnis der Wechselwirkungen zwischen menschlichen und anderen Elementen eines

Systems befasst, und der Berufszweig, der Theorie, Prinzipien, Daten und Methoden auf die Gestaltung von Arbeitssystemen anwendet mit dem Ziel, das Wohlbefinden des Menschen und die Leistung des Gesamtsystems zu optimieren" (DIN EN ISO 6385, 2004, 5) verstanden. Designüberlegungen bzgl. der Gebrauchstauglichkeit von Computern haben spätestens 1957 bzw. 1959 begonnen, als Brian Shakel die Bedienung damals verwendeter Computer verbessern sollte (vgl. Shakel 1959, 1997), obwohl zu jener Zeit viele (technische) Voraussetzungen dafür noch fehlten. Wichtig ist, dass heute nicht mehr nur die Gestaltung einer Maschine, sondern deren gesamter Nutzungskontext in den Blick genommen wird. Usability bzw. Gebrauchstauglichkeit ist dabei eine Eigenschaft eines ergonomischen Grundsätzen gehorchenden soziotechnischen Systems: „[...] Usability [ist] die Passung von System, Aufgabe und Nutzer aus der Perspektive einer vom Nutzer wahrgenommenen Qualität der Zielerfüllung [...]" (Sarodnik/Brau 2011, 20). Betont man insbesondere diese Definition von Usability bzw. Gebrauchstauglichkeit, so wird deutlich, dass die Nutzerperspektive im Vordergrund steht, ohne dass damit bereits gesagt wäre, ob es sich um Menschen ohne oder mit Handicaps handelt. Berücksichtigt man jedoch, dass bspw. (altersbedingte) Bewegungseinschränkungen, Sehschwächen u.Ä. weit verbreitet sind, kann man formulieren, dass „die Passung von System, Aufgabe und Nutzer" dann erreicht werden kann, wenn bei der Gestaltung des jeweiligen technischen Geräts grundsätzlich bedacht wird, dass die Nutzer dem Gerät mit unterschiedlich ausgeprägten Fähigkeiten entgegentreten. Dies nun ist die Grundidee des universellen Designs:

> Universal design is not a specialized field of design practice but an approach to design, an attitude, a mindset conducive to the idea that designed objects, systems, environments, and services should be equally accessible and simultaneously experienced by the largest number of people possible. (Mitrasinovic 2008, 419)

Obwohl, wie Mitrasinovic schreibt, entsprechende Forschungen bereits in den späten 1940er Jahren begannen, wurde die Bezeichnung *universal design* erst 1985 von dem Architekten Ronald L. Mace geprägt. Zunächst auf Architektur bezogen, wird universelles Design inzwischen auf Technik allgemein angewandt. Dabei geht es nicht nur um die Realisierung designimmanenter Kriterien, sondern um einen Beitrag zur gesellschaftlichen Inklusion:

> Fundamentally, it is an approach that values and celebrates human diversity. Above all, it highlights a major paradigm shift — from treating people as part of the medical model, as dependent, passive recipients of care — to a model where everyone is treated as an equal citizen and disability is seen merely as a social construct. (Sandhu 2000, 81)

An diesem Gedanken wird bereits deutlich, dass die Gestaltung alternativer Benutzerschnittstellen nicht nur eine technische Herausforderung darstellt, sondern deren Integration in Arbeitsabläufe oder das alltägliche Leben als soziale Aufgabe begriffen werden muss.

Alternative Benutzerschnittstellen

Wie Sandhu (2000, 80) schreibt, wird universelles Design oft auch gleichgesetzt mit „design-for-all, barrier-free design, transgenerational design, design-for-the-broader-average, or design-for-the-nonaverage". In diesen Bezeichnungen verbergen sich schon Hinweise auf mögliche Zielgruppen, so bspw. Personen mit physischen Handicaps. Zudem wird das Vorliegen eines Handicaps mit dem Alter der jeweiligen Personen in Verbindung gebracht, wenn von „transgenerational design" gesprochen wird. In jedem Fall aber soll die Gestaltung der Technik darauf ausgerichtet sein, dass möglichst viele Menschen diese nutzen können. Anders ausgedrückt: Nicht ein spezielles Handicap soll angesprochen, sondern allgemeine Nutzung ermöglicht werden. Wie jedoch in den folgenden Abschnitten an den dort beschriebenen Beispielen zu sehen sein wird, entsprechen viele alternative Benutzerschnittstellen dieser Idee gerade nicht. Die Kategorisierung der im Anschluss dargestellten Technologien als alternative Benutzerschnittstellen ist eher ungewöhnlich, weil in der Regel eine Benutzerschnittstelle (bzw. wesentliche Bestandteile einer Benutzerschnittstelle) bspw. mit einer Tastatur, einem Touchpad oder Touchscreen, einer Maus oder einem Trackball gleichgesetzt wird, also einem Gerät, mit dem Nutzer Eingaben für einen Computer vornehmen können. Hier soll unter einer Benutzerschnittstelle jedoch weitergefasst die Möglichkeit verstanden werden, mithilfe von technischer Unterstützung mit der Umwelt in Interaktion zu treten, dort Handlungen zu vollziehen und Rückmeldungen über die Zustände der Umwelt zu bekommen – so verstanden ist eine Benutzerschnittstelle der „Ort" der Mensch-Technik-Interaktion. In diesem Sinne stellt bspw. ein Blindenstock eine (technisch einfache) Schnittstelle zur Interaktion mit der Welt dar. Von Hakobyan et al. (2013) wird eine recht informative Übersicht bereits existierender oder sich in Entwicklung befindlicher alternativer Benutzerschnittstellen geboten. Einige der dort skizzierten Varianten werden im vorliegenden Text vorgestellt. Deutlich wird dabei aber auch, dass die Forschung in diesem Bereich derzeit eher einem Suchprozess denn einer systematischen Entwicklung ähnelt, da sehr viele sehr unterschiedliche Bedienkonzepte untersucht werden und eine Konvergenz der verschiedenen Ansätze noch nicht erkennbar wird. Etwas überraschend an der von Hakobyan et al. (2013) gebotenen Übersicht ist zudem, dass sich die Forschung offensichtlich auf visuell gehandicapte Menschen zu konzentrieren scheint, obwohl es weitaus mehr hörgeschädigte Personen gibt. Über die Ursachen und Gründe für diese Fokussierung soll an dieser Stelle aber nicht spekuliert werden.

Navigation und Lokalisation

Zahlreiche Projekte, in denen an alternativen Benutzerschnittstellen geforscht und gearbeitet wird, verfolgen das Ziel, Blinden und eingeschränkt Sehfähigen die Navigation und Lokalisation im Raum zu erleichtern und dabei zu helfen, Hindernissen sicher ausweichen zu können. Ausgangspunkt entsprechender Vorhaben ist, dass der gerade schon angesprochene Blindenstock als nicht ausreichend angesehen wird, um eine sichere Navigation und Lokalisation in einer komplexen Umgebung garantieren zu können. Außerdem sollen Blinden und eingeschränkt Sehfähigen möglichst umfangreiche Informationen über die Bedingungen am jeweiligen Aufenthaltsort geboten werden, damit diese sich dort selbständig und ohne fremde Hilfe bewegen und eine reichhaltige Erfahrung über ihre Umwelt gewinnen können: „One of the biggest challenges for independent living of the blind and the visually impaired is the safe and efficient navigation" (Kaklanis et al. 2013, 59). Versucht man entsprechende Projekte zu ordnen, so wird man zwei grundlegend verschiedene Ansätze identifizieren können: Erstens kann man versuchen, die Umgebung so mit Technik anzureichern, dass diese Informationen bereitstellt, mit deren Hilfe eine sichere Navigation und Lokalisation sowie unter Umständen auch die Gewinnung von Situationswissen möglich wird:

> In the last two decades, research and development efforts have focused mainly on the navigation component of assistive devices. Location identifiers were affixed on places with known locations to help the blind identify land marks in the environment. Those identifiers are then equipped with sensors and the blind can sense these identifiers using special equipments. The disadvantage of this approach is that individuals have to scan the entire surrounding environment to search for these identifiers. (Elbes/Al-Fuqaha 2013, 283)

Der im Zitat angesprochene Nachteil dieser Vorgehensweise ist jedoch nicht das einzige Problem; viel gravierender erscheint, dass dieser Ansatz mit einem hohen technischen, finanziellen und organisatorischen Aufwand verbunden ist, der sich vermutlich nur dann rechnet, wenn die Besucherfrequenz eines entsprechend ausgerüsteten Ortes sehr hoch ist und dabei davon ausgegangen werden kann, dass sich unter den Besuchern viele blinde oder eingeschränkt sehfähige

Personen befinden. Die Einrichtung und Aufrechterhaltung einer entsprechenden technischen Infrastruktur bedarf eines stabilen institutionell abgesicherten sozialen Umfelds; dies sind Bedingungen, die selbst in industrialisierten und technisch hochentwickelten Ländern nicht überall gegeben sind, bspw. nicht in abgelegenen und/oder dünn besiedelten Gegenden. Elbes und Al-Fuqaha (2013, 283) sprechen diesen Punkt auch selbst in der Beschreibung eines entsprechenden Systems an:

> An example of systems that use location identifiers is the Talking Signs System. In this system, infrared transmitters are spread throughout the environment and continuously send digital speech signals in a range of 15–40 meters depending on their battery power. The receiver held by the user picks up these signals and the user can listen to these voice commands. Transmitter localization can also be achieved using a hand-held receiver for maximum efficiency. *The disadvantage of using such systems is their high installation cost and maintenance relative to the limited coverage they provide* [meine Hervorhebung].

Ohne dass dies explizit angemerkt wird, könnte allerdings in Verteidigung eines solchen Systems darauf hingewiesen werden, dass es dazu nutzbar wäre, nicht nur Blinden und eingeschränkt Sehfähigen die Navigation und Lokalisation im Raum zu ermöglichen und diesen zusätzliche Informationen über die Umgebung zu liefern, sondern allen Besuchern der entsprechenden Umgebung, bspw. einem Museum, einem Einkaufszentrum, einem Bahnhof oder einem Flughafen (einige Beispiele finden sich in Kang/Cuff 2005). An solchen Orten finden sich Menschen ohne Handicaps ebenfalls oft schlecht zurecht oder wünschen bzw. benötigen Informationen über Ausstellungsgegenstände, Produkte und/oder Dienstleistungen oder über den Weg, der zum angestrebten Ziel führt. Selbst im Kontext der Industrieproduktion oder des Bauwesens (bspw. Goodrum et al. 2006) ist vorstellbar, dass die technische Anreicherung der Umgebung sowohl Menschen mit und ohne Handicaps zugutekommt und so einen Beitrag einerseits für eine höhere Produktivität und/oder Sicherheit leisten könnte oder andererseits dazu, Menschen mit Handicaps im Arbeitsprozess zu halten bzw. sie dort wieder einzugliedern.[7] Realistisch gesehen ist zu erwarten, dass nur dann, wenn mit einem allgemeinen Nutzen ubiquitärer technischer Erweiterung der Umgebung – meist, wie oben bereits berichtet, als *Ubiquitous* bzw. *Pervasive Computing* bezeichnet – zu rechnen ist, entsprechende Maßnahmen ergriffen werden. Wenn also der erste

---

7 In einigen Texten wird daher von „Ambient Assisted Working" (AAW) in Anlehnung an „Ambient Assisted Living" (AAL) gesprochen (bspw. Bühler 2009) und überlegt, das Konzept einer unterstützenden Umgebung nicht nur im eigenen Heim, sondern auch am Arbeitsplatz umzusetzen. Ausdrücklich werden dabei gehandicapte Menschen als mögliche Zielgruppe angesprochen.

Ansatz zur Unterstützung blinder und eingeschränkt sehfähiger Menschen darin besteht, die Umgebung mit Technik anzureichern, um Informationen über die Umwelt sowie zur sicheren Navigation und Lokalisation bereitzustellen, beinhaltet der zweite Ansatz den Versuch, dies durch die nachträgliche Extraktion entsprechender Informationen aus der Umgebung zu erreichen sowie durch die Aufbereitung dieser Informationen in einer Weise, die für blinde oder eingeschränkt sehfähige Menschen nutzbar wird. Dieser Lösungsansatz läuft darauf hinaus, den gehandicapten Personen Geräte an die Hand zu geben (dies ist, wie gleich zu sehen sein wird, oft im wortwörtlichen Sinne zu verstehen), die die gewünschte Funktionalität erbringen. Dabei werden die Informationen zur Navigation und Lokalisation sowie für zusätzliche Auskünfte über die Umgebung in aller Regel entweder akustisch oder über haptische Signale an den Nutzer weitervermittelt; seltener sind alternative Benutzerschnittstellen, die beide Kanäle nutzen. Auch dieser Ansatz der nachträglichen Gewinnung von Informationen aus der Umwelt muss ökonomische Rahmenbedingungen in Rechnung stellen – die Technik darf nicht zu teuer werden. Einige Projekte nutzen daher Sensoren, die in großer Stückzahl hergestellt und verkauft werden und so recht kostengünstig sind. So berichten Filipe et al. (2012) von der Nutzung der *Microsoft Kinect* zur Unterstützung blinder oder eingeschränkt sehfähiger Menschen in der Umgebung; Lee et al. (2014) wiederum nutzen Sensoren aus Einparkhilfen für Pkw. In beiden Fällen geht es in erster Linie darum, Hindernisse zu detektieren und den Nutzern akustische Rückmeldung zu geben, wenn ein solches im Weg entdeckt wird. Die Interaktion zwischen Gerät und Mensch ist also sehr einfach gehalten, geht zudem nur in eine Richtung und ist auf eine bestimmte Zielgruppe zugeschnitten. Von einer alternativen Benutzerschnittstelle zu sprechen erscheint in diesem Zusammenhang fast schon übertrieben. Wichtig ist auch zu bemerken, dass diese und ähnliche Projekte zunächst nur auf einen *proof of concept* hinauslaufen, also noch nicht auf die Entwicklung einer gebrauchsfertigen Anwendung ausgerichtet sind, sondern im Prinzip zeigen sollen, was derzeit technisch möglich wäre. Tatsächlich gilt diese Einschränkung auch für viele andere Forschungsprojekte, so dass blinde oder eingeschränkt sehfähige Menschen im Moment noch nicht hoffen dürfen, in allzu naher Zukunft von dieser Seite Hilfe erwarten zu können. Allerdings lassen verschiedene Projekte, die bspw. Smartphones als Plattform nutzen, erwarten, dass eine Umsetzung in alltagstaugliche und bezahlbare Anwendungen durchaus realistisch ist. Roentgen et al. (2008) listen zahlreiche am Markt erhältliche ETA und EOA (*Electronic Travel Aids* und *Electronic Orientation Aids)* auf. Viele, wenn nicht alle diese Systeme sind aber mit großen Mängeln behaftet, wie Kammoun et al. (2012, 183) schreiben:

> Although future research should thoroughly investigate the reasons for the failure of products to come or to remain on the market, a few issues seem obvious: the lack of precision in the positioning component of EOAs, insufficient output interaction, and inadequacies between the system's functionality and the needs of the VI [visually impaired, KW].

Aufwändiger sind Konzepte, die bspw. handelsübliche Net- oder Laptops sowie Smartphones als Plattform nutzen, um einerseits Navigation, Lokalisation und Informationsgewinnung für blinde oder eingeschränkt sehfähige Menschen anzubieten und dies andererseits mit einer anspruchsvollen Benutzerschnittstelle verbinden. Serrão et al. (2012) bspw. haben ein Unterstützungssystem entwickelt, das die Navigation und Lokalisation in geschlossenen Räumen ermöglichen soll, indem ein Smartphone die Umgebung scannt, mit einem Gebäudeplan abgleicht und die Routeninformationen an den Nutzer mithilfe von Sprachsteuerung und akustischen bzw. gesprochenen Informationen weitergibt. Hier werden alternative Benutzerschnittstellen genutzt, um eingeschränkte oder nicht vorhandene Sehfähigkeiten zu kompensieren und eine selbständige Bewegung im Raum zu ermöglichen.[8] Interessant ist, dass die Autoren explizit ansprechen, wen sie mit ihrem Projekt adressieren. Ihr Ausgangspunkt sind zunächst blinde oder eingeschränkt sehfähige Menschen, doch bemerken sie ausdrücklich, dass die Navigation und Lokalisation in unbekannten Räumen auch für nicht gehandicapte Personen oftmals eine erhebliche Herausforderung darstellt und damit die Zielgruppe eines entsprechenden Systems im Prinzip alle Menschen umfasst; in diesem Sinne unterstützt dieses Projekt die Idee des universellen Designs. In den bisher genannten Beispielen (und in vielen weiteren mehr) wird der akustische Kanal zur Informationsweitergabe an den Nutzer und, sofern vorgesehen, ebenfalls zur Eingabe von Kommandos eingesetzt – die alternative Benutzerschnittstelle beruht also auf dem Ersatz des einen durch einen anderen sensorischen Kanal. Dieses Prinzip kann natürlich nicht durchbrochen werden, doch setzen diese Projekte voraus, dass blinde oder eingeschränkt sehfähige Menschen nicht gleichzeitig hörgeschädigt oder gehörlos sind; die entsprechenden Geräte sind nicht nutzbar für taubblinde Menschen. Personen mit einem solchen Handicap müssen daher über andere sensorische Kanäle angesprochen werden; dabei bieten sich insbesondere haptische Signalisierungen an. Außerdem bemerken Gustafson-Pearce et al. (2007), dass visuell gehandicapte Personen durch akus-

---

8 Auf den ersten Blick mag es problematisch erscheinen, dass für entsprechende Systeme umfangreiche Informationen über Gebäude und deren Inventar notwendig sind; allerdings entstehen viele dieser Informationen bereits für andere Zwecke, bspw. für den Bau selbst oder für Fluchtpläne und die entsprechenden Aushänge in den Gebäuden. Hürden bei der Nutzung solcher Informationen liegen vermutlich nicht so sehr in der prinzipiellen Zugänglichkeit, sondern womöglich eher im Bereich des Urheber- und Verwertungsrechts.

tisch basierte Navigationssysteme in ihrer Orientierung sogar gestört werden könnten, da sie sich mithilfe der Wahrnehmung der vielfältigen Geräusche um sie herum zurechtzufinden versuchen. Bahadir et al. (2012) beschreiben nun ein Hinderniserkennungssystem, das dessen Träger über im Weg befindliche Barrieren mithilfe von Vibrationen informiert, die auf die Haut übertragen werden. Dabei werden auch Informationen über die notwendigen Richtungsveränderungen bereitgestellt, die helfen sollen, dem Hindernis ausweichen zu können. Die innovative Idee des Projekts liegt nun in der Integration der gesamten Sensorik und Aktuatorik[9] in die Kleidung: Damit soll eine möglichst natürliche und unkomplizierte Nutzung erreicht werden; die Nutzer müssten sich also nicht gesonderte Geräte am Körper applizieren. So wäre die Technik nicht mehr als solche erkennbar (damit würde Mark Weisers Idee umgesetzt, s.o.) und ließe dadurch nicht unmittelbar erkennen, dass der Träger gehandicapt ist – die Verhinderung von Stigmatisierungen könnte dadurch zumindest unterstützt werden.[10] Ein weiteres Verfahren zur Unterstützung der Lokalisation und Navigation ist die Generierung von haptisch erkundbaren Landkarten, um die Planung von Mobilität zu erleichtern (Kaklanis et al. 2013). *Open Touch/SoundMaps* zeigt aber auch, dass gerade die Transformation komplexer visueller Informationen wie jene, die in einer Landkarte zu finden sind, zur Übertragung in einen anderen sensorischen Kanal zumindest derzeit noch an Grenzen stößt. Denn erstens benötigt *Open Touch/SoundMaps* mehrere sensorische Kanäle zur Übermittlung der entsprechenden Informationen, zweitens ist die verwendete haptische alternative Benutzerschnittstelle nicht für den mobilen, sondern nur für den stationären Einsatz geeignet, so dass der Nutzen für sehgeschädigte Personen begrenzt ist. Allerdings lässt die Entwicklung von Touchscreens, deren Oberflächen haptische Rückmeldungen geben, darauf hoffen, dass diese Einschränkung in absehbarer Zeit überwunden werden könnte. Dabei gibt es wiederum mindestens zwei technische Ansätze: Einmal wird ein Handschuh genutzt, der dem Träger die entsprechende Rückmeldung, bspw. bei der Nutzung von Landkarten oder anderen Dokumenten, liefert (Maurel et al. 2012) oder aber es werden Touchscreens bzw. Touchpads mit Force-Feedback verwendet, deren Oberfläche sich entsprechend der

---

9 Sensoren messen physikalische Größen und setzen sie in Daten zur Weiterverarbeitung in einer Maschine um, während Aktuatoren Daten in physikalische Größen umsetzen, bspw. in Form von Bewegungen oder Vibrationen.

10 Die Idee eines solchen persönlichen Lokalisations- und Navigationssystems und einer entsprechenden alternativen Schnittstelle taucht bereits in den 1960er Jahren in einer Folge von „Raumschiff Enterprise" (deutsch: „Die fremde Materie", englisch: „Is there in truth no beauty?") auf. Man kann allerdings skeptisch sein, ob fiktionale Zusammenhänge tatsächlich dazu beigetragen haben, konkrete Ideen für technische Entwicklungen anzustoßen (vgl. Weber 2012).

angezeigten Informationen verändern lässt (Banter 2010). Entsprechend ausgestattete Tablet-PCs oder Smartphones könnten durchaus dazu beitragen, sowohl sehgeschädigten als auch seh- und hörgeschädigten Menschen Landkarten und ähnliche Dokumente zugänglich zu machen und dabei nicht nur zur Navigation und Lokalisation beizutragen, sondern auch zur Gewinnung von Informationen über die Umwelt.

Gewinnung von Informationen über die Umwelt

Die getrennte Behandlung von Navigation und Lokalisation auf der einen und die Gewinnung von Informationen über die Umwelt auf der anderen Seite mag zunächst etwas ungewöhnlich erscheinen, denn natürlich ist es für eine sichere und erfolgreiche Navigation durch die Umwelt und eine verlässliche Positionsbestimmung notwendig, sehr viele Informationen aus der und über die Umwelt und deren Inventar zu gewinnen; dies wird an der Beschreibung der dazu genutzten Techniken, die sensorisch gehandicapte Menschen unterstützen sollen, bereits deutlich. Doch die Informationen, die zum Zweck der Navigation und Lokalisation verwendet werden, können als Metadaten über die Umwelt angesehen werden, da sie den Nutzern entsprechender Systeme nicht unmittelbar präsentiert, sondern zunächst auf komplexe Weise aufbereitet werden, um dann in vergleichsweise einfacher Form kommuniziert zu werden, so in Form von einfachen sprachlichen Anweisungen oder Hinweisen wie ‚Gehe jetzt nach links!' oder ‚Achtung: Hindernis!', die für taubblinde Personen im Fall der gerade beschriebenen taktilen alternativen Schnittstelle bspw. in entsprechende Vibrationen übersetzt werden müssen. Alternative Schnittstellen zur Gewinnung von Informationen über die Umwelt dienen nun dazu, Menschen mit sensorischen Handicaps dabei zu helfen, etwas über ihre Umwelt zu erfahren, was sie ohne (technische) Unterstützung mit den ihnen zur Verfügung stehenden Sinnen nicht wahrnehmen können.[11] Paradigmatisch hierfür steht die Substitution von Farbwahrnehmung durch andere Reize – daher auch die englische Bezeichnung „sensory-substitution device (SSD)". Ein solches sehr aktuelles System ist *EyeMusic*, das es sehgeschädigten

11 Um nicht die Enhancement- und Cyborg-Debatte (zur Übersicht bspw. Benford/Malartre 2008; Savulescu 2009) reproduzieren zu müssen, sollen Cochlea- oder künstliche Retina-Implantate, um nur zwei Beispiele zu nennen, hier nicht als alternative Schnittstellen behandelt werden, denn sie stellen einen völlig anderen technischen Zugang zur Kompensation eines sensorischen Handicaps dar. Sowohl die technischen wie auch die sozialen und ethischen Fragen, die durch solche Implantate aufgeworfen werden, sind – zumindest in Teilen – völlig andere als jene, die bei den hier vorgestellten alternativen Schnittstellen zu beantworten sind.

bzw. blinden Menschen ermöglichen soll, Farben und Grundformen von Gegenständen wahrnehmen zu können (Abboud et al. 2014; Striem-Amit/Amedi 2014). Dabei werden die visuellen Informationen in Töne umgesetzt, um den Nutzern einen, wenn auch in der Komplexität reduzierten, Eindruck der sie umgebenden Dinge vermitteln zu können. Bemerkenswert ist, dass *EyeMusic* in der einfachsten Variante nur ein *iPhone* oder ein *iPad* benötigt und keine spezielle Hardware voraussetzt.[12] *EyeMusic* und ähnlich ausgerichtete Systeme (bspw. Cavaco et al. 2013) beruhen auf der Idee, Informationen direkt aus der Umgebung zu gewinnen; sie sind damit zumindest bis zu einem gewissen Grad unabhängig von einer bereits etablierten und elaborierten Infrastruktur. Ähnlich wie bei Systemen, die primär der Navigation und Lokalisation dienen sollen, können Umgebungsinformationen aber auch mithilfe einer schon für andere Zwecke existierenden Infrastruktur für die Nutzung sensorisch gehandicapter Personen zur Verfügung gestellt werden. So sind Produkte bspw. mit Barcodes gekennzeichnet oder gar mit RFIDs bestückt, Zeitungsanzeigen und Werbeplakate beinhalten wiederum QR-Codes: Smartphones oder ähnliche mobile Geräte können nun genutzt werden, um die Barcodes und QR-Codes zu scannen, online die damit verbundenen Informationen abzurufen und dann bspw. über Sprachausgabe sehgeschädigten Personen zur Verfügung zu stellen. Andere Ansätze setzen sogar voraus, dass weite Teile der Umgebung mit RFIDs ausgestattet werden, die Informationen über den jeweiligen Ort und für die Navigation und Lokalisation bereitstellen (bspw. Fernandes et al. 2014). All dies ist allerdings, wie schon weiter oben bemerkt, mit einem hohen Ressourcenaufwand verbunden, der sicher nur in Ausnahmefällen betrieben werden wird. Vermutlich sind daher Ansätze, die Informationen direkt aus der Umwelt gewinnen und sensorisch gehandicapten Personen mithilfe einer dem jeweiligen Handicap angepassten alternativen Benutzerschnittstelle zur Verfügung stellen, langfristig die ökonomisch gesehen bessere Wahl.

---

12 Dies ist sicherlich mit eine Ursache dafür, dass Nachrichten über *EyeMusic* bspw. auch im Heise-Newsticker erschienen sind (siehe http://www.heise.de/newsticker/meldung/Von-Pixeln-zu-Toenen-Via-Smartphone-Farben-und-Formen-hoeren-2140336.html (abgerufen am: 30.05.2014)) und damit von einer breiteren Öffentlichkeit zur Kenntnis genommen werden können.

Alternative Benutzerschnittstellen: Gebrauchstauglichkeit, universelles Design und Inklusion

Damit soll die Liste der bisher in aller Regel nur als Forschungsprojekte und Prototypen existierenden Systeme abgeschlossen und nun untersucht werden, ob die angeführten alternativen Schnittstellen den eingangs angesprochenen Anforderungen der Gebrauchstauglichkeit und des universellen Designs gerecht werden können. Folgt man dem Verständnis von Gebrauchstauglichkeit bei Sarodnik und Brau (2011, 20), so kann in Bezug auf die aufgeführten Beispiele bereits festgehalten werden, dass die Passung der Aufgabe – hier in erster Linie Lokalisation, Navigation und Gewinnung von Informationen – und der Nutzerzweck ausdrücklich angestrebt wurde. Ob aus der spezifischen Perspektive der Nutzer dieses Ziel auch erreicht wurde, kann nicht grundsätzlich beantwortet werden, da die meisten Projekte entweder keine oder nur rudimentäre und kaum als systematisch durchgeführt zu bezeichnende Gebrauchstauglichkeitsstudien umfassen; dies allerdings als Kritik anzuführen, scheint angesichts des Grundlagencharakters vieler der Projekte verfehlt. Auch in Hinblick auf das universelle Design und damit in Bezug auf die Unterstützung von Inklusion erscheint ein belastbares Urteil schwierig. Versteht man universelles Design nur dem Wortsinne nach als „[...] a mindset conducive to the idea that designed objects, systems, environments, and services should be equally accessible and simultaneously experienced by the largest number of people possible" (Mitrasinovic 2008, 419), dann müsste man in dieser Hinsicht alle hier vorgestellten Systeme disqualifizieren, denn selbst die elaboriertesten der hier vorgestellten alternativen Benutzerschnittstellen können nicht die gleiche Zugänglichkeit und die gleiche Erlebnisqualität für gehandicapte wie für nicht gehandicapte Personen garantieren. Ähnliches ließe sich sagen, wenn man Sandhu (2000, 81) und vielen anderen Autoren folgend Behinderung ausschließlich als soziales Konstrukt ansähe. In einer (Um-)Welt, die in aller Regel auf die Bedürfnisse „normaler" Menschen ausgerichtet ist – wie immer hier „Normalität" auch definiert ist –, mag der Umgang mit Normalität und Behinderung sozial bestimmt sein, doch ist dieser Umgang beileibe nicht so einfach sozial umzukonstruieren, wie dies bspw. für Modeerscheinungen gelten mag (hierzu sehr instruktiv Searle 1997). Begreift man jedoch den Anspruch von universellem Design und Inklusion nicht im Sinne von Gleich*heit*, sondern Gleich*wertigkeit*, stellen die hier vorgestellten Systeme in jedem Fall den Versuch dar, Menschen mit ganz unterschiedlich ausgeprägten Fähigkeiten – die in der Regel eben als Vorhandensein oder Abwesenheit eines Handicaps beschrieben werden – eine gleichwertige Interaktion untereinander und mit der Umwelt zu ermöglichen. Es bleibt aber unklar, ob mit den beschriebenen Projekten und den vielen anderen, die unberücksichtigt bleiben mussten, universelles Design überhaupt angestrebt und auf diesem Weg ein Beitrag zur Inklusion geleistet werden könnte. Denn von einer ökonomischen Warte aus gesehen wäre bspw. die Ausstattung jedes Smartphones mit Technik zur Kompensation der hier beschriebenen Handicaps kaum zu rechtfertigen: Es würden Ressourcen verbraucht, die nur in seltenen Fällen tatsächlich zur Anwendung kämen – es ist kaum zu erwarten, dass die potenziellen Nutzer bereit wären, die damit verbundenen Kosten zu tragen. Dies vorausgesetzt, erscheint es beinahe zwangsläufig, dass Produkte, die bspw. eingeschränkte Sehfähigkeiten kompensieren können, auf die spezifischen Bedarfe der entsprechenden Zielgruppe hin entwickelt werden. Allerdings, wie eingangs schon bemerkt, wird der (teilweise) Verlust des Seh- und Hörsinns viele Menschen im Alter betreffen, so dass die Berücksichtigung dieses Phänomens durchaus auch bei „normalen" Produkten sinnvoll wäre. Aber selbst dann wäre eine völlige Inklusion (bspw. entsprechend der Inklusionsmaßstäbe in Clarkson et al. 2013 und Waller et al. 2013) kaum zu erwarten. Außerdem lässt sich bspw. mit Heylighen und Bianchin (2013) fragen, ob und wie auf der einen Seite *gutes* und auf der anderen Seite *inklusives* Design überhaupt zusammenhängen. Gerade in Bezug auf die hier angesprochenen alternativen Benutzerschnittstellen lässt sich auch im Sinne der Gebrauchstauglichkeit fragen, ob ein in dieser Hinsicht gut gestaltetes technisches Produkt inklusiv sein kann, denn die Perspektive eines sensorisch gehandicapten Nutzers ist ja nicht nur auf das Produkt selbst, sondern vermutlich auch auf die Umwelt eine andere als jene eines nicht gehandicapten Menschen. In der Gebrauchstauglichkeitsforschung wird angesichts dessen der Schluss gezogen, dass in die Entwicklung gebrauchstauglicher Produkte von Beginn an die Nutzerperspektiven einbezogen und daher partizipative Verfahren[13] der Produktentwicklung genutzt werden müssen. Einen ähnlichen Schluss ziehen nicht nur Heylighen und Bianchin (2013); tatsächlich ist es kaum übertrieben zu sagen, dass diese Sichtweise auf gute *und* inklusive Technikgestaltung heute Allgemeingut ist.

13 Die Verfahren selbst müssen an die jeweilige Zielgruppe angepasst werden, um eine produktive Partizipation zu ermöglichen: Zajicek (2004, 89) zeigt am Beispiel hörgeschädigter Personen auf, dass bspw. der Ablauf von Fokusgruppen als partizipative Methode an das Handicap angepasst werden muss, damit die teilnehmenden Personen überhaupt aktiv werden können.

Fazit

Bereits 1990, zu einer Zeit, als viele der hier vorgestellten Systeme technisch nicht zu realisieren gewesen wären, schrieb Doug Griffith (1990, 475):

> [...] a strong argument can be made that by addressing the needs of the blind or visually impaired population, the sighted population would also benefit. [...] In general such work might lead to the development of important techniques to increase the capacity to customize interfaces to meet the needs and aptitudes of the individual user.

Seither sind 24 Jahre vergangen und es ist zu bezweifeln, dass funktionierende Spracherkennungssysteme, wie sie inzwischen in den Betriebssystemen moderner Smartphones oder auch in Navigationssysteme für PKWs eingebaut sind, auf die Forschung für alternative Benutzerschnittstellen für sensorisch gehandicapte Personen zurückgehen. Eher ist zu vermuten, dass die Hersteller entsprechender Geräte und Technologien den Durchschnittsnutzer im Blick hatten, so dass Aspekte des universellen Designs und der Inklusion gehandicapter Nutzer ein Nebenprodukt darstellen. Aus einer instrumentellen Perspektive mag man darüber so urteilen, dass es nicht darauf ankommt, warum entsprechende Entwicklungen vorangetrieben werden, sofern nur ein entsprechendes Ergebnis erreicht wird. Ob dies aber dem Grundgedanken der Inklusion durch entsprechend zielgerichtet gestaltete Technik wirklich gerecht werden kann, sei dahingestellt.

Danksagung

Für ihre wertvolle Hilfe bei der Recherche, der Korrektur und der sprachlichen Verbesserung des vorliegenden Textes danke ich ganz herzlich meinen beiden studentischen Mitarbeiterinnen Diane Hanke und Nadine Kleine. Die Anmerkungen der Herausgeber haben ebenfalls zur Verbesserung des Textes beigetragen. Für alle noch zu findenden Mängel trage ich allein die Verantwortung.

Literatur

Abboud, S.; Hanassy, Shl.; Levy-Tzedek, Sh.; Maidenbaum, Sh.; Amedi, A. (2014): „EyeMusic: Introducing a ‚visual' colorful experience for the blind using auditory sensory substitution". Restorative Neurology and Neuroscience 32:2, 247–57.

Bahadir, S.K.; Koncar, Vl.; Kalaoglu, F. (2012): „Wearable obstacle detection system fully integrated to textile structures for visually impaired people". Sensors and Actuators A: Physical 179, 297–311.
Banter, Br. (2010): „Touch screens and touch surfaces are enriched by haptic force-feedback". Information Display 26:3, 26–30.
Bayerisches Landesamt für Statistik und Datenverarbeitung (2012): Schwerbehinderte Menschen in Bayern am 31. Dezember 2011, https://www.statistik.bayern.de/veroeffentlichungen/epaper.php?pid=40698&t=1 (abgerufen am: 22.04.2014).
Beigl, M.; Gellersen, H.-W.; Schmidt, A. (2001): „Mediacups: experience with design and use of computer-augmented everyday artefacts". Computer Networks 35:4, 401–409.
Benford, Gr.; Malartre, E. (2008): Beyond human: Living with robots and cyborgs. New York: A Tom Doherty Associates Book, Reprint.
Bertram, B. (2005): „Blindheit und Sehbehinderung in Deutschland". Der Augenarzt 39:6, 267–268.
Brereton, M. (2001): „Drawing lessons in the design of tangible media from a study of interactions with mechanical products". Proceedings of the 2nd Australasian conference on User interface. Queensland, Australia: IEEE Computer Society, 124–131.
Bühler, Chr. (2009): „Ambient Intelligence in Working Environments". Universal Access in Human-Computer Interaction. Intelligent and Ubiquitous Interaction Environments, Lecture Notes in Computer Science 5615. Berlin, Heidelberg: Springer, 143–149.
Bundesgesetzblatt (2008): Gesetz zu dem Übereinkommen der Vereinten Nationen vom 13. Dezember 2006 über die Rechte von Menschen mit Behinderungen sowie zu dem Fakultativprotokoll vom 13. Dezember 2006 zum Übereinkommen der Vereinten Nationen über die Rechte von Menschen mit Behinderungen, 2008 Teil II Nr. 35, http://www.un.org/Depts/german/uebereinkommen/ar61106-dbgbl.pdf (abgerufen am: 22.04.2014).
Cavaco, S.; Henriques, J. T.; Mengucci, M.; Correia, N.; Medeiros, Fr. (2013): „Color Sonification for the Visually Impaired". CENTERIS 2013 – Conference on ENTERprise Information Systems/ProjMAN 2013 – International Conference on Project MANagement/HCIST 2013 – International Conference on Health and Social Care Information Systems and Technologies, Procedia Computer Science 9, 1048–1057.
Cheng, K.-Y.; Liang, R.-H.; Chen, B.-Y.; Laing, R.-H.; Kuo, S.-Y. (2010): „iCon: utilizing everyday objects as additional, auxiliary and instant tabletop controllers". Proceedings of the 28th international conference on Human factors in computing systems. Atlanta, Georgia/USA: ACM, 1155–1164.
Clarkson, P. J.; Waller, S.; Cardoso, C. (2013): „Approaches to estimating user exclusion". Applied Ergonomics, im Druck.
Deutscher Schwerhörigenbund e.V. (2013): Statistische Angaben zur Hörschädigung in Deutschland von 2005 bis 2011, http://www.schwerhoerigen-netz.de/RATGEBER/SCHWERHOERIGKEIT/STATISTIK/statistik2011.pdf (abgerufen am: 22.04.2014).
Elbes, M.; Al-Fuqaha, A. (2013): „Design of a Social Collaboration and Precise Localization Services for the Blind and Visually Impaired". The 4th International Conference on Emerging Ubiquitous Systems and Pervasive Networks (EUSPN-2013) and the 3rd International Conference on Current and Future Trends of Information and Communication Technologies in Healthcare (ICTH), Procedia Computer Science 21, 282–291.
Fernandes, H.; Filipe, V.; Costa, P.; Barroso, J. (2014): „Location based Services for the Blind Supported by RFID Technology". 5th International Conference on Software Development

and Technologies for Enhancing Accessibility and Fighting Info-exclusion, DSAI 2013, Procedia Computer Science 27, 2–8.

Filipe, V.; Fernandes, F.; Fernandes, H.; Sousa, A.; Paredes, H.; Barroso, J. (2012): „Blind Navigation Support System Based on Microsoft Kinect". Proceedings of the 4th International Conference on Software Development for Enhancing Accessibility and Fighting Info-exclusion, DSAI 2012, Procedia Computer Science 14, 94–101.

Finger, R. P.; Bertram, B.; Wolfram, Chr.; Holz, Fr. G. (2012): „Blindheit und Sehbehinderung in Deutschland: Leichter Rückgang der Prävalenz". Deutsches Ärzteblatt 109:27–28, 484–489.

Fleisch, E.; Mattern, Fr. (2005, Hrsg.): Das Internet der Dinge. Berlin, Heidelberg: Springer.

Goodrum, P. M.; McLaren, M. A.; Durfee, A. (2006): „The application of active radio frequency identification technology for tool tracking on construction job sites". Automation in Construction 15:3, 292–302.

Griffith, D. (1990): „Computer Access for Persons Who Are Blind or Visually Impaired: Human Factors Issues". Human Factors: The Journal of the Human Factors and Ergonomics Society 32:4, 467–475.

Gustafson-Pearce, O.; Billett, E.; Cecelja, Fr. (2007): „Comparison between audio and tactile systems for delivering simple navigational information to visually impaired pedestrians". British Journal of Visual Impairment 25:3, 255–265.

Hakobyan, L.; Lumsden, J.; O'Sullivan, D.; Bartlett, H. (2013): „Mobile assistive technologies for the visually impaired". Survey of Ophthalmology 58:6, 513–28.

Heylighen, A.; Bianchin, M. (2013): „How does inclusive design relate to good design? Designing as a deliberative enterprise". Design Studies 34:1, 93–110.

Ishii, H.; Ullmer, Br. (1997): „Tangible bits: towards seamless interfaces between people, bits and atoms". Proceedings of the SIGCHI conference on Human factors in computing systems. Atlanta, Georgia/USA: ACM, 234–241.

Kabisch, E. (2008): „Datascape: A Synthesis of Digital and Embodied Worlds". Space and Culture 11:3, 222–238.

Kaklanis, N.; Votis, K.; Tzovaras, D. (2013): „Open Touch/Sound Maps: A system to convey street data through haptic and auditory feedback". Computers & Geosciences 57, 59–67.

Kammoun, S.; Parseihian, G.; Gutierrez, O.; Brilhault, A.; Serpa, A.; Raynal, M.; Oriola, B.; Macéa, M. J.-M.; Auvray, M.; Denis, M.; Thorpe, S.J.; Truillet, P.; Katz, B. F. G.; Jouffrais, C. (2012): „Navigation and space perception assistance for the visually impaired: The NAVIG project". IRBM, Numéro spécial ANR TECSAN Technologie pour la santé et l'autonomie 33:2, 182–89.

Kang, J.; Cuff, D. (2005): „Pervasive Computing: Embedding the Public Sphere". Washington & Lee Law Review 62, 93–146.

Lee, Ch.-L.; Chen, Ch.-Y.; Sung, P.-Ch.; Lu, Sh.-Y. (2014): „Assessment of a simple obstacle detection device for the visually impaired". Applied Ergonomics 45:4, 817–24.

Mann, St. (1997): „Wearable Computing: A First Step Toward Personal Imaging". Computer 30:2, 25–32.

Maurel, F.; Dias, G.; Routoure, J.-M.; Vautier, M.; Beust, P.; Molina, M.; Sann, C. (2012): „Haptic Perception of Document Structure for Visually Impaired People on Handled Devices". Proceedings of the 4th International Conference on Software Development for Enhancing Accessibility and Fighting Info-exclusion (DSAI 2012), Procedia Computer Science 14, 319–329.

McGookin, D.; Robertson, E.; Brewster, St. (2010): „Clutching at straws: using tangible interaction to provide non-visual access to graphs". Proceedings of the 28th international conference on Human factors in computing systems. Atlanta, Georgia/USA: ACM, 1715–1724.

Mitrasinovic, M. (2008): „Universal Design". In: M. Erlhoff, T. Marshall (eds.): Design Dictionary. Basel: Birkhäuser, 419–422.

Neitzke, H.-P.; Calmbach, M.; Behrendt, D.; Kleinhückelkotten, S.; Wegner, E.; Wippermann, C. (2008): „Risks of Ubiquitous Information and Communication Technologies". GAIA – Ecological Perspectives for Science and Society 17:4, 362–369.

Newell, A. F.; Gregor, P. (2000): „‚User sensitive inclusive design' – in search of a new paradigm". Proceedings on the 2000 conference on Universal Usability. New York: ACM, 39–44.

Park, S. H.; Won, S. H.; Lee, J. B.; Kim, S. W. (2003): „Smart home – digitally engineered domestic life". Personal and Ubiquitous Computing 7:3–4, 189–196.

Rekimoto, J.; Ayatsuka, Y. (2000): „CyberCode: designing augmented reality environments with visual tags". Proceedings of DARE 2000 on Designing augmented reality environments. Elsinore, Denmark: ACM, 1–10.

Roentgen, U. R.; Gelderblom, G. J., Soede, M.; de Witte, L. P. (2008): „Inventory of electronic mobility aids for persons with visual impairments: a literature review". Journal of Visual Impairment and Blindness 102:11, 702–724.

Sandhu, J. S. (2000): „Citizenship and Universal Design". Ageing International 25:4, 80–89.

Sarodnick, Fl.; Brau, H. (2010): Methoden der Usability Evaluation: Wissenschaftliche Grundlagen und praktische Anwendung. Bern: Hans Huber.

Savulescu, J. (2009): Human enhancement. Oxford, New York: Oxford University Press.

Searle, J. (1997): Die Konstruktion der gesellschaftlichen Wirklichkeit: Zur Ontologie sozialer Tatsachen. Reinbek bei Hamburg: Rowohlt.

Serrão, M.; Rodrigues, J. M. F.; Rodrigues, J. I.; du Buf, J. M. H. (2012): „Indoor Localization and Navigation for Blind Persons using Visual Landmarks and a GIS". Proceedings of the 4th International Conference on Software Development for Enhancing Accessibility and Fighting Info-exclusion (DSAI 2012), Procedia Computer Science 14, 65–73.

Shackel, Br. (1959): „Ergonomics for a computer". Design 120, 36–39.

Shackel, Br. (1997): „Human–computer interaction – Whence and whither?". Journal of the American Society for Information Science 48:11, 970–986.

Shaer, O.; Kol, G.; Strait, M.; Fan, Chl.; Grevet, C.; Elfenbein, S. (2010): „G-nome surfer: a tabletop interface for collaborative exploration of genomic data". Proceedings of the 28th international conference on Human factors in computing systems. Atlanta, Georgia/USA: ACM, 1427–1436.

Shaer, O.; Leland, N.; Calvillo-Gamez, E. H.; Jacob, R. J. K. (2004): „The TAC paradigm: specifying tangible user interfaces". Personal Ubiquitous Computing 8:5, 359–369.

Statistisches Bundesamt (2013). „Statistik der schwerbehinderten Menschen", https://www.destatis.de/DE/Publikationen/Thematisch/Gesundheit/BehinderteMenschen/SozialSchwerbehinderteKB5227101119004.pdf?__blob=publicationFile (abgerufen am: 22.04.2014).

Striem-Amit, E.; Amedi, A. (2014): „Visual Cortex Extrastriate Body-Selective Area Activation in Congenitally Blind People ‚Seeing' by Using Sounds". Current Biology 24:6, 687–692.

Wall, St.; Brewster, St. (2005): „Hands-on haptics: exploring non-visual visualization using the sense of touch". CHI '05 extended abstracts on Human factors in computing systems. Portland, Oregon: ACM, 2140–2141.
Waller, S.; Bradley, M.; Hosking, I.; Clarkson, P. J. (2013): „Making the case for inclusive design". Applied Ergonomics, im Druck.
Weber, K. (2012): „Bottom-Up Mixed-Reality: Emergente Entwicklung, Unkontrollierbarkeit und soziale Konsequenzen". In: B. Robben, H. Schelhowe (Hrsg.): Be-greifbare Interaktionen – Der allgegenwärtige Computer: Touchscreens, Wearables, Tangibles und Ubiquitous Computing. Bielefeld: Transcript, 347–366.
Weiser, M. (1991): „The Computer for the 21st Century". Scientific American 265:3, 94–104.
Zajicek, M. (2004): „A Special Design Approach for Special People". In: Kl. Miesenberger, J. Klaus, W. L. Zagler, D. Burger (Hrsg.): Computers Helping People with Special Needs, Lecture Notes in Computer Science 3118. Berlin, Heidelberg: Springer, 88–95.

Christian Bühler, Christian Radek, Birgit Scheer
und Wolfgang Tigges

Meldestelle für digitale Barrieren

Einleitung

Die Verordnungen, die es im Rahmen des Gesetzes zur Gleichstellung behinderter Menschen gibt, sind nicht dazu geeignet, flächendeckend gleichwertige Zugänglichkeit zu digitalen Medien für Menschen mit und ohne Behinderung sicherzustellen. Menschen mit Behinderung sind demnach nicht-behinderten Menschen nicht gleichgestellt, sondern werden bei der Nutzung digitaler Angebote ausgegrenzt. Im ersten Abschnitt dieses Kapitels wird daher das Behindertengleichstellungsgesetz aus Sicht der Selbsthilfe beleuchtet und die Instrumente, die das Gesetz zur Verfügung stellt, kritisch begutachtet. Im zweiten Teil dieses Kapitels werden digitale Barrieren vorgestellt, die es erschweren bzw. unmöglich machen, dass Menschen mit Behinderung digitale Angebote in Anspruch nehmen können. Der Begriff der „digitalen Angebote" ist dabei sehr weit gefasst und schließt neben Webauftritten auch Online Dokumente (z. B. Word- und PDF-Dateien), Software, Informationsterminals und Automaten mit ein. Es handelt sich dabei um unterschiedliche Angebote, die dennoch im Rahmen der vier Prinzipien der BITV 2.0 Wahrnehmbarkeit, Bedienbarkeit, Verständlichkeit und Robustheit eng miteinander verknüpft sind. Auch technologisch gibt es Gemeinsamkeiten. Webseiten, Software und die Bildschirme von Automaten sind alles grafische Programmoberflächen für die dieselben Grundsätze bei der Erstellung gelten. Die Kenntnis potentieller Barrieren macht es einfach, auch Wege aufzuzeigen, wie diese im Idealfall bereits bei der Entwicklung vermieden werden könnten. Oft ist es nämlich Nachlässigkeit, die dazu führt, dass es überhaupt Barrieren gibt. Hier übernimmt die Meldestelle die Funktion zu sensibilisieren und zu informieren. Die Erstellung von IKT-Angeboten sollte sich grundsätzlich an den Bedürfnissen möglichst aller Menschen orientieren. Dies ist ein Prinzip des Universellen Designs. Universelles Design bzw. das Design für Alle zielt darauf hin, möglichst barrierefreie Angebote für eine größtmögliche Nutzergruppe zu entwickeln. Universelles Design ist daher ein wichtiger Ansatz, um flächendeckend tatsächlich barrierefrei IKT anzubieten und wird kurz einmal angerissen. Schließlich, nachdem der rechtliche und technologische Rahmen abgesteckt ist, geht es um den Aufbau und den Betrieb der Meldestelle für digitale Barrieren. In diesem Abschnitt geht es dann vor allem um den organisatorischen Aufbau und die Abläufe, die bei der Bearbeitung von Barrieremeldungen anfallen.

Rechtlicher Rahmen in Deutschland aus Sicht der Selbsthilfe

Mit der Verabschiedung des Behindertengleichstellungsgesetzes (BGG) (BGBl 2002) im Jahre 2002 haben behinderte und chronisch kranke Menschen und ihre Interessenvertretungen in Deutschland große Hoffnungen in eine Verbesserung ihrer Lebenslagen verknüpft. Ziel dieses Gesetzes ist es, „Benachteiligung von behinderten Menschen zu beseitigen und zu verhindern sowie die gleichberechtigte Teilhabe von behinderten Menschen am Leben in der Gesellschaft zu gewährleisten und ihnen eine selbstbestimmte Lebensführung zu ermöglichen. Dabei wird besonderen Bedürfnissen Rechnung getragen."[1]

Mit dieser Zielbeschreibung hat der Gesetzgeber die Hürden hoch gelegt und in der Absichtserklärung dieses Gesetzes den seit Jahren vorgetragenen Forderungen der Betroffenen und ihrer Verbände Rechnung getragen. Neben der Verpflichtung auf Umsetzung von Barrierefreiheit in den Bereichen Bau und Verkehr und dem Benachteiligungsverbot für Träger öffentlicher Gewalt sind auch das Recht auf Verwendung von Gebärdensprache und anderen Kommunikationshilfen, die barrierefreie Gestaltung von Bescheiden und Vordrucken und Regelungen zur barrierefreien Informationstechnik in Gesetzesform gebracht worden. Hinzu kommen die entsprechenden Rechtsverordnungen, die die Umsetzung im Detail regeln, z. B. die Barrierefreie-Informationstechnik-Verordnung (BITV) (BMAS/BVA 2011) (dazu siehe auch Kerkmann in diesem Band). Gerade diese Verordnung ist besonders wichtig im Kontext der zunehmenden elektronischen Informationsvermittlung.

Allerdings sind hier einige Personengruppen vernachlässigt bzw. nicht berücksichtigt worden, für die die barrierefreie Nutzung von Informationstechniken wichtig sein können. Dies betrifft insbesondere Menschen mit intellektuellen Beeinträchtigungen oder Hörschädigungen. Nach einer Evaluation der ursprünglichen Verordnung wurde mit der BITV 2.0 dieses Defizit beseitigt. Soweit die Theorie. Zweifelhaft ist die Tatsache, dass zwar Regelungen für den Personenkreis der Hörbehinderten und der Menschen mit intellektuellen Beeinträchtigungen aufgenommen worden sind, aber die Praxis zeigt, dass für diesen Personenkreis die in der Verordnung geforderten Kurzhinweise z. B. auf Startseiten von Internetangeboten nicht ausreichend sind. Dies entspricht auch den Forderungen der Verbände von Menschen mit Lernschwierigkeiten und von gehörlosen Menschen. Es müssen die wesentlichen Inhalte in adäquaten Formaten angeboten werden. Nur so erschließen sich für den genannten Personenkreis Angebote von zentraler Bedeutung.

1 § 1 BGG.

In der Umsetzung gibt es allerdings erhebliche Probleme. Dazu muss man wissen, dass das BGG und die dazugehörigen Verordnungen nur für den Bereich des Bundes gelten, d. h. nur Einrichtungen der Bundesverwaltung, einschließlich der bundesunmittelbaren Körperschaften, Anstalten und Stiftungen des öffentlichen Rechts sind diesem Gesetz unterworfen. Das hat dazu geführt, dass die 16 deutschen Bundesländer eigene Landesgleichstellungsgesetze verabschiedet haben, deren Regelungen sich teilweise von denen des Bundes unterscheiden. So gibt es z. B. Länderregelungen[2], die unter einem Finanzierungsvorbehalt stehen. In nahezu allen Bundesländern besteht das so genannte Konnexitätsprinzip. Damit müssen die Länder, die die Umsetzung der Regelungen des jeweiligen Landesgleichstellungsgesetzes (LGG) auch auf regionaler Ebene fordern, dafür auch die Kosten übernehmen. Dieses Konnexitätsprinzip – ursprünglich als Schutz vor zusätzlichen Aufgabenzuweisungen durch die Länder eingeführt – erweist sich für die Umsetzung der Regelungen zur Gleichstellung behinderter und chronisch kranker Menschen nun als Bremse.

Instrumentarien zur Umsetzung des Gesetzes zur Gleichstellung behinderter Menschen

Das Behindertengleichstellungsgesetz bietet verschiedene Instrumente an, um die Umsetzung der Regelungen zu sichern bzw. zu fördern. Dazu gehören die Möglichkeiten der Zielvereinbarung und das Verbandsklagerecht.

Zielvereinbarungen

Mit dem Einsatz von Zielvereinbarungen sollen die im BGG enthaltenen Vorgaben auch auf die private Wirtschaft umgesetzt werden. Allerdings sind Zielvereinbarungen nur auf freiwilliger Basis abzuschließen. Das Bundesministerium für Arbeit und Soziales (BMAS) hat ein Register[3] über zielvereinbarungsberechtigte Verbände behinderter Menschen angelegt und entscheidet auch darüber, wer in dieses Register aufgenommen wird. Sodann können sich die entsprechenden Verbände und ihre Partnerorganisationen mit Unternehmen in Verbindung

---

2 Übersicht über die Ländergesetzgebung in Bezug auf barrierefreie Informationstechnik: http://www.di-ji.de/r/laender (abgerufen am 30.5.2014).

3 Register der Verbände, die berechtigt sind, Zielvereinbarungen abzuschließen http://www.bmas.de/DE/Themen/Teilhabe-behinderter-Menschen/Zielvereinbarungen/zielvereinbarungen-anerkannter-verbaende.html (abgerufen am 30.5.2014).

setzen und die Aufnahme von Zielvereinbarungsgesprächen zum Abbau von Barrieren in den unterschiedlichen Bereichen einfordern. Das Verfahren zur Aufnahme von Zielvereinbarungsverhandlungen ist so konzipiert, dass ein berechtigter Verband sein Vorhaben veröffentlicht, damit andere Interessenvertretungen, die möglicherweise nicht als zielvereinbarungsberechtigt gelistet sind, gleichwohl ihre Interessen in die Verhandlungen einbringen können und somit auch die Möglichkeit haben, der Verhandlungskommission beizutreten. Nicht geregelt ist, dass Zielvereinbarungen nach Aufnahme der entsprechenden Gespräche auch abgeschlossen werden müssen. Aus diesem Grunde kann das Instrument der Zielvereinbarungen nur als ein weiches Instrument betrachtet werden und die Umsetzung ist abhängig vom guten Willen der Vertragspartner. Betrachtet man die im Zielvereinbarungsregister[4] des BMAS aufgelisteten abgeschlossenen Zielvereinbarungen[5], so ist es nicht verwunderlich, dass erst 51 Zielvereinbarungen seit In-Kraft-Treten des BGG im Jahr 2002 abgeschlossen werden konnten, 12 Zielvereinbarungen sind angekündigt bzw. befinden sich im Stadium der Verhandlung (Stand: Mai 2014). Die Aufnahme von Zielvereinbarungsgesprächen ist mit erheblichem Aufwand für die Verbände verbunden. In der Regel erwarten Zielvereinbarungspartner konkrete Beratungsleistungen über die Umsetzung der Anforderung an Barrierefreiheit. Je nach Verhandlungsgegenstand kann ein hoher Beratungsaufwand erforderlich sein, der auch die entsprechende Expertise erfordert, die unter Umständen zusätzlich herangezogen werden muss. Dies kann aber nur erbracht werden, wenn die Ressourcen bei den Verbänden sowohl finanziell als auch personell vorhanden sind.

Verbandsklagerecht

Um die Umsetzung des Behindertengleichstellungsgesetzes und der entsprechenden Landesgleichstellungsgesetze zu überprüfen, wurde das Instrument der Verbandsklage eingeführt. Werden behinderte Menschen in ihren Rechten aus § 7 Abs. 2 (Verstoß gegen das Benachteiligungsverbot durch Bundesbehörden), § 8 (Herstellung von Barrierefreiheit in den Bereichen Bau und Verkehr), § 9 Abs. 1 (Recht auf Verwendung von Gebärdensprache und anderen Kommunikationshilfen), § 10 Abs. 1 S. 2 (Gestaltung von Bescheiden und Vordrucken) oder § 11

---

4 Register beim BMAS mit Zielvereinbarungen http://www.bmas.de/DE/Themen/Teilhabe-behinderter-Menschen/Zielvereinbarungen/Zielvereinbarungsregister/inhalt.html (abgerufen am 30.5.2014).

5 Mustervertragstexte für Zielvereinbarungen findet man unter http://www.wob11.de/muster vertragstext-fuer-zielvereinbarungen.html (abgerufen am 30.5.2014).

Abs. 1 (Barrierefreie Informationstechnik) verletzt, können an ihrer Stelle und mit ihrem Einverständnis Verbände, die nach § 13 Abs. 3 BGG das Verbandsklagerecht haben, aber nicht selbst am Verfahren beteiligt sind, Rechtsschutz beantragen, d. h. an Stelle des behinderten Menschen das Verfahren betreiben. Gleiches gilt bei Verstößen gegen Vorschriften des Bundesrechts, die einen Anspruch auf Herstellung von Barrierefreiheit im Sinne des § 4 BGG oder auf Verwendung von Gebärden oder anderen Kommunikationshilfen im Sinne des § 6 Abs. 3 BGG vorsehen. Der Verband tritt hier selbst als Kläger auf. Das war bisher nicht möglich. Allerdings hat die Verbandsklage einen gravierenden Schwachpunkt. Die Verbände können zwar die Klage anstrengen und durchfechten. Allerdings erwartet sie bei einem positiven Urteil nur die Feststellung, dass gegen bestimmte Regelungen (s. o.) verstoßen worden ist. Sanktionen sind damit nicht verbunden und es können daher keine Änderungen aus einem positiven Urteil erzwungen werden. Wenn aber eine Organisation das finanzielle Risiko einer Verbandsklage tragen muss, dann wird ein reines „Feststellungsurteil" ohne Sanktionsmöglichkeit nicht zufriedenstellend sein. Dies dürfte auch der Grund sein, dass seit Einführung des BGG nur eine geringe Zahl Verbandsklagen geführt worden sind, die zudem noch verloren wurden.

Fazit

Obwohl alle Verbände die Einführung des BGG einhellig begrüßt haben, zeigen sich doch Schwachpunkte bei der Umsetzung. Es reicht nicht aus, Instrumente anzubieten, die formal eine Beseitigung von Barrieren in den verschiedenen Bereichen in Aussicht stellen, in der Umsetzung jedoch so schwach sind, dass selbst bei Anwendung der Instrumentarien eine erfolgreiche Verbesserung der Situation eher unwahrscheinlich ist. Die Feststellung einer Benachteiligung ergibt nur dann Sinn, wenn auch Sanktionen mit ihr verbunden sind und die benachteiligende Institution gezwungen werden kann, Veränderungen bzw. Verbesserungen umzusetzen. Es ist auf Dauer nicht erfolgversprechend, den Verbänden behinderter Menschen hier die Verantwortung zu übertragen, da diese sehr schnell an die Grenzen ihrer Möglichkeiten geraten und folglich diese Problematik nicht mehr in der Konsequenz weiterverfolgen können, wie es erforderlich wäre. Die Angebote der privaten Wirtschaft sind also nach wie vor keinen Anpassungen unterworfen und können frei agieren, sich für das Thema einsetzen oder eben auch nicht. Rückmeldungen bei der Meldestelle für Digitale Barrieren haben ebenfalls gezeigt, dass lediglich Überzeugungsarbeit geleistet werden kann. Aber auf „Good Will" zu setzen, das hat sich in der Vergangenheit gezeigt, bringt keine nachhaltigen Verbesserungen.

Digitale Barrieren

Unter digitalen Barrieren versteht man Barrieren, die Menschen mit Behinderungen daran hindern, Angebote, die mit Hilfe von Informations- und Kommunikationstechnik (IKT) realisiert sind, zu nutzen. Zu den IKT-Anwendungen zählen u. a. Web-Angebote, Intranet-Angebote und Software z. B. am Arbeitsplatz, elektronische Dokumente, Apps auf mobilen Geräten und Selbstbedienungsautomaten, z. B. Bankautomaten. Barrieren können auf der Seite der Hardware-Nutzung oder im Bereich der Software auftreten. Während Barrieren bei der Hardware-Nutzung zum Beispiel am PC-Arbeitsplatz gut durch Hilfsmittel ausgeglichen werden können, wenn das System soweit wie möglich den Anforderungen eines Universellen Designs entspricht (vgl. Abschnitt Universelles Design digitaler Medien), ist dies bei Selbstbedienungsautomaten in der Regel nicht möglich. Bei solchen Automaten oder Kiosksystemen handelt es sich meist um eine sogenannte „geschlossene Funktionalität". Außer einem Kopfhöreranschluss bieten diese Systeme häufig keine Möglichkeiten, Hilfsmittel anzuschließen oder eigene Software zu nutzen. Ein Universelles Design, das den Nutzerinnen und Nutzern u.a. individuelle Einstellungen ermöglicht, ist daher gerade bei Automaten besonders wichtig.

Alle genannten IKT-Bereiche finden sich auch in dem Anfang 2014 verabschiedeten EU-Standard CEN; CENELEC; ETSI 2014 wieder, der „EN 301 549 Accessibility requirements for public procurement of ICT products and services in Europe". Die europäische Norm definiert konkrete Mindestanforderungen der Barrierefreiheit für unterschiedliche IKT-Systeme und Anwendungsfälle, die zum Beispiel von der öffentlichen Verwaltung beschafft werden. So sollen Barrieren für die Mitarbeitenden u. a. in der öffentlichen Verwaltung, aber auch für die Bürgerinnen und Bürger vermieden werden, die die IKT-Angebote später nutzen sollen. Die Barrieren, die für Menschen mit Behinderungen bei der Nutzung dieser IKT-Angebote auftreten können, sind sehr vielfältig. Um Barrieren zu vermeiden, müssen Anforderungen aus den vier Bereichen *Wahrnehmbarkeit, Bedienbarkeit, Verständlichkeit* und *Robustheit* berücksichtigt werden. Die Kriterien der Barrierefreie-Informationstechnik-Verordnung (BITV) 2.0 (BMAS/BVA 2011) sind möglichst technologie-unabhängig formuliert, damit sie auf alle Typen von IKT angewendet werden können. Ein Beispiel für eine technologie-unabhängig formulierte Bedingung ist zum Beispiel, dass Inhalte eine veränderbare Textgröße haben müssen, um unterscheidbar und damit für alle wahrnehmbar zu sein. Wie dies technisch z. B. bei Webseiten, in Apps und in Kiosksystemen umgesetzt wird, ist jedoch unterschiedlich. Beispiele für häufige Barrieren in diesen Bereichen werden in den folgenden Abschnitten, bezogen auf die jeweilige Anwendung, aufgezeigt.

Webseiten und Webanwendungen

Die Barrierefreiheit von Webseiten ist durch Richtlinien und Praxisleitfäden im IKT-Bereich sehr gut erfasst. Anlage 1 der Barrierefreie-Informationstechnik-Verordnung (BITV) 2.0 (BMAS/BVA 2011) entspricht weitgehend den internationalen „Web Content Accessibility Guidelines (WCAG) 2.0“ (W3C 2008), also einer Richtlinie, die sich speziell auf Web-Technologien bezieht. Die Richtlinie, die inzwischen auch als ISO-Norm verfügbar ist (vgl. ISO/IEC 2012), und die Verordnung lassen sich auch auf komplexere Web-Anwendungen und mobile Webangebote anwenden. Während sich alle gesetzlichen Vorschriften auf die Inhalte beziehen, auf die die Nutzerinnen und Nutzer zugreifen, gibt es auch Empfehlungen des *World Wide Web Consortiums* (W3C) dazu, wie ein autorenunterstützendes System, z. B. ein Content Management System (CMS) Barrierefreiheit zulassen und fördern sollte[6]. Dazu zählt die Unterstützung bei der Erstellung barrierefreier Web-Inhalte, aber auch die Möglichkeit, dass das System selbst barrierefrei bedienbar ist, damit jede Autorin und jeder Autor die Möglichkeit hat, dieses System zu nutzen. Auch die Voraussetzungen, die ein Benutzeragent, also z. B. ein Browser, ein Multimedia-Player oder auch eine Vorlese-Software (Screenreader) erfüllen muss, um auf die barrierefrei gestalteten Inhalte zuzugreifen, sind in einer Richtlinie festgehalten[7]. Handelt es sich um eine komplexere Web-Anwendung, steht eine W3C-Empfehlung zur Verfügung, die regelt, wie z. B. Vorlese-Software mitgeteilt werden kann, dass sich einzelne Bereiche einer Webseite dynamisch verändert haben[8]. Dies betrifft hauptsächlich den Einsatz von JavaScript auf Webseiten, um Funktionen zu implementieren.

Der Meldestelle für digitale Barrieren[9] (vgl. Aufbau und Betrieb der Meldestelle) werden häufig Barrieren in Webseiten und Web-Anwendungen gemeldet. Wie man die häufigsten Barrieren vermeiden kann, ist im Folgenden kurz für die vier Bereiche barrierefreien Webdesigns wiedergegeben.

---

6 Authoring Tool Accessibility Guidelines (ATAG): http://www.w3.org/TR/ATAG10/ (abgerufen am 30.5.2014).

7 User Agent Accessibility Guidelines (UAAG): http://www.w3.org/TR/UAAG10/ (abgerufen am 30.5.2014).

8 Accessible Rich Internet Applications (WAI-ARIA): http://www.w3.org/TR/wai-aria/ (abgerufen am 30.5.2014).

9 Meldestelle für digitale Barrieren http://www.meldestelle.di-ji.de (abgerufen am 30.5.2014).

Wahrnehmbarkeit

Damit eine Webseite für alle Nutzerinnen und Nutzer wahrnehmbar ist, sollte das Mehrkanal-Prinzip erfüllt werden (vgl. DIN 2002). Hierzu sollten zunächst Inhalt und Layout einer Webseite getrennt werden. Das heißt zum Beispiel, dass die Inhalte gut durch Überschriften strukturiert sein müssen, damit diese über Formatvorlagen, in diesem Fall *Cascading Stylesheets* (CSS), formatiert werden können. Dies ermöglicht der Nutzerin bzw. dem Nutzer sich mit Hilfe einer assistiven Technologie oder dem jeweils verwendeten Benutzeragenten die Inhalte in einem individuell optimal wahrnehmbaren Layout darzustellen. Für Nutzerinnen und Nutzer, die ohne Hilfsmittel und spezielle Einstellungen arbeiten, ist es wichtig, zusätzlich die Lesbarkeit durch eine Farbwahl zu unterstützen, die gute Kontraste bietet. Mit welchen Werkzeugen[10] sich dies gut feststellen lässt und wie dies in der BITV 2.0 genau geregelt ist, ist im BITV-Lotsen im Abschnitt „Trennung von Vorder- und Hintergrund" detailliert beschrieben (vgl. Reins 2012b). Abbildung 1 zeigt die Anleitungen zu diesem Thema im BITV-Lotsen des Bundes. Über die Navigation in Form von Registerkarten sind auch eine Begründung, Beispiele, die Unterschiede zur BITV 1.0 und weiterführende Links verfügbar. Alle für das Thema relevanten BITV-Bedingungen werden im Anschluss an das Thema in der rechten Spalte angezeigt.

Blinde Menschen, die sich die Web-Inhalte mit einer speziellen Vorlese-Software ausgeben lassen, stoßen häufig auf Barrieren, wenn Bilder keine Alternativtexte besitzen. Die Vorlese-Software weist in diesem Fall lediglich darauf hin, dass auf der Webseite ein Bild steht, mehr Informationen sind für blinde Menschen jedoch in diesem Fall nicht verfügbar. Wie Bilder und andere Nicht-Text-Inhalte kurz aber aussagekräftig beschrieben werden können, ist im BITV-Lotsen im Abschnitt „Textalternativen für Bilder" erläutert (vgl. Reins 2012a).

Die häufigste Barriere in der Interaktion mit dem Betreiber eines Web-Angebots ist die Verwendung eines grafischen CAPTCHAs im Registrierungs- oder Bestellprozess oder auch in Kontaktformularen. Ein CAPTCHA ist meist eine Folge schlecht lesbarer Buchstaben und Zahlen. CAPTCHA steht für „Completely Automated Public Turing test to tell Computers and Humans Apart", also ein komplett automatischer öffentlicher Turing-Test zur Unterscheidung von Computern und Menschen. Website-

10 Testwerkzeuge und Testempfehlungen: http://www.di-ji.de/r/testtools (abgerufen am 30.5. 2014) (und Sünkler in diesem Band).

Alternativtext: Bildschirmausschnitt der Anleitung im Abschnitt Trennung von Vorder- und Hintergrund.

Abb. 1: Anleitung für die Auswahl geeigneter barrierefreier Farbkombinationen im BITV-Lotsen (www.bitv-lotse.de).

Betreiber versuchen so Spam und andere automatische Anfragen von Robots zu verhindern. Diese grafischen CAPTCHAs schließen jedoch sehbehinderte und blinde Nutzerinnen und Nutzer, sowie auch viele Ältere mit einer leichten Sehschwäche aus. Computer lösen diese grafischen CAPTCHAs inzwischen besser als die meisten Menschen[11]. Trotzdem werden CAPTCHAs immer noch häufig eingesetzt und bilden so eine häufige, unüberwindbare Barriere für Menschen mit Sehbehinderungen. Da viele ältere Menschen von Sehbehinderungen betroffen sind, bieten auch die inzwischen häufig eingesetzten Audio-CAPTCHAs für diese Zielgruppe keine barrierefreie Alternative. Da CAPTCHAs immer einen Teil der Interessierten bzw. Kunden ausschließen werden, sollte sorgfältig geprüft werden, ob ein solcher Schutz unbedingt notwendig ist. Falls es notwendig ist, muss auf jeden Fall auch ein weiterer Weg der Kontaktaufnahme angeboten werden oder eine der Alternativen eingesetzt werden, wie serverseitige Filter, Spam-Fallen oder Zeit-

11 http://www.welt.de/debatte/kolumnen/der-onliner/article127148913/Google-loest-Captchas-besser-als-ich.html (abgerufen am 30.5.2014).

stempel, die im BITV-Lotsen aufgezeigt werden (vgl. Reins 2012c). Weitere Barrieren, die der Meldestelle für digitale Barrieren häufig gemeldet werden, liegen beim Einsatz von multimedialen Inhalten. Inzwischen sind aufgrund der zur Verfügung stehenden Bandbreiten in vielen Webangeboten Videos zu finden. Untertitel für gehörlose Menschen und Audiodeskriptionen für blinde Menschen werden jedoch nur selten angeboten. Je nachdem über welches Portal die Videos eingebunden sind, stehen möglicherweise automatische Untertitel zur Verfügung, die jedoch bisher nicht zuverlässig funktionieren. Dies kann damit zusammenhängen, dass sie eher für Englisch optimiert sind oder die Sprachqualität aufgrund von mehreren gleichzeitig sprechenden Personen oder Hintergrund-Geräuschen nicht ausreichend ist für die automatische Erkennung. Zurzeit ist dies auf jeden Fall keine Alternative zu selbst bereit gestellten bzw. produzierten Untertiteln.

Bedienbarkeit

Viele Webseiten setzen voraus, dass die Nutzerinnen und Nutzer eine Maus bei der Navigation durch das Angebot nutzen. Ist dies aufgrund einer Körperbehinderung, die die Nutzung anderer geeigneter Eingabegeräte erfordert oder einer Sehbehinderung, die dazu führt, dass die Personen den Mauszeiger auf dem Bildschirm nicht positionieren können, nicht möglich, sind einige Funktionen in diesen Web-Angeboten nicht nutzbar. Selbst wenn die Web-Angebote keine interaktiven, programmierten Elemente enthalten, ist die Navigation bereits erschwert, wenn nicht erkennbar ist, wo man sich gerade im Angebot befindet. Dies ist zum Beispiel der Fall, wenn der aktuell aktive Link nicht hervorgehoben wird, wie es beim Überfahren mit der Maus in der Regel üblich ist (siehe Abbildung 2).

Ein einfacher Test, ob die Website auch ohne Maus bedienbar ist, ist diese mit der Tastatur zu durchlaufen, also zum Weitergehen von Link zu Link z. B. die Tabulator-Taste zu nutzen. Sind alle Elemente so in einer sinnvollen Reihenfolge schnell erreichbar? Mehr Informationen zum sichtbaren Tastaturfokus und zu Tastaturfallen sind in Reins (2012d) zu finden.

Verständlichkeit

Sowohl die Texte einer Website als auch die Orientierung und Navigation sollten für alle gut verständlich sein. Allgemein gut verständlich geschriebene Texte helfen allen Besuchern der Website. Immer häufiger werden Webangebote mit mobilen Endgeräten genutzt, also häufig auch in unruhigen Umgebungen, zum

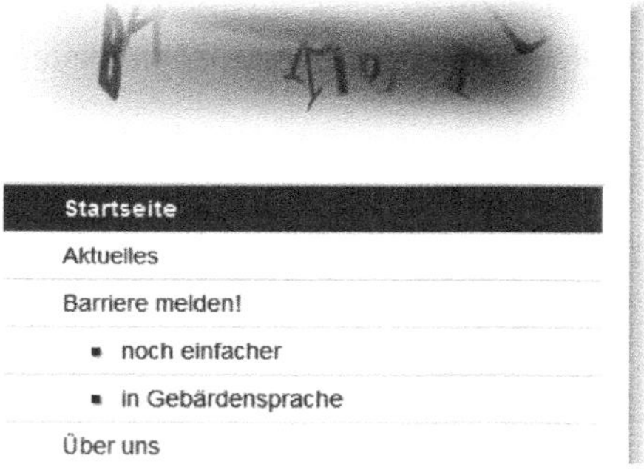

Alternativtext: a: Bildschirmausschnitt der Navigation ohne Hervorhebungen

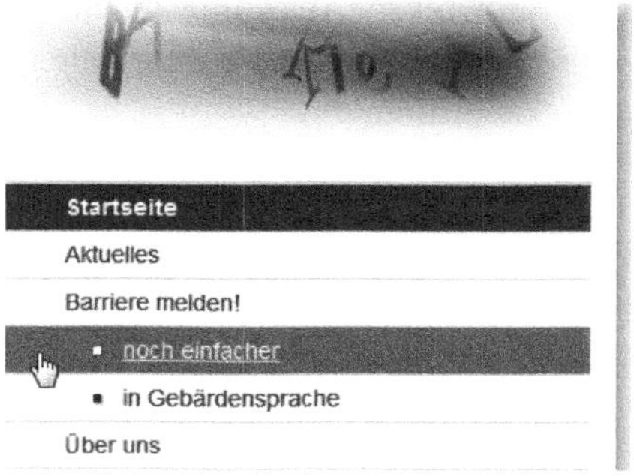

Alternativtext b: Bildschirmausschnitt der Navigation mit invertierter und unterstrichener Texthervorhebung des aktuellen Menüpunktes

Abb. 2a+b: Deutliche Kennzeichnung des aktuellen Menüpunktes bei Tastatur- und Mausnutzung.

Beispiel in öffentlichen Verkehrsmitteln, so dass gut verständliche Texte die Nutzung des Angebots erleichtern. Den Nutzerinnen und Nutzern des Angebots sollte jederzeit deutlich sein, wo im Angebot sie sich gerade befinden und welche Navigationsmöglichkeiten es von dort aus gibt. Eine Suchfunktion und eine Sitemap, also ein Überblick über das Angebot, erleichtern das schnelle Auffinden von Informationen. Möglichkeiten, wie die Navigation und Orientierung im gesamten Internetauftritt und innerhalb einer einzelnen Internetseite verständlich gestaltet werden können, sind im BITV-Lotsen zu finden (Scheer 2012a, 2012b, 2012c).

Damit Menschen mit Lernschwierigkeiten die Inhalte verstehen, müssen diese zusätzlich in Leichter Sprache angeboten werden. Die BITV 2.0 des Bundes schreibt dies nur für allgemeine Informationen zum Webangebot, wie die Kontaktdaten vor. Weitere wichtige Inhalte der Website sollten jedoch in Leichter Sprache vorliegen, auch wenn die BITV 2.0 dies nicht explizit fordert. Die Anforderungen hierzu sind in Kurzform in Anlage 2 Teil 2 der BITV 2.0 zu finden (BMAS/BVA 2011). Inzwischen sind mehrere Leitfäden und Ratgeber verfügbar, die diese Kriterien näher erläutern und Hilfestellungen geben. Eine Übersicht über die verfügbare Literatur und Toolunterstützung sind in den „Di-Ji-Leitfäden Leichte Sprache" (FTB 2013b) zu finden. Mit Hilfe der Toolunterstützung können die eigenen Texte direkt beim Schreiben überprüft und korrigiert werden (Nietzio et al. 2012). Falls ein Übersetzungsbüro beauftragt werden soll, stehen verschiedene Anbieter zur Auswahl[12]. Wichtig bei der Auswahl ist, dass die Übersetzer mit einer Prüfgruppe zusammenarbeiten, in der Menschen mit Lernschwierigkeiten die Texte prüfen.

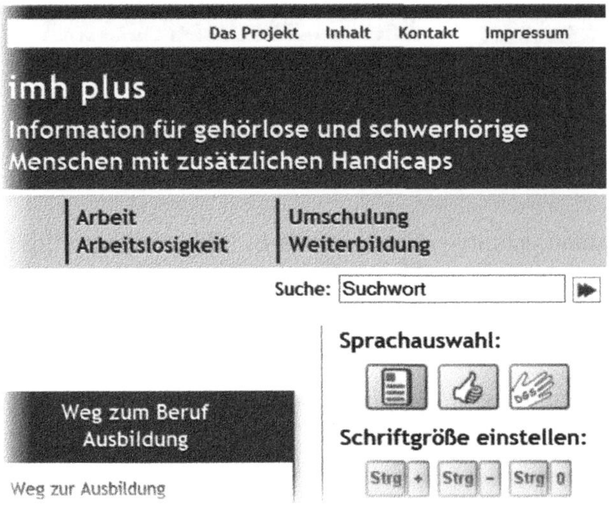

Alternativtext: Bildschirmausschnitt von drei Symbolen zur Auswahl der Sprachversion

Abb. 3: Sprachauswahl auf der Website www.imhplus.de für Verständliche Sprache, Leichte Sprache und DGS.

Gehörlose Menschen können ebenfalls Probleme mit dem Verständnis der Texte einer Website haben. Wenn sie von Geburt an gehörlos sind, ist ihre Muttersprache meist die Deutsche Gebärdensprache (DGS), deren Grammatik sich von der der deutschen Schriftsprache unterscheidet (dazu siehe auch Schadenbauer et al. in diesem Band). Daher ist es für diese Zielgruppe wichtig, Informationen in DGS anzubieten, also in Form von Gebärdensprach-Videos. Abbildung 3 zeigt eine mögliche Umsetzung der Sprachauswahl in einem Webangebot, das sich speziell an gehörlose Menschen richtet. Daher ist dies auch eine Forderung der BITV 2.0 für Angebote des Bundes, die in Anlage 2 Teil 1 der Verordnung festgehalten wurde. Was bei der Produktion dieser Videos bzw. der Beauftragung einer Agentur zu beachten ist, ist im BITV-Lotsen in (Scheer 2012d) näher erläutert. Die häufigsten Barrieren in diesem Bereich sind leider Webangebote, die keinerlei Informa-

12 Übersicht Leichter Sprache Übersetzungsbüros und Agenturen für Gebärdensprach-Filme unter: http://www.di-ji.de/r/adressen (abgerufen am 30.5.2014).

tionen in Leichter Sprache oder Deutscher Gebärdensprache anbieten und auch bei den Texten nicht auf eine gute Verständlichkeit achten. Auch visuelle bzw. Logik-CAPTCHAs sind häufig eine unüberwindbare Barriere für Menschen mit Lernschwierigkeiten.

Robustheit

Viele Menschen mit Behinderungen nutzen Hilfsmittel, um den Computer zu bedienen und im Web zu surfen. Dies können unterschiedlichste Hilfsmittel für die Ein- oder Ausgabe von Web-Inhalten sein[13]. Daher muss bei der Entwicklung eines Angebots darauf geachtet werden, dass alle Technologien standardkonform eingesetzt werden. Im Fall von Web-Inhalten bedeutet dies, dass HTML und CSS syntaktisch und semantisch korrekt verwendet werden müssen. Das heißt zum Beispiel, dass Überschriftenmarkup oder Markup zum Auszeichnen von Zitaten nicht für die Hervorhebung anderer Texte verwendet werden darf, wenn es sich dabei nicht um die entsprechenden Inhalte handelt. Nur so ist sichergestellt, dass die Angebote mit unterschiedlichsten Ein- und Ausgabegeräten bedient und wahrgenommen werden können. Häufige Barrieren treten hier in der Interaktion auf, insbesondere durch die nicht standardkonforme Gestaltung von Formularen. Wenn zum Beispiel eine Beschriftung eines Formularfelds nicht so, wie im Standard vorgesehen, mit dem Formularfeld verknüpft ist, liest ein Screenreader diese nicht korrekt vor. Das Ausfüllen eines Formulars wird dadurch für blinde Menschen schwierig oder führt zu Falscheingaben, die nicht bemerkt werden und je nach Anwendung kritisch sein können. Ob eine Webseite standardkonform ist, kann mit verschiedenen Tools überprüft werden, auch Tests mit Hilfsmitteln sind sinnvoll, die teilweise frei zum Testen eingesetzt werden können.[14]

Online-Dokumente

In vielen Webangeboten finden sich digitale Dokumente, die nicht im HTML-Format vorliegen, zum Beispiel Lehr- und Lernmaterialien, Bücher, Stellenausschreibungen, Broschüren oder Antragsformulare liegen häufig im PDF-Format

---

13 Datenbank mit Computerhilfsmitteln unter: http://www.rehadat-hilfsmittelportal.de/de/kommunikation-information/computer_und_zubehoer_software/index.html (abgerufen am 30.5. 2014).

14 Übersicht von Testwerkzeugen (Hilfsmittel und Webangebote): http://www.di-ji.de/r/testtools (abgerufen am 30.5.2014) und Sünkler in diesem Band.

vor. PDF steht für „Portable Document Format" und ist inzwischen ein offizieller offener Standard, der nicht mehr von der Firma Adobe kontrolliert wird[15]. Das PDF-Format macht es möglich, Dokumente auf unterschiedlichen Plattformen mit kostenfrei verfügbarer Software zu öffnen. Auch wenn das PDF-Format ursprünglich aus dem Druckbereich kommt, ist es in aktuellen Versionen möglich, den Inhalten semantische Informationen zuzuordnen. Diese semantischen Informationen werden im PDF-Format mit so genannten „Tags" verwaltet. Dies ermöglicht z.B. einer blinden Nutzerin bzw. einem blinden Nutzer, sich das Dokument inklusive der Strukturinformationen vorlesen zu lassen. Die Strukturinformationen, wie Überschriften oder Listenelemente unterschiedlicher Ebenen, ermöglichen es blinden Menschen, gezielt durch lange Dokumente zu navigieren. Auch Lesezeichen, eine für alle sichtbare Navigationshilfe, lässt sich so leicht aus dem gut strukturierten Text erzeugen. Stark sehbehinderte Menschen können sich die Inhalte des Dokuments vergrößern und der Text und andere Elemente werden automatisch neu umgebrochen und optimal auf dem Bildschirm dargestellt. Um diese Anforderungen der Barrierefreiheit zu erfüllen, ist das Format PDF/UA entwickelt worden (vgl. DIN 2014). Ein barrierefreies PDF-Dokument muss im Prinzip alle Anforderungen erfüllen, die auch eine barrierefreie Webseite erfüllen muss. Zum Beispiel müssen Farben verwendet werden, die gute Kontraste bilden und eine verständliche Sprache benutzt werden. Da nicht alle Kriterien barrierefreier Web-Inhalte auf digitale Dokumente anwendbar sind, bietet die Beschaffungsrichtlinie *CEN; CENELEC; ETSI 2014, Seiten 44–54* eine gute Übersicht über die Kriterien. Diese müssen u.a. erfüllt sein, wenn Dokumente von Dritten erstellt werden und daher eine Ausschreibung die Kriterien auflistet bzw. bei Lieferung eines Dokuments die Barrierefreiheit geprüft werden soll. Ein zurzeit gut geeignetes automatisches Tool zur Überprüfung der Barrierefreiheit von PDF-Dateien ist das Werkzeug „PAC – PDF Accessibility Checker"[16], das von der Schweizer Initiative „Zugang für Alle" angeboten wird. Das Thema PDF und Barrierefreiheit wird ausführlich in Grießmann in diesem Band behandelt. Es ist zwar möglich, PDF-Dokumente nativ zu erstellen, aber meist werden die Dokumente ursprünglich mit einer anderen Software, z. B. einer Office-Anwendung oder Grafik-Software erstellt und anschließend in das PDF-Format exportiert. Für die Barrierefreiheit ist es wichtig, dass bereits dieses Ausgangsdokument so barrierefrei ist, wie es die Anwendung erlaubt, mit der es erstellt wird. Auch für die Anwendung, mit der das Dokument erstellt wird, ist die bereits erwähnte ATAG-Richtlinie des

---

15 Aktuell (5/2014) ist dies: ISO 32000-1:2008 *Document management -- Portable document format -- Part 1*: PDF 1.7.

16 Download des PAC-Tools unter: http://www.access-for-all.ch/ch/pdf-werkstatt/pdf-accessibility-checker-pac.html (abgerufen am 30.5.2014).

W3C anwendbar und kann eine gute Entscheidungshilfe bei der Auswahl eines geeigneten Programms sein. Gängige Office-Software hat inzwischen eine integrierte Barrierefreiheitsprüfung, die bereits erste Hinweise auf die Barrierefreiheit liefert. Leider gehen beim Export der Dokumente in das PDF-Format je nach Anwendung und Exportfunktion verschiedene (Meta-)Daten verloren, die für die Barrierefreiheit von Bedeutung sind. Diese müssen dann anschließend im PDF-Dokument wieder mühsam nachträglich hinzugefügt werden, man sagt auch „nachgetagged" werden. Bei dieser Arbeitsweise entsteht das Problem, dass bei Änderungen am Ausgangsdokument und erneutem Export, alle bereits nachträglich hinzugefügten Strukturdaten, die in Tags gespeichert sind, wieder verloren gehen. Welche Einstellungen und welche Software bei der Erstellung von Textdokumenten und Präsentationen mit unterschiedlichen Office-Anwendungen sowie Desktop-Publishing-Programmen die optimalen Ergebnisse liefern, ist in den Leitfäden des Di-Ji-Projekts zu finden (vgl. FTB 2012a).

Bei den Meldungen, die die Meldestelle für digitale Barrieren erreicht haben, ist aufgefallen, dass nicht alle Menschen mit Behinderungen, mit den optimalen Einstellungen der Anzeigesoftware arbeiten. Beispielsweise gibt es im Adobe Acrobat Reader für PDF-Dateien einen Assistenten für die Einstellungen der Ein- und Ausgabehilfen und ein Menü, in dem diese Einstellungen direkt vorgenommen werden können. Dies betrifft beispielsweise die Leseoptionen oder die Kontrasteinstellungen. Da die Benennung der Einstellungen teilweise unterschiedlich ist und Reaktionen der Nutzerinnen und Nutzer auf Rückfragen der Software für bestimmte Dokumente diese Einstellungen dauerhaft verändern können, ist den Nutzerinnen und Nutzern nicht immer bewusst, welche Einstellungen gerade aktuell gelten und welche Auswirkungen diese genau haben. Hierzu hat die Meldestelle daher einen Hinweis[17] aus den durchgeführten Beratungen erstellt, der dabei hilft, die eigenen Einstellungen zu überprüfen.

Ein aktuelles Thema im Bereich der digitalen Dokumente ist die Zugänglichkeit von E-Books und deren Lesegeräten. Grundsätzlich haben E-Books ein großes Potential, die Zugänglichkeit von Büchern für Menschen mit Behinderungen zu erhöhen. In der UN-Behindertenrechtskonvention (BGBl 2008) Artikel 21 ist das Recht zu lesen explizit erwähnt und muss gemäß Artikel 30 durch alle erforderlichen Maßnahmen gefördert werden, was auch die rechtlichen Fragestellungen des Urheberrechts einschließt, die den Zugriff bisher häufig verhindern (vgl. Miesenberger 2012). Eine Verbesserung der Situation ist aufgrund der beschlossenen Ände-

17 Screenreader und PDF-Voreinstellungen: http://www.di-ji.de/r/pdf-nutzereinstellungen (abgerufen am 30.5.2014).

rung im Urheberrecht im Vertrag von Marrakesch[18] zu erwarten. Blinde Menschen könnten sich die Inhalte von barrierefreien digitalen Büchern vorlesen lassen. Stark sehbehinderte und ältere Menschen können die Schrift beliebig vergrößern. Menschen mit motorischen Einschränkungen, die gebundene Bücher nicht alleine umblättern können, haben die Möglichkeit dies über Schaltflächen, Berührung des Displays des E-Book-Readers oder extern angeschlossene Geräte zu tun. Auch das Gewicht der Reader ist in der Regel deutlich geringer als das eines gedruckten Buches. Wie sich die zurzeit verfügbaren E-Book-Formate und bisher meist von blinden und sehbehinderten Menschen genutzte Formate, wie das DAISY-Format[19], weiter entwickeln werden, ist noch offen. Eine Annäherung des epub- und DAISY-Formats hat zumindest begonnen[20]. Die Hersteller von E-Book-Readern und die Anbieter von E-Books entdecken Menschen mit Behinderungen bisher jedoch nur zögerlich als Zielgruppe und Käufer ihrer Produkte[21]. Digitale Bücher können jedenfalls nur barrierefrei genutzt werden, wenn der gesamte Publikationsprozess barrierefrei gestaltet wird, also vom E-Book-Reader[22] über diejenigen, die die Standards für die Formate, wie zum Beispiel das epub-Format[23], weiterentwickeln, bis hin zu den Portalen, in denen die Bücher und die Rechte an den Büchern verwaltet werden. Insbesondere sollten sich hier keine Sonderformate bilden, sondern die Grundsätze Universellen Designs berücksichtigt werden.

Software

Auch bei der Nutzung von Software treten häufig Barrieren auf; sowohl bei Software, die auf einem PC-Arbeitsplatz installiert ist als auch zunehmend in mobilen Anwendungen, die auf dem TabletPC, dem Smartphone oder einem anderen Gerät laufen. Gerade im mobilen Bereich können viele Nutzerinnen und Nutzer von einem universellen Design profitieren, das eng mit den Anforderungen einer barrierefreien Gestaltung verknüpft ist (vgl. Scheer 2005). Webbasierte Anwendungen sind bereits im Abschnitt „Webseiten und Webanwendungen“ behandelt worden, so dass der Schwerpunkt im Folgenden auf nicht-webbasier-

18 http://ec.europa.eu/internal_market/copyright/international/wipo/index_de.htm#maincontentSec3 (abgerufen am 30.5.2014).
19 Daisy Consortium http://www.daisy.org/ (abgerufen am 30.5.2014).
20 http://www.daisy.org/ties (abgerufen am 19.08.2014).
21 Übersicht über die Entwicklung in den USA: https://nfb.org/kindle-books (abgerufen am 30.5.2014).
22 Stellungnahme der Hersteller: http://apps.fcc.gov/ecfs/document/view?id=7022314526 (abgerufen am 30.5.2014).
23 International Digital Publishing Forum: http://idpf.org/epub (abgerufen am 30.5.2014).

ten Anwendungen liegt. Barrierefreiheit muss bei der Entwicklung einer Software von Anfang an mitgedacht und berücksichtigt werden. Ansonsten treten Barrieren bei der Nutzung auf, die dazu führen, dass zum Beispiel die Inhalte einer Warnung in Dialogfenstern von Screenreadern nicht ausgelesen werden können. Im mobilen Bereich ist häufig die für Menschen mit Sehbehinderungen und ältere Menschen nützliche Zoomfunktion gesperrt, so dass die Inhalte auf dem Display nicht mehr wahrgenommen werden können. Einige Barrieren beginnen bereits beim Betriebssystem, wenn dieses für blinde und sehbehinderte Menschen keine deutschsprachige Stimme mitliefert. Dies ist ein Vorteil der mobilen Endgeräte, die inzwischen eine sehr gute Sprachausgabe integriert haben (z. B. Voice Over in iOS und TalkBack in Android). Gerade iOS-Geräte bieten für die Nutzung durch blinde Menschen bereits sehr gute Voraussetzungen. Auch Androidgeräte sind von dieser Zielgruppe bedienbar, da genauso wie bei iOS der Inhalt des Touchscreen per Sprachausgabe erkundet werden oder von Element zu Element gegangen werden kann. Der Vorteil ist, dass anders als bei einem PC meist nicht erst teure Hilfsmittel in Form von Software installiert werden müssen. Zusätzlich benötigte Hilfsmittel in Form von Hardware können jedoch kabellos problemlos an die mobilen Geräte angeschlossen werden. Die größte Barriere liegt im mobilen Bereich also eher bei den Anwendungen als in den Geräten (vgl. FTB 2012b, 108–115).

Welche Bedingungen der WCAG 2.0 bzw. der BITV 2.0 auf nicht webbasierte Software anwendbar sind, kann dem europäischen Standard *CEN; CENELEC; ETSI 2014*, Seiten 55–74 oder auch der W3C-Richtlinie „WCAG2ICT“[24] entnommen werden, die dem Standard zugrunde liegt. Der Standard ist insbesondere gut einsetzbar, wenn neue Software beschafft werden soll. Die Berücksichtigung der Barrierefreiheit bereits bei der Beschaffung einer neuen Software wird zunehmend wichtiger. Die Integrationsämter machen die Erfahrung, dass sich in vielen Unternehmen die IT-Infrastruktur verändert, so dass „immer weniger ‚Arbeitsplatzrechner‘ [existieren], es gibt keine Laufwerke mehr und die Daten werden auf virtuellen Servern (Clouds) irgendwo auf der Welt gespeichert.“ (FTB 2012b, 93). Dies verhindert zunehmend Sonderlösungen, die lokal installiert und individuell angepasst sind. Daher kommen die Integrationsämter zu dem Ergebnis, dass es „umso wichtiger ist [...], von vorneherein eine barrierefreie Kommunikation zu gewährleisten.“ (FTB 2012b, 93).

Speziell für den Bereich der mobilen Anwendungen stellt das Di-Ji-Projekt im Leitfaden „Inklusives Mobiles Arbeiten“ (vgl. FTB 2014) einen Überblick für Entwicklerinnen und Entwickler zur Verfügung. Neben Verweisen auf Anleitungen und Hintergrundinformationen zur Unterstützung der Barrierefreiheit durch die Geräte und Plattformen gibt es auch eine Sammlung von Portalen, die die

---

24 http://www.w3.org/TR/wcag2ict/ (abgerufen am 30.5.2014).

Suche nach barrierefreien Apps ermöglichen. Auch Beispiele von Apps öffentlicher Stellen, die zur Barrierefreiheit verpflichtet sind, und Hilfsmittel-Apps für Menschen mit Behinderungen sind enthalten. Ebenfalls sinnvoll bei der Entwicklung ist die Berücksichtigung der entsprechenden Standards für diesen Bereich. Dazu zählen u. a. die Normen bzw. der Fachbericht zur Gestaltung barrierefreier Produkte (DIN 2002), Software (DIN 2008), Dienste und Geräte (DIN 2009a) sowie gebrauchstauglicher interaktiver Systeme (DIN 2011). Insbesondere zwischen Standards zu gebrauchstauglichen und zugänglichen Systemen gibt es große Überschneidungen, die durch ein Universelles Design gut miteinander verknüpft werden können (vgl. Abschnitt Universelles Design digitaler Medien).

Soll der Stand der Barrierefreiheit einer Software überprüft werden, stehen verschiedene Test- und Dokumentationswerkzeuge zur Verfügung (FTB 2013a). Dazu zählt auch das Werkzeug „BaNu – Barrieren finden, Nutzbarkeit sichern“[25], das vom Bundesverwaltungsamt zur Verfügung gestellt wird und kostenfrei genutzt werden kann. Der Test der Barrierefreiheit einer Software ist sehr aufwändig, genauso wie das Nachvollziehen der gemeldeten Barrieren durch die Meldestelle. Neben der genauen Umgebung (Betriebssystem, Hilfsmittel usw.) erlauben viele Softwaresysteme auch individuelle Einstellungen, die im Einzelfall zu einer Barriere führen können. Am besten geeignet sind entwicklungsbegleitende Tests, die bereits von Anfang an die barrierefreie Gestaltung bzw. die Berücksichtigung der Grundsätze eines Universellen Designs sicherstellen. Bei späteren Tests durch Dritte ist zu empfehlen, Nutzertests einzubeziehen, insbesondere unter Einsatz unterschiedlicher Hilfsmittel (vgl. Berninger 2005).

Eine erfolgversprechende Methode, um die Barrierefreiheit von Software-Produkten zu verbessern, ist die Berücksichtigung von Barrierefreiheit in Ausschreibungen und bei Beschaffungsvorgängen. Hierzu ist die europäische Norm zum „Public Procurement“ (vgl. CEN; CENELEC; ETSI 2014) ein erster Schritt. Diesem wird voraussichtlich ein weiterer in Form einer europäischen Richtlinie folgen, die die Anwendung dieser Norm verbindlich regeln wird[26]. Nur wenn Barrierefreiheit bereits bei der Beschaffung einer Software gefordert wird, werden mehr Hersteller dies auch bei der Entwicklung berücksichtigen. Mit Blick auf den demographischen Wandel wäre dies für die Anbieter sicherlich ein gutes Verkaufsargument für ihre Softwareprodukte, genauso wie es für die älteren Nutzerinnen und Nutzer bzw. Arbeitnehmerinnen und Arbeitnehmer am Arbeitsplatz von Vorteil wäre.

---

25 Online unter: http://www.banu.bund.de (abgerufen am 30.5.2014).

26 Online unter: http://www.bmwi.de/DE/Themen/Wirtschaft/Wettbewerbspolitik/oeffentliche-auftraege,did=190884.html (abgerufen am 20.08.2014).

Automaten, Informations- und Serviceterminals

Im Dienstleistungssektor sind zurzeit zunehmend Tendenzen zur Automatisierung von Dienstleistungen zu erkennen. Der Kunde wird immer häufiger mit Selbstbedienungsautomaten konfrontiert. Während zu Beginn dieser Entwicklung die Automaten und Kioskterminals meist parallel angeboten wurden als weiterer Kanal, um den Kunden z. B. Wartezeiten zu verkürzen oder eine Nutzung des Service rund um die Uhr zu ermöglichen, sind sie inzwischen an einigen Stellen und einigen Dienstleistungsbereichen ausschließlich verfügbar. Beispielsweise ersetzen im ländlichen Raum bereits Selbstbedienungsfilialen die frühere Bankfiliale mit Schalter und Kundenberatern. Automaten ermöglichen es hier Geld abzuholen, Geld einzuzahlen, Kontoauszüge zu drucken sowie Überweisungen u. ä. an einem Serviceterminal vorzunehmen. Wird bei der Gestaltung dieser Angebote nicht auf Barrierefreiheit und Universelles Design geachtet, werden Menschen mit Behinderungen in ihren Teilhabechancen und der Möglichkeit, ein selbstbestimmtes und selbstständiges Leben zu führen, stark eingeschränkt. Dies trifft insbesondere auf Bereiche zu, in denen der Automat den dominierenden Kanal für den Kundenkontakt darstellt oder kein alternativer Kanal angeboten wird. Zu den Automaten im öffentlichen Raum bzw. Automaten, die Dienstleistungen für die Öffentlichkeit anbieten (Public Digital Terminals – PDT) zählen unterschiedlichste Automatentypen:

- Bankautomaten (z. B. Geldein- und Ausgabeautomaten, Kontoauszugdrucker, Serviceterminals z. B. für Überweisungen)
- Warenautomaten, häufig
  - Fahrausweisautomaten (Ticketautomaten, häufig kombiniert mit Fahrplan- und Ticketauskunftssysteme)
- Automatisierte Dienstleistungen über interaktive Kiosksysteme, Info- und Serviceterminals bzw. Dienstleistungsautomaten, zum Beispiel:
  - Packstationen (Pakete abholen oder verschicken, Pakete frankieren usw.)
  - Flughafen (Ausweiskontrolle, Check-In)
  - eGovernment-Dienstleistungen (z.B. in Bürgerämtern Wartenummern, An-/Abmeldungen, Anträge ausfüllen usw. sowie Auskunftssysteme in Gebäuden)
  - Touristik
  - Einzelhandel (Produktinformationen im Geschäft oder auf Messen)
- Unterhaltungsautomaten
- Elektrische öffentliche Anzeigen (z.B. Displays am Bahnhof mit Zug- bzw. Verbindungsinformationen)

Häufig sind die Automaten nicht auf eine Funktion, wie die Warenausgabe beschränkt, sondern informieren gleichzeitig auch über das verfügbare Angebot. Zukünftig dürften hier weitere automatisierte Dienstleistungen zum Beispiel im Gesundheitsbereich hinzukommen. Während aktuell jeweils ein Automat für eine Dienstleistung angeboten wird, ist damit zu rechnen, dass zukünftig eher Multifunktionsautomaten angeboten werden, die unterschiedliche Dienstleistungen anbieten und von den jeweiligen Anbietern zeitweise für diese Dienstleistung gemietet werden können[27]. Besonders problematisch hinsichtlich der Barrieren bei der Automatennutzung sind die langen Laufzeiten (z. B. bei Geldautomaten ca. 10 Jahre) und die hohen Kosten der Automaten. Das heißt, Barrieren können nachträglich nur schwer, größtenteils auch überhaupt nicht behoben werden. Daher ist es hier besonders wichtig, von Anfang an auf ein Universelles Design zu achten.

Die Barrierefreiheit eines Automaten betrifft nicht nur unmittelbar den Automaten, also die Hard- und Software, sondern beginnt bereits vorher bei der Auffindbarkeit eines Automaten und der Erreichbarkeit des Automaten. Informationen zum Standort eines barrierefrei nutzbaren Automaten müssen über ein barrierefreies Medium (z. B. den barrierefreien Webauftritt des Anbieters) verfügbar sein, damit Menschen mit Behinderungen diesen finden können. Um den richtigen Automaten dann z.B. in einer Bankfiliale aufsuchen zu können, muss die Umgebung barrierefrei gestaltet sein. Dazu gehören z.B. Blindenleitsysteme am Boden, Beschriftungen der Automaten und deren Bedienelemente in Brailleschrift, sowie gut sichtbare, ausreichend große und kontrastreich gestaltete Beschriftungen, die auch sehbehinderten Menschen ermöglichen, den Automaten und seine Funktion bereits aus der Entfernung zu erkennen (vgl. DIN 2009b). Am Automaten angekommen, muss es Ablagemöglichkeiten geben, damit z.B. Menschen, die motorisch in den Funktionen ihrer Hände bzw. Arme eingeschränkt sind, Smartcards (z.B. eine Bankkarte oder einen Mitarbeiterausweis) o. ä. heraussuchen können oder am Automaten erhaltene Waren oder Ausdrucke mit den benötigten Informationen einstecken können.

Bei der Gestaltung der Hard- und Software muss auf eine gute Individualisierbarkeit geachtet werden, da die Nutzerinnen und Nutzer keine Möglichkeit haben, eigene Hilfsmittel anzuschließen oder eigene Hilfsmittel in Form von Software zu installieren. Die einzige Möglichkeit etwas anzuschließen, bietet meist ein Kopfhöreranschluss für die Sprachausgabe von vertraulichen Daten. Bei der Anschaffung solcher Automaten bietet die europäische Norm EN 301 549 (vgl. CEN; CENELEC; ETSI 2014), die im Rahmen des Mandats 376 speziell für „Public Procurement" entwickelt worden ist, eine gute Hilfestellung. Sowohl die Anfor-

27 http://www.erlebnis-automat.de/ (abgerufen am 30.5.2014).

derungen an die Hardware als auch die Anforderungen an den Aufstellungsort und die Kriterien an die Software für eine „closed functionality“ sind in diesem Fall anwendbar. Für die Hersteller von Automaten empfiehlt es sich zunächst die Grundsätze des Universellen Designs zu berücksichtigen und nicht nur die einzelnen Mindestkriterien der europäischen Norm abzuarbeiten. Die Entwicklung von Automaten ist für die Hersteller ein weltweites Geschäft. Sie haben daher ein großes Interesse an weltweit einheitlichen oder zumindest nicht im Widerspruch stehenden Standards. Daher sind bei der Entwicklung der europäischen Norm viele bereits existierende Standards, wie die aus den USA und Kanada berücksichtigt worden, so dass es sich hierbei wirklich nur um einen Mindeststandard und nicht um die Berücksichtigung aller Anforderungen von Menschen mit Behinderungen handelt. So werden zum Beispiel greifeingeschränkte Menschen und kleinwüchsige Menschen bei den erlaubten Einbautiefen von Kartenschächten und Touchscreens Probleme haben, alle Bedienelemente zu erreichen. Auch Menschen mit Lernschwierigkeiten und gehörlose Menschen sind in der EU-Norm nur unzureichend berücksichtigt. In Deutschland ist parallel zu den Aktivitäten des Mandats 376 ein Anforderungskatalog speziell für Bankautomaten unter Leitung des Bundeskompetenzzentrums Barrierefreiheit (BKB)[28] entwickelt worden. Gerade Geldautomaten sind für Menschen mit Behinderungen ein wichtiger Anwendungsfall unter den Automaten, da sie ziemlich alternativlos sind, wenn man von neueren Angeboten bzw. Kooperationen mit dem Einzelhandel und Tankstellen zum Abheben von Geld absieht, die aber in der Region nicht immer verfügbar sind. Andere Automatendienstleistungen wie Fahrkartenkäufe können allerdings auch vollständig online abgewickelt werden. Auch die hohe Verfügbarkeit von Geldautomaten in Europa (ca. 425000 im Jahr 2009) verdeutlicht, wie wichtig eine Berücksichtigung der Barrierefreiheit bei Geldautomaten (ATMs) ist (vgl. Cristóbal/ Usero 2010, 2). Auch wenn die Barrierefreiheit der Geldautomaten sich in den letzten Jahren verbessert hat, ist die Verfügbarkeit von barrierefreien Geldautomaten nach wie vor eher gering, wie die MeAC-Studie von 2007 bestätigt:

> The users' organisations also consider that the progress made in the accessibility of self-service terminals over the last few years is greater in ATMs than in other self-service terminals. The overwhelming majority of disability organisations (74%), report little or no availability of accessible self-service terminals, whereas 26% of the organisations surveyed indicate some availability. (Cristóbal/ Usero 2010, 3)

28 Bundeskompetenzzentrum Barrierefreiheit: http://www.barrierefreiheit.de (abgerufen am 30.5.2014).

Die unter Leitung des BKB in Zusammenarbeit von Selbsthilfeverbänden, Automatenherstellern, Rechenzentren und Banken erarbeitete Richtlinie ist an vielen Stellen konkreter als die europäische Norm, da sie sich konkret auf eine Auswahl von Bankautomaten mit eingeschränkten Anwendungsfällen bezieht. Auch die Meldestelle für digitale Barrieren hat an dem Arbeitskreis mit zwei Vertretern teilgenommen, um die Erfahrungen aus den Barriere-Meldungen einzubringen. Leider sind die Anforderungen jedoch nicht wesentlich höher gesetzt worden als in der europäischen Norm, da die Hersteller, wie bereits erwähnt, an den weltweiten Standards festhalten und jede Abweichung bzw. Verschärfung einer Minimalanforderung kritisch sehen. Menschen mit Lernschwierigkeiten sind in der deutschen Empfehlung trotzdem besser berücksichtigt, soweit es die Software betrifft. Insgesamt lassen die existierenden Softwarelösungen und eingeschlagenen Wege allerdings nur wenig Spielraum für die Anforderungen der Menschen mit Behinderungen. Zum Beispiel muss jede Sprachausgabe aufwendig implementiert werden, da die Automaten keine 1:1 Umsetzung in Form von *Text-To-Speech* beherrschen, wie viele es von ihren mobilen Geräten oder PC-Arbeitsplätzen gewohnt sind. Daher sind in der deutschen Empfehlung auch bisher nur wenige Geschäftsfälle behandelt. Jede Erweiterung der Automaten-Funktionalitäten (z. B. Änderung der PIN, Funktionen zum Aufladen von Geldkarten usw.) müssen daher erst aufwendig umgesetzt werden. Eine frühere Berücksichtigung des Themas hätte hier möglicherweise trotz der strengen Sicherheitsvorschriften zu einem universelleren Hard- und Software-Design geführt, als es jetzt vorgegeben ist. So werden Nutzerinnen und Nutzer von mobilen Endgeräten mit Touchscreen die ihnen bekannten Methoden, mit denen diese in unterschiedlichen Modi zugänglich genutzt werden können, bei Automaten vermissen. Der Touchscreen eines Bankautomaten oder die neben dem Bildschirm befindlichen Soft-Keys mit wechselnden Funktionen sind in der Regel für Blinde nur durch die Abbildung der gerade verfügbaren Funktionalität auf die numerische Tastatur bedienbar, die ihnen per Sprachausgabe zusätzlich erläutert werden muss.

Viele Barrieren bei Automaten sind im Bereich der Verständlichkeit zu finden (vgl. FTB 2012b, 96-101, 105-107). Dies beginnt bereits bei Annäherung an den Automaten damit, dass nicht allen Menschen deutlich ist, was als erstes zu tun ist: Möglicherweise eine Smartcard einstecken oder den Touchscreen berühren. Ohne eine möglichst animierte visuelle Anleitung bzw. Aufforderung mit der Bedienung des Automaten zu beginnen, kann diese Barriere direkt zu Beginn bereits Menschen mit Lernschwierigkeiten oder auch ältere Menschen von der Nutzung abhalten. Gehörlosen Menschen werden Texte z.B. nicht per Gebärdensprache angeboten, insbesondere, wenn es sich um Serviceterminals handelt, die mit menschlichen Avataren und Sprachausgabe evtl. sogar Spracheingabe arbeiten, obwohl hier mit Hilfe von DGS-Avataren entsprechende Angebote gemacht werden könnten (vgl. Kipp et al. 2011). Auch Angebote in Leichter Sprache für Menschen mit Lernschwierigkeiten fehlen. Häufig bietet die Software nachträglich nicht mehr die Möglichkeit, die Verständlichkeit optimal für diese Personen zu unterstützen. So wäre z. B. bei einem Geldautomaten die zusätzliche Darstellung der auswählbaren Summen in Bildern von Geldscheinen hilfreich. Insbesondere die komplizierte Auswahl der Stückelung auf Textbasis, also die konkreten Geldscheine, die der Automat ausgeben soll, könnte so sehr gut unterstützt werden. Die zusätzliche bildhafte Darstellung der Geldscheine würde im Sinne eines Universellen Designs auch vielen anderen Menschen, z. B. Älteren helfen, die Optionen für die Ausgabe schneller zu erfassen. Die Komplexität und damit häufig auch die fehlende Verständlichkeit der Automatenangebote hängen meist mit der Komplexität der dahinter liegenden Dienstleistung bzw. Produktmodelle zusammen. Ein Beispiel dafür sind die in jeder Region unterschiedlich geregelten Bedingungen des ÖPNV und damit auch unterschiedlichen Fahrkartenautomaten. Das Automatenangebot kann in der Regel nur übersichtlich gestaltet werden, wenn auch zuvor die Dienstleistung verständlich gestaltet wurde. Ist dies nicht der Fall, kann der Automat dies nicht ausgleichen, obwohl es für Fahrausweisautomaten Standards zur Gebrauchstauglichkeit gibt.

Auch zu eng gesetzte Zeitlimits können Menschen mit Behinderungen von der Nutzung ausschließen. Möglicherweise dauern die Eingaben am Automaten aufgrund einer motorischen Behinderung länger oder das Lesen und Verstehen der Anweisungen am Automaten dauert länger als standardmäßig vom Automaten vorgegeben. Diese Barriere lässt sich z.B. durch einen Hinweis auf das bevorstehende ablaufende Zeitlimit und die Möglichkeit der Verlängerung des Zeitlimits durch das Drücken einer Taste vermeiden. Ebenfalls denkbar wären individuelle Zeitvorgaben, die auf eine der beiden Arten der im Folgenden vorgestellten Interaktionswege, zuvor konfiguriert werden.

Übergreifend für alle Typen von Automaten werden zwei Arten der Interaktion diskutiert, die die Nutzung allen ermöglichen soll: Die direkte Interaktion („direct interaction“) und die indirekte Interaktion („indirect interaction“)[29]. Bei der direkten Interaktion werden die Möglichkeiten einer Smartcard (eventuell auch kontaktlos) genutzt. Die Nutzerin bzw. der Nutzer kann auf der Karte selbst vorgenommene Einstellungen und Bedürfnisse speichern. Denkbar wäre es zum Beispiel, die folgenden Einstellungen zu speichern: Die bevorzugte Schriftgröße, die Hintergrundfarbe, ob ein DGS-Avatar benötigt wird, ein vereinfachtes Menü angezeigt werden soll, das nur bevorzugte Aktivitäten anzeigt usw. Hilfreich ist es, wenn die korrekte Ausrichtung der Karte durch ein Tastkennzeichen (Kerbe) gekennzeichnet ist und die Karte z. B. durch eine Prägung eindeutig einem Auto-

29 http://www.apsis4all.eu/ (abgerufen am 30.5.2014).

maten bzw. einer Anwendung zuzuordnen ist. Dies hilft nicht nur blinden und sehbehinderten Menschen, sondern allen Menschen, z. B. bei der Nutzung von Automaten in schlecht beleuchteten Umgebungen. Diese Möglichkeit der Individualisierbarkeit der Benutzerschnittstelle über Smartcards ist in der Norm EN 1332 geregelt (vgl. DIN 2007). Trotzdem kommt diese Möglichkeit bisher kaum zum Einsatz. Menschen mit Behinderungen verbinden hiermit häufig Datenschutzprobleme und die Angst, dass diese Einstellungen von anderen in Verbindung mit ihren persönlichen Daten auslesbar und damit Rückschlüsse auf eine Behinderung möglich sind. Dabei wäre dies ein Service für alle, den z. B. auch viele ältere Nutzerinnen und Nutzer sicher gerne in Anspruch nehmen würden. Viele Automaten sind jedoch noch nicht entsprechend eines Universellen Designs so angelegt, dass diese individuellen Ansichts-Einstellungen verändert werden könnten. Die indirekte Interaktion verschiebt die individuellen Einstellungen des Terminals auf das Web. Eine Fahrkarte kann z. B. online gebucht und ein entsprechender Barcode oder Sicherheitscode auf das mobile Endgerät des Kunden übertragen werden. Anschließend muss nur der Code dem Automaten präsentiert werden, und der Kunde erhält das korrekte Produkt oder die angefragte Dienstleistung. Smartphones, die NFC-fähig sind, also „Near Field Communication" ermöglichen, würden dies noch weiter erleichtern, da bereits eine Annäherung an den Automaten ausreichend wäre. Allerdings hat diese indirekte Interaktion auch einige Nachteile und Grenzen:

1. Der Automat bleibt unzugänglich, wenn der Bereich, in dem eine Ware entnommen werden muss, nicht erreichbar ist oder nicht erkennbar ist oder nicht ausreichend Greiffläche bietet, z.B. wegen aus Sicherheitsgründen angebrachter Vorrichtungen.
2. Das mobile Endgerät muss ausreichend geladen sein, bei Ausfall ist die Bedienung eines nicht zusätzlich barrierefrei gestalteten Automaten ansonsten nicht möglich.
3. Eine Reklamation ist schwierig, da keine Papier-Quittungen erzeugt werden, wie am Automaten bei Bezahlvorgängen.
4. Es müssen ausreichend NFC-fähige mobile Endgeräte verfügbar sein, die auch barrierefrei nutzbar sind. (vgl. Cristóbal/Usero 2010, 7)
5. Nicht alle Nutzerinnen und Nutzer verfügen über ein Smartphone oder TabletPC, so dass weiterhin auch Automaten die direkte Interaktion unterstützen müssen und selbst zugänglich gestaltet sein müssen.
6. Der Automat muss wenigstens so barrierefrei installiert sein, dass der Abstand von 10-20cm zum mobilen Endgerät erreicht werden kann (z. B. mit einem Rollstuhl).

Beispiele für Automaten, die indirekte Interaktion unterstützen, sind bargeldlose kleine Zahlungen, z.B. „Girogo" der Sparkassen oder das Bezahlen von Fahrscheinen im öffentlichen Personenverkehr, z.B. „DB Touchpoints" im „Touch&Travel"-System. Problematisch ist die Sicherheit bei dieser Methode, die hauptsächlich über den geringen Abstand während der Kommunikation gegeben sein soll. Daher bleibt die Sicherheit zurzeit stark anwendungsabhängig und damit für die Nutzerinnen und Nutzer schwer einschätzbar. Denkt man die Idee der individuellen Nutzereinstellungen weiter, müsste man diese nur einmal für alle Automaten, PCs usw., die man nutzt, vornehmen und alle Geräte würden die gewünschten Einstellungen bereits bei Annäherung erkennen. Auf dieser Idee basiert die Initiative „Raising the floor" mit der „Global Public Inclusive Infrastructure (GPII)"[30]

Universelles Design digitaler Medien

Ausgehend von der Erkenntnis, dass Barrierefreiheit weit mehr Menschen nützt als ausschließlich denen mit Schwerbehinderung, wurde in den 1980er Jahren von dem Architekten Ron Mace, der selbst einen Rollstuhl benutzte, der Begriff des Universellen Design geprägt. Ähnlich wie bei der Barrierefreiheit hat sich der Anwendungsfokus des universellen Designs vom Bereich Bauen auf die Bereiche Verkehr, Kommunikation und Information ausgeweitet. Häufig wird vor allem in Europa und in Deutschland anstelle des Begriffs „Universal Design" der Begriff „Design for All – Design für Alle" verwendet. Auch wenn die beiden Begriffe synonym verwendet werden und ähnliche Ziele damit verfolgt werden, sind die Konzepte nicht identisch. Die Unterschiede lassen sich mit der unterschiedlichen Herkunft erklären. Das amerikanisch geprägte Universelle Design stellt den individuellen Nutzer in den Mittelpunkt, während das europäische Design für Alle Nutzergruppen definiert. Auch bei der Motivation gibt es Unterschiede. Beim Universellen Design spielen vermehrt kommerzielle Aspekte eine Rolle, während beim Design für Alle vermehrt soziale Aspekte im Vordergrund stehen.

Mit der Ratifikation der UN-Behindertenrechtskonvention (UN 2008) wurde der Begriff erstmals in einem deutschen Rechtsdokument definiert (UN 2008, Art. 2): „Im Sinne dieses Übereinkommens [...] bedeutet Universelles Design ein Design von Produkten, Umfeldern, Programmen und Dienstleistungen in der Weise, dass sie von allen Menschen möglichst weitgehend ohne eine Anpassung oder ein spezielles Design genutzt werden können. Universelles Design schließt Hilfsmittel für bestimmte Gruppen von Menschen mit Behinderungen, soweit sie benötigt werden, nicht aus." (Deutsche UN-BRK, BMAS 2010, Art. 2). Das Univer-

30 http://cloud4all.info/, http://raisingthefloor.org/, http://gpii.net/ (abgerufen am 30.5.2014).

selle Design nimmt alle Nutzergruppen gleichermaßen in den Blick und schließt die Menschen mit Behinderungen ein. Durch diesen Ansatz „für alle“ ist das Universelle Design ein gutes Konzept zur Unterstützung der Inklusion und Teilhabe. Es ist somit eine Ergänzung oder Qualifizierung der Barrierefreiheit. Ausdrücklich wird aber die Nutzung von assistiver Technologie nicht ausgeschlossen.

Beim Entwurf (Design) müssen die Anforderungen aller Nutzer in ihrer Heterogenität systematisch berücksichtigt werden, so dass das Ergebnis nach Möglichkeit von allen benutzt werden kann. Das *Center for Universal Design* (CUD 1997) der *North Carolina State University* hat sieben Prinzipien für das Universelle Design formuliert (FTB 2004):

1. *Breite Nutzbarkeit*: Das Design ist für Menschen mit unterschiedlichen Fähigkeiten nutzbar und marktfähig.
2. *Flexibilität in der Benutzung*: Das Design unterstützt eine breite Palette individueller Vorlieben und Möglichkeiten
3. *Einfache und intuitive Benutzung*: Die Benutzung des Designs ist leicht verständlich, unabhängig von der Erfahrung, dem Wissen, den Sprachfähigkeiten oder der momentanen Konzentration des Nutzers
4. *Sensorisch wahrnehmbare Informationen*: Das Design stellt den Benutzer notwendige Informationen effektiv zur Verfügung, unabhängig von der Umgebungssituation oder der sensorischen Fähigkeiten der Benutzer.
5. *Fehlertoleranz*: Das Design minimiert Risiken und die negativen Konsequenzen von zufälligen oder unbeabsichtigten Aktionen.
6. *Niedriger körperlicher Aufwand*: Das Design kann effizient und komfortabel mit einem Minimum von Ermüdung benutzt werden.
7. *Größe und Platz für Zugang und Benutzung*: Angemessene Größe und Platz für den Zugang, die Erreichbarkeit, die Manipulation und die Benutzung unabhängig von der Größe des Benutzers, seiner Haltung oder Beweglichkeit vorsehen.

Statt alle Anforderungen in einem Produkt zu erfüllen, bietet sich die Betrachtung von Produktfamilien (Bühler 2009) oder die nutzerzentrierten Adaptionen an, die insgesamt möglichst viele Nutzergruppen adressieren. Gerade bei modernen Betriebssystemen, Softwareanwendungen und digitalen Medien ist die nutzerseitige Anpassung von Eingaben und Ausgaben sowie der Funktion gut umsetzbar und weit verbreitet. Der komplementäre Charakter zur assistiven Technologie wird in der dreistufigen Strategie des „Designs für Alle“ deutlich (Bühler 2009, 908–909):

1. Stufe: Produkte, die direkt für alle nutzbar sind,

2. Stufe: Produkte, die weiter angepasst werden können,

3. Stufe: Produkte, die über normierte Schnittstellen zu ergänzenden Geräten (assistive Technologien) verfügen.

Nutzerinnen und Nutzer, die Produkte der Stufe 1 nicht benutzen können, werden schrittweise in den folgenden Stufen berücksichtigt. Stufe 3 entspricht hierbei der Formulierung der UN-BRK (BMAS 2010, Art. 2): „ …'Universelles Design' schließt Hilfsmittel für bestimmte Gruppen von Menschen mit Behinderungen, soweit sie benötigt werden, nicht aus.“

Zur Beurteilung des Universellen Designs wird in (Bühler 2010, eigene Übersetzung) ein Kriterienkatalog mit fünf Sektionen vorgeschlagen:

1. *Prozessorientierung*
   a. universelles Design als Langzeitstrategie innerhalb der Institution verankert
   b. Nutzerbeteiligung im Entwicklungsprozess
   c. Anwendung von Entwurfsmethoden und Instrumenten im Hinblick auf universelles Design eingesetzt
   d. Einbindung von Anwendergruppen
   e. usw.

2. *Umfeld und Infrastruktur*
   a. Nutzbarkeit des Produktes in unterschiedlichen Umgebungen
   b. Mindestanforderungen für sichere Nutzung
   c. usw.

3. *Nutzungssituation*
   a. stationäre Nutzung und Nutzung unterwegs
   b. Nutzung im Dunkeln und sehr heller Umgebung
   c. Nutzung in lauten Umgebungen
   d. usw.

4. *Vorbildung und Fertigkeiten*
   a. notwendiger Bildungsstand
   b. benötigte Lesefertigkeiten
   c. erforderliche Vorerfahrung in der Computer-Anwendung
   d. Optionen für den barrierefreien Zugang für Menschen mit Behinderung
   e. usw.

5. *Exklusion*
   a. nutzerfreundlich und einfach nutzbar für alle Nutzer; wer wird ausgeschlossen?
   b. Verfügbarkeit für alle
   c. Bezahlbarkeit
   d. usw.

Die in fünf Sektionen aufgeteilten, zunächst allgemein formulierten Kriterien sollen helfen, die Qualität eines Universellen Designs zu beurteilen. Sie sind erweiterbar und anpassbar und so auch im Bereich digitaler Medien anwendbar.

Aufbau und Betrieb der Meldestelle

Der rechtliche Rahmen, der zu Beginn dieses Kapitel vorgestellt wird, zeigt, dass es für die Barrierefreiheit digitaler Angebote keine umfassenden Regelungen gibt. Wirklich verpflichtend ist das BGG bzw. die BITV 2.0 nur für die Behörden der Bundesverwaltung. Ansonsten beschränkt sich der Gesetzgeber darauf, dazu aufzufordern darauf hinzuwirken, dass auch private Anbieter von IKT diese barrierefrei anbieten (BGBl 2002 §11 (2)). Auf eine ähnliche Formulierung trifft man auch in der UN-Behindertenrechtskonvention (UN 2008 Art. 9 (1) b). Eine dieser Maßnahmen, die darauf abzielen, dass auch private Anbieter ihre IKT-Angebote barrierefrei gestalten und anbieten ist die Einrichtung der Meldestelle für digitale Barrieren. Insbesondere für Menschen mit Behinderung, die auf der Suche nach Arbeit sind oder in einem Arbeitsverhältnis stehen, ist es unmittelbar wichtig, dass Webseiten, Software und Informations- und Serviceterminals zugänglich sind. Der Schwerpunkt der Meldestelle für digitale Barrieren liegt in der Arbeitswelt. Dieser Begriff ist weitreichend und geht über die reine Zugänglichkeit von Webseiten mit Stellenangeboten deutlich hinaus. Bereiche, die in diesem Zusammenhang auch noch zu nennen sind, sind zum Beispiel die Wege zur Arbeit und zurück nach Hause, die ggf. mit öffentlichen Verkehrsmitteln zurück gelegt werden, der Bereich der Anwendungssoftware und natürlich auch der große Bereich der Aus- und Weiterbildung.

Die Meldestelle für digitale Barrieren[31] wurde 2006 als „Meldestelle für Webbarrieren“ im Rahmen des Projektes „Aktionsbündnis für barrierefreie Informationstechnik (AbI)“[32] ins Leben gerufen. Projektträger war und ist das Bundesministerium für Arbeit und Soziales. Die Meldestelle war seitdem kontinuierlich bei der „Bundesarbeitsgemeinschaft Selbsthilfe von Menschen mit Behinderung, chronischer Erkrankung und ihren Angehörigen (BAG SELBSTHILFE)“[33], einem der Projektpartner im AbI, später dann im Projekt „Digital informiert – im Job integriert (Di-Ji)“ in Düsseldorf angesiedelt. Administrativ wird die Meldestelle durch

31 Meldestelle für digitale Barrieren: http://meldestelle.di-ji.de (abgerufen am 30.5.2014).

32 Aktionsbündnis für barrierefreie Informationstechnik: http://www.abi-projekt.de/ (abgerufen am 30.5.2014).

33 Bundesarbeitsgemeinschaft Selbsthilfe: http://www.bag-selbsthilfe.de (abgerufen am 30.5.2014).

ein bis zwei Personen betreut. Dabei wird bei Bedarf auch auf das technische Fachwissen anderer projektbeteiligter Organisationen (z. B. dem Forschungsinstitut Technologie und Behinderung der Evangelischen Stiftung Volmarstein) zurückgegriffen (vgl. Radek et al. 2011).

Erweiterung der Meldemöglichkeiten

Seit ihrer Gründung vor acht Jahren hat sich die Meldestelle in unterschiedlichen Richtungen weiterentwickelt. Seit Mitte 2010 nimmt die Meldestelle neben Meldungen zu Webbarrieren auch Meldungen zu Softwarebarrieren, nicht zugänglichen Online-Dokumenten und bei Problemen mit Automaten, Service- und Infoterminals entgegen. Um diesen Veränderungen Rechnung zu tragen, wurde der Name in „Meldestelle für digitale Barrieren" geändert. Trotz dieser Erweiterung auf andere Medien stammen nach wie vor die meisten Meldungen aus dem Bereich Internet und Online-Dokumente. Neben der Erweiterung der Meldemöglichkeiten bezüglich der Software- und Automatenbarrieren gab es auch Entwicklungen bezüglich der Art und Weise, wie gemeldet werden kann. Grundsätzlich bestand von Anfang an die Möglichkeit, Barrieren telefonisch, als Telefax, via E-Mail oder über ein Webformular zu melden. Diese Meldemöglichkeiten wurden kontinuierlich erweitert und ergänzt. Neben einem etwas ausführlicheren Web-Formular, in dem es eigene Felder für den Namen des Melders, der Web-Seite und der Art der Barriere gab, gibt es auf der Webseite der Meldestelle auch ein einfaches Textfeld. Ein Ziel bei den weiteren Entwicklungen bestand vor allem darin, den Meldeprozess zu vereinfachen. Dem liegt die Überlegung zu Grunde, dass die Anzahl der Meldungen umgekehrt proportional zum Aufwand steht. Verringert man den Aufwand, erhöht man gleichzeitig die Anzahl der Meldungen. Dies wurde zum Beispiel mit dem Barriere-Melder, einer Ergänzung des Mozilla Firefox Internet-Browsers, erreicht[34]. Während man bei der Meldung über das Webformular die Webadresse (URL) manuell bzw. via Cut & Paste in das Formular übertragen musste, geschieht dies beim Barriere-Melder automatisch durch Klick auf das Symbol in der Add-on-Leiste des Browsers oder wird durch die Tastenkombination „ALT b" ausgelöst. Das unvollständig ausgefüllte Meldeformular kann nun noch durch weitere Angaben, zumindest durch eine Erläuterung der Barriere, ergänzt und dann abgeschickt werden. Auch die Möglichkeit der anonymen Meldung wurde etwa zum selben Zeitraum eingerichtet. Anonymität hilft auch dabei, die Meldebereitschaft zu erhöhen. Nachteilig ist dabei, dass man bei Unklar-

34 Add-on Barriere-Melder: http://www.meldestelle.di-ji.de/r/barriere-melder (abgerufen am 30.5.2014).

heiten keine Rückfragen stellen kann, aber auch kein Feedback geben kann. Eine andere Erweiterung der Meldemöglichkeiten konnte mit Hilfe des SQAT Dienstes[35] realisiert werden. SQAT ist ein Akronym für „Signing Question and Answer Tool" und bedeutet Frage- und Antwortwerkzeug mittels Gebärdensprache. SQAT ermöglicht es gehörlosen Menschen, ihre Meldung mittels Deutscher Gebärdensprache vor einer Kamera, die heute bereits z. B. in vielen Notebooks und mobilen Geräten integriert ist, zu gebärden. Der Film der aufgezeichneten Meldung wird von Mitarbeitern des SQAT-Dienstes übersetzt und als E-Mail an die Meldestelle weitergeleitet, die die Meldung bearbeitet. Nach Abschluss der Bearbeitung wird die Nachricht der Meldestelle wieder an den SQAT-Dienst geschickt und dort in ein Video in Deutscher Gebärdensprache übersetzt, das an den Melder weitergeleitet wird.

Ablauf der Bearbeitung von Meldungen

Das Selbstverständnis einer Meldestelle sieht so aus, dass sie nur dann tätig wird, wenn Meldungen eingehen. Eine eingehende Meldung bedeutet, dass eine Person auf eine Barriere gestoßen ist, die die Person mehr oder weniger daran

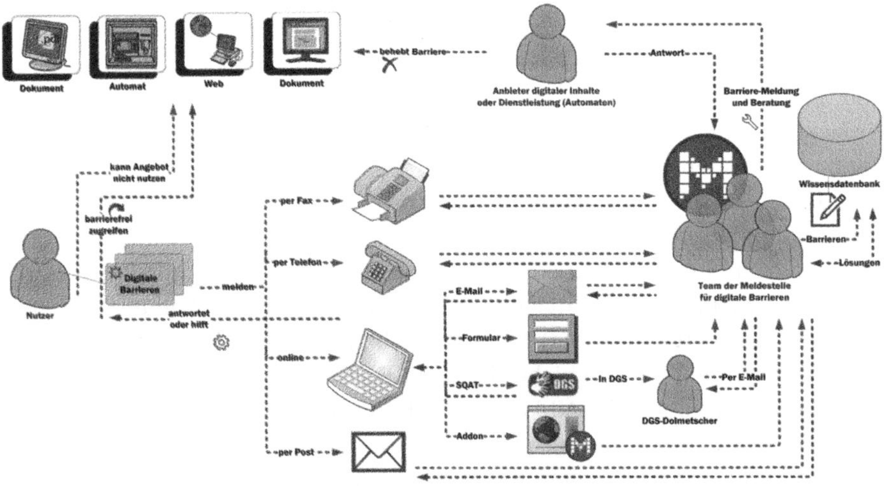

Alternativtext: Flussdiagramm mit den unterschiedlichen Meldemöglichkeiten und Meldewegen

Abb. 4: Abläufe bei der Bearbeitung von Barriere-Meldungen

35 SQAT Übersetzungsservice: http://www.sqat.eu (abgerufen am 30.5.2014).

hindert, ein Angebot im Web, eine Software oder einen Automaten umfassend zu nutzen. Es liegt also eine persönliche Betroffenheit vor. Eingehende Meldungen werden aktuell in ein Fallbearbeitungssystem, in dem die unterschiedlichen Bearbeitungszustände nachgehalten werden, eingetragen. Je nachdem, ob es sich bei der Barriere um eine Webbarriere, Softwarebarriere oder Barriere bei einem Automaten oder Terminal handelt, unterscheidet sich die weitere Vorgehensweise. Grundsätzlich besteht der Versuch, die Barriere zu reproduzieren bzw. sich ein Bild davon zu machen, wieso es diese Barriere gibt. Dem Melder wird dabei nicht misstraut, sondern dem Anbieter einer Webseite bzw. Besitzer eines Automaten, Entwickler einer Software soll erläutert werden, wieso es bei der Nutzung seines Produktes Barrieren gibt. Zum Beispiel wird bei unzureichendem Farbkontrast zwischen der Text- und Hintergrundfarbe der Farbkontrast numerisch ermittelt und dem Wert der in der BITV 2.0 für barrierefreien Text gegenübergestellt. Bei Problemen mit dem Alternativtext bei Nicht-Textobjekten, einer fehlerhaften Seitengliederung oder fehlender Tastaturbedienbarkeit ist es oft hilfreich, den HTML-Quelltext bzw. das entsprechende Stylesheet zu kennen, um konkrete Hilfestellungen geben zu können. Manchmal sind die Probleme auch nicht so einfach zu durchschauen. In einer Meldung beklagte sich eine blinde Melderin, dass sie sich einen Artikel vorlesen lassen wollte, sich dazu aber hätte anmelden müssen. Was die Frau nicht wusste, weil sie es nicht sehen konnte, war, dass der Artikel auf einer neuen Webseite stand, die sich ohne Vorwarnung öffnete. Die Navigation auf der neuen Webseite begann natürlich am Anfang und da konnte man sich dann für den internen Bereich anmelden. Der gewünschte Artikel stand weiter unten auf der Webseite und war ohne eine Anmeldung zugänglich. Dieses Beispiel unterstreicht, wie wichtig es ist, sich auch mit zugegebenermaßen nicht vordergründigen Aspekten (z. B. der Reihenfolge der Objekte auf einer Webseite) bei der Erstellung einer Webseite zu beschäftigen. In einem anderen Fall ging es um die Notrufmöglichkeit auf einem U-Bahnhof in einer deutschen Großstadt. Die Barriere bestand angeblich darin, dass die Notrufmöglichkeit auf dem Bahnsteig so hoch angebracht war, dass sie von einer Person, die in einem Rollstuhl sitzt, nicht erreicht werden kann. In diesem Fall erbrachte erst ein Ortstermin Klarheit und der Sachverhalt wurde bestätigt. Nachdem die Barriere und die zu Grunde liegende Ursache für die Barriere untersucht worden sind, wird der Anbieter angeschrieben und gebeten, die Barrieren zu beseitigen. Das Anschreiben wird vor allem bei Webbarrieren unter Zuhilfenahme von Textbausteinen und einer Briefvorlage erstellt. Neben einem einleitenden Text und Schlusstext gibt es für die häufigsten Barrieren vorformulierte Textbausteine, die manuell noch ergänzt werden können. Jeder Textbaustein enthält einen einleitenden Teil, die aktuell vorgefundene Situation und die Aufforderung, die Barrieren zu beseitigen. Neben den Textbausteinen wird vor allem bei seltenen Barrieren oder bei Software- oder

Automatenbarrieren aber auch frei formulierter Text verwendet. Die Kombination aus Briefvorlage, Textbausteinen und frei formuliertem Text erlaubt eine effiziente Bearbeitung von Meldungen, ohne dass dabei die Qualität der Arbeit der Meldestelle leidet. Ansprechpartner ist bei Webbarrieren in der Regel die im Web-Impressum nach §5 Telemediengesetz genannte Person. In Fällen, in denen keine Person benannt ist, wird der Vorstand oder die Geschäftsleitung angeschrieben. Gleiches gilt bei Software- und Automatenbarrieren. Nicht jede Webseite, auf die man in Deutschland in Deutsch zugreifen kann, wird von einem deutschen Unternehmen betrieben. Das Internet ist ein internationales Medium, bei dem lokale Gesetze und Regelungen nur bedingt anwendbar sind. Agiert ein Unternehmen aus dem Ausland auf dem deutschen Markt, dann greifen die deutschen Gesetze nicht. Es gibt dann auch keine Verpflichtung nach §5 Telemediengesetz bezüglich der Informationspflichten des Anbieters eines Web-Auftritts.

Die Reaktionen auf die Anschreiben der Meldestelle fallen sehr unterschiedlich aus. Ein Teil der Anschreiben bleibt unbeantwortet. Das wird bislang auch so akzeptiert, denn man kann niemanden dazu zwingen, sich zu äußern. Über die Gründe, wieso nicht geantwortet wird, kann man nur spekulieren. Im Vorfeld der Bundestagswahl am 22. September 2013 wurden bspw. alle Mitglieder des deutschen Bundestages, die eine eigene Webseite betreiben, angeschrieben und auf Barrieren auf diesen Webseiten hingewiesen. Es gab dabei keine Webseite, die ohne Mängel war. Überraschenderweise gab es aber auch nur vereinzelt Rückfragen. Der größte Teil der Anschreiben blieb unbeantwortet. Auf der einen Seite wurde im Anschreiben nicht explizit um Antwort gebeten, aber auf der anderen Seite verwundert es schon, dass nur wenige Rückfragen kamen. Die Organisationen, die auf das Anschreiben der Meldestelle positiv reagieren, bedanken sich im Allgemeinen für die Hinweise. Das Thema „Barrierefreiheit bei digitalen Medien“ ist nur in Ausnahmefällen völlig unbekannt. Es herrscht manchmal Unwissenheit im Detail. Generell besteht aber eine hohe Bereitschaft Barrieren abbauen zu wollen. Manche Organisationen beseitigen Barrieren zeitnah, während andere in Aussicht stellen, dass sie sich dem Problem bei der nächsten Überarbeitung der Webseite annehmen werden. Das ist auch stark von der Art der Barrieren abhängig. Mängel bei den Alternativtexten lassen sich in der Regel einfacher beseitigen als Probleme mit den Rückmeldungen bei Maus- oder Tastaturbedienung. Nur in wenigen Ausnahmefällen kommt es zu negativen Reaktionen. Ein Aspekt, der dabei oft eine Rolle spielt, sind die zusätzlichen Kosten, die für die nachträgliche Überarbeitung der Webseite anfallen würden. In diesen Fällen geht es schwerpunktmäßig darum, den Boden für dieses Thema zu bereiten.

Da eine Meldestelle nicht von sich aus tätig wird, sondern darauf angewiesen ist, dass Meldungen über Barrieren eingehen, kann es nicht das Ziel sein, die Anzahl von Meldungen zu maximieren. Von daher zielen Aktivitäten eher darauf ab, die Bekanntheit der Meldestelle zu verbessern, um über einen größeren Personenkreis mehr Meldungen zu erhalten. Die aktuell eingesetzte Fallbearbeitungssoftware unterstützt leider nicht die Erstellung von Statistiken. Mittlerweile ist es auch so, dass sich doch ein signifikanter Anteil an Meldungen als Spam entpuppt. Auch über die unterschiedlichen Barriere-Arten gibt es keine Statistik. Da die Meldungen nicht repräsentativ ausgewählt werden, sondern deren Herkunft, insbesondere auch bedingt durch die anonyme Meldemöglichkeit, eher unbekannt ist, kann keine aussagekräftige Statistik erstellt werden. Es lassen sich aber qualitative Aussagen zur Häufigkeit von Barriere-Arten machen. Grundsätzlich wird jede Meldung vertraulich behandelt. Das betrifft sowohl die meldende Person als auch die Organisation, deren digitales Angebot Barrieren aufweist. Die anonyme Meldemöglichkeit wurde eingeführt, um die Möglichkeit zu schaffen, dass man ohne Weitergabe persönlicher Daten Barrieren melden kann. Anonym zu melden ist ehrlicher, als einen Fantasienamen zu verwenden oder gar als jemand anderes aufzutreten. Auch dieser Fall ist bereits mindestens einmal vorgekommen und wurde offensichtlich, als die Meldestelle der Person, deren Name verwendet wurde, geantwortet hat. Vertraulichkeit betrifft aber auch die Organisationen, zu den Meldungen eingehen. Es ist nicht das Ziel der Meldestelle, Organisationen öffentlich an den Pranger zu stellen oder zu diskreditieren. Das Ziel der Meldestelle besteht vielmehr darin, darauf hinzuwirken, dass Barrieren beseitigt werden, die Organisationen für die Belange behinderter Menschen zu sensibilisieren und dafür zu sorgen, dass Menschen mit Behinderungen in diesen Prozessen aktiv und von Anfang an beteiligt werden. Um dieses Ziel zu erreichen, wäre es kontraproduktiv, öffentliche Negativlisten zu führen. Aber auch bei einer positiven Berichterstattung würde die Meldestelle nur nach expliziter Einwilligung einer Organisation deren Name veröffentlichen. Man darf nicht außer Acht lassen, dass die Meldestelle informiert und sensibilisiert, im besten Fall dafür sorgt, dass einzelne Barrieren beseitigt werden, aber eigentlich nicht IKT-Angebote vollständig von Barrieren befreit.

Ähnliche Angebote

Eine Initiative, die vergleichbare Ziele wie die Meldestelle, nämlich den Abbau von Barrieren auf Webseiten, verfolgt ist zum Beispiel die britische Initiative „*Fix the web*“[36]. „*Fix the web*“ stellt eine Plattform für Personen, die Probleme mit Webseiten haben (*Reporter*) und Personen, die sich auf freiwilliger Basis um die Bearbeitung dieser Meldungen kümmern (*Volunteers*), zur Verfügung. „*Fix the*

36 Fix the web: http://www.fixtheweb.net (abgerufen am 30.5.2014).

web" präsentiert auf der Webseite eine Reihe von statistischen Daten, die aber in sich nicht schlüssig sind. So gibt es fast 6.000 Melder, aber nur 3.300 Meldungen. Ein signifikanter Teil (ca. 2.000) der eingehenden Meldungen ist entweder Spam oder Unterhaltung. Der Vorteil von „*Fix the web*" besteht darin, dass eine Wohltätigkeitsorganisation das Portal zur Verfügung stellt und die Akteure auf freiwilliger Basis im Rahmen einer Kampagne mitmachen. Nachteilig ist, dass es keine Qualitätskontrolle gibt und auch kein Einfluss darauf genommen werden kann, wie die Anschreiben an die Organisationen formuliert werden. Bei den Fragen und Antworten stößt man auch auf die Aussage, dass man, um sich als „*Volunteer*" zu beteiligen, keine Kenntnisse im Bereich „*web accessibility*" haben muss. Insgesamt wurden seit 2009 auf 150 Webseiten Barrieren beseitigt. Das bedeutet aber nicht, dass diese Webseiten barrierefrei sind, sondern dass auf diesen Webseiten Barrieren, die gemeldet wurden, beseitigt wurden.

Ausblick

Bislang wurde die Meldestelle für digitale Barrieren im Rahmen von geförderten Projekten betrieben. Da nicht davon ausgegangen werden kann, dass eine derartige Förderung stets weitergewährt wird, sollte mittelfristig ein Konzept entwickelt werden, ob und auf welche Art und Weise die Meldestelle weiterbetrieben werden kann. Es gibt eine Reihe von denkbaren Szenarien, bei denen dem Vorteil des kontinuierlichen Weiterbetriebs mehr oder wenige große Nachteile entgegenstehen. Ein Nachteil wäre zum Beispiel der Verlust der Unabhängigkeit bzw. Neutralität. Dennoch, die Entscheidung darüber, welches der möglichen Szenarien schließlich ergriffen wird, hängt ausschließlich davon ab, ob das Szenario umsetzbar ist und ob unter den jeweiligen Rahmenbedingungen ein Weiterbetrieb der Meldestelle noch sinnvoll ist. Das bedeutet unter anderem, dass die grundlegenden Kosten (Internetzugang, Hosting einer Webseite, Büromaterial, Personalkosten), die sich aus dem Betrieb der Meldestelle ergeben, als Mindestvoraussetzung gedeckt sind bzw. teilweise oder ganz von Dritten getragen werden. Neben dem Weiterbetrieb der Meldestelle steht auch die Frage im Raum, wie sich die Meldestelle, insbesondere im Kontext des technologischen Fortschritts weiterentwickelt. Barrieren betreffen zunehmen nicht mehr nur den klassischen Computer, sondern auch Mobiltelefone und Tablets und es ist geplant, für die unterschiedlichen Geräte entsprechende Apps zum einfachen Melden anzubieten. Technischer Fortschritt bedeutet aber nicht zwingend nur neue Barrieren, sondern auch neue Möglichkeiten. Moderne Mobiltelefone und Tablet Computer verfügen über eine Reihe von Sensoren, mit deren Hilfe es noch einfacher sein wird, Barrieren zu melden. Mit der Kamerafunktion lassen sich Bildschirmfotos machen (bei Software-Barrieren) oder GPS und WLAN helfen bei der genauen Verortung von Barrieren in der bebauten Welt (Automaten).

Literatur

Berninger, S. (2005): Nutzertests. In: C. Bühler; J. E. Hellbusch (Hrsg.): Barrierefreies Webdesign. Praxishandbuch für Webgestaltung und grafische Programmoberflächen. 1. Aufl. Heidelberg: Dpunkt-Verl., 338–340.

BGBl Bundesgesetzblatt (2002): Gesetz zur Gleichstellung behinderter Menschen (Behindertengleichstellungsgesetz – BGG). In Bundesgesetzblatt Jahrgang 2002 Teil I Nr. 28 S. 1467, 1468, ausgegeben zu Bonn am 30. April 2002. Zuletzt geändert durch Art. 12 G vom 19.12.2007 Bundesgesetzblatt Teil I Nr. 67 S. 3024, ausgegeben zu Bonn am 22. Dezember 2007.

BGBl Bundesgesetzblatt (2008): Gesetz zu dem Übereinkommen der Vereinten Nationen vom 13. Dezember 2006 über die Rechte von Menschen mit Behinderungen sowie zu dem Fakultativprotokoll vom 13. Dezember 2006 zum Übereinkommen der Vereinten Nationen über die Rechte von Menschen mit Behinderungen. In Bundesgesetzblatt Jahrgang 2008 Teil II Nr. 35, 1419–1457, ausgegeben zu Bonn am 31. Dezember 2008.

BMAS Bundesministerium für Arbeit und Soziales (2010): Übereinkommen der Vereinten Nationen über die Rechte von Menschen mit Behinderung. Behindertenrechtskonvention. Deutsch: BMAS: Bonn, 2010 http://www.bmas.de/SharedDocs/Downloads/DE/PDF-Publikationen/a729-un-konvention.pdf?__blob=publicationFile, (abgerufen am 30.05.2014)

BMAS/BVA (12.09.2011): Verordnung zur Schaffung barrierefreier Informationstechnik nach dem Behindertengleichstellungsgesetz (Barrierefreie-Informationstechnik-Verordnung – BITV 2.0), BITV 2.0. In: Bundesgesetzblatt: Bundesanzeiger Verlag, S. 1843–1859.

Bühler, C. (2009): Managing the Process of Design for All. in: C. Stephanidis The Universal Access Handbook, CRC Press, 56–1, 903–914.

Bühler, C. (2010): „Universal Design – Computer." In: J. Stone; M. Blouin, (eds.): Center for International Rehabilitation Research Information and Exchange (CIRRIE): International Encyclopedia of Rehabilitation. http://cirrie.buffalo.edu/encyclopedia/en/article/146/ (abgerufen am: 30.05.2014)

CEN; CENELEC; ETSI European Telecommunications Standards Institute (2014): EN 301 549, Februar 2014: EN 301 549 Accessibility requirements for public procurement of ICT products and services in Europe. http://www.etsi.org/deliver/etsi_en/301500_301599/301549/01.00.00_20/en_301549v010000c.pdf, (abgerufen am: 30.05.2014)

Cristóbal, R. T.; Usero, J. Á. M. (2010): Present and future of eAccessibility in public digital terminals. In: European Journal of ePractice 2010 (10). http://www.epractice.eu/files/European%20Journal%20epractice%20Volume%2010.1.pdf, (abgerufen am: 30.05.2014)

CUD The Centre for Universal Design, NC State University (1997): The Principles of Universal Design, http://www.ncsu.edu/ncsu/design/cud/about_ud/udprinciples.htm, (abgerufen am 05.05.2014)

DIN Deutsches Institut für Normung (2002): DIN Fachbericht 124: Gestaltung barrierefreier Produkte. Beuth Verlag, Berlin. 1. Auflage 2002.

DIN Deutsches Institut für Normung (2007): DIN EN 1332-4:2007-09: Identifikationskarten-systeme – Schnittstelle Mensch-Maschine – Teil 4: Codierung von Benutzeranforderungen für Personen mit besonderem Bedarf; Deutsche Fassung EN 1332-4:2007. Beuth Verlag, Berlin, September 2007.

DIN Deutsches Institut für Normung (2008): DIN EN ISO 9241-171:2008: Ergonomie der Mensch-System-Interaktion – Teil 171: Leitlinien für die Zugänglichkeit von Software. Beuth Verlag, Berlin. Juli 2008.

DIN Deutsches Institut für Normung (2009a): DIN EN ISO 9241-20:2009-08: Ergonomie der Mensch-System-Interaktion – Teil 20: Leitlinien für die Zugänglichkeit der Geräte und Dienste in der Informations- und Kommunikationstechnologie (ISO 9241-20:2008); Deutsche Fassung EN ISO 9241-20:2009. Beuth Verlag, Berlin. August 2009.

DIN Deutsches Institut für Normung (2009b): DIN 32975:2009-12: Gestaltung visueller Informationen im öffentlichen Raum zur barrierefreien Nutzung. Beuth-Verlag, Berlin, Dezember 2009.

DIN Deutsches Institut für Normung (2011): DIN EN ISO 9241-210:2011-01: Ergonomie der Mensch-System-Interaktion – Teil 210: Prozess zur Gestaltung gebrauchstauglicher interaktiver Systeme (ISO 9241-210:2010); Deutsche Fassung EN ISO 9241-210:2010. Beuth Verlag, Berlin. Januar 2011.

DIN Deutsches Institut für Normung (DIN) (2014): DIN ISO 14289-1 Dokumenten-Management – Verbesserung der Barrierefreiheit für das Dateiformat von elektronischen Dokumenten – Teil 1: Anwendung der ISO 32000-1 (PDF/UA-1) (ISO 14289-1:2012). Beuth-Verlag, Berlin, Februar 2014.

FTB Forschungsinstitut Technologie und Behinderung (2004): Die Prinzipien des Universellen Design (Übersetzung des Autors), http://ftb-esv.de/uniprinc.html, (abgerufen am: 30.05.2014)

FTB Forschungsinstitut Technologie und Behinderung (2012a): Leitfäden zu barrierefreien Dokumenten. Unter Mitarbeit von Rainer Wallbruch. http://www.di-ji.de/r/dokumente, (abgerufen am: 30.05.2014)

FTB Forschungsinstitut Technologie und Behinderung (2012b): Mitten im Job: Verständlich informiert – im Job integriert. Unter Mitarbeit von Stefanie Helsper, Birgit Scheer und Julita Voigt. Di-Ji-Kongress 2012. Berlin, 19. & 20. September 2012. Wetter: FTB.

FTB Forschungsinstitut Technologie und Behinderung (2013a): Barrierefreie Software. Unter Mitarbeit von Rainer Wallbruch. http://www.di-ji.de/r/lf-software, (abgerufen am: 30.05.2014)

FTB Forschungsinstitut Technologie und Behinderung (2013b): Di-Ji-Leitfäden zur Erstellung von Online-Informationen in Leichter Sprache. Unter Mitarbeit von: Birgit Scheer. http://www.di-ji.de/r/rls, (abgerufen am: 30.05.2014)

FTB Forschungsinstitut Technologie und Behinderung (2014): Inklusives Mobiles Arbeiten. Unter Mitarbeit von Birgit Scheer. http://www.di-ji.de/r/lf-mobil, (abgerufen am: 30.05.2014)

ISO/IEC JTC 1 – Gemeinschaftskomitee für Informationstechnik (2012): ISO/IEC 40500:2012-10, Oktober 2012: Information technology – W3C Web Content Accessibility Guidelines (WCAG) 2.0. http://standards.iso.org/ittf/PubliclyAvailableStandards/index.html, (abgerufen am: 30.05.2014)

Kipp, M.; Nguyen, Q.; Heloir, A. (2011): Machbarkeitsstudie zur Abschätzung der Nutzungsmöglichkeiten von Gebärdenavataren. Abschlussbericht. Unter Mitarbeit von Peter Schaar, Iris König und Silke Matthes. Hrsg. v. Bundesministerium für Arbeit und Soziales (BMAS). Deutsches Forschungszentrum für Künstliche Intelligenz GmbH. Berlin (FB 417). http://www.bmas.de/DE/Service/Publikationen/Forschungsberichte/Forschungsberichte-Teilhabe/fb417.html, (abgerufen am: 30. Mai 2014)

Miesenberger, K. (2012): Kann ich Bücher am Computer lesen? In: Forschungsinstitut Technologie und Behinderung (FTB) (Hrsg.): Mitten im Job: Verständlich informiert – im Job integriert. Unter Mitarbeit von Stefanie Helsper, Birgit Scheer und Julita Voigt. Di-Ji-Kongress 2012. Berlin, 19./20.09.2012. Wetter: FTB, 118–120.

Nietzio, A.; Scheer, B.; Bühler, C. (2012): LNCS 7383 – How Long Is a Short Sentence? – A Linguistic Approach to Definition and Validation of Rules for Easy-to-Read Material. In: Miesenberger, K. et al. (Hrsg.): ICCHP 2012. Part II. Berlin Heidelberg: Springer-Verlag (LNCS;, 7383), 369–376.

Radek, C.; Scheer, B.; Bühler, C. (2011): Digital Barriers: Set Up And Operation Of A National Helpdesk. 2nd International AEGIS Conference and Final Workshop. Brüssel, 2011.

Reins, F. (2012a): Bestandteile eines Webauftritts – Textalternativen – Textalternativen für Bilder. In: Bundesministerium für Arbeit und Soziales (BMAS) (Hrsg.): BITV-Lotse einfach teilhaben. Unter Mitarbeit von Annika Nietzio, Frank Reins, Birgit Scheer und Rainer Wallbruch. http://www.bitv-lotse.de/BL/DE/2_Bestandteile/2_1_Textalternativen/2_1_a_Bilder/2_1_a_bilder_node.html, (abgerufen am: 29.04.2014)

Reins, F. (2012b): Bestandteile eines Webauftritts – Wahrnehmung – Trennung von Vorder- und Hintergrund. In: Bundesministerium für Arbeit und Soziales (BMAS) (Hrsg.): BITV-Lotse einfach teilhaben. Unter Mitarbeit von Annika Nietzio, Frank Reins, Birgit Scheer und Rainer Wallbruch. http://www.bitv-lotse.de/BL/DE/2_Bestandteile/2_2_Wahrnehmung/2_2_a_Trennung/2_2_a_trennung_node.html, (abgerufen am: 30.05.2014)

Reins, F. (2012c): Hintergrundinformationen – CAPTCHAs und Barrierefreiheit. In: Bundesministerium für Arbeit und Soziales (BMAS) (Hrsg.): BITV-Lotse einfach teilhaben. Unter Mitarbeit von Annika Nietzio, Frank Reins, Birgit Scheer und Rainer Wallbruch. http://www.bitv-lotse.de/BL/DE/3_Hintergrundinformationen/3_5_CAPTCHAs_und_Barrierefreiheit/3_5_captchas_und_barrierefreiheit_node.html, (abgerufen am: 30.05.2014)

Reins, F. (2012d): Bestandteile eines Webauftritts – Navigation und Bedienbarkeit – Tastaturbedienbarkeit. In: Bundesministerium für Arbeit und Soziales (BMAS) (Hrsg.): BITV-Lotse einfach teilhaben. Unter Mitarbeit von Annika Nietzio, Frank Reins, Birgit Scheer und Rainer Wallbruch. http://www.bitv-lotse.de/BL/DE/2_Bestandteile/2_4_Navigation_und_Bedienbarkeit/2_4_a_Tastaturbedienbarkeit/2_4_a_tastaturbedienbarkeit_node.html, (abgerufen am: 30.05.2014)

Scheer, B. (2005): 1.4.6 Usability und Barrierefreiheit. In: C. Bühler; J. E. Hellbusch, (Hrsg.): Barrierefreies Webdesign. Praxishandbuch für Webgestaltung und grafische Programmoberflächen. 1. Aufl. Heidelberg: Dpunkt-Verlag.

Scheer, B. (2012a): Bestandteile eines Webauftritts – Navigation und Bedienbarkeit – Navigation und Orientierung im Internetauftritt. In: Bundesministerium für Arbeit und Soziales (BMAS) (Hrsg.): BITV-Lotse einfach teilhaben. Unter Mitarbeit von Annika Nietzio, Frank Reins, Birgit Scheer und Rainer Wallbruch. http://www.bitv-lotse.de/BL/DE/2_Bestandteile/2_4_Navigation_und_Bedienbarkeit/2_4_d_Orientierung_Internetauftritt/2_4_d_orientierung_internetauftritt_node.html, (abgerufen am: 30.05.2014)

Scheer, B. (2012b): Bestandteile eines Webauftritts – Navigation und Bedienbarkeit -Navigation und Orientierung innerhalb einer Internetseite. In: Bundesministerium für Arbeit und Soziales (BMAS) (Hrsg.): BITV-Lotse einfach teilhaben. Unter Mitarbeit von Annika Nietzio, Frank Reins, Birgit Scheer und Rainer Wallbruch. http://www.bitv-lotse.de/BL/DE/2_Bestandteile/2_4_Navigation_und_Bedienbarkeit/2_4_e_Orientierung_Internetseite/2_4_e_orientierung_internetseite_node.html, (abgerufen am 30.05.2014)

Scheer, B. (2012c): Bestandteile eines Webauftritts – Navigation und Bedienbarkeit – Vorhersehbare Navigation. In: Bundesministerium für Arbeit und Soziales (BMAS) (Hrsg.): BITV-Lotse einfach teilhaben. Unter Mitarbeit von Annika Nietzio, Frank Reins, Birgit Scheer und Rainer Wallbruch. http://www.bitv-lotse.de/BL/DE/2_Bestandteile/2_4_Navigation_und_Bedienbarkeit/2_4_f_Vorhersehbare_Navigation/2_4_f_vorhersehbare_navigation_node.html?selectedTab=0, (abgerufen am: 30.05.2014)

Scheer, B. (2012d): Bestandteile eines Webauftritts – Verständlichkeit – Gebärdensprache. In: Bundesministerium für Arbeit und Soziales (BMAS) (Hrsg.): BITV-Lotse einfach teilhaben. Unter Mitarbeit von Annika Nietzio, Frank Reins, Birgit Scheer und Rainer Wallbruch. http://www.bitv-lotse.de/BL/DE/2_Bestandteile/2_5_Verstaendlichkeit/2_5_c_Gebaerdensprache/2_5_c_gebaerdensprache_node.html, (abgerufen am: 30.05.2014)

UN (2008): Convention on the Rights of Persons with Disabilities, http://www.un.org/disabilities/convention/conventionfull.shtml, (abgerufen am: 30.05.2014)

W3C (Caldwell, B.; Cooper, M.; Reid, L. G. & Vanderheiden, G.) (2008): Web Content Accessibility Guidelines (WCAG) 2.0. W3C Recommendation 11 December 2008. Hrsg. v. World Wide Web Consortium (W3C). http://www.w3.org/TR/WCAG20/, (abgerufen am: 30.05.2014)

Umsetzung von Barrierefreiheit

Sandra Schadenbauer, Alexander Nischelwitzer,
Robert Strohmaier und Gerhard Sprung

Videobooks – Content Management System und eLearning-Plattform zur Erstellung und Verbreitung von Lehrinhalten in Gebärdensprache

Einleitung

Aufgrund fehlender Konzepte wurden gehörlose Personen in der Vergangenheit meist von qualifizierten Fort- und Weiterbildungsmaßnahmen ausgeschlossen. Mehrere Projekte des Instituts für Informationsmanagement der FH JOANNEUM Graz beschäftigen sich mit dieser Problematik. Aus der Motivation, Gehörlosen die benötigten Maßnahmen anbieten zu können, entstand das SignTeach Videobooks System, ein auf Gehörlose abgestimmtes eLearning-System zur Lernunterlagenerstellung und -verwaltung. Dieses Kapitel beschäftigt sich mit der Thematik der Gebärden- und Lautsprache und zeigt auf, warum ein spezielles Lernsystem für Gehörlose nötig ist. In diesem Zusammenhang wird auch auf verschiedene Methoden für Usability-Tests mit Gehörlosen eingegangen und beschrieben, welche Aspekte hier zu beachten sind. Des Weiteren wird genauer auf das Videobooks System mit dessen BenutzerInnen-Frontend und Content Management System sowie die bisher damit realisierten Projekte mit unterschiedlichen ProjektpartnerInnen eingegangen.

Gebärden- und Lautsprache

Gebärden- und Lautsprache sind zwei komplett unabhängige Sprachen, welche sich nahezu getrennt voneinander entwickelt haben und noch weiter entwickeln. Gebärdensprachen sind eigenständige und vollwertige Sprachen und können nicht den Lautsprachen gleichgesetzt werden. Auch innerhalb der Gebärdensprachen gibt es große Unterschiede. So sind etwa die amerikanische und die britische Gebärdensprache komplett verschieden und können nicht miteinander verglichen werden, obwohl hörende Personen in Großbritannien und den USA die gleiche Lautsprache sprechen. Genauso könnte nur eine einzige Gebärdensprache in einem Gebiet vorhanden sein, obwohl dort mehrere unterschiedliche Lautsprachen gesprochen werden oder umgekehrt könnten in einer Region, in der nur eine Lautsprache gesprochen wird, mehrere Gebärdensprachen verwendet werden. Zusätzlich können in einer Gebärdensprache, wie auch in der gesprochenen Sprache, mehrere Dialekte vorhanden sein (Perhab et al. 2009a; Krausneker 2006). Die gesprochene Sprache ist linear, das bedeutet, es kann immer nur ein Ton, eine Silbe, ein Wort zu einer Zeit erzeugt und empfangen werden, im Gegensatz dazu ist die Gebärdensprache ein visuelles Medium und es können alle Vorteile der visuellen Übermittlung genutzt werden. Gebärdensprachen stellen durch eine Geste nicht nur Buchstaben oder Wörter dar, sondern können auch ganze Sätze ausdrücken (Perhab et al. 2009a; Roberts/Fels 2006; Wagner-Leimbach et al. 2007). In Gebärdensprachen stehen verschiedene Kanäle zur Informationsvermittlung zur Verfügung, wie etwa die Mimik, das Mundbild, der Blick sowie die Richtung und die Geschwindigkeit der Gesten. Durch eine Geste kann Intensität, Nähe, Distanz oder eine Zeitangabe vermittelt werden.

Qualifizierte Fort- und Weiterbildungsmaßnahmen erfolgen fast ausschließlich in Lautsprache und sind daher bislang für gehörlose Personen nur erschwert oder überhaupt nicht zugänglich. Dieser Ausschluss hat eine Verringerung der Chancen im Berufsleben sowie Hindernisse bei der Teilnahme am Sozialleben zur Folge. Geeignete pädagogische Konzepte und Umsetzungen sowie Übersetzungen von Lerninhalten in Gebärdensprache sind schwer zu finden. Für den Austausch von Lehrinhalten zwischen Gehörlosen wurden und werden hauptsächlich VHS-Kassetten und DVDs verwendet.

Um diesen Problemen zu begegnen und gehörlosen Menschen Inhalte in einer Form anzubieten, die dem Stand der Forschung in der Didaktik entsprechen, ist es notwendig, speziell auf die Zielgruppe abgestimmte Fortbildungs- und Lernunterlagen sowie entsprechende Konzepte zur professionellen und einfachen Erstellung zu konzipieren und zu erstellen (Perhab et al. 2009b; Schulmeister 2008). Da sich die Schriftsprache von der Gebärdensprache substanziell unterscheidet, können für hörende Personen konzipierte Lerninhalte von gehörlosen Personen nur mit teilweise erheblichem Mehraufwand verwendet werden. Gehörlose haben das Lesen und Schreiben oft intensiv geübt, leiden aber häufig an Leseschwäche, da sie die Schriftsprache nicht wie Hörende durch Sprechen und Hören erlernen konnten (Perhab et al. 2009b; Schulmeister 2008). Es werden zwar immer mehr Informationssendungen sowie Nachrichtensendungen im Fernsehen zusätzlich in Gebärdensprache dargestellt, aber viele Informationsquellen wie das Internet und andere eLearning-Anwendungen sind für Gehörlose nur mit Einschränkungen verwendbar. Die Informationen in diesen Medien werden hauptsächlich in Schriftform übermittelt, was dazu führt, dass gehörlose Personen mit Leseschwäche diese nur erschwert oder gar nicht erfassen können (Perhab et al. 2009b; Schulmeister 2008).

Um diesen Problemen entgegen zu wirken, wurde vom Institut für Informationsmanagement der FH JOANNEUM Graz ein auf Gehörlose abgestimmtes Fort-

und Ausbildungskonzept und in diesem Zusammenhang auch ein eLearning-System (SignTeach Videobooks) zur Lernunterlagenerstellung, -verwaltung und -verteilung konzipiert und realisiert (Perhab et al. 2009a; Perhab et al. 2008). Die Lerninhalte sind speziell für Gebärdensprache aufbereitet und können in Form von Videos, Fotos, Grafiken oder textuellen Beschreibungen als einzelne Kurse bzw. so genannte Videobooks verwaltet werden. Die Lerninhalte werden über ein Content Management System (CMS) administriert. Über ein spezielles Frontend werden die Lernunterlagen, unter Verwendung einer Buchmetapher den AnwenderInnen zur Verfügung gestellt, die Inhalte werden in Kapitel, Unterkapitel und Seiten strukturiert. Im CMS kann über einen Menübefehl eine DVD bzw. eine offline verfügbare, ausführbare Datei mit dem gesamten Inhalt eines Videobooks erstellt werden. Somit können die gesamten SignTeach Videobooks auch ohne Internetzugang verwendet werden. Das System ermöglicht den Einsatz von unterschiedlichen Gebärden- und Schriftsprachen (wie zum Beispiel Deutsch, Englisch, Italienisch, Tschechisch) und wurde bereits von mehreren europäischen Firmen und Organisationen verwendet und getestet (Perhab et al. 2009b).

Usability-Tests mit Gehörlosen

Das SignTeach-Videobooks-System ermöglicht Gehörlosen, selbst Lehrinhalte in Gebärdensprache zu erstellen, zu verwalten und an weitere gehörlose Personen zu verteilen. Dabei ist die Usability und Accessibility des Videobook-Systems ein wichtiger Faktor für dessen Erfolg bzw. für die Akzeptanz seitens der gehörlosen AnwenderInnen. Usability spielt natürlich bei Zielgruppen mit hörenden Personen eine wichtige Rolle. Bei Gehörlosen bzw. bei Menschen mit besonderen Bedürfnissen ist die Usability noch höher zu bewerten, da diese, ebenso wie zum Beispiel die Zielgruppen Kinder oder ältere Personen, eigene, spezielle Anforderungen an Systeme haben (Perhab et al. 2009a). Zum Teil entsprechen die Organisation, die Durchführung und die verwendeten Methoden von Usability-Tests mit Gehörlosen jenen, die bei Tests mit Hörenden und Sprechenden eingesetzt werden. Jedoch sind spezifische Ergänzungen und Änderungen notwendig, damit Usability-Tests für gehörlose Personen angemessen vorbereitet und durchgeführt werden können (Perhab et al. 2009a).

Für Usability-Tests ist es im Allgemeinen essentiell, dass die Testpersonen Feedback geben können. Da Gehörlose nicht gleichzeitig mit einem System interagieren und gebärden können, muss der Testablauf so strukturiert werden, dass Feedback mit Hilfe von Gebärdensprache möglich ist. Gewöhnliches „Thinking Aloud" („Lautes Mitdenken") bei Usability-Tests erweist sich mit gehörlosen Personen als schwierig, nachdem bei Tests vor allem die Hände zur Interaktion mit dem System oder der Anwendung benötigt werden und deswegen ein paralleles „Thinking Aloud" in Gebärdensprache nicht möglich ist. Zusätzlich sollte bei der Konzeptionierung eines Usability-Tests mit Gehörlosen auch immer mindestens ein/e DolmetscherIn eingeplant werden, da meistens nicht alle beim Test anwesenden Personen die Gebärdensprache beherrschen (Perhab et al. 2009a). Um einen optimalen Rahmen für Usability-Tests mit gehörlosen Personen zu finden, wurden im Vorfeld vier verschiedene Usability-Testverfahren mit Gehörlosen durchgeführt und evaluiert. Dabei handelte es sich um folgende Testmethoden: Interview, Coaching, (Accessible) Co-Discovery und (Accessible) Thinking Aloud. Aufgrund der geringen Stichprobe können natürlich keine statistischen Aussagen getroffen werden, aber die genaue Beobachtung und Auswertung verschafft ein klares Bild über die Vor- und Nachteile der verschiedenen Methoden im Einsatz mit gehörlosen Personen. Zur Evaluierung der Testverfahren wurde ein speziell für die Zielgruppe der Gehörlosen entwickelter Online-Fragebogen getestet (Perhab et al. 2009a).

Interview

Bei der Testmethode Interview bearbeiten die Testpersonen die ihnen gestellten Aufgaben und werden danach interviewt, um ihre Meinung über das getestete System zu erfassen. Ein wesentlicher Nachteil von Interviews ist, dass Testpersonen im direkten Gespräch meist Hemmungen haben, sich negativ über das System zu äußern. Ein Vorteil dieses Testverfahrens für Usability-Tests mit Gehörlosen ist, dass die TestteilnehmerInnen nicht gleichzeitig mit dem System interagieren und dem/der TestleiterIn kommunizieren müssen. Gehörlose können sich so ohne Ablenkung auf die Testaufgaben und das System konzentrieren (Perhab et al. 2009a). Der Testaufbau ist in Abbildung 1 (aus Perhab et al. 2009a) dargestellt. Bei diesem Verfahren sollen TestteilnehmerInnen selbstständig an den Aufgaben arbeiten und es soll niemand aktiv in den Test eingreifen. Im konkreten Fall konnte die Testperson die Aufgaben leider ohne Unterstützung nicht lösen. Für die gewählte Testperson stellte sich dieses Setting daher als nicht optimal heraus (Perhab et al. 2009a).

Coaching-Methode

Die Situation beim Einsatz der Coaching-Methode ist für ProbandInnen natürlicher als die Thinking-Aloud-Methode. Für die Evaluierung dieses Verfahrens wurde der gleiche Testaufbau wie bei der Interview-Methode verwendet (siehe

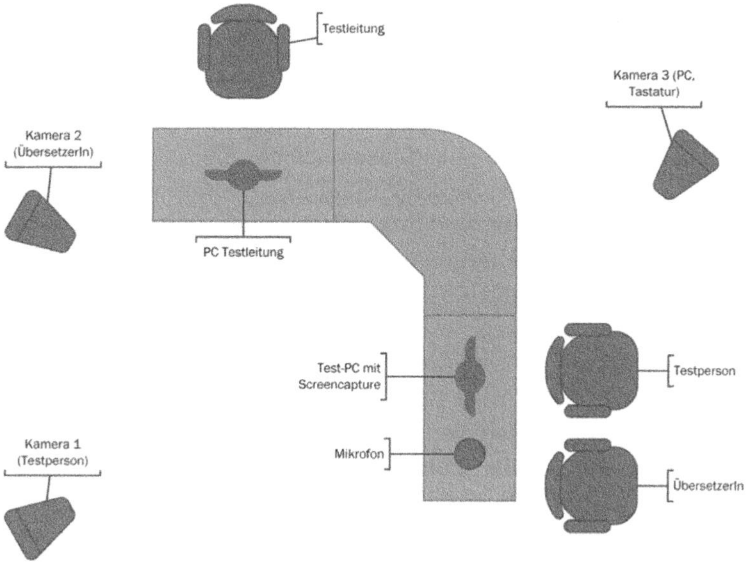

Abb. 1: Testaufbau Interview und Coaching-Methode

Abbildung 1). Bei der Coaching-Methode darf den Testpersonen aktiv bei der Durchführung der Aufgaben geholfen werden. Vorteil dieser Methode ist die Unterstützung der ProbandInnen, da die Testpersonen Hilfestellungen bekommen bzw. bei Bedarf auch geleitet werden können, zum Beispiel wenn die Bedienung des zu testenden Systems kompliziert ist oder durch den kulturellen Hintergrund die TestteilnehmerInnen eine abweichende Bedienung gewöhnt sind. Da auch gehörlose Personen einer speziellen Zielgruppe mit besonderen Bedürfnissen und Anforderungen angehören, ist diese Methode jedenfalls eine gute Wahl (Perhab et al. 2009a; Sarodnick/Brau 2006). Der zur Evaluierung der Coaching-Methode gewählte Proband benötigte nicht viel aktive Hilfestellung, da die Person die meisten Aufgabenstellungen verstand und offensichtlich sehr gut mit Computer und Internet umgehen konnte. Der Testteilnehmer fragte aktiv um Hilfe, wenn die Testaufgaben nicht verstanden wurden (Perhab et al. 2009a).

Accessible Co-Discovery „Gebärdensprache"

Beim Co-Discovery-Verfahren lösen zwei ProbandInnen gemeinsam die Aufgaben und tauschen sich dabei aus. Dadurch können sie sich gegenseitig Hilfestellung geben bzw. gemeinsam über die Aufgabenstellung diskutieren. Der/Die TestleiterIn greift nicht in den Test ein und hält sich im Hintergrund, um den

Gedankenaustausch zwischen den TestteilnehmerInnen zu ermöglichen. Da die Co-Discovery-Methode nicht ohne Anpassungen für gehörlose Personen möglich ist, wurde in diesem Testsetting die – von uns so genannte – Accessible Co-Discovery-Methode angewendet. Bei diesem Verfahren führen zwei gehörlose TestteilnehmerInnen gemeinsam den Applikationstest durch und unterhalten sich dabei in Gebärdensprache über die Aufgaben und den Lösungsprozess. Diese Kommunikation in Gebärdensprache wird für die TesterInnen und die Dokumentation simultan von zwei DolmetscherInnen übersetzt (Perhab et al. 2009a). Bei den Usability-Tests mit der Accessible-Co-Discovery-Technik fällt im Vergleich zu Thinking-Aloud-Tests die Scheu weg, während des Testablaufs Empfindungen und Entscheiden auszudrücken. Dieser Austausch findet hier in einem normalen Gespräch zwischen den ProbandInnen statt (Perhab et al. 2009a). Für die Evaluierung des Accessible-Co-Discovery-Verfahrens wurde das in der Abbildung 2 (aus Perhab et al. 2009a) dargestellte Setting verwendet.

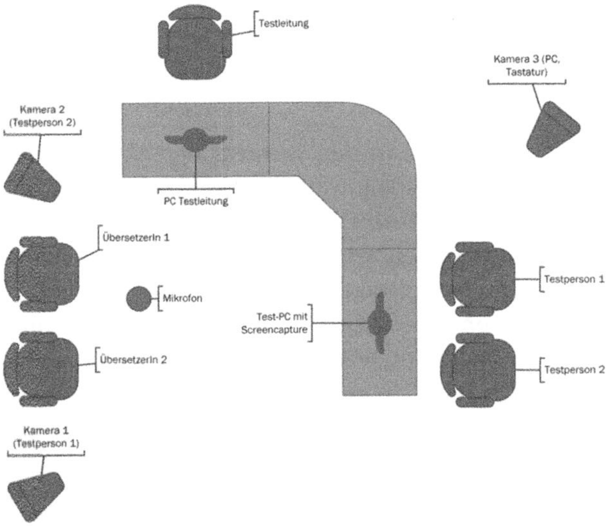

Abb. 2: Testaufbau Accessible Co-Discovery

Obwohl für die Accessible-Co-Discovery-Methode Vorteile erwartet wurden, stellte sich dieses Verfahren bei der Evaluierung als das für komplexe Aufgaben am wenigsten geeignete heraus. Die Testpersonen haben die Aufgaben und das Testsystem oft nicht verstanden. Dadurch gab es viele Nachfragen und Debatten, die den Ablauf sehr störten. Die DolmetscherInnen konnten den Bildschirm nicht sehen und wussten so nicht, an welcher Stelle sich die ProbandInnen befanden und konnten so auch keine aktive Unterstützung geben (Perhab et al. 2009a).

Accessible Thinking-Aloud

Im klassischen Thinking-Aloud-Testverfahren werden die ProbandInnen aufgefordert, während des Tests ihre Gedanken laut mitzusprechen. Hörende und sprechende Testpersonen können gleichzeitig das Testsystem bedienen und dabei ihre Gedanken bzw. Vorgehensweise verbal kommentieren, jedoch können gehörlose TestteilnehmerInnen nicht gleichzeitig mit dem System interagieren und gebärden. Aus diesem Grund muss die Thinking-Aloud-Methode für Gehörlose angepasst werden (Perhab et al. 2009a; Roberts/Fels 2006). Der Testaufbau der Evaluierung der Accessible Thinking-Aloud-Methode fand wie in Abbildung 3 dargestellt statt. Das Setting entspricht demjenigen der Interview- und Coaching-Methode, jedoch befinden sich zwei DolmetscherInnen neben dem Probanden, eine für die Testperson und eine für die Kommunikation mit der Testleitung (Perhab et al. 2009a). Der Testaufbau ist in Abbildung 3 (aus Perhab et al. 2009a) ersichtlich.

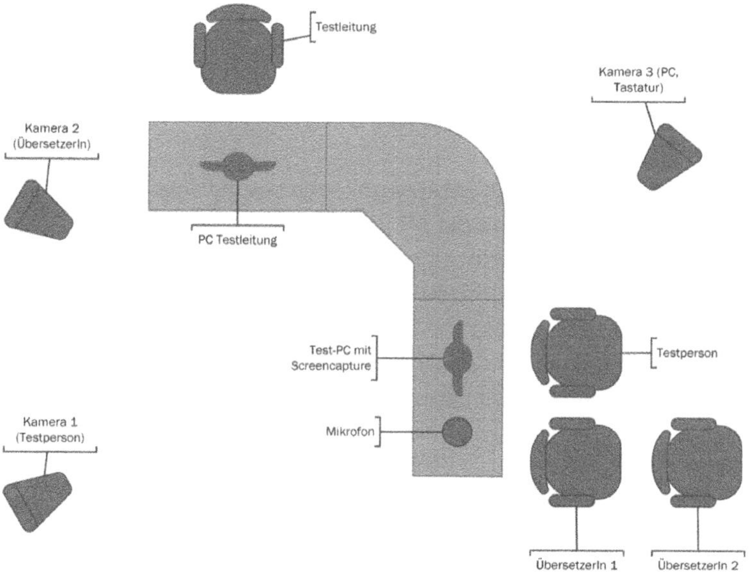

Abb. 3: Testaufbau Accessible Thinking-Aloud

Der Erfolg der Thinking-Aloud-Methode hängt vor allem von der Bereitschaft und Fähigkeit der TestteilnehmerInnen ab, ihre Gedanken und Gefühle mitzuteilen. Bei den zur Evaluierung des Verfahrens durchgeführten Usability-Tests hat das „Mitsprechen" der gehörlosen Personen sehr gut funktioniert (Perhab et al. 2009a).

Fazit

In der Evaluierung hat sich die Accessible Thinking-Aloud-Methode als die geeignetste erwiesen. Wichtig für die Durchführung ist, dass die DolmetscherInnen die Aufgabenstellung bereits vorher kennen und so aktiv bei Problemen unterstützen können. Auch der Testaufbau spielt eine wichtige Rolle. Die DolmetscherInnen sollten so positioniert werden, dass sie ständig einen Überblick über den aktuellen Testfortschritt haben (Perhab et al. 2009a). Die direkte Kommunikation zwischen Testpersonen und DolmetscherInnen ermöglichte es, wesentlich mehr Informationen zu gewinnen als allein durch das Ausfüllen der Abschlussbefragung (Perhab et al. 2009a). Mit Hilfe dieser Erfahrungen und den Analysen der verschiedenen Usability-Testmethoden wurde die Accessible Thinking-Aloud-Methode als passendes Setting für Usability-Tests mit gehörlosen Personen ausgewählt. Die Resultate der Tests selbst sind in die Entwicklung des SignTeach Videobooks Systems, sowohl in das Content-Management-System (CMS) zur Datenerstellung, -strukturierung und -verwaltung als auch in das Frontend für die EndanwenderInnen, eingeflossen.

Das SignTeach Videobooks-System

Das SignTeach Videobooks-System ist ein eLearning-System für Gehörlose, das am Institut für Informationsmanagement der FH JOANNEUM Graz entwickelt wurde. Verschiedene Themen können als einzelne Kurse bzw. sogenannte Videobooks verwaltet und verteilt werden. Die Lerninhalte werden über ein spezielles Content Management System eingegeben und verwaltet. Über das Frontend werden die Lerninhalte in einer Buchmetapher den AnwenderInnen zur Verfügung gestellt. SignTeach Videobooks können online, aber auch offline abgerufen werden.

Videobooks-Frontend (DVD / Webanwendung)

Die Benutzeroberfläche der DVD bzw. der Webanwendung wurde entsprechend den Bedürfnissen der Zielgruppe gestaltet. Nach der Auswahl des gewünschten Kapitels und Unterkapitels gelangt man zur Anzeige der Lerninhalte. Es besteht auch die Möglichkeit, Kapitel über eine seitliche Navigationsleiste auszuwählen. Die im Frontend dargestellten Inhalte stammen aus dem unten beschriebenen CMS. Die Struktur der Inhalte wird dabei in einer XML-Datei gespeichert. Der zentrale Lehrinhalt des Unterkapitels wird im großen Hauptbereich dargestellt.

Das kann ein (Gebärdensprachen-)Video, ein Screenvideo oder ein Bild sein. Im Nebenbereich wird der Lehrinhalt in Gebärdensprache erklärt. Der Nebenbereich kann neben den Gebärdensprachenvideos auch andere Videos oder Bilder zur Ergänzung des Hauptinhaltes enthalten. Die Größe des Gebärdenvideos ist variabel, sodass es bei Bedarf größer dargestellt werden kann. Des Weiteren kann eine Audiodatei dem Kapitel hinzugefügt werden, um auch schwerhörige Menschen optimal unterstützen zu können. Die Videos im Haupt- und Nebenbereich sowie die Audiodatei werden synchron abgespielt und können über die Buttons (Play, Pause, Stop, Zurück an den Anfang) gemeinsam gesteuert werden. Zusätzlich zu diesen Daten können noch weitere ergänzende Dateien und URLs einem Kapitel hinzugefügt werden. Neben den Kapiteln bietet das Videobooks-System auch ein Glossar. In diesem werden wichtige Begriffe der Kurse in Gebärdensprache dargestellt und automatisch in den Kursen verlinkt. Abbildung 4 zeigt ein Unterkapitel im Videobooks Frontend zum ECDL Kurs „Excel Grundlagen".

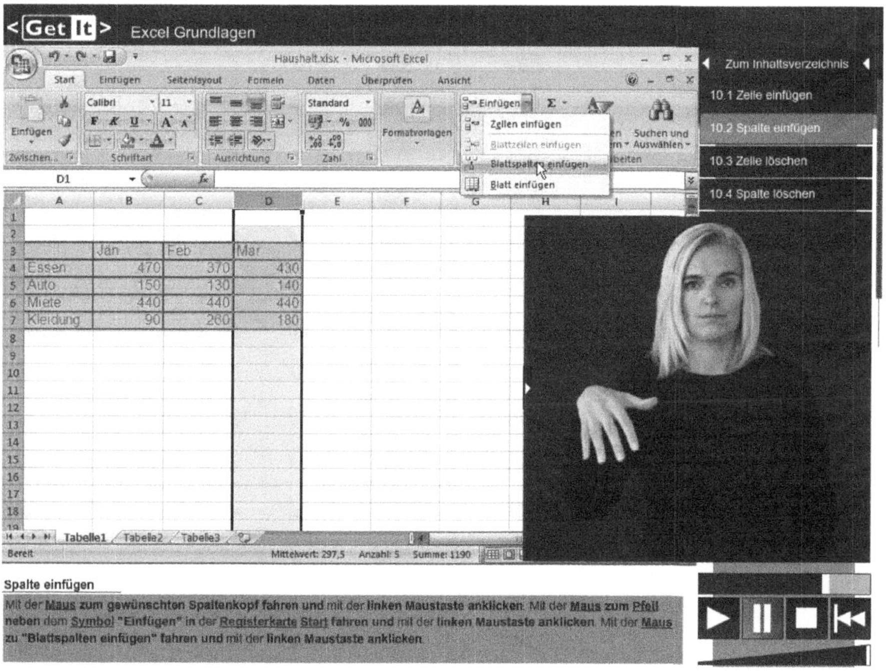

Abb. 4: Unterkapitel im Videobooks Frontend zum ECDL Kurs „Excel Grundlagen"

Inhaltserstellung über das Videobooks-CMS

Lehrinhalte werden im Videobooks CMS in einer Buchmetapher (optisch und konzeptionell an ein Buchformat angelehnt) gegliedert, in Kapiteln aufbereitet und können nach der Erstellung als Webanwendung oder DVD exportiert werden. In der Abbildung 5 ist die Übersicht eines Videobooks im CMS dargestellt.

Abb. 5: Übersicht eines Videobooks im CMS

Das Videobooks-CMS ist über das Internet verfügbar, damit unterschiedliche Personen von verschiedenen Orten aus gleichzeitig die Inhalte bearbeiten können. Das CMS ist so gestaltet, dass Gehörlose das System ohne Einschränkungen benutzen können, indem sie bei der Arbeit im CMS maßgeblich vor allem durch gut durchdachtes visuelles Feedback unterstützt werden. Ein Videobook behandelt immer ein abgeschlossenes großes Thema. Es besteht aus Kapiteln und Unterkapiteln, die aus einer oder mehreren Seiten bestehen, die wiederum Videos, Bilder, Texte und Audiodateien enthalten. Abbildung 6 zeigt die Bearbeitungsansicht eines Unterkapitels im Videobooks CMS.

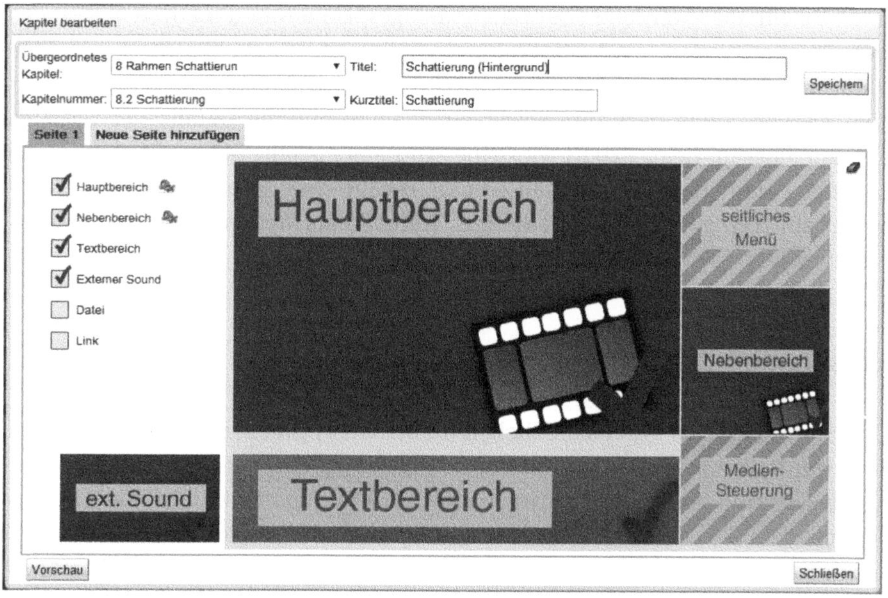

Abb. 6: Bearbeitungsansicht eines Unterkapitels im Videobook CMS

Beim Erstellen eines Unterkapitels hilft die schematische Darstellung der Struktur, angelehnt an WYSIWYG-Editoren (What You See Is What You Get), beim Einfügen der Inhalte. So entsteht beim Bearbeiten eine bessere Vorstellung vom Endergebnis, welches im fertigen Videobook-Frontend (DVD oder Webanwendung) dargestellt wird. Ein Unterkapitel kann aus einer oder mehreren Seiten bestehen. Auf diesen Seiten können Videos, Bilder, Texte und Audiofiles eingefügt werden. Hochgeladene Dateien werden automatisch auf vorgegebene Spezifikationen bezüglich Dateiformat und Größe bzw. Dimension überprüft. Nur Dateien, die diesen Spezifikationen entsprechen, können im System eingefügt werden. Die Videos müssen beim Hochladen in das System bereits das richtige Format und die passende Kodierung besitzen. Das System führt keine Neukodierung durch. Für Videos wird das Flash-Format (flv) verwendet, welches kleine Dateigrößen bei hoher Qualität ermöglicht. Im System gibt es keine Einschränkung hinsichtlich der Dateigröße, jedoch sollten die Dateien eher klein (ca. 1–5 MB) gehalten werden, damit ein gesamtes Videobook auf einer DVD Platz findet. Auch Bilder und Audiodateien müssen im passenden Dateiformat hochgeladen werden. Beim Hochladen einer Datei wird diese durch das System unter einem eindeutigen Namen am korrekten Speicherplatz innerhalb der Ordnerstruktur gespeichert. Dies verhindert, dass Daten überschrieben werden, wenn zwei unterschiedliche Dateien mit demselben Dateinamen hochgeladen werden. Die ursprünglichen Dateinamen werden in der Datenbank gespeichert und im System statt des generisch erzeugten, eindeutigen Dateinamens angezeigt. Innerhalb des CMS kann mittels Knopfdruck das Videobook als DVD bzw. Webanwendung exportiert werden, ohne dass die AnwenderInnen technische Details des Systems kennen müssen. Beim Export wird eine Zip-Datei erstellt, welche das komplette Videobook mit allen Lerninhalten enthält. Die Zip-Datei kann entpackt und entweder auf DVD gebrannt oder auf einer Webseite als Webanwendung veröffentlicht werden.

Einsatzmöglichkeiten von Videobooks

Das System kann in unterschiedlichen (Gebärden-) Sprachen verwendet werden und wurde von mehreren europäischen Organisationen getestet: Der steirische Landesverband der Gehörlosenvereine (STLVGV) unterstützt und fördert Gehörlose mit dem Ziel, diesen mehr Selbstständigkeit und bessere Chancen im Berufsleben zu bieten. Um dies zu ermöglichen, können sich die gehörlosen Personen in geeigneter Weise mittels Videobooks mit verschiedenen IT-relevanten Themen auseinander setzen und sich so zum Beispiel auf die ECDL-Zertifizierung (European Computer Driving Licence) vorbereiten. Dazu wurden im Projekt „getIT“ Videobooks-Kurse zu den Themen „Excel Grundlagen“, „Word Grundlagen“, „PowerPoint Grundlagen“, „Kommunikation“ (Skype und Facebook), „Internet & Email“ (Internet Explorer und Outlook) erstellt. Kurse für Fortgeschrittene behandeln die Themen „Windows 7“, „Windows Movie Maker“, „Google Picasa“ und „Google Kalender“. Die Kurse können unter http://signteach.fh-joanneum.at/index.php/getit abgerufen werden. Bei dem Projekt TrainS handelt es sich um ein weiteres Projekt mit Videobooks. TrainS wurde in Kooperation mit dem Berufsförderungsinstitut Steiermark (bfi) entwickelt und bietet mit einem Videobook gehörlosen Menschen die Möglichkeit, neue berufliche Qualifikationen im Bereich Schweißtechnik zu erwerben. Ein weiteres Videobook mit dem Titel „Lehrlinge“ ermöglicht Gehörlosen, sich über das Thema Lehre zu informieren. Die TrainS Videobooks sind unter http://signteach.fh-joanneum.at/index.php/trains öffentlich verfügbar. Kurse zu den Themen „AutoCAD“ und „Elektronik“ wurden im

Zuge des EU-Projekts JOS (Job Opening with Sign language) in Zusammenarbeit mit dem bfi Steiermark in mehreren Sprachen (Österreichische, Italienische und Tschechische Gebärdensprache) erstellt. Beide Videobooks befinden sich auf der Onlinepräsenz von SignTeach: http://signteach.fh-joanneum.at/index.php/jos.

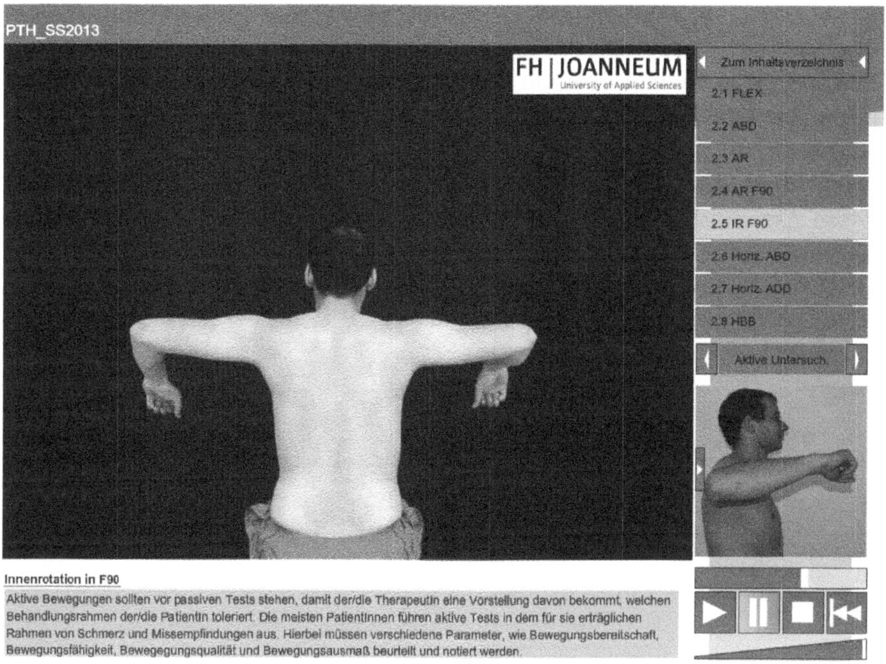

Abb. 7: Unterkapitel des Videobooks „Die Schulter für Studierende“

Auch abseits vom Gehörlosenkontext wurde das Videobooks-System bereits mehrfach eingesetzt. Ein zusätzlicher Anwendungsbereich hat sich am Institut für Physiotherapie an der FH JOANNEUM ergeben. Das Projekt hatte das Ziel, textbasierte Fachbücher für praxisrelevante Fähigkeiten von PhysiotherapeutInnen durch eine videobasierte Lehrinhaltsübermittlung zu ersetzen. Um diese Lehrvideos in ein geeignetes Format zu bringen, wurde das Videobooks-System ausgewählt und von Studierenden neues Videomaterial erstellt und Lehrinhalte aufbereitet. Diese Daten zum Thema „Die Schulter für Studierende“ wurden von den Studierenden produziert und in einem Videobook anderen Studierenden und PhysiotherapeutInnen zur Verfügung gestellt. In Abbildung 7 ist ein Unterkapitel von „Die Schulter für Studierende“ dargestellt. Das Videobook kann unter http://dmt.fh-joanneum.at/projects/pth/schulter abgerufen werden.

Fazit

Das SignTeach Videobooks System entstand aus der Motivation, gehörlosen Personen qualifizierte Fort- und Weiterbildungsmaßnahmen zur Verfügung zu stellen. Dazu wurde vom Institut für Informationsmanagement der FH JOANNEUM Graz ein auf Gehörlose abgestimmtes eLearning-System (SignTeach Videobooks) zur Lernunterlagenerstellung, -verwaltung und -verteilung konzipiert und realisiert. Die Lerninhalte werden über ein Content Management System (CMS) administriert. Über ein spezielles Frontend werden die Lernunterlagen in einer Buchmetapher den AnwenderInnen zur Verfügung gestellt, die Inhalte werden in Kapitel, Unterkapitel und Seiten strukturiert. Der Erfolg der Videobooks und dessen Akzeptanz lässt sich an den vielen damit erstellen Kursen und deren Downloadzahlen ablesen. Abbildung 8 zeigt zum Beispiel die Anzahl der Downloads (Stand 01.08.2014) von Videobooks des Steirischen Landesverbandes der Gehörlosen Vereine.

GetIT Videbooks: Download-Statistik

(seit 22.05.2012)

Datei	Downloads
SignTeach_Excel.exe	261x heruntergeladen
SignTeach_MovieMaker.zip	182x heruntergeladen
SignTeach_Powerpoint.zip	47x heruntergeladen
SignTeach_MovieMaker.exe	269x heruntergeladen
SignTeach_GooglePicasa.zip	75x heruntergeladen
SignTeach_Excel.zip	218x heruntergeladen
SignTeach_Windows7.zip	207x heruntergeladen
SignTeach_Windows7.exe	275x heruntergeladen
SignTeach_InternetEmail.exe	285x heruntergeladen
SignTeach_GoogleKalender.exe	85x heruntergeladen
SignTeach_Powerpoint.exe	282x heruntergeladen
SignTeach_Kommunikation.zip	84x heruntergeladen
SignTeach_Word.zip	197x heruntergeladen
SignTeach_GooglePicasa.exe	71x heruntergeladen
SignTeach_GoogleKalender.zip	69x heruntergeladen
SignTeach_InternetEmail.zip	230x heruntergeladen
SignTeach_Word.exe	256x heruntergeladen
SignTeach_Kommunikation.exe	267x heruntergeladen

Gesamt: 3360 x heruntergeladen

Abb. 8: Anzahl der Downloads von Videobooks des Steirischen Landesverbandes der Gehörlosen Vereine

Das Videobooks System wird ständig weiterentwickelt und von unterschiedlichen PartnerInnen genutzt. Zurzeit wird in Kooperation mit dem Steirischen Landesverband der Gehörlosenvereine an zwei weiteren Kursen, „Datenaustausch“ (Dropbox) und „Soziale Netzwerke“ (Facebook), gearbeitet. Auch im physiotherapeutischen Bereich sind weitere Videobooks mit dem SignTeach System geplant und in Arbeit.

Literatur

Krausneker, V. (2006): Taubstumm bis Gebärdensprachig – Die österreichische Gebärdensprachgemeinschaft aus soziolinguistischer Sicht; Alpha Beta Verlag, Pages 17, 35ff., 125.

Perhab, C., Nischelwitzer, A., Strohmaier, R. & Sprung, G. (2008): SignTeach – a on- and offline eLearning system for easy production and distribution of multimedia eLearning content including sign language and easy reading support; EADiM Academic Network Conference Graz.

Perhab, C., Nischelwitzer, A., Sproger, B.C. & Strohmaier, R. (2009a): Advanced Accessibility Testing, Usability-DayVII 2009, Österreich.

Perhab, C., Nischelwitzer, A., Strohmaier, R. & Sprung, G. (2009b): SignTeach – ein On- und Offline eLearning System zur einfachen Erstellung und Verteilung von multimedialen eLearning Inhalten in Gebärdensprache. Forschungsforum der österreichischen Fachhochschulen (FFH2009), Villach, Österreich.

Roberts, V.L., Fels, D.I. (2006): „Methods for inclusion: Employing think aloud protocols in software usability studies with individuals who are deaf". International Journal of Human-Computer Studies 64:6, 489–501.

Sarodnick, F. & Brau, H. (2006): Methoden der Usability Evaluation. Bern: Hans Huber.

Schulmeister, R. (2008): Virtual Signing, Capture, Animation, Storage and Transmission – Übersetzung in und Generierung von virtueller Gebärdensprache im Fernsehen und Internet. Whitepaper. Verfügbar unter: http://www.izhd.uni-hamburg.de/pdfs/ViCa.pdf (abgerufen am: 14.04.2008).

Wagner-Leimbach, H., Eibl, G. & Vosta, E. (2007): Gestaltung barrierefreier Internetangebote. http://reference.e-government.gv.at/uploads/media/webacc-2-0-0-20070831.pdf (abgerufen am: 5.11.2007).

Stefanie Alberding und Matthias Schneider

Barrierefreiheit in den Digital Humanities

Probleme und Lösungen am Beispiel des Tübinger Systems von Textverarbeitungs-Programmen (TUSTEP)

Einleitung[1]

Die Digitalen Geisteswissenschaften/*Digital Humanities* (DH), also die Nutzung, Entwicklung und Vermittlung von Werkzeugen und Methoden der Informatik/Informationstechnologie zum Zwecke der Geisteswissenschaften,[2] haben, ausgehend von einer langen Tradition in Deutschland,[3] in den letzten Jahren einen regelrechten Boom, insbesondere in Form von Institutionalisierungsprozessen, erlebt. Dies zeigen exemplarisch die Gründung des Verbandes Digital Humanities im deutschsprachigen Raum (DHd 2014), die Tätigkeit der deutschen Abteilung des europäischen Verbundprojektes DARIAH (Digital Research Infrastructure for the Arts and Humanities 2014) und der AGE (Arbeitsgemeinschaft Geschichte und EDV 2014) als Versuche zur Bündelung und Vernetzung von Aktivitäten digitaler Geisteswissenschaftler im deutschsprachigen Raum. Mit der International

---

1 Die Entstehung dieses Artikels nahm seinen Ausgang darin, dass sich Stefanie Alberding bei der Benutzung des Tübinger Systems von Textverarbeitungs-Programmen (TUSTEP) durch ihre körperliche Beeinträchtigung vor Probleme gestellt sah, welche unter Nutzung von unterschiedlichen Ansätzen gelöst werden sollten, die im Folgenden vorgestellt werden. Für inhaltliche Hinweise und konstruktive Kritik an früheren Textversionen bedanken wir uns bei Christoph Höbel, Paul-Josef Kläser, Ursula Schultze, Friedrich Seck und Michael Trauth. Für Erweiterungen des TUSTEP-Programmcodes sowie die immerwährende Bereitschaft zur Diskussion um Funktionserweiterungen gebührt Kuno Schälkle besonderer Dank. Ihm sei dieser Artikel gewidmet.

2 Bei dem hier gewählten Begriffsverständnis handelt es sich um eine von den Autoren geteilte, funktional ausgerichtete Minimaldefinition. Die intensiv diskutierte Frage des Selbstverständnisses der *Digital Humanities* ist ausführlich u.a. bei Terras et al. 2013 nachzuvollziehen.

3 Gemeinhin wird der Beginn der Digitalen Geisteswissenschaften mit ihrem Pionier Roberto Busa angesetzt, der bereits ab dem Jahre 1949, unterstützt durch die Firma IBM, mit dem *Index Thomisticus* das erste geisteswissenschaftliche Projekt durchführte, dessen Realisierung auf Methoden und Werkzeugen der Informatik beruhte. Vgl. für einen historischen Überblick über Indexprogramme Mura Nava (o.J.). Ein aktuelles Forschungsprojekt von Julianne Nyhan (University College London) geht der Frage nach der Rolle Busas für die Digital Humanities nach (Hidden Histories o.J.). Als ein frühes Zentrum der Entwicklung in Deutschland kann der Standort Tübingen gelten, wo ab 1966 an FORTRAN-Programmen gearbeitet wurde, die der Bewältigung spezifisch geisteswissenschaftlicher Aufgabenstellungen dienen sollten. Hieraus entstand das ab 1978 so bezeichnete TUSTEP (Ott 2001, 258; Ott 1991, 106).

TUSTEP User Group (ITUG) existiert daneben seit 1993 eine Anwendergemeinschaft für TUSTEP, die u.a. jährliche Tagungen durchführt und die Programmentwicklung begleitet (vgl. ITUG 2014a).

Die Verwendung von Informationstechnologie (IT) ist im Alltag von Forschung und Lehre an den Hochschulen angekommen, wodurch die Anforderungen an die genutzten Programme im Hinblick auf das Ziel Barrierefreiheit gewachsen sind. Die Qualität und Mächtigkeit eines Programms hängen wesentlich davon ab, ob seine Potentiale auch bei individuellen Benachteiligungen ohne große Umstände abgerufen und realisiert werden können (Kulick 2008, 9). Nicht umsonst werden bei einschlägigen Software-Tests neben funktionalen Gesichtspunkten auch die Aspekte der Bedienbarkeit (oder *Usability*) mit überprüft (AV Test GmbH 2014). Eine zentrale Forderung an Software für die Digital Humanities muss sein, sie ab der Programmierung oder auch ex post für körperlich eingeschränkte Studenten sowie Wissenschaftlerinnen und Wissenschaftler nutzbar zu machen. Dies gilt auch und insbesondere, wenn es sich bei der Software um eine Spezialentwicklung handelt, die ursprünglich nur für einen sehr spezifischen Nutzerkreis geschrieben wurde, um auch in solchen spezialisierten Bereichen einer Exklusion vorzubeugen. Zu Recht weist Wolfgang Nowak in diesem Zusammenhang darauf hin, dass die Möglichkeiten der Neuen Medien nicht zwangsläufig zu einer Demokratisierung von Wissen oder zu mehr Inklusion führen (Nowak 2012, 107). Diese Problematik erscheint umso virulenter, wenn man davon ausgeht, dass jeder IT-Anwender aufgrund von Krankheit, Alter oder Unfall auf ähnliche Hilfsangebote angewiesen sein kann wie ein Nutzer mit angeborenen körperlichen Einschränkungen. Darüber hinaus ist anzufügen, dass auch der nicht-eingeschränkte IT-Nutzer von den Vorteilen eines barrierefreien Programms profitiert: Die Bedienung wird im besten Falle komfortabler und effektiver, der Zugriff auf die Leistung der Software intuitiver und schneller.

Der vorliegende Praxisbeitrag identifiziert zunächst drei Bereiche, in denen die IT körperlich eingeschränkte Nutzer vor besondere Herausforderungen stellen kann. Im zweiten Schritt wird mit TUSTEP ein professionelles Werkzeug der *Digital Humanities* zur Textdatenverarbeitung vorgestellt, welches aufgrund seiner graphischen Gestaltung und bestimmter Bedienungsgrundlagen zunächst nicht barrierefrei genutzt werden kann. Daran anschließend werden exemplarische Lösungsansätze für diese beobachteten Probleme vorgestellt.[4]

---

4 Bei der Annäherung an das Ziel Barrierefreiheit in einem Spezialbereich wie dem eines einzelnen Programms, das in den *Digital Humanities* zum Einsatz kommt, ist der Aspekt der Didaktik stets mitzubedenken, weil notwendiges Wissen über die zur Verfügung stehenden Hilfswerkzeuge den Anwendern zunächst einmal vermittelt werden muss. Überlegungen hierzu finden sich bei Reeg 2001, Schneider 2014, 18–21 sowie in Bezug auf die Anwendung bei Hein/Schneider

Probleme bei der Nutzung von IT mit körperlicher Einschränkung

Der deutsche Gesetzgeber definiert *Barrierefreiheit* wie folgt:

> Barrierefrei sind bauliche und sonstige Anlagen, Verkehrsmittel, technische Gebrauchsgegenstände, Systeme der Informationsverarbeitung, akustische und visuelle Informationsquellen und Kommunikationseinrichtungen sowie andere gestaltete Lebensbereiche, wenn sie für behinderte Menschen in der allgemein üblichen Weise, ohne besondere Erschwernis und grundsätzlich ohne fremde Hilfe zugänglich und nutzbar sind.
>
> Deutscher Bundestag 2007, § 4.[5]

Die hier nur implizit angedeuteten Ursachen für eine „besondere Erschwernis“ werden im Hinblick auf die Informationsverarbeitung in der Literatur folgendermaßen unterteilt: Nach der Dreiteilung von Tobias Kulick können sich Behinderungen des Nutzers im Rahmen der „Mensch-Computer-Kommunikation“ in den Bereichen „Informationsaufnahme (Sinneswahrnehmung)“, „Informationsverarbeitung (geistige Wahrnehmung)“ sowie „Informationsausgabe (menschliches Handeln)“ materialisieren (zu den Begriffen s. Kulick 2008, 25–26). An dieser Trias orientiert sich die folgende Darstellung der Probleme und der Lösungsansätze, welche primär auf den Erfahrungen von Stefanie Alberding im Umgang mit TUSTEP beruhen und daher als singulär betrachtet werden müssen, auch wenn im Austausch mit Nutzern unterschiedlicher Erfahrungsstufen zusätzliche Problemidentifikationen hinsichtlich der graphischen Benutzeroberfläche, der Befehlssyntax und generell dem befehlsbasierten Arbeiten vorgenommen wurden. Diese flossen in die vorzustellenden Problemlösungsansätze ein.

2014. Eine kurze Übersicht über Hilfsmittel im Hardware- wie auch im Softwarebereich stellt etwa Kulick 2008, 107–108 zur Verfügung. Ein aktuelles Beispiel für die Bereitstellung digitaler Hilfsmittel ist das Unternehmen Verbavoice. Dieses bietet online in der Regel für Endanwender kostenfreie Echtzeit-Übersetzungen von auditiver und Gebärdensprache für Gehörlose und ihre Gesprächspartner über das Internet an, um den Mangel an entsprechenden Dolmetschern abzumildern. Außerdem übersetzen die Mitarbeiter Ereignisse des gesellschaftlichen Lebens wie Theatervorführungen (Paul 2014).

5 Um Barrierefreiheit bei den Informationsangeboten der Regierung zu realisieren, wurden zumindest für Bundesbehörden einheitliche Vorschriften geschaffen, deren Fokus auf der Ausgestaltung von Webangeboten liegt (Bundesministerium für Arbeit und Soziales (2011)).

Programmspezifika von TUSTEP

Die Auswahl von TUSTEP als Beispiel für Problemlösungsansätze im Rahmen der praktischen Barrierefreiheit resultiert aus unterschiedlichen Erwägungen. Das Tübinger System von Textverarbeitungs-Programmen wurde ab 1978 am Zentrum für Datenverarbeitung der Universität Tübingen in der Abteilung Literarische und Dokumentarische Datenverarbeitung entwickelt. Die Entwicklung liegt derzeit in der Verantwortung von Prof. Dr. Wilhelm Ott sowie Kuno Schälkle. Das Programm inklusive des Quellcodes steht seit 2011 unter der Revised BSD Licence als *Open Source*-Software zur Verfügung (vgl. TUSTEP 2014a). Jenseits der ursprünglich vor allem philologisch ausgerichteten Zielsetzung des Programmpakets kommt es mittlerweile in allen Zweigen der Geisteswissenschaften zur Anwendung.

TUSTEP dient der professionellen Verarbeitung von Textdaten und verfolgt damit einen weitergehenden Anspruch im Vergleich mit gängigen Programmen zur Textverarbeitung, die lediglich einen Fokus auf die Eingabe, Gestaltung und Druckvorbereitung von Texten legen. TUSTEP stellt sich hingegen der Aufgabe, von der Datenerfassung über die Aufbereitung, Konvertierung, Anreicherung und Extraktion von Daten (z.B. im Rahmen von Registererstellungen) bis hin zur Ausgabe der Textdaten als RTF, (TEI-) XML, HTML, *Plain Text* in *Unicode* oder einem anderen Zeichencode respektive als Postscript-Datei und damit als Druckvorlage alle notwendigen Operationen bestreiten zu können (vgl. TUSTEP 2014b, 11–12). Hierfür werden einzelne Programmmodule vorgehalten, die sich an grundlegenden Operationen der Textdatenverarbeitung orientieren (Vergleichen, Korrigieren, Zerlegen, Sortieren, Register erstellen, Bearbeiten, ebd.).

Alleine die Bedeutung des enthaltenen Satzmoduls wird deutlich, wenn man sich vor Augen führt, dass die von Wilhelm Ott verwaltete Bibliographie der mit TUSTEP gesetzten Werke ca. 2.400 Einträge umfasst, von denen rund 830 Editionen und 670 Nachschlagewerke sind.[6] Aktuelle Auflistungen der betreffenden Editionen sowie weiterer Publikationen wie Lexika sind auf der TUSTEP-Homepage zu finden (TUSTEP 2014 d/e). Zu beachten ist hierbei die nicht erhobene Anzahl an Bänden, die nicht oder nur verspätet an Wilhelm Ott gemeldet werden, und die nicht quantifizierte Bedeutung des Programms für die alltägliche Arbeit in DH-Projekten und -Institutionen.

Im Kompetenzzentrum für elektronische Erschließungs- und Publikationsverfahren in den Geisteswissenschaften an der Universität Trier wird das Programmpaket beispielsweise – abgesehen vom Satz – für Aufgaben der Textdatenkonvertierung, der Auszeichnung von Texten in TEI-XML, der Ablaufsteuerung,

6 Zahlen gemäß einer persönlichen Mitteilung von Wilhelm Ott an die Autoren am 15.08.2014. Vgl. hierzu auch Ott/Ott 2014.

bei der Vorbereitung von ePubs, bei der Kollationierung von Texten, der Registererstellung, der Textanalyse u.v.m. genutzt.

Eine Vielzahl von Anwendungsbeispielen ist in den Berichten über die 90 Tübinger Kolloquien zur Anwendung der EDV in den Geisteswissenschaften nachzuvollziehen, die von 1973 bis 2005 stattgefunden haben (TUSTEP 2013). Weiterhin bieten die Jahrestagungen der ITUG (bspw. vom 1. bis zum 3. Oktober 2014 in Amsterdam) sowie der alljährliche TUSTEP-Workshop in Blaubeuren Überblicke über aktuelle Entwicklungen und Nutzungsweisen des Programmpakets (ITUG 2014b, 2014c, TUSTEP 2014c). In Richtung der XML-Community soll eine weitere Öffnung durch die Entwicklung einer XML-basierten Kommandosprache erfolgen, deren aktueller Stand zuletzt im Rahmen der dh-Tagung in Lausanne vorgestellt wurde (Ott/Ott 2014, TXSTEP, s. TUSTEP 2014a).

Neben den genannten Möglichkeiten zur Textdatenverarbeitung bietet das Programmpaket als „killer application" im Sinne Patrick Juolas (Juola 2008, 76) mehrere Vorzüge, die es seit über 40 Jahren zu einer bewährten Software zur Bearbeitung geisteswissenschaftlicher Fragestellungen gemacht haben. Die grundlegende Philosophie lässt sich mit den Schlagwörtern *Modularität*, *Professionalität*, *Integration* und *Portabilität* umschreiben (Ott 2000, 97–98).

Für die *Modularität* konstitutiv sind die selbständigen Programme, die in ihrer Komplementarität erst den Systemcharakter von TUSTEP bilden. Sie können vom Benutzer zu einer exakt auf seine projektspezifischen Anforderungen zugeschnittenen Lösung kombiniert werden. Deshalb erfordert das Programm einen *eigenverantwortlichen* und *mündigen* Nutzer, der nicht bloß vorgefertigte Lösungen per Mausklick ausführt, ohne genauere Kenntnis darüber zu haben respektive erlangen zu können, welche Prozesse ein Programm bei der Verarbeitung vollzieht. Vielmehr sollen die einzelnen Verarbeitungsschritte selbst zusammengestellt, programmiert und damit auch nachvollzogen werden (*Professionalität*). Gerade die paradigmatische Modularität hat die Erstellung der späterhin vorzustellenden graphischen Menüleiste („MLEIST.TF") inklusive zweier temporärer Mausleisten (Abbildung 1/2) massiv vereinfacht. Der hierzu notwendige Rahmen umfasst im Grundsatz nur wenige Zeilen Programmcode, in den je nach praktisch ermitteltem Bedarf weitere Funktionen eingebaut werden können. Somit ist es sehr einfach möglich, unterschiedliche Unterstützungswerkzeuge individuell für ganz bestimmte Aufgaben oder Projekte anzufertigen.

Integration bedeutet hier, dass TUSTEP von der Eingabe von Texten bis hin zu ihrer Publikation als gedrucktes oder digitales Werk für sämtliche Schritte der Bearbeitung Verwendung findet (Schöttle/Mehringer 2010).

Portabilität meint letztendlich, dass das Programm auf unterschiedlichen Plattformen – Unix/Linux, Microsoft Windows, Mac OS – genutzt werden kann (Plattformunabhängigkeit). Einige weitere Stärken seien hier nur stichwortartig aufgezählt:

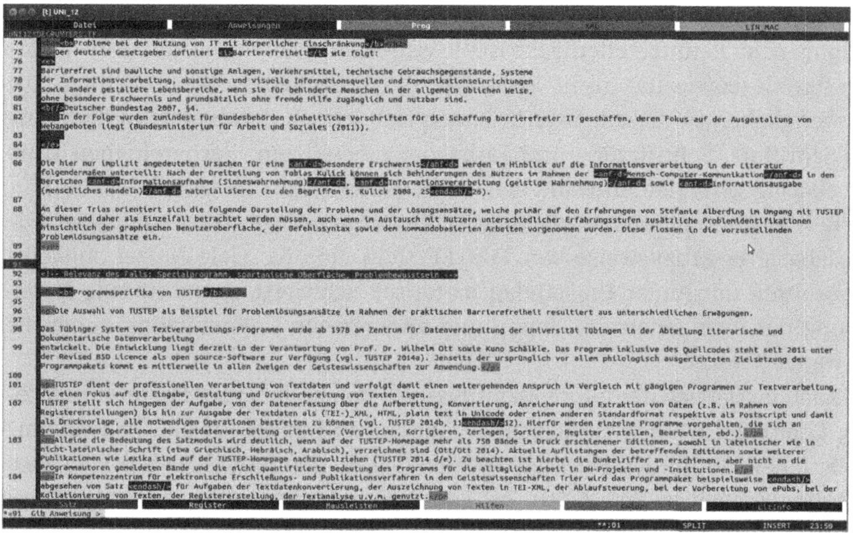

Abb. 1: Verwendung der MLEIST.TF während der Erstellung dieses Artikels

Stabilität und Ausgereiftheit, langfristige Nutzungsperspektive, Performanz, *Big Data*-Fähigkeit, kurze Kommunikationswege zum Entwicklerteam inklusive einer großen Offenheit der Entwickler für Anregungen, Kritik und Wünsche sowie das extrem leistungsfähige Pattern Matching. Vgl. hierzu auch Schneider 2014, 12 sowie TUSTEP-Wiki 2014.

Aufgrund seiner Konzeption kann TUSTEP daher weniger als einfaches, monolithisches Werkzeug, denn viel eher als universeller Werkzeugkasten betrachtet werden, aus welchem je nach Aufgabe das passende Element herausgenommen und eventuell kombiniert mit anderen benutzt wird.

Probleme bei der Nutzung von TUSTEP mit körperlicher Einschränkung

Welche Probleme haben sich nun bei der Nutzung dieses Werkzeugkastens durch Stefanie Alberding gezeigt?[7]

Legt man die oben eingeführte Trias Kulicks zugrunde, kann man die beobachteten Barrieren wie folgt klassifizieren: Probleme bei der Informations*aufnahme*

7 Stefanie Alberding ist seit ihrer Geburt spastisch gelähmt und kann nur eine Hand uneingeschränkt benutzen. Außerdem ist sie auf eine Brille angewiesen.

ergeben sich aus der graphischen Gestaltung von TUSTEP. In den Standardeinstellungen der Benutzeroberfläche ist die visuelle Aufnahme u.a. durch die kleine Schriftgröße sowie das recht kompakte Programmfenster beeinträchtigt. Die Schwierigkeiten in diesem Bereich lassen sich jedoch durch eine Veränderung von Schriftart, Schriftgröße und Farbgebung beseitigen. Barrierefreiheit kann hier also mit geringem Aufwand hergestellt werden (vgl. o.A. [Schälkle] 2014).[8]

Bei der Informations*verarbeitung* ist die Ausgangslage schon komplexer: Die syntaxbasierte Arbeitsweise von TUSTEP stellt eine für viele Nutzer zunächst ungewohnte und unter Umständen motorisch schwierig umzusetzende Handhabung dar, was einerseits Übung und andererseits Unterstützung durch die Software erfordert.

Auch im Bereich der Informations*ausgabe*, namentlich vom Benutzer in Richtung Computer, können zusätzliche technische Hilfsmittel für die Überwindung der bestehenden Hürden eingesetzt werden (vgl. zu den folgenden Aspekten auch Alberding/Schneider 2013, 4–20). Zur Problematik in diesem Bereich ist zunächst festzustellen, dass ein einhändiger Nutzer erfahrungsgemäß aus Gründen der Ergonomie vorzugsweise mit der Maus arbeitet. Auf eine solche Bedienung ist TUSTEP zunächst nicht ausgerichtet, das Programm setzt primär auf die Verwendung der Tastatur. Problematisch sind hierbei insbesondere Tastenkombinationen, deren einhändige Eingabe nicht nur einen Wechsel des Arbeitsgerätes erfordert (Maus → Tastatur), sondern je nach Art des Befehls auch länger dauert, weil die Tasten nicht parallel angesteuert werden können, sondern nacheinander gedrückt werden müssen (Nutzung der betriebssystemseitigen Einrastfunktion). Ferner bereitet die Eingabe eines Textes selbst Schwierigkeiten, wenn der Nutzer infolge von Spasmen nur mit einem oder wenigen Fingern arbeiten kann. Normalerweise kann diesem Problem durch den Einsatz von Spracherkennungssoftware begegnet werden, mit der TUSTEP allerdings nur bedingt kompatibel ist, wie im Folgenden dargelegt wird.

Lösungen für ein barrierefreies TUSTEP

Grundlagen

Grundlegend für die Erstellung technischer Lösungen zur Förderung von Barrierefreiheit im Rahmen der geschilderten Herausforderungen waren für die Autoren folgende Überlegungen: Der Zugriff auf alltägliche Programmfunktionen und Standardverfahren muss schnell und nachvollziehbar erfolgen können. Hierbei

8 Vgl. für ein weiteres Beispiel im Bereich der visuellen Barrierefreiheit Kluge 2007.

ist auf eine ausreichende Unterstützung der Maus und damit der einhändigen Benutzung zu achten. Die native TUSTEP-Codierung für den Satz, die Jahrzehnte vor HTML, XML und ähnlichen modernen Markup-Sprachen entstanden ist, ist durch die einfacher zu memorierende XML-Notation so weit als möglich zu ersetzen (Schneider 2014, 20).

Ausgehend von dieser Basis wurde ein kombinierter Lösungsansatz aus zwei Elementen erstellt: 1) die Eingabe von Textinformationen mittels Spracherkennungssoftware sowie 2) die Unterstützung der Informationsverarbeitung und -ausgabe durch eine individuell konfigurierte, zweigeteilte TUSTEP-Menüleiste inklusive zweier temporärer Mausleisten (Alberding/Schneider 2013). Unter temporären Mausleisten sind hier graphische Menüleisten zu verstehen, die nach einem bestimmten Mausereignis erscheinen, z.B. nach dem Markieren eines Wortes mit der rechten Maustaste (vgl. Abbildung 2.)

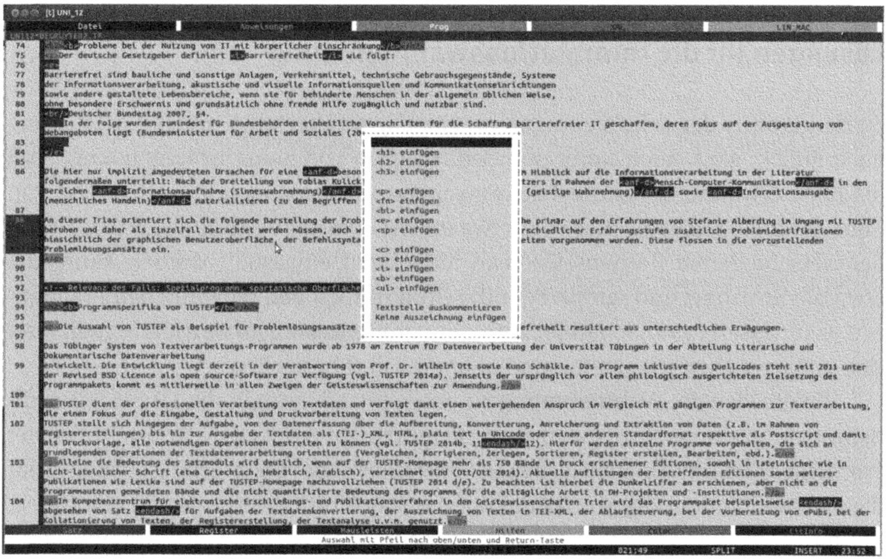

Abb. 2: Temporäre Mausleiste 1, erscheint nach Markierung des Wortes „Benutzeroberfläche" mit der rechten Maustaste

Bei der Erstellung dieser Menüleiste (MLEIST.TF) hat es sich als wertvoll erwiesen, dass die Editormakros en detail ebenso wie TUSTEP im Gesamten modular aufgebaut und zügig sowie eigenständig zu kombinieren sind.[9] Ebenso essentiell

9 Für die technische Umsetzung s. auszugsweise Alberding/Schneider 2013 sowie Hein/Schneider 2014. Hier firmiert die MLEIST.TF noch unter der alten Bezeichnung MAKLEIST_versions-

war die Bereitschaft Kuno Schälkles, im Juli 2014 einer Bitte nachzukommen und zunächst für eine Testversion die Möglichkeit zu implementieren, eine zweite Makroleiste am oberen Rand des Programmfensters anzulegen (vgl. Abbildung 2). Dies hat den Vorteil, dass die in der MLEIST.TF verwendeten 11 Schaltflächen auf die beiden nunmehr zur Verfügung stehenden Leisten verteilt werden können, so dass selbst bei der Nutzung eines Notebook-Bildschirms und einer großen Schrifteinstellung alle Schaltflächen genutzt werden können.

Mit geringem Lern- und Arbeitsaufwand kann sich jeder Benutzer eine ähnliche individuelle Arbeitsumgebung schaffen, die nicht nur seinen persönlichen Bedürfnissen und Wünschen Rechnung trägt, sondern auch von Projekt zu Projekt unterschiedlich gestaltet werden kann. Diese Offenheit für nutzerseitige Anpassungen macht einen großen Vorteil von TUSTEP gegenüber Programmen mit einer wenig konfigurierbaren Standardoberfläche aus.

Lösungen für die Informationswahrnehmung

Zu den Fragen der Informations*wahrnehmung* (= Bereich 1 in der Unterteilung nach Kulick, s.o.), auch unter den Bedingungen von Sehschwäche u.a.m., sind die oben erwähnten, für die TUSTEP-Version 2014 neu erstellten Hinweise von Kuno Schälkle relevant. Hier wird etwa erklärt, wie das Fenster des Editors unter den verschiedenen Betriebssystemen individuell eingestellt werden kann, um etwa die Schriftart und -größe oder die Grundfarben den persönlichen Präferenzen anzupassen (o.A. [Schälkle] 2014). Ein größeres Maß an Barrierefreiheit lässt sich in diesem Bereich schnell und unkompliziert herstellen.

Um die visuelle Wahrnehmung zu unterstützen, enthält die MLEIST.TF farbliche Hervorhebungen der einzelnen Menüpunkte samt der als Popup-Fenster erscheinenden Untermenüs und dreier exemplarischer Colorierungsschemata für das Syntax-Highlighting von XML-Daten, etwas ausdifferenzierter für Satzdaten, die mit XML-Tags versehen sind (Hein/Schneider 2014, 28–30, Abbildung 2), und für eine XML-Literatur- und Informationsdatenbank. Die Schriftgröße der MLEIST.TF ist in Abhängigkeit von der Einstellung des Editorfensters vom Nutzer individuell gemäß der Anleitung von Kuno Schälkle zu konfigurieren (o.A. [Schälkle] 2014).

---

nummer. Im TUSTEP-Wiki 2014 sind weitere, verkürzte und kommentierte Beispiele für den Einsatz graphischer Menüleisten inklusive temporärer Mausleisten zum Herunterladen und Anpassen bereitgestellt.

Lösungen für die Informationsverarbeitung

Der Informations*verarbeitung* (= Bereich 2 nach Kulick) wird Rechnung getragen durch die an andere, bekannte Programme angelehnte Menüstruktur, die im Lieferumfang von TUSTEP zunächst nicht enthalten ist.[10] Die MLEIST.TF enthält derzeit elf Menüpunkte, beispielsweise den geläufigen Punkt „Datei" zum Aufruf von Dateimanagementfunktionen wie das allgemein verbreitete „Datei speichern" oder die spezielleren Funktionen „Datei nach TUSTEP umwandeln" sowie „Datei nach RTF exportieren".

Als sehr nützlich im Bereich der barrierefreien Nutzung von Programmfunktionen hat sich zudem die Erschließung des TUSTEP-Dateimanagers per Maus erwiesen. Hier können unterschiedliche Dialoge beispielsweise zum Importieren von RTF-Dateien oder zum Umwandeln von Textdateien in TUSTEP direkt aus dem Editor heraus angesteuert werden. Die MLEIST.TF ermöglicht weiterhin eine per Maus nutzbare Kommunikation zwischen der Zwischenablage des Editors und den Zwischenablagen unter Linux und Mac OS (*Clipboard* bzw. *Pasteboard*), was sonst derzeit nur über die Eingabe von Befehlen auf der Kommandoebene außerhalb des Editors möglich ist. Für Nutzer, die mit TUSTEP auch programmieren, bieten die Menüpunkte zur automatischen Ausführung der aktuell geöffneten Datei als Skript weitere Vorteile in der Ergonomie. Außerdem besteht die Möglichkeit, per Mausklick die aktuell im Editor geöffnete Datei als Textdatei in der Zeichencodierung Latin-1 (ISO 8859-1) zu exportieren, was insbesondere die Weitergabe von Programmskripten an Interessierte ohne TUSTEP-Installation erleichtern soll, sich allerdings auch anderweitig gewinnbringend einsetzen lässt. So kann man etwa nach einer automatischen Aufhebung von Silbentrennungen die zusammengefügten Wörter in eine Kontrollliste ausgeben lassen und diese als Textdatei an Hilfskräfte zur Bearbeitung weiterreichen. Mit diesen Möglichkeiten der Erschließung wird das Potenzial von TUSTEP als professionellem Programmpaket zur Textverarbeitung für den Benutzer leichter zugänglich gemacht.

Lösungen für die Informationsausgabe

Im Bereich der Informations*ausgabe* (= Bereich 3 nach Kulick), hat sich die Spracherkennungssoftware Dragon NaturallySpeaking in der Version 12.50.000.142 zumindest für die Eingabe von Textinformationen auf Editorebene als sinnvoll erwiesen (Nuance 2014). 2013 bestanden Probleme bei der Erkennung von XML-Tags für die

10 Die Zweckdienlichkeit klarer inhaltlicher Strukturen konstatiert Sascha Frincke insbesondere auch für Fälle visueller Einschränkung (Frincke 2009, 42).

Auszeichnung eines Textes sowie Schwierigkeiten bei der Eingabe von Kommandos und Anweisungen, die mit der auf andere Programme hin optimierten Funktionsweise der Spracherkennung zusammenhängen (Alberding/Schneider 2013, 5, 8). Hierfür versucht die MLEIST.TF Alternativen anzubieten. Die dabei nicht zuletzt für Einhandnutzer optimierte Auszeichnung eines Textes mit Tags als Vorbereitung für den Satz und für die Registererstellung orientiert sich an den Konventionen des Standardmakros #*SATZ von Friedrich Seck (Seck 2013). Beide Auszeichnungsarten können entweder über Menüpunkte während der Eingabe umgesetzt oder nachträglich integriert werden, indem kontextsensitive Mausleisten genutzt werden, die nach der Markierung von Textabschnitten mit der rechten Maustaste Vorschläge hinsichtlich der Auszeichnung anbieten (vgl. Abbildung 2).

Unterstützend greift die MLEIST.TF bei der Eingabe von Textinformationen des Weiteren durch die Bereitstellung von Textbausteinen ein, die vom Nutzer selbst konfiguriert und beliebig erweitert werden können. Derzeit ist u.a. ein Rahmen für das Einfügen eines TEI-*Header* ebenso wie mehrere Rahmen für Programmierzwecke vorgesehen. Möglich ist hierbei die Nutzung der graphischen Menüpunkte und das Einfügen der Textbausteine per Mausklick oder das Eintippen einer Abkürzung wie „XTAB“, welche nach Betätigung der Tastenkombination „ALT+P“ in die TUSCRIPT-Anweisung „BUILD X_TABLE“ aufgelöst wird. Die hier genutzten Abkürzungen kann man sich mittels „ALT+Y“ anzeigen lassen. Für Einhandnutzer sind für die gleichen Funktionalitäten Menübuttons („Punktmakro auflösen“ und „Definierte Punktmakros anzeigen“) vorgesehen. Durch die differenzierte und individuell anzupassende Verwendung von Menü-basierten und abkürzungsbasierten Textbausteinen ist es möglich, die graphischen Menüs nicht zu überladen und gleichzeitig Eingabeaufwand und damit Arbeitszeit einzusparen sowie Tippfehler bei häufig genutzten Eingabestrings zu vermeiden. Die Schwierigkeiten bei der Arbeit mit Spracherkennungssoftware (Eingabe von Anweisungen) werden durch die MLEIST.TF substituiert, die Stärken der Spracherkennung (schnelle und komfortable Eingabe von Fließtext) können voll genutzt werden.

Fazit

Die Verbreitung der IT in der Wissenschaft, insbesondere in technikaffinen Fächern wie den *Digital Humanities*, stellt hohe spezifische Anforderungen an die Programme im Bereich der barrierefreien Zugänglichkeit. Potentielle Nutzer mit körperlicher Einschränkung zu inkludieren ist nicht nur ein normatives Gebot, sondern auch aus Sicht von Programmentwicklern eine sachliche Notwendigkeit, will man die Verbreitung der eigenen Software forcieren. Hinzu kommt, dass jeder

IT-Nutzer aufgrund von Krankheit, Alter oder Unfall auf dieselben Hilfsangebote angewiesen sein kann wie ein körperlich eingeschränkter Nutzer – und dass folglich ein allgemeines Interesse an barrierefreier Software besteht. Die Demonstration von Problemen und Lösungen am Beispiel des professionellen Textverarbeitungsprogramms TUSTEP hat gezeigt, dass Schwierigkeiten bei der Bedienung, die in der Grundeinstellung des Programms vorhanden sind, recht schnell auszugleichen sind, so dass die Nutzung des Programms auch für körperlich eingeschränkte Nutzer in zufriedenstellender Leistungsfähigkeit und Geschwindigkeit möglich ist. Dies gelingt jedoch nur, weil zwei Bedingungen, namentlich die technische Offenheit des Programms für Veränderungen der Grundeinstellungen sowie die Offenheit der Programmentwickler für weitere Anpassungen, bei TUSTEP vollständig erfüllt sind. Wäre das Programmpaket weniger flexibel in der Anpassung, hätten die vorgestellten Lösungsansätze nicht realisiert werden können.

Folglich kann mit dem kombinierten Einsatz einer Spracherkennungssoftware wie Dragon NaturallySpeaking und einem individuell konfigurierbaren Hilfswerkzeug wie der MLEIST.TF die Nutzung von TUSTEP erheblich erleichtert, beschleunigt, intuitiver gestaltet und nicht zuletzt auch in Teilen fehlerfreier, da weniger ermüdend, gestaltet werden. Als Besonderheit bleibt festzustellen, dass TUSTEP für diese Anforderungen aufgrund seiner Modularität und seiner vielfältigen Konfigurationsmöglichkeiten ideale Voraussetzungen mit sich bringt. Der Rahmen für eine graphische Unterstützung wie die geschilderte ist mit wenigen Zeilen Code umzusetzen, weitere Funktionen können sukzessive je nach Bedarf entweder vom körperlich eingeschränkten Nutzer selbst oder von einem TUSTEP-Anwender in seinem Umfeld – gegebenenfalls nach einer kurzen Konsultation des Handbuchs – ergänzt werden.

Ein Werkzeug wie die vorgestellte MLEIST.TF unterstützt den Nutzer in allen drei Bereichen nach Kulick: der Informationswahrnehmung, der Informationsverarbeitung und der Informationsausgabe. Dabei geht der Ansatz über die reine Herstellung von Barrierefreiheit hinaus und versucht, auch den Arbeitskomfort und die Effektivität der Programmnutzung zu verbessern.

Die Flexibilität, Modularität, nutzerseitige Adaptionsfähigkeit und die Bereitschaft der Programmautoren, sich auf Änderungswünsche einzulassen sowie diese alsbald umzusetzen, können über das Beispiel TUSTEP hinaus als vorbildlich für Software gelten, die in den Digital Humanities Einsatz finden soll.

Literatur

Alberding, S.; Schneider, M. (2013): TUSTEP barrierefrei?! Chancen und Probleme bei der Bedienung mit motorischer Einschränkung. Vortrag i.R.d. 20. Jahrestagung der International TUSTEP User Group, Mainz, 18. September 2013. http://m-schneider.eu/vortrage/.

Arbeitsgemeinschaft Geschichte und EDV (2014): Über uns: Arbeitsgemeinschaft Geschichte und EDV (AGE). http://www.age-net.de.

AV Test GmbH (2014): Home. http://www.av-test.org/en/home.

Bundesministerium für Arbeit und Soziales (2011): Verordnung zur Schaffung barrierefreier Informationstechnik nach dem Behindertengleichstellungsgesetz (Barrierefreie-Informationstechnik-Verordnung – BITV 2.0). http://www.gesetze-im-internet.de/bitv_2_0/index.html.

Deutscher Bundestag (2007): Gesetz zur Gleichstellung behinderter Menschen (Behindertengleichstellungsgesetz – BGG) 2002, in der Fassung vom 19. Dezember 2007. http://www.gesetze-im-internet.de/bgg/index.html.

Digital Humanities im deutschsprachigen Raum (DHd) (2014): Über DHd. https://dig-hum.de/ueber-dhd.

Digital Research Infrastructure for the Arts and Humanities (DARIAH-EU) (2014): Über DARIAH-DE. https://www.de.dariah.eu/ueber-dariah-de.

Frincke, Sascha (2009): BITV und Bibliotheken. Auswirkungen in der bibliothekarischen Praxis. Berlin: bibSpider.

Hein, H.; Schneider, M. (2014): Barrieren überwinden mit TUSTEP. Technische Lösungsansätze auf der operativen Ebene, Vortrag i.R.d. TUSTEP-Workshops „Textverarbeitung mit weniger Hürden“, 10. Januar 2014, Blaubeuren. http://m-schneider.eu/vortrage/.

Hellbusch, J. E. (2005): Barrierefreies Webdesign. Praxishandbuch für Webgestaltung und grafische Programmoberflächen. Heidelberg: dpunkt.

Hidden Histories (o.J.): Hidden Histories. Digital Humanities 1949 – Present. http://hiddenhistories.omeka.net.

International TUSTEP User Group (ITUG) (2014a): Verein. http://www.itug.de.

International TUSTEP User Group (ITUG) (2014b): Tagungen. http://www.itug.de/tagungen.html.

International TUSTEP User Group (ITUG) (2014c): Aktuelles. http://www.itug.de/aktuelles.html.

Juola, P. (2008): „Killer Applications in Digital Humanities“. Literary and Linguistic Computing, 23:1, 73–83.

Kluge, A. (2007): „Barrierefreie Gestaltung von Webseiten. Erfahrungsbericht eines landesweiten Projektes der sächsischen Hochschulbibliotheken“. In: Barara Lison (Hrsg.): Information und Ethik. Dritter Leipziger Kongress für Information und Bibliothek. Schirmherrschaft: Bundespräsident Prof. Dr. Horst Köhler, Leipzig, 19. bis 22. März 2007, Wiesbaden: Dinges & Frick, 170–173.

Kulick, T. (2008): Barrierefreie Informationstechnik. Anforderungen an benutzungsfreundliche Informations- und Kommunikationssysteme, Saarbrücken: Dr. Müller.

Mura Nava [Nickname] (o.J.): A (Brief) History of Computerised Corpus Tools. http://timemapper.okfnlabs.org/muranava/history-of-computerised-corpus-tools.

Nowak, W. (2012): „Barrieren als Be- und Verhinderungen. Möglichkeiten und Wirklichkeiten der gesellschaftlichen Teilhabe im weltweiten Netz“. In: Brigitte Kossek; Markus F. Peschl (Hrsg.): Digital Turn? Zum Einfluss digitaler Medien auf Wissensgenerierungsprozesse von Studierenden und Hochschullehrenden, Göttingen: V&R Unipress, 107–119.

Nuance (2014): Dragon NaturallySpeaking Premium, http://www.nuance.de/for-individuals/by-product/dragon-for-pc/premium-version/index.htm.
O.A. [Schälkle, Kuno] (2014): TUSTEP. Installation & Konfiguration. Aufruf. http://tustep.wikispaces.com/Downloads [aktuelle Version wird bei der Installation von TUSTEP mitgeliefert].
Ott, W. (1991): „Datenverarbeitung in den Geisteswissenschaften. Ein Rückblick aus aktuellem Anlaß“. Historical Social Research 16:1, 103–114.
Ott, W. (2000): „Strategies and Tools for Textual Scholarship. The Tübingen System of Text Processing Programs (TUSTEP)“. Literary and Linguistic Computing 15:1, 92–108.
Ott, W. (2001): „30 Jahre Literarische und Dokumentarische Datenverarbeitung an der Universität Tübingen. 80 Kolloquien: mehr als nur zwei Jubiläen“. Historical Social Research 26:2/3, 255–263.
Ott, W.; Ott, T. (2014): Critical Editing with TXSTEP, Poster i.R.d. „digital humanities“, Lausanne, 10. Juli 2014. http://dharchive.org/paper/DH2014/Poster-882.xml
Paul, H. (2014): „Online-Helfer für Hörgeschädigte. Michaela Nachtrab bringt Gehörlose, Hörende und Dolmetscher über große Distanzen zusammen.“ In: Frankfurter Allgemeine Zeitung 88, 20.
Reeg, G. (2001): „Wie sage ich es dem Studenten. TUSTEP und die Didaktik“. In: Nicolás Castrillo Benito; Peter Stahl (Hrsg.): TUSTEP educa. Actas de congreso del International TUSTEP User Group, Peñaranda de Duero (Burgos), octubre 1999. Burgos 2001: Servicio de Publicaciones, Universidad de Burgos (Congresos y cursos, 16), 125–135.
Schneider, M. (2014): Tear down the walls! Konzeptionelles zu TUSTEP, Barrieren und deren Überwindung, Vortrag i.R.d. „TUSTEP-Workshops Textverarbeitung mit weniger Hürden“, 10. Januar 2014, Blaubeuren. http://m-schneider.eu/vortrage/.
Schöttle, S.; Mehringer, U. (2010): „Handschriften, Nachlässe, Inkunabeln & Co. – Die Erschließung der deutschen Handschriften und die Bereitstellung von Sonderbeständen in Online-Katalogen an der Universitätsbibliothek Tübingen mit TUSTEP“. In: Franz Fischer; Christiane Fritze; Georg Vogeler (Hrsg.): Kodikologie und Paläographie im digitalen Zeitalter 2 (Schriften des Instituts für Dokumentologie und Editorik, 3), Norderstedt: BoD, 65–75.
Seck, F. (2013): Beschreibung des Standard-Makros #*SATZ [aktuelle Version wird bei der Installation von TUSTEP mitgeliefert].
Terras, M.; Nyhan, J.; Vanhoutte, E. (Hrsg.) (2013): Defining Digital Humanities. A Reader, Farnham: Ashgate.
TUSTEP (Tübinger System von Textverarbeitungs-Programmen) (2013): Kolloquium über die Anwendung der EDV in den Geisteswissenschaften an der Universität Tübingen. http://www.tustep.uni-tuebingen.de/kolloq.html.
TUSTEP (Tübinger System von Textverarbeitungs-Programmen) (2014a): TUSTEP. http://www.tustep.uni-tuebingen.de.
TUSTEP (Tübinger System von Textverarbeitungs-Programmen) Version 2014 (2014b): Handbuch und Referenz, Tübingen: Universität Tübingen. http://www.tustep.uni-tuebingen.de/pdf/handbuch.pdf [aktuelle Version wird bei der Installation von TUSTEP mitgeliefert].
TUSTEP (Tübinger System von Textverarbeitungs-Programmen) (2014c): Kurse, Veranstaltungen. http://www.tustep.uni-tuebingen.de/ver.html.
TUSTEP (Tübinger System von Textverarbeitungs-Programmen) (2014d): Einsatz von TUSTEP für Bibliographien, Indizes, Lexika, Register. http://www.tustep.uni-tuebingen.de/reg.html.
TUSTEP (Tübinger System von Textverarbeitungs-Programmen) (2014e): TUSTEP in der Editionsarbeit. http://www.tustep.uni-tuebingen.de/ed.html.
TUSTEP-Wiki (2014): Home. http://tustep.wikispaces.com/TUSTEP-Wiki.

Benjamin Grießmann

Barrierefreiheit von PDF-Dokumenten sicherstellen

PDF und Barrierefreiheit

Einführung

Mittlerweile hat sich das Portable Document Format (PDF) als wichtiger Standard für Dokumente im Internet etabliert. Es bietet viele Vorteile wie beispielsweise die System- und Plattformunabhängigkeit oder die Anzeigetreue. Damit steht es einem großen Nutzerkreis zur Verfügung und lässt sich für viele Anwendungsfälle einsetzen. Dass PDF-Dateien genauso wie HTML-basierte Inhalte barrierefrei angeboten werden sollten, wird in der Praxis aber häufig übersehen. Neben einem fehlenden Bewusstsein für die Problematik und mangelnden Kenntnissen sind es vor allem technische Schwierigkeiten, die ein für alle zugängliches Informationsangebot verhindern. Grundsätzlich stellt sich die Frage, ob PDF überhaupt zufriedenstellend barrierefrei gestaltet werden kann. Eine PDF-Datei lässt sich nicht einfach mal eben mit einem Texteditor erzeugen und nachbearbeiten. PDF-Autoren sind vielmehr davon abhängig, welche Barrierefreiheits-Merkmale die von ihnen eingesetzten Anwendungs- und Konvertierungsprogramme unterstützen. Die Auswahl an ausgereiften Tools zur Erzeugung barrierefreier PDF-Dateien ist auch heute noch sehr begrenzt. Es klafft eine Lücke zwischen den in der Theorie geforderten und den in der Praxis (effizient) erreichbaren Barrierefreiheits-Eigenschaften. Erschwerend kommt hinzu, dass einer PDF-Datei Barrierefreiheit nicht ohne Weiteres anzusehen ist. Wenn optisch alles schön aussieht, geben sich viele Auftraggeber zufrieden. Dabei bestimmen in großem Maße die „inneren Werte", ob eine Datei mit einem Vorleseprogramm (Screenreader) von blinden Menschen verwendet werden kann oder nicht. Barrierefreiheits-Experten legen ihr Augenmerk deshalb vor allem auch auf die semantische Strukturierung eines Dokuments. Diese erlaubt einen effektiveren Zugriff auf die Informationen mit Hilfsmitteln. Die Probleme bei der Zugänglichkeit haben den Experten Joe Clark zu der Klage verleitet, dass PDF zu häufig an Stelle von geeigneteren Formaten wie HTML verwendet würde („PDF is overused."). Er schlug vor, Inhalte nach Möglichkeit mit Hilfe von HTML zu präsentieren und PDF nur für ganz bestimmte Einsatzzwecke zu verwenden, so zum Beispiel für Druckvorlagen oder Dokumente mit speziellen

Zeichen, die sich mit Hilfe von HTML nicht darstellen lassen[1]. Joe Clark macht aber auch Hoffnung und stellt fest, dass PDF-Dateien – zumindest mit ausreichendem Expertenwissen – genauso barrierefrei gestaltet werden könnten wie HTML. Auch ein Testbericht des Projekts „Informationspool Computerhilfsmittel für Blinde und Sehbehinderte" (incobs)[2] kommt zu dem Ergebnis, dass gut strukturierte PDF-Dokumente mit modernen Vorleseprogrammen ähnlich gut nutzbar sind wie barrierefreie HTML-Dateien. Das vorliegende Kapitel möchte trotz der bestehenden Schwierigkeiten dazu motivieren, sich mit der Thematik näher auseinanderzusetzen und mehr Barrierefreiheit bei PDF-Dateien zu wagen. Im ersten Abschnitt wird die Bedeutung von PDF-Dateien für Nutzer mit Behinderung geschildert. Berichtet wird über aktuelle Empfehlungen und Normen, von denen wichtige Kriterien für die Barrierefreiheit abgeleitet werden können. In einem Praxisteil werden Umsetzungsmöglichkeiten anhand von Beispielen verdeutlicht. Der letzte Teil des Kapitels beschäftigt sich mit der Qualitätssicherung und Lösungsstrategien unter Annahme verschiedener Praxissituationen.

Bedeutung von PDF für Menschen mit Behinderung

Moderne Geräte und Medien wie Computer, Smartphones und Internet bieten Menschen mit Behinderungen große Chancen. Eine blinde Kollegin schwärmt, wie einfach es heutzutage möglich ist, sich Bücher und Zeitschriftenbeiträge herunterzuladen und mit einem Screenreader vorlesen zu lassen. Früher mussten Texte langwierig und vor allem kostspielig auf einen Tonträger aufgesprochen oder mit Hilfe von Punktschriftmaschinen in Braille-Zeichen umgesetzt werden. Doch nicht nur blinde Menschen profitieren von den modernen Medien. Auch bei eingeschränkter Mobilität vereinfachen E-Mail und Chat die Kommunikation. Einkäufe und Behördengänge können idealerweise von zu Hause aus erledigt werden. Auch im beruflichen Umfeld spielen die neuen Medien eine große Rolle. Sie ermöglichen stark eingeschränkten Menschen eine bessere Beteiligung am Berufsleben[3]. Um Informationen zu transportieren, wird häufig das PDF-Format

1 Unter http://alistapart.com/article/pdf_accessibility liefert Joe Clark eine Liste mit Einsatzzwecken, für die PDF besonders geeignet ist.

2 Ergebnisse des incobs-Tests „Screenreader und PDF" finden sich unter http://archiv.incobs.de/produktinfos/screenreader/Archiv/pdf/index.html.

3 Mit dem Thema „Barrieren im Berufsalltag" beschäftigt sich das bundesweite Projekt Digital informiert – im Job integriert (Di-Ji), das vom Bundesministerium für Arbeit und Soziales (BMAS) gefördert wird: http://www.di-ji.de/.

eingesetzt. Beispiele sind Merkblätter und Gesetzestexte, die auf Behördenseiten zum Download bereitstehen. PDF-Dateien können Formulare enthalten, die an den Anbieter ausgefüllt zurückgeschickt werden. Ganze Zeitschriftenbestände oder Bibliotheken sind im PDF-Format erhältlich. Auf vielen Mobilitätsportalen lassen sich die Ergebnisse einer Fahrplanabfrage als PDF-Datei herunterladen. Im beruflichen Umfeld werden interne Informationen sehr oft in Form von PDF-Dateien ins Intranet gestellt. So chancenreich die Nutzung von PDF-Dateien für Menschen mit Behinderungen ist, so häufig stoßen sie aber auch auf Barrieren. Manche Dateien lassen sich nicht vorlesen, da die Texte nur als Bildinformation vorliegen; dies ist ein häufiges Ärgernis bei eingescannten Dokumenten. Bei anderen Dateien ist die Lesereihenfolge nicht korrekt, so dass die Inhalte nicht sinnvoll erfasst werden können. Lesezeichen sind häufig nicht vorhanden und Formularfelder können nicht vernünftig mit der Tabulator-Taste angesteuert werden. Das sind nur einige wenige Beispiele für Barrieren, die die Nutzung von PDF-Dateien erschweren und zur grundlegenden Forderung führen: Nicht nur HTML und CSS sollten barrierefrei gestaltet werden, sondern auch PDF.

PDF – Erfolgsgeschichte eines plattformunabhängigen Dateiformats

Jeder, der häufiger Dokumente mit einem Textverarbeitungsprogramm erstellt und mit anderen austauscht, wird bereits die Erfahrung gemacht haben, dass ein und dasselbe Dokument auf unterschiedlichen Computern verschieden dargestellt wird. Selbst wenn es mit einem identischen Anzeigeprogramm geöffnet wird, bricht mal eine Seite früher um, die Schriftarten sind nicht korrekt oder Bilder sitzen an der falschen Stelle. Das Problem der fehlenden Anzeigetreue erkannte vor über 20 Jahren der Mitbegründer von Adobe Systems, John Warnock. Er machte sich Anfang der 1990er Jahre zusammen mit einigen Mitstreitern daran, eine universelle Sprache für den Austausch von Dokumenten im Druckbereich zu entwickeln. Wie in Stein gegossen sollten die Dokumente, unabhängig vom Erstellungsprogramm, dem Betriebssystem oder der Hardwareplattform, originalgetreu wiedergegeben werden (passend dazu der Firmenname Adobe, engl. für „luftgetrockneter Lehmziegel“). Ergebnis war ein Dateiformat, das heute zu einem der am weitesten verbreiteten gehört, das Portable Document Format (PDF). Seit seinen Anfangstagen erlebte PDF eine umfassende Weiterentwicklung. Der Anwendungsbereich ist heutzutage viel breiter als früher und reicht weit über den Druckbereich hinaus. Neben einfachen Texten können komplexe Dokumente mit Formularen oder eingebetteten Multimedia-Elementen umgesetzt werden[4]. PDF setzte seinen Siegeszug fort und konnte sich gegen die Konkurrenz behaupten. Mit dazu beigetragen hat neben der Plattformunabhängigkeit sicher auch die vollständige Offenlegung und Normierung des Standards im Jahr 2008. Technische Eigenschaften sind in der ISO-Norm 32.000-1:2008 (ISO: International Organization for Standardization) auf Grundlage der PDF-Version 1.7 festgelegt[5]. Informationsanbieter beobachten gespannt die Fortentwicklung des PDF-Formats, die seit der Offenlegung nicht mehr von Adobe kontrolliert wird. Auf Messen und Tagungen wie beispielsweise den PDF Days Europe diskutieren Experten, welche Neuerungen in zukünftige PDF-Versionen (PDF 2.0-Standard[6]) implementiert werden sollten. Eine zentrale Rolle bei der Einführung und Umsetzung internationaler Standards spielt die PDF Association, eine Initiative der Association for Digital Document Standards (ADDS) e.V.

Technische Voraussetzungen für Barrierefreiheit

Die Forderung nach Barrierefreiheit setzt voraus, dass diese auch technisch umgesetzt werden kann. Der Anspruch an die Anzeigetreue von PDF-Dateien widerspricht eigentlich dem Ansinnen, Nutzern mit unterschiedlichen Voraussetzungen ein möglichst flexibel anpassbares Dateiformat anbieten zu können. Beispielsweise sind Menschen mit Sehbehinderung auf eine nutzerfreundliche Zoomdarstellung angewiesen. Vergrößerter Text sollte gelesen werden können, ohne dass horizontal hin- und hergescrollt werden muss. Der Text muss dafür neu umgebrochen werden. In den Anfangszeiten von PDF wäre es nicht möglich gewesen, zugängliche PDF-Dateien zu erzeugen. Als John Warnock das Dateiformat entwickelte, war Barrierefreiheit zumindest in der Informationstechnik noch kein Thema. Erst später wurden nach und nach Eigenschaften hinzugefügt, die das PDF-Format flexibler machten, so zum Beispiel der Umfließen-Modus, der einen automatischen Textumbruch in Abhängigkeit von den Nutzereinstellungen ermöglicht. Eine der wichtigsten Eigenschaften, die PDF heute für Barrierefreiheit prädestiniert, ist die Möglichkeit, Inhalt und Layout konsequent voneinander zu trennen. Voraussetzung dafür ist die Strukturier-

4 Eigenschaften des PDF-Formats vgl. Wikipedia-Artikel: https://de.wikipedia.org/wiki/Portable_Document_Format.

5 Adobe stellt eine nicht-offizielle Version der ISO-Norm 32000-1:2008 kostenlos zur Verfügung: http://www.adobe.com/content/dam/Adobe/en/devnet/acrobat/pdfs/PDF32000_2008.pdf.

6 Der aktuelle Umsetzungsstand ist unter http://www.iso.org/iso/catalogue_detail.htm?csnumber=63534 abrufbar.

barkeit. Anders als HTML oder XML gehörte PDF nicht von Anfang an zu den strukturierten Formaten. Das änderte sich erst im Jahr 2001 mit PDF-Version 1.4 (Acrobat 5). Seitdem ist es möglich, den Inhalten semantische Informationen mitzugeben, d.h., die Autoren können einzelnen Inhaltselementen wie Absätzen, Tabellen oder Bildern ihre Bedeutung zuweisen. Dies geschieht mit Hilfe so genannter PDF-Tags („Etiketten"). Ein fett ausgezeichneter Text kann beispielsweise das Etikett „Ich bin eine Überschrift" erhalten. Hilfsmittelprogramme können Tag-Informationen verwenden, um Navigationsmechanismen und weitere Informationen, wie die verwendete Sprache oder Alternativtexte bereitzustellen. Die Frage, ob PDF fit für die Barrierefreiheit ist, kann also grundsätzlich mit Ja beantwortet werden. Das PDF-Format bringt – zumindest theoretisch – die technischen Voraussetzungen mit, die für eine zugängliche Bereitstellung von Informationen erforderlich sind. Ob diese mit den verfügbaren Werkzeugen auch zufriedenstellend umgesetzt werden können, steht auf einem anderen Blatt.

Anforderungen und Umsetzung

Anforderungen – Was barrierefreie PDF-Dateien „können" müssen

Empfehlungen und Normen

Zunächst stellen sich ein paar grundsätzliche Fragen: Was bedeutet eigentlich Barrierefreiheit bei PDF-Dateien im Einzelnen? Welche Anforderungen müssen zugängliche Dateien erfüllen und welche Standards spielen dabei eine Rolle? Orientierung für die barrierefreie Gestaltung geben Expertenempfehlungen sowie Verordnungen und Normen. Die Web Accessibility Initiative (WAI) des W3C[7] liefert mit den Web Content Accessibility Guidelines (WCAG[8]) technikoffen formulierte Richtlinien, die grundsätzlich auch auf PDF-Dateien anwendbar sind. Grundlegende Kriterien lassen sich von den vier Prinzipien der Barrierefreiheit ableiten. Danach soll ein PDF-Dokument ...

---

7 Das World Wide Web Consortium (kurz W3C) ist ein Gremium, das sich mit der Standardisierung von Techniken, die im Internet eingesetzt werden, beschäftigt.

8 Die aktuelle Fassung WCAG 2.0 wurde am 11. Dezember 2008 veröffentlicht. Deutsche Übersetzung: http://www.w3.org/Translations/WCAG20-de/.

1. wahrnehmbar sein:
   - Inhalt und Layout müssen getrennt voneinander dargestellt werden können.
   - Für Nicht-Text-Elemente wie Bilder oder Filme müssen Alternativen angeboten werden.
   - Die Kontraste von Texten und grafischen Darstellungen müssen ausreichend sein.
   - Die Lesereihenfolge muss sinnvoll sein.
   - Das Dokument muss sich an nutzerdefinierte Einstellungen anpassen lassen.
2. bedienbar sein:
   - Elemente wie Links, Formularfelder, Schaltflächen müssen mit der Tastatur bedient werden können. Die Tabulator-Reihenfolge muss sinnvoll sein.
   - Ein Dokumenten-Titel muss vorhanden sein.
   - Links müssen verknüpft sein.
3. verständlich sein
   - Die Dokumentensprache muss definiert sein.
   - Texte müssen verständlich formuliert sein.
   - Formulare müssen verständlich beschriftet sein.
4. robust sein
   - Das Dokument muss mit (älteren) Leseprogrammen darstellbar und mit assistiven Technologien kompatibel sein.

Durch die technikoffene Formulierung sind die WCAG allgemeiner Natur. Formatspezifische Angaben, wie ein barrierefreies PDF-Dokument technisch im Einzelnen auszusehen hat – zum Beispiel welche syntaktischen Regeln beim Tagging eingehalten werden müssen – sind nicht zu finden. Immerhin enthalten die „Techniques“, eine Art Schnell-Referenz zu den Erfolgskriterien der WCAG, Anleitungen zur barrierefreien Umsetzung. Aber auch hier fehlen konkrete technische Anforderungen, die PDF-Dateien, Autorenprogramme und Hilfsmittel erfüllen müssen, um die Zugänglichkeit zu gewährleisten. Auch die Barrierefreie-Informationstechnik-Verordnung (BITV[9]), die in Deutschland Barrierefreiheit in der Informationstechnik definiert, geht nicht auf PDF-Spezifika ein. So konnte lange Zeit die Zugänglichkeit von PDF-Dateien nur schlecht beurteilt werden. Der Ruf nach einer Norm, die ähnlich wie PDF/A (ISO 19005-1:2005) formatspezifische Eigenschaften festlegt, wurde laut. Im Jahr 2004 machte sich eine Arbeitsgruppe rund um Duff Johnson, dem Vorsitzenden der Association for Information and

---

9 http://www.gesetze-im-internet.de/bitv_2_0/BJNR184300011.html.

Image Management (AIIM) daran, eine technische Spezifikation für barrierefreie PDF-Dateien zu entwickeln. Nach längeren Abstimmungsprozessen wurde diese im August 2012 als ISO-Norm 14289 (PDF/UA) etabliert[10]. Bei der Entwicklung von PDF/UA sollte das Rad nicht komplett neu erfunden werden. Ziel war vielmehr die Übertragung der WCAG auf PDF-Techniken. Um ein gutes Zusammenspiel auf allen Ebenen zu erreichen, enthält die PDF/UA-Spezifikation nicht nur Anforderungen an PDF-Dateien, sondern auch an Leseprogramme und assistive Technologien. Ergänzend zur PDF/UA-Spezifikation erarbeitete die PDF Association eine Reihe von präzise definierten Testbedingungen, die eine Überprüfung der Konformität erlauben. Die Ergebnisse wurden erstmals im August 2013 unter dem Namen „Matterhorn-Protokoll" veröffentlicht[11]. Darin enthalten sind 31 Prüfbereiche mit insgesamt 136 Fehlerbedingungen, die zum Teil automatisch durch Programme überprüft werden können. Um einen einfachen Austausch von Prüfergebnissen zu ermöglichen, entwickelt die PDF Association aktuell eine standardisierte Datenstruktur auf XML-Basis.

Zentrales Kriterium: Semantik

Blinde Nutzer lassen sich die Inhalte einer PDF-Datei von einem Screenreader-Programm vorlesen. Dabei unterstützen semantische Strukturinformationen, die über PDF-Tags vermittelt werden, das Verständnis der Inhalte und die Orientierung. Mit Hilfe von hierarchischen Überschriften-Tags kann die inhaltliche Struktur abgebildet werden. Tags eines bestimmten Strukturtyps stellen Orientierungspunkte dar. So können sich Nutzer mit geeigneten Screenreadern die Überschriften einer Seite auflisten lassen und direkt zu den Inhalten springen. Aus den Überschriften können auch Lesezeichen generiert werden, falls im Dokument selbst keine angelegt wurden. Ohne diese Möglichkeiten müssten Screenreader-Nutzer sich das Dokument immer wieder von vorne vorlesen lassen, um zu den gewünschten Inhalten zu gelangen. Bei getagten Listen und Tabellen erfahren die Nutzer, an welcher Position sie sich befinden und aus wie vielen Elementen diese bestehen. Ebenfalls in den PDF-Tags enthalten sind Alternativtexte. Sie machen die durch Abbildungen visuell vermittelten Informationen auch für blinde Nutzer zugänglich. Semantische Strukturinformationen ermöglichen u. a.

10 Der Normentext kann unter http://www.beuth.de/de/norm/din-iso-14289-1/194928164?SearchID=672596294 käuflich erworben werden.

11 http://www.pdfa.org/publication/the-matterhorn-protocol-1/ (Englisch).

- ein schnelleres Handling der Datei,
- eine bessere Orientierung im Dokument,
- ein besseres Verständnis der inhaltlichen Struktur sowie
- den Zugang zu Nicht-Text-Informationen.

Wenn eine PDF-Datei mit einem Layoutprogramm gespeichert oder mit Hilfe eines Plug-ins erzeugt wird, gehören Tags leider nicht automatisch zur Grundausstattung. Die PDF-Exportroutinen müssen das Tagging unterstützen; und zwar in korrekter Weise. Es nützt wenig, wenn Tags vorhanden sind, diese aber nicht von Screenreadern interpretiert werden können.

Umsetzung

Sekundärformat PDF

Anforderungen an die Barrierefreiheit lassen sich abhängig vom Erstellungsweg auf unterschiedliche Weise umsetzen. Abbildung 1 stellt die verschiedenen Möglichkeiten schematisch dar. Als Sekundärformat entstehen PDF-Dateien in der Regel durch Konvertierung aus einem anderen Dateiformat. Die Dokumente

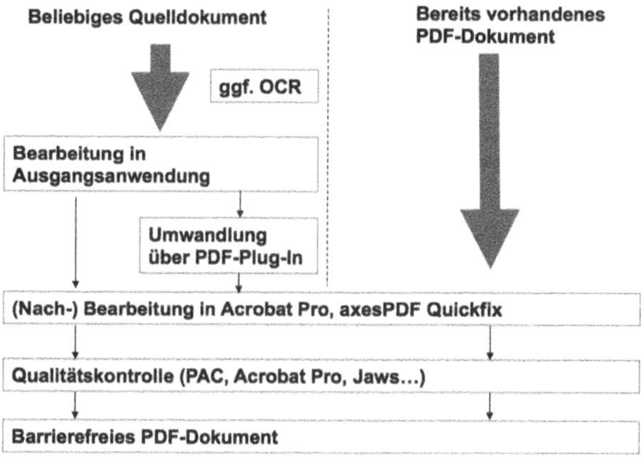

Abb. 1: Sekundärformat PDF: Mögliche Erstellungswege für barrierefreies PDF

werden in einer Ausgangsanwendung erstellt (z. B. Microsoft Word) und dann mit Hilfe einer Konvertierungsroutine (z. B. Plug-in) als PDF exportiert. Barrierefreiheits-Merkmale können entweder in der Ausgangsanwendung festgelegt, bei der Konvertierung erzeugt oder mit Hilfe von PDF-Bearbeitungswerkzeugen nach.

träglich hinzugefügt werden. Welche Eigenschaften jeweils an den drei Stellen angelegt werden können, hängt von den verwendeten Programmen ab. Um bei Änderungen am Quelldokument Aufwand zu sparen, sollten möglichst viele Eigenschaften bereits in der Ausgangsanwendung oder bei der Konvertierung erzeugt werden. Wichtig ist auch eine rechtzeitige Überprüfung des Ausgangsdokuments vor der Konvertierung. Nachträgliche Änderungen am PDF-Dokument wirken sich nicht auf das Ausgangsdokument aus und gehen verloren, falls eine erneute Konvertierung erforderlich wird. Einige Eigenschaften wie beispielsweise die verwendeten Schriftarten lassen sich im PDF-Dokument nicht mehr beeinflussen.

Geeignete Programme und Plug-ins für „tagged PDF"

Mittlerweile gibt es eine Reihe von Anwendungsprogrammen, die „tagged PDF" direkt ohne die Nachinstallation von Plug-ins erzeugen können[12]. Dazu gehören zum Beispiel aktuelle Versionen von Microsoft Office[13], aber auch quelloffene Anwendungen wie Open- oder Libre Office (vgl. Tabelle 1). Es überrascht nicht, dass auch das Layoutprogramm InDesign von Adobe sehr gute Möglichkeiten zur Kontrolle von Strukturinformationen bietet. Schließlich hat Adobe Funktionalitäten zur Verbesserung der Zugänglichkeit in PDF implementiert und bietet mit Acrobat Pro ein Programm an, mit dem Barrierefreiheits-Eigenschaften bearbeitet und überprüft werden können. Verfügt die Ausgangsanwendung nicht über eine Exportfunktion (z. B. ältere Versionen von Microsoft Office), kann die Funktionalität durch Plug-ins nachgerüstet werden. Bekanntes Beispiel ist „PDFMaker" von Adobe, der sich in Microsoft Office-Produkte und andere kompatible Anwendungsprogramme einklinkt. Genannt sei auch das speziell für die barrierefreie Erzeugung von PDF-Dateien entwickelte Plug-in „axesPDF for Word" von xymedia. Wem die Möglichkeiten zur Erstellung von semantischen Strukturinformationen in Adobe InDesign nicht ausreichen, kann auf „MadeToTag" von axaio zurückgreifen. Vorteil von Plug-ins gegenüber den integrierten Exportfunktionen sind vor allem die umfangreicheren Konfigurationsmöglichkeiten. „PDFMaker" bietet beispielsweise komplexe Funktionen zur Dateioptimierung an. „MadeToTag" und „axesPDF for Word" fokussieren auf Barriere-

---

12 Eine Liste von Programmen, die prinzipiell PDF/UA unterstützen, hat Duff Johnson veröffentlicht: http://duff-johnson.com/software-supporting-pdfua/

13 Bei Version 2007 muss ein Add-in nachgeladen werden. Office 2010 und höher erzeugen von Hause aus PDFs mit Struktur-Tags. Office-Versionen für Mac geben bis dato keine Struktur-Tags aus.

freiheit und erlauben eine Konvertierung nur, wenn bestimmte Anforderungen erfüllt sind. Neben Anwendungsprogrammen und Plug-ins können auch Bibliotheken wie „PDFlib" oder „FPDF" PDF-Dateien mit Tags erzeugen. Vorsicht ist bei Anwendungen zur PDF-Bearbeitung und -Umwandlung geboten, die keine Struktur-Tags ausgeben (z. B. PDF Experte Professional). Ebenfalls nicht geeignet zur Erzeugung strukturierter Dateien sind virtuelle PDF-Druckertreiber (z. B. PDFCreator, FreePDF).

Tab. 1: Anwendungsprogramme und Plug-ins, die PDF mit Tags erzeugen

	Erhältlich für Betriebssystem	**Informationen und Bezug**
MS Office 2007 mit Add-in	MS Windows	Add-in „Save as PDF/XPS" kann kostenlos unter https://www.microsoft.com/en-us/download/details.aspx?id=7 heruntergeladen werden
MS Office 2010/2013	MS Windows[14]	PDF-Exportroutine im Hauptprodukt integriert
Open Office	MS Windows, Mac OS X, Linux	Kostenlos erhältlich unter http://www.openoffice.org/
Adobe InDesign CS6/CC	MS Windows, Mac OS X	PDF-Exportroutine im Hauptprodukt integriert. Produktinformation: http://www.adobe.com/de/products/indesign.html
Adobe Acrobat X/XI	MS Windows, Mac OS X	PDF-Datei kann aus einer Vielzahl von Dateiformaten oder über eine Bildquelle (Scanner etc.) generiert werden. Produktinformationen: http://www.adobe.com/de/products/acrobat.html
Adobe PDFMaker Plug-In für Microsoft Office und andere kompatible Anwendungen	MS Windows	In Adobe Acrobat enthalten. Ob PDFMaker brauchbare Tags erzeugen kann, hängt davon ab, mit welcher Anwendung es verwendet wird. Übersicht kompatibler Anwendungen: http://helpx.adobe.com/de/acrobat/

14 Microsoft Office-Versionen für Mac speichern zwar auch PDF, geben aber keine Struktur-Tags aus.

	Erhältlich für Betriebssystem	Informationen und Bezug
		kb/compatible-web-browsers-pdfmaker-applications.html#main_PDFMaker_compatible_applications
axesPDF Plug-in für Microsoft Word	MS Windows	Kostenpflichtig erhältlich unter www.axespdf.com
MadeToTag für Adobe InDesign ab CS 5.5	MS Windows, Mac OS X	www.axaio.com/doku.php/de:products:madetotag

Praxistipps

Im Folgenden werden Umsetzungsbeispiele exemplarisch anhand aktueller Versionen häufig verwendeter Anwendungsprogramme gezeigt (Microsoft Word 2013, Open Office 4 Writer und Adobe InDesign CS6/CC). Als Nachbearbeitungs-Tools kommen Adobe Acrobat Pro XI sowie axesPDF QuickFix zum Einsatz. Um Platz zu sparen und die Lesbarkeit zu verbessern, werden für die genannten Programme Kurzbezeichnungen verwendet (Word, Open Office, InDesign, Acrobat Pro, QuickFix). In diesem Kapitel lässt sich die praktische Umsetzung aller Barrierefreiheits-Kriterien nicht erschöpfend behandeln. Der Fokus soll auf denjenigen Aspekten liegen, die spezifisch für die Erstellung von PDF-Dateien sind, wie beispielsweise die Erzeugung von PDF-Tags oder das Festlegen der Lesereihenfolge. Auf formatunabhängige Aspekte wie ausreichende Kontraste oder Verständlichkeit von Texten wird nicht eingegangen.

Barrierefreiheits-Merkmale in den Ausgangsanwendungen anlegen

Strukturinformationen müssen nicht nur technisch in die PDF-Datei hineingeschrieben, sondern auch von den Autoren kontrolliert werden können. Das klappt mit den genannten Anwendungsprogrammen recht gut. Tabelle 2 zeigt exemplarisch, welche Barrierefreiheits-Merkmale mit den verschiedenen Anwendungsprogrammen erzeugt werden können.

Tab. 2: Übernahme von Strukturelementen beim PDF-Export

	Microsoft Word 2013	**Microsoft Word mit Adobe PDFMaker X**	**Open Office 4 Writer**
Überschriften	Ja	Ja	Ja
Listen	Ja	Ja	Ja
Links (Link-Tag mit OBJR-Element)	Ja	Ja	Ja
Bilder	Ja, Probleme bei nicht verankerten Bildern	Ja, Probleme bei nicht verankerten Bildern	Ja
Bildbeschriftungen (Caption-Tag)	Nein	eingeschränkt	Ja
Einfache Tabellenstruktur	Ja	Ja	Ja
Überschriftenzellen (TH-Tag)	Eingeschränkt	Eingeschränkt	Nein
Übergreifende Tabellenzellen	Nein	Nein	Ja
Hauptsprache	Ja	Nein	Ja
Sprachwechsel	Ja	Nein	Ja
Fußnoten	Ja	Ja	eingeschränkt
Metadaten	Ja	Ja	Ja
Lesezeichen	Ja, Lesezeichen aus Überschriften oder Word-Textmarken	Ja, Lesezeichen aus beliebigen Word-Vorlagen/-Stilen und / oder Word-Textmarken	Ja, Lesezeichen aus Überschriften

Strukturinformationen über Formatvorlagen kontrollieren: Grundsätzlich erfolgt die Zuweisung von Strukturinformationen über Formatvorlagen. Abbildung 2 (S. 152) zeigt den Auswahldialog für Formatvorlagen in Word. Ein als Überschrift markierter Text ist im Idealfall auch im fertigen PDF-Dokument mit dem korrekten Tag für Überschriften gekennzeichnet. Vermieden werden sollte auf jeden Fall eine „harte“ Formatierung. Ein Überschriftentext, der über die Symbolleiste lediglich fett ausgezeichnet wurde, wird von Screenreadern nicht als Überschrift erkannt. Entscheidend für die korrekte Umsetzung der Strukturinformation ist die Zuweisung über die Überschriften-Formatvorlage.

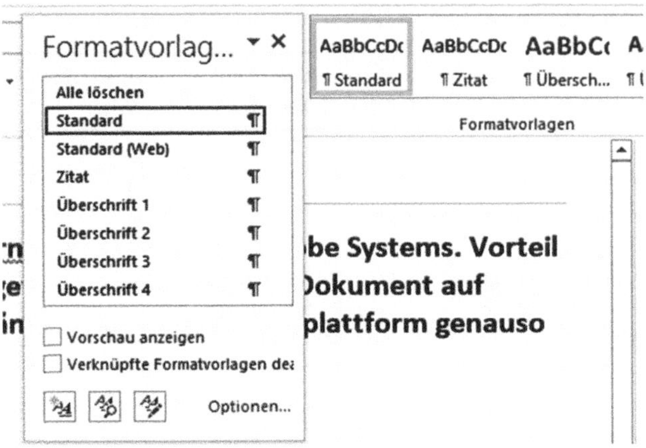

Abb. 2: Wichtige Voraussetzung für die Erstellung barrierefreier Dokumente ist die Verwendung von Formatvorlagen – hier am Beispiel von Word

Gleiches gilt für andere Elemente wie zum Beispiel Listen, Links und Tabellen. Inhalte sollten keinesfalls manuell mit der Tabulatortaste angeordnet werden. Für die Erzeugung von Inhaltselementen sollten stets die von den Anwendungsprogrammen angebotenen Schaltflächen und Nutzerdialoge verwendet werden. Nur so ist gewährleistet, dass die erforderlichen PDF-Tags erzeugt werden.

Standard-Tags und Rollenzuordnung: Damit Screenreader die Bedeutung der Tags interpretieren können, müssen Konventionen eingehalten werden. So existiert ein Satz von Standard-Tag-Bezeichnungen[15], zum Beispiel:

- <H (1-6)> für Überschriften 1. bis 6. Ordnung
- <P> für Absätze
- <L> für Listen
- <Figure> für Abbildungen
- <Table> für Tabellen
- <TOC> für Verzeichnisse

Leider sprechen die PDF-Konvertierungsroutinen und die Screenreader häufig nicht dieselbe Sprache. Für die Tags werden meist die Bezeichnungen der Format-Vorlagen übernommen (z.B. <Überschrift 1> statt <H1>). Um Abhilfe zu schaffen, ist bei InDesign und Acrobat Pro eine Möglichkeit vorgesehen, einzelnen Tag-Bezeichnungen ihre semantische Rolle zuzuordnen. Der Dialog zur

15 Standard-Tag-Bezeichnungen werden in ISO 32.000-1:2008 definiert.

Bearbeitung der Rollenzuordnung befindet sich in Acrobat Pro im Kontextmenü des Navigationsfensters „Tags“ unter dem Punkt „Rollenzuordnung bearbeiten“. Beim derzeitigen Entwicklungsstand gibt aber auch die Rollenzuordnung keine Sicherheit, dass die Tags korrekt interpretiert werden. Die meisten Screenreader berücksichtigen die Rollenzuordnung nicht. Um eine optimale Funktion mit möglichst vielen Screenreadern zu gewährleisten, sollten die Tag-Bezeichnungen den Standard-Bezeichnungen entsprechen. Sofern das Autorenprogramm keine Standard-Tags ausgibt (es empfiehlt sich, dieses vorher zu testen), müssen bereits die Format- bzw. Absatzvorlagen (InDesign) entsprechend benannt werden. Alternativ können die Tag-Bezeichungen nachträglich angepasst werden (siehe Abschnitt „Den Tag-Baum untersuchen und bearbeiten“).

Konsistente Gliederung mit Überschriften: Bei der Erstellung von Dokumenten sollten semantische Aspekte frühzeitig berücksichtigt werden. Das Verständnis der inhaltlichen Struktur eines Dokuments sollte nicht nur durch die optische Gestaltung, sondern auch durch konsistente Überschriftenhierarchien unterstützt werden. Begonnen werden sollte stets mit der obersten Hierarchieebene (H1). In aufsteigender Richtung sollten keine Ebenen übersprungen werden (vgl. PDF/UA 7.4.2).
- Nach PDF/UA gültige Sequenz: H1 → H2 → H3 → H4 → H2 → H3
- Falsch: H2 → H3 → H5 → H6 → H1

Alternativtexte anbieten: Die durch aussagekräftige Grafiken und Bilder vermittelten Informationen sollten blinden Nutzern in Form von Alternativtexten zur Verfügung gestellt werden. Bei den oben beschriebenen Exportvarianten werden diese aus den Ausgangsformaten automatisch mit in die PDF-Datei übernommen.

Vorgehensweise bei Word:
- Rechtsklick auf die Abbildung
- Im Kontextmenü den Punkt „Grafik formatieren ... “ und anschließend im Karteireiter „Layout und Eigenschaften“ den Punkt „Alternativtext“ auswählen
- Alternativtext eingeben

Vorgehensweise bei Open Office:
- Rechtsklick auf die Abbildung
- Im Kontextmenü den Punkt „Beschreibung ...“ auswählen
- Alternativtext eingeben

Vorgehensweise bei InDesign:
- Abbildung mit dem Auswahlwerkzeug aktivieren
- Im Kopfmenü den Punkt *Objekt → Objektexportoptionen* ... auswählen
- Im Bereich „Alternativer Text" Beschreibung eingeben

Sprache festlegen: Sprachinformationen sind wichtig, damit Screenreader die korrekte Aussprache wählen können. In Word, Open Office und InDesign können sowohl die vorherrschende Sprache für das gesamte Dokument als auch Sprachzuweisungen für einzelne Textpassagen definiert werden. Welche Spracheinstellungen in das PDF-Dokument übernommen werden, hängt von der jeweils verwendeten Konvertierungsroutine ab. Beim direkten PDF-Export aus den genannten Anwendungen funktionieren beide Varianten.

Vorgehensweise bei Word:
- Gesamten Dokumentinhalt oder einzelne Textpassage markieren
- Im Dialogfeld „Sprache" (unten in der Infoleiste) eine Auswahl treffen

Vorgehensweise bei Open Office:
- Im Kopfmenü *Extras → Sprache* wählen
- Der aktuellen Textauswahl, einem Absatz oder dem gesamten Dokument eine Sprache zuweisen

Bei InDesign wird die Sprachzuweisung über die Eigenschaften für Zeichen- und Absatzformate gesteuert.

Leerzeichen und Leerzeilen vermeiden: Leerzeichen sollten ausschließlich zur Abgrenzung von Wörtern innerhalb des Fließtextes und nicht zur Textanordnung verwendet werden. Ebenso sollten Leerzeilen vermieden werden. Diese produzieren leere Tags, die von manchen Screenreadern als „leer" vorgelesen werden. Abstände zwischen Textzeilen und Absätzen sollten stets in den Einstellungen für die Formatvorlagen definiert werden. Eingeblendete Steuerzeichen helfen bei der Suche nach Leerzeichen und -zeilen.

Problem Silbentrennung: Leider stellen Trennstriche nach wie vor eine Barriere dar. Sie führen zu Problemen bei der Zeichenkodierung, stehen im Umfließen-Modus mitten im Text und unterbrechen den Lesefluss von Screenreadern. Auch die Verwendung der automatischen Silbentrennung und von bedingten Trennstrichen liefert bei den Office-Programmen keine brauchbaren Ergebnisse. Nach Möglichkeit sollte in Word und Open Office auf die Silbentrennung ganz verzichtet werden. Lediglich in InDesign können Texte mit Hilfe der automatischen Silbentrennung zugänglich aufbereitet werden. Die Einstellungen befinden sich in den Optionen der Absatzformate.

Zeichenkodierung: Die in einer PDF-Datei verwendeten Zeichen müssen für Hilfsmittel eindeutig interpretierbar sein. Häufig gibt es Probleme mit Sonderzeichen, die von Screenreadern nicht korrekt vorgelesen werden. Nicht geeignet sind zum Beispiel die aus Word bekannten Zeichen aus dem Webdings- oder Wingdings-Zeichensatz. Es sollten ausschließlich Schriften verwendet werden, die dem Unicode-Zeichensystem angehören. Letzlich gibt nur ein Test mit gängigen Screenreadern wie Jaws oder NVDA sowie der Acrobat-Vorlesefunktion Aufschluss, ob die verwendeten Zeichen korrekt interpretiert werden (vgl. Abschnitt „Zugänglichkeit von PDF-Dateien testen“).

Links aktivieren und verständlich gestalten: Alle Links im Ausgangsdokument sollten aktiv sein und ausgelöst werden können. Nur dann ist gewährleistet, dass diese bei der Konvertierung im PDF-Dokument mit der korrekten Syntax barrierefrei umgesetzt werden.

Vorgehensweise bei Word:
- Zu verlinkenden Text markieren bzw. Cursor an die gewünschte Stelle setzen
- Im Kontextmenü (rechte Maustaste) den Punkt „Link ...“ wählen
- Im Nutzerdialog das Linkziel und gegebenenfalls den Linktext definieren

Vorgehensweise bei Open Office:
- Zu verlinkenden Text markieren bzw. Cursor an die gewünschte Stelle setzen
- Im Kopfmenü den Punkt *Einfügen → Hyperlink* wählen
- Im Nutzerdialog das Linkziel und gegebenenfalls den Linktext definieren

Screenreader-Nutzer können sich alle Links einer PDF-Seite unabhängig vom Fließtext auflisten lassen und direkt zu den Linkzielen springen. Deshalb sollten Links eindeutige Angaben zum Linkziel enthalten. Linktexte wie „Klicken Sie hier“ sind beispielsweise nicht ausreichend. In Word besteht die Möglichkeit, nähere Angaben in einer Quickinfo zu hinterlegen, falls der sichtbare Linktext nicht eindeutig ist. Im Nutzerdialog „Link einfügen“ kann durch Drücken der Schaltfläche „Quickinfo“ ein entsprechendes Eingabefeld geöffnet werden.

Metadaten definieren: Metadaten helfen dabei, das Dokument zu identifizieren und für Suchmaschinen leichter durchsuchbar zu machen. Bereits in der Ausgangsanwendung können Dokumenttitel, Schlagwörter und Angaben zur Autorenschaft hinterlegt werden (Word: *Datei → Eigenschaften → Erweiterte Eigenschaften*, Open Office: *Datei → Eigenschaften ... → Beschreibung*, InDesign: *Datei*

→ *Dateiinformationen ...* → *Beschreibung*). Die Angaben werden bei der PDF-Konvertierung übernommen.

Lesezeichen anlegen: Zu jeder gut zugänglichen PDF-Datei gehören Lesezeichen. Sie liefern einen schnellen Überblick und die Nutzer können ohne große Umwege zu den Inhalten gelangen. Lesezeichen können beim Konvertierungsprozess auf elegante Weise aus den Strukturinformationen des Quelldokuments erzeugt werden. Im Exportdialog sollten entsprechende Einstellungen aktiv sein.

Vorgehensweise bei Word:
- Im Speicherdialog „Als PDF oder XPS speichern" auf die Schaltfläche „Optionen" klicken
- Häkchen bei „Textmarken erstellen mithilfe von ... „ setzen

Vorgehensweise bei Open Office:
- Im Kopfmenü den Punkt *Datei* → *Exportieren als PDF* ... wählen
- Häkchen bei „Lesezeichen exportieren„ setzen

Weitaus mehr Optionen bietet der Adobe PDFMaker. Hier kann genau festgelegt werden, aus welchen Formatvorlagen und Word-Stilen Lesezeichen generiert werden sollen.

Barrierefreiheits-Merkmale nachträglich hinzufügen

Ist keine Quelldatei mehr vorhanden oder werden wichtige Barrierefreiheits-Merkmale mit der gewählten Erstellungsroutine nicht zufriedenstellend erzeugt, ist eine Nachbearbeitung erforderlich. Beispielsweise können Überschriftenzellen in Word oder Open Office nicht oder nur sehr eingeschränkt definiert werden. Auch eine Auszeichnung von Abkürzungen und Akronymen ist nicht möglich und kann nur nachträglich im PDF-Dokument vorgenommen werden.

Tools zur Nachbearbeitung: Acrobat Pro und QuickFix: Acrobat Pro war lange Zeit das einzige Werkzeug, mit dem relevante Barrierefreiheits-Eigenschaften in PDF-Dateien bearbeitet werden konnten[16]. Es ermöglicht den Zugriff auf Strukturinformationen (Tag-Baum) und bietet eine Barrierefreiheitsprüfung. Daneben gibt es seit Mitte 2014 das Tool axesPDF QuickFix von xymedia[17], das ebenfalls als Stand-alone-Lösung eine Nachbearbeitung und Überprüfung erlaubt. Zahlreiche praktische Funktionen helfen bei der Behebung von typischen Problemen.

---

16 Mit der Standard-Version ist keine barrierefreie Nachbearbeitung möglich.
17 Bezug und Informationen unter http://www.axespdf.com/.

So können zum Beispiel auf Knopfdruck Standard-Tag-Bezeichnungen für das gesamte Dokument erzeugt werden. Ebenso einfach werden leere Tags entfernt und nicht getagte Inhalt in Artefakte umgewandelt (vgl. Abschnitt „Artefakte – Was der Screenreader nicht lesen sollte“).

Acrobat Pro XI als Nachbearbeitungswerkzeug einrichten: Zur Bearbeitung werden folgende Navigationsfenter benötigt (linke Randleiste).
- Seitenminiaturen
- Lesezeichen
- Tags
- Reihenfolge
- Aktionsassistent

Nicht vorhandene Navigationsfenster können über das Kopfmenü *Anzeige → Ein-/ Ausblenden → Navigationsfenster* hinzugefügt werden. Außer den Navigationsfenstern sollte der Werkzeugbereich auf der rechten Seite mit den Werkzeugen „Inhaltsbearbeitung“, „Aktionsassistent“ sowie „Ein-/Ausgabehilfe“ eingeblendet sein. Die Werkzeuge befinden sich im Kopfmenü *Anzeige → Werkzeuge.*

Den Tag-Baum untersuchen und bearbeiten: Der Tag-Baum einer PDF-Datei kann mit QuickFix oder Acrobat Pro (Navigationsfenster „Tags“) sichtbar gemacht werden. Er bildet die semantische Struktur des Dokuments ab und besteht aus hierarchisch verschachtelten Tag- und Inhaltselementen. Die Reihenfolge der Tags bestimmt die Vorlesereihenfolge durch Screenreader. Abbildung 3 zeigt die Darstellung eines Tag-Baums der beiden Tools im Vergleich. Durch Klick auf die Pfeil-Symbole können einzelne Bereiche auf- und zugeklappt werden. Sofern in Acrobat Pro im Kontextmenü (rechte Maustaste) der Punkt „Inhalt markieren“ aktiviert ist, werden bei Klick auf ein Element die jeweils zugeordneten Inhalte im Dokument hervorgehoben. Mit den Pfeiltasten kann der Tag-Baum durchlaufen werden. Auf diese Weise können die Tag-Bezeichnungen und die logische Verschachtelung überprüft werden. Einzelne Elemente können durch Ziehen mit der Maus verschoben werden. Neue Tags werden durch Klick auf den Punkt „Neuer Tag“ im Optionen-Menü des Navigationsfensters „Tags“ erzeugt. Anschließend kann in der Ausklappliste der gewünschte Strukturtyp ausgewählt oder eine eigene Tag-Bezeichnung eingeben werden. Grundsätzlich sollte bei der Bearbeitung des Tag-Baums behutsam vorgegangen werden. Änderungen können in Acrobat Pro nicht mit Hilfe der Funktion für das Zurücknehmen von Arbeitsschritten rückgängig gemacht werden. Keinesfalls sollten Inhalts-Elemente einfach gelöscht werden; dies kann sehr leicht durch Betätigen der Entfernen-Taste passieren. Die Inhalte werden dann nicht mehr in der Tag-Struktur reprä

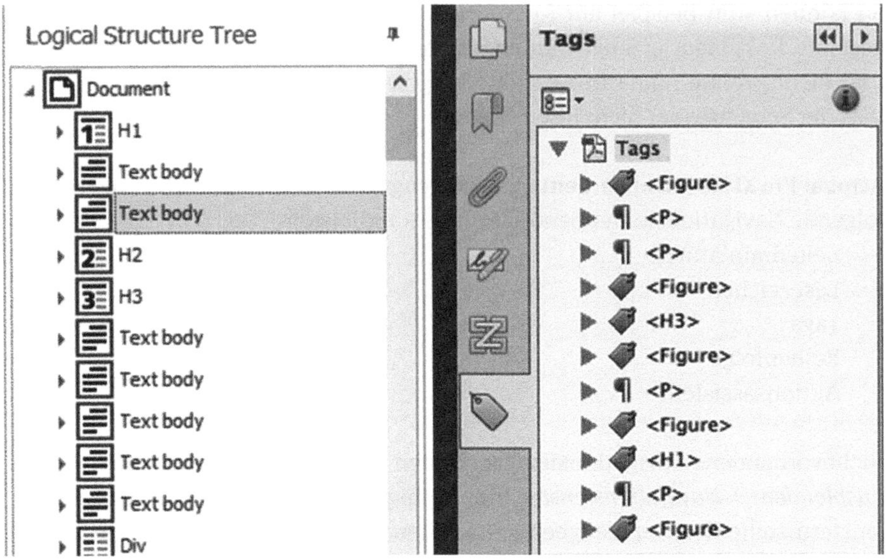

Abb. 3: Darstellung eines Struktur-Baums mit verschiedenen Strukturelementen in QuickFix und Acrobat Pro

sentiert. Leere Tags können hingegen bedenkenlos entfernt werden. Durch zwei Klicks mit kurzem zeitlichen Abstand auf ein Tag-Element kann die aktuelle Tag-Bezeichnung geändert werden. Mit Acrobat Pro können Tags jedoch nur einzeln umbenannt werden, ein mühsames Unterfangen bei längeren Dokumenten. Sollen viele Tag-Bezeichnungen in einem Arbeitsgang geändert werden, leistet das Plug-in für Acrobat Pro „PDF-TagRenamer" von xymedia[18] eine große Hilfe. Noch umfangreichere Funktionen zur Tag-Umbenennung bietet „QuickFix". Mit einem Klick können beispielsweise Standard-Tag-Bezeichnungen zugewiesen werden.

Semantische Informationen mit dem TouchUp-Leserichtungswerkzeug zuweisen: Mit dem TouchUp-Leserichtungswerkzeug aus Acrobat Pro können Dokumentinhalten Strukturinformationen zugewiesen werden. Der Benutzerdialog öffnet sich durch Klick auf den Punkt „TouchUp-Leserichtung" im Werkzeug „Ein-/Ausgabehilfe". Dokumentinhalte, die getagt werden sollen, können durch Aufziehen eines Rahmens mit der Maus markiert werden. Nach Loslassen der Maustaste werden die ausgewählten Bereiche hervorgehoben. Durch gleichzeitiges Drücken der Shift- bzw. Alt-Taste, während ein weiterer Rahmen mit der Maus

---

18 Eine kostenlose Testversion kann unter www.xymedia.ch heruntergeladen werden.

aufgezogen wird, können Bereiche hingefügt oder entfernt werden. Anschließend wird durch Betätigen einer Schaltfläche im TouchUp-Leserichtungswerkzeug der entsprechende Strukturtyp zugewiesen; zum Beispiel Überschrift oder Tabelle. Leider enthält das TouchUp-Leserichtungswerkzeug nicht alle möglichen Strukturtypen. So müssen beispielsweise Listen und Verknüpfungen (Links) manuell angelegt werden (vgl. Abschnitt „Verknüpfungen mit Acrobat Pro manuell anlegen").

Tags automatisch erzeugen: Mit Acrobat Pro können Tags auch automatisch erzeugt werden. Die Funktion befindet sich im Werkzeug „Ein-/Ausgabehilfe" unter dem Punkt „Tags zu Dokument hinzufügen". Beachtet werden sollte, dass bereits vorhandene Tags durch den Vorgang überschrieben werden. Änderungen können nicht mit der Funktion für das Zurücknehmen von Arbeitsschritten rückgängig gemacht werden. Die Qualität der erzeugten Tag-Struktur ist häufig nicht optimal. Insbesondere bei komplexen mehrspaltigen Dokumenten kann es vorkommen, dass Strukturtypen falsch zugeordnet werden. Eine nachträgliche Kontrolle ist erforderlich.

Artefakte – Was der Screenreader nicht lesen sollte: In PDF-Dokumenten können störende Elemente enthalten sein, die von Screenreadern nicht vorgelesen werden sollten. Dazu gehören beispielsweise Kopf- und Fußzeilen, die den Lesefluss unterbrechen. Auch nicht aussagekräftige Bilder oder Schmuck- und Designelemente wie Pfeile und Linien können für blinde Nutzer lästig sein. Diese Elemente müssen im Strukturbaum ausgeblendet und als Artefakt gekennzeichnet werden. Acrobat Pro und QuickFix stellen verschiedene Möglichkeiten bereit, Artefakte zu erzeugen. Mit Hilfe von QuickFix können alle nicht getagten Inhalte eines Dokuments automatisch in Artefakte umgewandelt werden. Acrobat Pro bietet die Möglichkeit, einzelne Elemente durch Betätigen der Schaltfläche „Hintergrund" im TouchUp-Leserichtungswerkzeug aus der Tag-Struktur zu entfernen. Alternativ kann im Tag-Strukturbaum mit der rechten Maustaste ein Inhaltselement angeklickt und im Kontextmenü der Punkt „Tag in außertextliches Element ändern..." ausgewählt werden. Artefakte sollten möglichst sparsam verwendet werden. Keinesfalls sollten Elemente als Artefakt deklariert werden, die aussagekräftige Inhalte transportieren.

Verknüpfungen mit Acrobat Pro manuell anlegen: Um Verknüpfungen nachträglich anzulegen, reicht es in Acrobat Pro leider nicht aus, mit dem Verknüpfungswerkzeug den zu verlinkenden Text zu bestimmen und ein Linkziel anzugeben. Die korrespondierenden Tag-Strukturen müssen zusätzlich manuell erzeugt werden.

Vorgehensweise:
- Verknüpfen-Werkzeug aufrufen: Punkt „Link hinzufügen oder bearbeiten" im Werkzeug „Inhaltsbearbeitung" auswählen
- Rahmen um die Elemente ziehen, die verknüpft werden sollen
- Verknüpfungsaktion definieren und Linkziel angeben (Hinweis: Es kann auch intern im gleichen Dokument auf eine Seitenansicht verwiesen werden, die weitere Vorgehensweise unterscheidet sich nicht.)
- Das Navigationsfenster „Tags" öffnen und an logisch korrekter Stelle ein leeres Tag-Element mit der Bezeichnung „Link" erstellen
- Text isolieren, der verlinkt werden soll: Erzeugtes Link-Tag-Element aktivieren und den Text mit Hilfe des Auswahlwerkzeugs für Text markieren, anschließend im Optionen-Menü des Navigationsfensters „Tags" den Punkt „Tag aus Auswahl erstellen" anklicken

Acrobat Pro erstellt nun einen Inhaltscontainer im zuvor erzeugten Link-Tag-Element. Im gleichen Tag-Element wird zusätzlich ein so genanntes Object Reference Element (OBJR) benötigt, das die Tastaturbedienbarkeit der Verknüpfung gewährleistet.
- Link-Tag-Element mit der rechten Maustaste anklicken und im Kontextmenü den Punkt „Suchen" auswählen
- In der Auswahlliste den Punkte „Suchen: Nicht markierte Verknüpfungen" auswählen und die Schaltfläche „Suchen" betätigen
- Schaltfläche „Tag-Element" anklicken und den Dialog schließen

Im Link-Tag sollte nun neben dem Inhaltscontainer auch das OBJR-Element enthalten sein:

<Link>

    Inhaltscontainer mit Linktext, z.B. www.web-4-all.de
    OBJR-Element

Umfließen-Ansicht: Mit Hilfe der Umfließen-Ansicht kann ein PDF-Dokument in Acrobat (Reader) linearisiert dargestellt werden. Texte werden neu umgebrochen, die Zeilenlänge passt sich an die Fensterbreite an. Die Inhalte können ohne horizontales Scrollen gelesen werden und ein automatischer Bildlauf ist leichter nutzbar. Davon profitieren insbesondere Nutzer mit Sehbehinderung oder mit manuell-motorischen Einschränkungen. Leider bieten aktuelle Autorenprogramme keine Werkzeuge an, mit denen Inhalte für die Umfließen-Ansicht zufriedenstellend aufbereitet werden können. Einzige Möglichkeit ist die Nachbearbeitung in Acrobat Pro. Im Navigationsfenster „Reihenfolge" kann die Abfolge von Elementen in der Umfließen-Ansicht definiert werden.

Reihenfolge festlegen: Des Öfteren tritt Verwirrung auf, wenn es um die Reihenfolge geht, mit der Screenreader die Inhalte vorlesen. Acrobat Pro bietet ein Navigationsfenster „Reihenfolge" an. Dieses bildet jedoch nicht, wie häufig angenommen, die Vorlesereihenfolge ab, sondern bestimmt die Darstellung im Umfließen-Modus. Insgesamt können drei verschiedene Reihenfolgen unterschieden werden:

- Die Vorlesereihenfolge durch Screenreader richtet sich nach der Abfolge der Tags im Strukturbaum. Die Tag-Reihenfolge kann im Navigationsfenster „Tags" durch Ziehen mit der Maus verändert werden.
- Die Umfließen-Reihenfolge bestimmt, in welcher Abfolge die Elemente in der Umfließen-Ansicht dargestellt werden. Die Reihenfolge kann im Navigationsfenster „Reihenfolge" durch Ziehen mit der Maus verändert werden.
- Die Tab-Reihenfolge bestimmt, in welcher Reihenfolge Elemente mit der Tabulatortaste erreicht werden. Sie kann von der Dokumentstruktur abgeleitet werden. Konfigurationsmöglichkeiten befinden sich im Optionen-Menü des Navigationsfensters „Seitenminiaturen" unter dem Punkt „Seiteneigenschaften".

Lesezeichen anlegen: PDF-TagRenamer, QuickFix und Acrobat (Standard/Pro) bieten die Möglichkeit, Lesezeichen anhand von Strukturelementen – wie zum Beispiel Überschriften – dynamisch zu erzeugen. Bevor Lesezeichen aus Überschriften erstellt werden, sollte die hierarchische Struktur überprüft werden.

Vorgehensweise in Acrobat Standard/Pro:

- Navigationsfenster „Lesezeichen" öffnen und im Optionen-Menü den Punkt „Neue Lesezeichen aus Struktur ..." auswählen
- Im Nutzerdialog gewünschte Strukturelemente auswählen (für mehrere Elemente Shift- bzw. Steuerungstaste gedrückt halten) und mit OK bestätigen

Alternativtexte: Getagte Abbildungen können in Acrobat Pro auf einfache Weise mit Alternativtexten ausgestattet werden.

Vorgehensweise:

- TouchUp-Leserichtungswerkzeug aufrufen
- Im Kontextmenü eines Abbildungselements (rechte Maustaste) den Punkt „Alternativtext bearbeiten..." auswählen und Alternativtext eingeben

Sprache zuweisen: Die vorherrschende Sprache eines Dokuments wird bei Acrobat Standard/Pro in den Dateieigenschaften definiert (Kopfmenü *Datei → Eigenschaften*, Karteireiter „Erweitert", Bereich „Leseoptionen"). Außerdem können einzelnen Textabschnitten oder Wörtern Sprachinformationen zugewiesen werden.

Vorgehensweise:
- Im Navigationsfenster „Tags“ mit der rechten Maustaste auf das entsprechende Strukturelement klicken und im Kontextmenü den Punkt „Eigenschaften“ wählen
- Im Karteireiter „Tag“ die gewünschte Sprache einstellen

Etwas komplizierter ist die Sprachzuweisung bei einzelnen Wörtern. Es muss zunächst im Tag-Baum ein Tag-Element mit der Bezeichnung „Span“ erstellt und das betreffende Wort isoliert werden (vgl. Abschnitt „Verknüpfungen mit Acrobat Pro manuell anlegen“). Die Sprache kann dann wie oben beschrieben über das Kontextmenü zugewiesen werden.

Abkürzungen und Akronyme: Auf ähnliche Weise können Abkürzungen und Akronymen die ausgeschriebene Form oder Erläuterungen zugeordnet werden.

Vorgehensweise:
- Im Tag-Baum ein Tag-Element mit der Bezeichnung „Span“ erstellen und betreffenden Text isolieren
- Im Kontextmenü im Karteireiter „Tag“ unter Alternativtext die ausgeschriebene Form oder eine Erläuterung eingeben

Dokumenttitel und weitere Metadaten: Der Dokumententitel sollte möglichst präzise, aber in kurzer Form den Inhalt des Dokuments beschreiben. Er sollte in der Titelleiste angezeigt werden, um die Orientierung bei mehreren geöffneten Fenstern zu erleichtern. Standardmäßig wird hier der Dateiname angezeigt.

Vorgehensweise:
- Die Dokumenteigenschaften über das Kopfmenü *Datei → Eigenschaften* öffnen
- Im Karteireiter „Ansicht beim Öffnen“ unter „Fensteroptionen: Einblenden“ die Option „Dokumenttitel“ einstellen

Neben dem Dokumenttitel sollten weitere Angaben zur Autorenschaft, zum Thema sowie Stichwörter hinterlegt werden. Falls das PDF-Dokument mit der ISO-Norm PDF/UA vollständig konform ist (und nur dann), sollten entsprechende Angaben in den Metadaten enthalten sein (PDF/UA Identifier). Detaillierte Hinweise enthält der AIIM PDF/UA Implementation Guide[19]. Die Angaben können in den Dateieigenschaften manuell eingetragen oder mit QuickFix automatisch erzeugt werden.

Alles automatisch: Der Acrobat Pro-Aktionsassistent: Die meisten der oben geschilderten Arbeitsschritte können in Acrobat Pro mit Hilfe so genannter Aktionen auch automatisiert ausgeführt werden. Acrobat Pro bringt eine fertig zusammengestellte Aktion „Barrierefrei machen" standardmäßig mit. Sie befindet sich im Werkzeugbereich unter „Aktionsassistent". Mit dem Aktionsassistenten können bereits vorhandene Aktionen bearbeitet und verwaltet sowie neue Aktionen zusammengestellt werden.

Aktion „Barrierefrei machen" starten:
- Zu bearbeitendes Dokument laden und den Werkzeugbereich öffnen
- Das Werkzeug „Aktionsassistent" aufklappen und die Aktion „Barrierefrei machen" auswählen

Es erscheint eine Aufstellung der einzelnen Arbeitsschritte. Ganz oben steht der Name der zu verarbeitenden Datei.
- Die Aktion durch Klick auf die Schaltfläche „Anfang" starten

Einige Aufgaben werden vollkommen automatisch ausgeführt, bei anderen sind weitere Nutzereingaben erforderlich (z. B. Dokumentbeschreibung oder Alternativtexte). Die Angaben müssen jeweils mit OK bestätigt werden. Ganz am Ende der Prozedur erfolgt eine Barrierefreiheitsprüfung.

Stapelverarbeitung mit Acrobat Pro: Interessant ist die Möglichkeit, die Aufgaben einer Aktion auf mehrere Dateien gleichzeitig anzuwenden. Damit keine Eingabeaufforderungen die Stapelverarbeitung unterbrechen, sollte eine reduzierte Variante der Aktion „Barrierefrei machen" erstellt werden, die nur Aufgaben enthält, für die keine weiteren Eingaben erforderlich sind (z. B. Optionen für das Öffnen festlegen, Eigenschaft für die Tab-Reihenfolge festlegen, Tags zu Dokument hinzufügen). Somit kann die Zugänglichkeit eines kompletten PDF-Archivs mit einem Klick verbessert werden. Da das automatische Tagging fehlerbehaftet ist und mit Hilfe automatischer Routinen lediglich die technische Barrierefreiheit beeinflusst werden kann, ist die Vorgehensweise jedoch nur für weniger komplexe Dateien empfehlenswert.

---

19 Siehe unter http://www.aiim.org/Research-and-Publications/standards/committees/PDFUA/Technical-Implementation-Guide.

Aktion erstellen:
- PDF-Datei laden
- Im Werkzeug „Aktionsassistent“ auf „Neue Aktion erstellen...“ klicken

Es öffnet sich ein Fenster, in dem die Arbeitsschritte einer Aktion organisiert werden können.
- Unter „Zu verarbeitende Dateien“ (rechte Spalte) einstellen, ob Dateien aus einem bestimmten Ordner oder die jeweils geöffnete Datei verarbeitet werden soll
- Aufgaben aus der Werkzeugpalette links auswählen und mit Hilfe der Schaltfläche „Zum rechten Bereich hinzufügen“ in die Aufgabenliste übernehmen
- Auf „Speichern“ klicken und der Aktion einen aussagekräftigen Namen geben

Die Reihenfolge der Aufgaben kann durch Klick auf die Schaltflächen „Nach oben“/„Nach unten“ geändert werden. Die meisten Aufgaben, die sich auf Barrierefreiheit beziehen, befinden sich in den Werkzeugen „Ein-/Ausgabehilfe“ und „Dokumentverarbeitung“. Damit die fertig bearbeiteten Dateien automatisch gespeichert werden, muss als letzte Aufgabe „Speichern“ aus dem Bereich „Speichern und Exportieren“ gewählt werden. Unter „Einstellung angeben“ kann festgelegt werden, ob die Datei unter dem gleichen Namen gespeichert oder eine Namenserweiterung hinzugefügt werden soll. Außerdem können Optionen für eine PDF-Optimierung (z. B. Dateikompression) eingestellt werden.

Vom Scan zum barrierefreien PDF: Häufig werden physisch vorhandene Dokumente für die Archivierung eingescannt und als PDF-Datei abgespeichert. Die Dateien erscheinen visuell korrekt, sind aber sehr schlecht zugänglich. Das Problem liegt darin, dass die vom Scanner gelieferten Daten nicht alphanumerisch, sondern als Bitmap-Bild vorliegen. Screenreader können jedoch nicht aus Bildern vorlesen, sondern nur alphanumerische Daten (Textinformation) verarbeiten. Ein weiterer Nachteil ist, dass Texte, die als Bitmap-Bild dargestellt werden, nicht ohne Qualitätsverluste skalierbar sind. Um das Problem zu beheben, ist eine nachgeschaltete Texterkennung mit Hilfe eines OCR-Programms erforderlich (*Optical Character Recognition*; OCR). Bekannte Beispiele für proprietäre OCR-Programme sind FineReader von ABBYY oder Omnipage von Nuance Communications. Acrobat hat in Form von Acrobat Text Capture eine Texterkennung gleich mit eingebaut. Auch andere Software-Pakete liefern eine Texterkennung als Nebenfunktion mit. Genannt seien Corel OCR-Trace in CorelDRAW oder Microsoft OneNote 2010. Dokumenten-Management-Systeme wie LogicalDOC besitzen entweder selbst eine OCR-Funktion oder lassen sich durch entsprechende Komponenten ergänzen. Neben den proprietären Anwendungen existieren auch einige freie Softwareprodukte wie zum Beispiel OCRopus oder Ocrad. Bei der Auswahl eines OCR-Programms sind neben dem Funktionsumfang letztlich die Erkennungsqualität und die exportierbaren Dateiformate ausschlaggebend[20]. Im Folgenden wird die Erfassung eines Papierdokuments mit Hilfe von Acrobat XI gezeigt:

- Im Kopfmenü *Datei → Erstellen → PDF über den Scanner* wählen
- Im Nutzerdialog den Scanner einstellen, als Ausgabeoption „Neues PDF-Dokument" wählen und im Bereich „Dokumenteinstellungen" ein Häkchen bei „Durchsuchbar machen (OCR ausführen)" setzen
- Den Dialog „Optionen" öffnen, Erkennungssprache einstellen, als PDF-Ausgabeformat „Clearscan" wählen und mit OK bestätigen

Durch Betätigen der Schaltfläche „Scannen" öffnet sich die Oberfläche der Scanner-Softwareschnittstelle, die je nach Geräteanbieter unterschiedlich aussehen kann. Bei den meisten Schnittstellen kann eine Vorschauansicht generiert und der zu erfassende Ausschnitt gewählt werden. Die Scan-Auflösung sollte mindestens 300 dpi betragen.

- Scanvorgang starten

Nach wenigen Augenblicken erscheint das Dokument in Acrobat. Zunächst sollte überprüft werden, ob der Text alphanumerisch vorliegt – das ist der Fall, wenn er sich kopieren und in einen Texteditor einfügen lässt – und die Erkennungsqualität zufriedenstellend ist. Hat die Datei diesen Test bestanden, sind die Grundvoraussetzungen für ein barrierefreies Dokument vorhanden. Jetzt müssen noch Tags und Alternativtexte sowie weitere Barrierefreiheits-Merkmale hinzugefügt werden.

Zugänglichkeit von PDF-Dateien testen

Die Qualitätssicherung ist ein wichtiger Bestandteil des PDF-Workflows. Wie oben bereits geschildert, sieht man PDF-Dokumenten nicht ohne Weiteres an, wie zugänglich sie sind. Viele Eigenschaften sind von außen nicht sichtbar. Natürlich kann mit Hilfe von Acrobat Pro der Tag-Baum manuell überprüft werden, was aber mitunter ein mühsames Unterfangen ist und allenfalls für Stichproben

20 Erkennungsqualität und Datei-Export von OCR-Programmen wurden in c´t 8/2014, S.94 ff. getestet.

geeignet erscheint. Hinzu kommt, dass PDF-Tags nicht das einzige Kriterium für die Barrierefreiheit sind. Kontraste müssen gemessen, die Lesereihenfolge überprüft und die Konformität von Schriften bestätigt werden. Glücklicherweise existieren Programme und Routinen, mit denen diese Prüfungen auf Knopfdruck automatisch durchgeführt werden können.

Automatische Prüftools

In Word 2010/13 kann bereits das Quelldokument auf Barrierefreiheit getestet werden[21]. Die Prüfroutine lässt sich über *Datei → Informationen → Dokument prüfen (2010: Für die Freigabe vorbereiten) → Barrierefreiheit überprüfen* aufrufen. Seit Version XI orientiert sich die Barrierefreiheitsprüfung von Acrobat Pro an den Anforderungen der ISO-Norm PDF/UA. Die Prüfroutine befindet sich im Werkzeugbereich unter *Ein-/Ausgabehilfe → Vollständige Prüfung*. Doppelt so viele Prüfkriterien wie Adobe Acrobat Pro testet PAC. Abbildung 4 zeigt die Oberfläche der aktuellen Version 2[22]. Das kostenlose Tool wurde von xymedia entwickelt und wird vom W3C für die Prüfung von PDF-Dokumenten nach WCAG 2.0 empfohlen. Die zu überprüfende Datei wird durch Klick auf die Schaltfläche „Browse“ ausgewählt und der Prüfvorgang durch Klick auf „Start“ ausgelöst. Unter „Results“ erscheint eine Zusammenfassung der Ergebnisse. PAC listet die Anzahl der geprüften Elemente auf, für die ein Kriterium erfüllt, nicht erfüllt bzw. für die eine manuelle Überprüfung erforderlich ist. Die PAC-Prüfroutine ist auch in QuickFix integriert.

Manuelle Prüfungen

Berücksichtigt werden sollte die eingeschränkte Aussagekraft von automatischen Prüfungen. Sie bezieht sich ausschließlich auf die technische Validität. Nicht alle Kriterien lassen sich durch eine Maschine testen. Zum Beispiel können die Verständlichkeit der Inhalte oder die Sinnhaftigkeit von Alternativtexten nicht oder nur sehr begrenzt automatisch beurteilt werden. Eine vollautomatische Prüfroutine kann testen, ob Tags vorhanden sind, nicht aber, ob diese auch zu den Inhaltselementen passen. Nur die ergänzende manuelle Überprüfung durch eine

---

21 Microsoft Office-Regeln für die Barrierefreiheitsprüfung: http://office.microsoft.com/de-ch/word-help/regeln-fur-die-barrierefreiheitsprufung-HA101823437.aspx

22 Download unter http://www.access-for-all.ch/ch/pdf-werkstatt/pdf-accessibility-checker-pac.html.

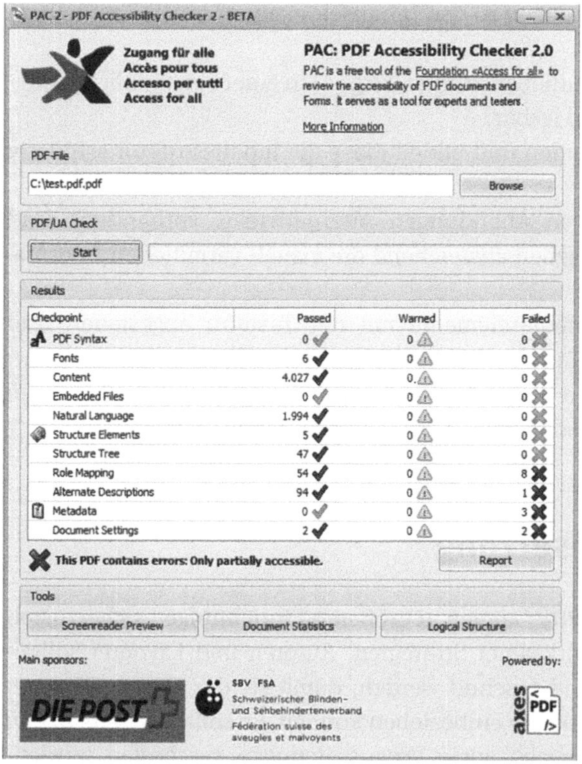

Abb. 4: Vom W3C empfohlen, der PDF Accessibility Checker PAC 2

Testperson liefert ein vollständiges Bild. Ein Dokument, das im automatischen Prüfprogramm null Fehler liefert, kann in der Praxis sehr schlecht nutzbar sein. Umgekehrt schränken ein paar formale technische Fehler die praktische Nutzbarkeit nicht zwangsläufig sehr stark ein. Empfehlenswert ist die Überprüfung mit einem aktuellen Screenreader[23],[24]. Diese sollte idealerweise von einer betroffenen Person durchgeführt werden. Folgende Checkliste liefert Anhaltspunkte für eine manuelle Überprüfung:

- Liegen die Texte alphanumerisch vor?
- Sind die Links aktiv? Lassen sie sich auslösen?

---

23 Welche Screenreader aktuell am häufigsten verwendet werden, ermittelt regelmäßig eine Umfrage der US-amerikanischen Organisation WebAIM (Web Accessibility In Mind): http://webaim.org/projects/screenreadersurvey5/

24 Download unter http://www.freedomsci.de/serv01.htm (Jaws) bzw. http://www.nvaccess.org/download/ (NVDA)

- Passen die Tag-Bezeichnungen zu den Inhaltselementen? Ist die Tag-Reihenfolge korrekt?[25]
- Sind die Elemente im Umfließen-Modus (Strg+4) in einer verständlichen Reihenfolge angeordnet und lesbar?
- Sind Lesezeichen vorhanden und bilden diese die Inhaltsstruktur schlüssig ab?
- Sind bei aussagekräftigen Abbildungen Alternativtexte vorhanden? Sind diese verständlich und geben ausreichend die visuell vermittelten Informationen wieder?
- Können Links und Formularelemente mit der Tastatur angesteuert und bedient werden? Ist die Tabulator-Reihenfolge sinnvoll?
- Wird das Dokument von einem Screenreader korrekt vorgelesen? Werden Strukturelemente wie zum Beispiel Überschriften richtig erkannt?

Strategien zur Umsetzung

Um die Barrierefreiheit von PDF-Dateien in größeren Einrichtungen sicherzustellen, bedarf es nachhaltig wirksamer Strategien. Autoren und Layouter sollten sensibilisiert und ausreichend geschult werden, damit sie das Thema Barrierefreiheit frühzeitig in den Workflow einbeziehen können. So sollten bereits in den Ausgangsanwendungen möglichst viele Voraussetzungen geschaffen werden, damit die Nachbearbeitung auf ein Minimum reduziert werden kann. Außerdem gewährleisten gut vorbereitete Vorlagedateien einfache und effiziente Aktualisierungsmöglichkeiten. Ausgehend von typischen Situationen werden im Folgenden grundlegende Empfehlungen aufgezeigt.

Dateien sollen durch eine Grafikagentur für einen Auftraggeber erstellt werden

Grafikagenturen unterschätzen häufig den erforderlichen Zeitbedarf für die Umsetzung von barrierefreien PDF-Dateien. Das Thema Barrierefreiheit wird in der Regel nicht in den Workflow integriert, so dass fertig layoutete PDF-Dokumente umständlich nachbearbeitet werden müssen. Viele Dateien bringen nicht

25 Die Tag-Struktur kann mit Hilfe des kostenlosen Acrobat-Plug-ins „pdfGoHTML"komfortabel beurteilt werden. Download unter http://www.callassoftware.com/callas/doku.php/de:products:pdfgohtml.

die notwendigen Voraussetzungen für eine effiziente und Zeit sparende Bearbeitung mit. Hinzu kommt, dass sich einige für die Barrierefreiheit wichtige Eigenschaften ausschließlich im Ausgangsdokument beeinflussen lassen. Aufwändige Neubearbeitungen können die Folge sein, die Fertigstellung verzögert sich.

Einige Beispiele:
- Struktur-Tags lassen sich zwar auch nachträglich in Acrobat Pro hinzufügen, die Bearbeitungsmöglichkeiten sind aber umständlich (kein „Copy&Paste" von Tag-Strukturen, keine Funktion zum Zurücknehmen von Arbeitsschritten).
- Kontraste können im PDF-Dokument nicht mehr beeinflusst werden. Ausreichende Kontrastwerte müssen im Ausgangsdokument eingestellt werden.
- Texte sind in Acrobat Pro nur schlecht nachträglich bearbeitbar, so dass allenfalls kleinere Korrekturen im PDF-Dokument vorgenommen werden können. Probleme mit der Zeichenkodierung können nachträglich nicht mehr behoben werden.

Um nicht in diese Situation zu geraten, sollten Agenturen Aspekte der Barrierefreiheit frühzeitig in den Workflow einbeziehen und genügend Zeit für die Umsetzung und Überprüfung einplanen. Bereits im Layoutprogramm sollten so viele Barrierefreiheits-Merkmale wie möglich angelegt werden. Ziel ist eine Ausgangsdatei, aus der im Idealfall per Knopfdruck ein fertiges barrierefreies PDF-Dokument erstellt werden kann. Agenturen sollten genau wissen, welche Möglichkeiten ihre Layoutprogramme bieten und welche Merkmale bei der PDF-Konvertierung übernommen werden. Inhalte sollten grundsätzlich nicht nur optisch, sondern von Beginn an auch semantisch aufbereitet werden. Barrierefreie Vorlagedateien, die auch für zukünftige Projekte zur Verfügung stehen, sparen viel Zeit ein. Die Vorgaben des Auftraggebers zur Barrierefreiheit sollten rechtzeitig berücksichtigt werden. Wichtig sind klare und eindeutige Vereinbarungen. Gegebenenfalls sollte die Grafikagentur den Auftraggeber auf Widersprüche zu gesetzlichen Anforderungen hinweisen; beispielsweise, wenn die Kontrastwerte der Designvorgaben nach WCAG nicht ausreichend sind. Entsprechende Eigenschaften sollten unbedingt in die Abstimmungen zum Layout einfließen. Ein frühzeitiger Layouttest ist empfehlenswert. Durch regelmäßige Zwischenprüfungen können rechtzeitig Mängel aufgedeckt und getestet werden, ob die gewählte Vorgehensweise Erfolg versprechend ist. Ideal ist die Einbeziehung von betroffenen Nutzern, die mit verschiedenen Hilfsmitteln die Dokumente vor der Veröffentlichung testen können. Berücksichtigt werden sollte, dass auch nicht-technische Aspekte wie die Verständlichkeit von Texten die Barrierefreiheit erheblich beeinflussen. Aus Sicht des Auftraggebers sollte überprüft werden, ob

Kompetenzen im Bereich Barrierefreiheit bei der zu beauftragenden Agentur vorliegen. Insbesondere wenn der Auftraggeber als Informationsanbieter durch die Barrierefreie-Informationstechnik-Verordnung (BITV) verpflichtet ist, zugängliche Dateien anzubieten, sollte er Barrierefreiheit mit Hinweis auf die gesetzlichen Regelungen beim Auftragnehmer einfordern. Bereits in der Ausschreibung sollte er möglichst definieren, welche Anforderungen die Dokumente erfüllen müssen (vgl. Formulierungsvorschlag im Anhang). Orientierung für die Formulierungen bieten die Empfehlungen des W3C und die Ausführungen der BITV. Zum Nachweis der Barrierefreiheit kann ein unabhängiger Prüfbericht verlangt werden. Neben BITV und WCAG kann auch ein Bezug zur ISO-Norm PDF/UA hergestellt werden. Dabei sollte jedoch berücksichtigt werden, dass einige der darin enthaltenen Anforderungen zur Zeit noch schwierig oder nur unter hohem Aufwand umsetzbar sind.

Ein vorhandener Dateibestand soll barrierefrei umgesetzt werden

Bei großen Beständen ist es oftmals nicht möglich, sämtliche PDF-Dateien barrierefrei umzusetzen. Die Umsetzung kostet unter Umständen viel Geld und benötigt Zeit. Um Prioritäten für die Bearbeitung setzen zu können, sollten die Dateibestände zunächst sorgfältig evaluiert werden. Die Entscheidung, welche Dokumente vorrangig umgesetzt werden sollen, orientiert sich im Wesentlichen an den folgenden Kriterien:
- Aktualität
- Relevanz (z. B. Dokumente mit wichtigen zentralen Themen, Dokumente, in denen sich der Anbieter präsentiert: „Leitbild" etc.)
- Nutzungshäufigkeit (z. B. Dateien, die häufig heruntergeladen werden)

Die Nutzungshäufigkeit kann aus Zugriffsstatistiken abgeleitet werden. Dazu können Webanalyse-Tools wie das Open-Source-Programm PIWIK[26] verwendet werden. Orientierung bietet die „Hitliste" der am häufigsten heruntergeladenen Dateien.

Grundsätzlich gibt es zwei Vorgehensweisen:
1. Die vorhandenen PDF-Dateien werden nachträglich barrierefrei gemacht.
2. Barrierefreie PDF-Dateien werden durch Neukonvertierung aus den Quelldateien erzeugt.

26 http://piwik.org.

Aus den oben diskutierten Gründen ist Variante 2 prinzipiell vorzuziehen, insbesondere wenn bereits strukturierte Quelldateien vorliegen. Es gibt aber auch Argumente, die für Variante 1 sprechen, zum Beispiel, wenn keine Quelldateien mehr vorhanden sind. Frei nach dem Motto „Besser ein Dokument mit teilweise fehlerhaften Tags als ein vollkommen unstrukturiertes Dokument" kann die automatische Acrobat Pro-Stapelverarbeitung auf ein ganzes PDF-Archiv angewendet werden (Vorgehensweise vgl. Abschnitt „Stapelverarbeitung mit Acrobat Pro"). Durch die erwähnten Mängel darf bei dieser Vorgehensweise jedoch keine umfassende Zugänglichkeit erwartet werden. Das automatische Tagging ist fehlerbehaftet und viele Barrierefreiheits-Merkmale wie zum Beispiel Alternativtexte müssen trotzdem noch manuell hinzugefügt werden. Entscheider und Organisatoren können sich an den folgenden sechs Phasen für eine Umsetzungsstrategie bei bestehenden PDF-Archiven orientieren:

1. *Evaluationsphase*: Wie viele Dateien sind vorhanden? Wie ist die Zugänglichkeit? Welche Dateien werden besonders häufig abgerufen? Welche Dateien sind besonders relevant? Welche Erstellungsprozesse gibt es und welche Anwendungsprogramme werden eingesetzt? Sind Quelldateien vorhanden?
2. *Planungsphase*: Welche Dateien sollen neu konvertiert werden, welche nachträglich barrierefrei gestaltet werden? Welcher Zeitrahmen soll eingehalten werden? Müssen Werkzeuge zur Umsetzung/Überprüfung angeschafft werden?
3. *Vorbereitungsphase*: Schulung/Sensibilisierung von Mitarbeiterinnen und Mitarbeitern, ggf. begleitende Beratung durch Experten und/oder betroffene Nutzerinnen und Nutzer, Anschaffung von fehlenden Werkzeugen zur Umsetzung/Überprüfung
4. *Umsetzungsphase*: Neukonvertierung und/oder Nachbearbeitung, ggf. Einbindung externer Unterstützung
5. *Qualitätssicherung*: Automatische und manuelle Überprüfung der umgesetzten Dateien, Umgang mit Neuzugängen, Dokumentation
6. *Kommunikationsphase*: Information der Zielgruppe und von Mitarbeitern

Fazit und Ausblick

Barrierefreiheit bringt für alle große Vorteile. Nutzer profitieren von gut zugänglichen Informationsangeboten und Anbieter können ihren Nutzerkreis vergrößern. Die aktuelle PDF-Spezifikation verfügt über die notwendigen Voraussetzungen, um PDF-Dokumente barrierefrei anbieten zu können. Mit PDF/UA existiert zudem ein Standard, der die Rahmenbedingungen für barrierefreies PDF ausreichend definiert. Bei aller Euphorie sind in der Praxis jedoch häufig Grenzen gesetzt. Ob ein bestimmtes Dokument (effizient) barrierefrei umgesetzt werden kann, hängt in großem Maße vom gewählten Workflow und der jeweiligen Dateibeschaffenheit ab. Während einfache Dokumente, die überwiegend aus Textinformationen bestehen, sehr leicht zugänglich gemacht werden können, treiben aufwändig layoutete Dateien Bearbeiter nicht selten zur Verzweiflung. Gründe sind unter anderem schlecht umgesetzte Werkzeuge und eine mangelnde Standardkonformität von Anwendungsprogrammen. In vielen Fällen sind für befriedigende Ergebnisse Expertenkenntnisse erforderlich. Barrierefreiheit auf Knopfdruck bleibt nach wie vor Zukunftsmusik. Hoffnung macht das in den letzten Jahren gestiegene Interesse an barrierefreien PDF-Dateien, das nicht zuletzt durch die Einführung gesetzlicher Vorgaben induziert wurde. Eine erhöhte Nachfrage könnte zur Entwicklung verbesserter Umsetzungswerkzeuge führen, so dass mehr standardkonforme Dokumente angeboten werden können. Unterstützung kommt in letzter Zeit auch aus einer ganz anderen Richtung. Moderne Entwicklungen wie das Responsive Webdesign[27] sollen zukünftig auch mit PDF-Dateien funktionieren. Voraussetzung dafür sind Eigenschaften, die auch für die Barrierefreiheit unerlässlich sind: Flexible Darstellung, Strukturinformationen und eine strenge Trennung von Inhalt und Layout.

Literatur

Adobe Systems Incorporated (o. J.): Barrierefreiheit mit Adobe Acrobat XI – ein Überblick. http://www.adobe.com/de/accessibility/products/acrobat/.

Adobe Systems Incorporated (2008): PDF 32000-1:2008 – Document management Portable document format – Part 1: PDF 1.7. http://www.adobe.com/content/dam/Adobe/en/devnet/acrobat/pdfs/PDF32000_2008.pdf.

Association for Information and Image Management – AIIM (o. J.): PDF/UA Technical Implementation Guide: Understanding ISO 14289-1 (PDF/UA-1). http://www.aiim.org/Research-and-Publications/standards/committees/PDFUA/Technical-Implementation-Guide.

Bundesministerium für Arbeit und Soziales (2011): Barrierefreie-Informationstechnik-Verordnung (BITV 2.0). http://www.einfach-teilhaben.de/DE/StdS/Home/Aktuelles/2011_09_22_bitv.html.

27 Beim Responsive Webdesign passen sich die Inhalte und die Bedienelemente in Abhängigkeit vom verwendeten Endgerät automatisch an, so dass eine optimale Darstellung und Bedienbarkeit gewährleistet ist.

Clark, J. (2005): Facts and Opinions About PDF Accessibility. http://alistapart.com/article/pdf_accessibility. (abgerufen am: 29.7.2014)

Drümmer, O.; Chang, B. (2013): PDF/UA kompakt – Barrierefreie Dokumente mit PDF. Berlin. Galrev Druck- und Verlagsgesellschaft Hesse & Partner OHG.

Erle, M. (2011): „PDF umsetzen und prüfen". In: Jan Eric Hellbusch; Kerstin Probiesch: Barrierefreiheit verstehen und umsetzen – Webstandards für ein zugängliches Internet. Heidelberg: dpunkt.verlag, 433–516.

incobs – Informationspool Computerhilfsmittel für Blinde und Sehbehinderte (2007/08): „Screenreader und PDF". http://archiv.incobs.de/produktinfos/screenreader/Archiv/pdf/index.html. (abgerufen am: 29.7.2014).

International Organization for Standardization – ISO (2012): ISO 14289-1 – Document management applications – Electronic document file format enhancement for accessibility – Part 1: Use of ISO 32000-1 (PDF/UA-1).

Johnson, D. (o. J.): Software Supporting ISO 14289 (PDF/UA). http://duff-johnson.com/software-supporting-pdfua/. (abgerufen am: 29.7.2014).

Microsoft Corporation (o. J.): Regeln, nach denen die Barrierefreiheitsprüfung vorgeht. http://office.microsoft.com/de-ch/word-help/regeln-fur-die-barrierefreiheitsprufung-HA101823437.aspx. (abgerufen am: 29.7.2014).

PDF Association (2014): Matterhorn-Protokoll (Document Version 1.02) – PDF/UA Conformance Testing Model. http://www.pdfa.org/publication/the-matterhorn-protocol-1/ (abgerufen am: 29.7.2014).

Web Accessibility In Mind – WebAIM (2014): Screen Reader User Survey #5 Results. http://webaim.org/projects/screenreadersurvey5/ (abgerufen am: 29.7.2014).

Wiegand, D. (2014): „Text-Detektive – Erkennungsqualität und Datei-Export von OCR-Programmen". In: c't 8/2014. Hannover: Heise Zeitschriften Verlag GmbH & Co. KG, 94–97.

Wikipedia (o. J.): Portable Document Format. https://de.wikipedia.org/wiki/Portable_Document_Format. (abgerufen am: 29.7.2014).

World Wide Web Consortium – W3C (2008): Web Content Accessibility Guidelines (WCAG) 2.0. http://www.w3.org/TR/WCAG20/ (abgerufen am: 29.7.2014).

Hinweis zu Markennamen

Anhang

Formulierungsbeispiel für einen Ausschreibungstext

Hintergrund

Gemäß §11 Behindertengleichstellungsgesetz (BGG) sind Träger öffentlicher Gewalt dazu verpflichtet, ihre informationstechnischen Angebote barrierefrei zu gestalten. Die Angebote müssen in der allgemein üblichen Weise, ohne besondere Erschwernis und grundsätzlich ohne fremde Hilfe zugänglich und nutzbar sein. Technische Details regelt in Deutschland die Barrierefreie-Informationstechnik-Verordnung des Bundes (BITV). Als bundesunmittelbare, rechtsfähige Anstalt des öffentlichen Rechts obliegt es unserer Institution, die Barrierefreiheit ihrer informationstechnischen Angebote sicherzustellen. Die Angebote umfassen Dokumente im Portable Document Format (PDF), die barrierefrei bereitgestellt werden müssen.

Anforderungen an PDF-Dateien

Der Auftragnehmer stellt sicher, dass die von ihm erstellten PDF-Dokumente für Menschen mit verschiedenen Behinderungen zugänglich sind. Es werden nur Dokumente abgenommen, die die Anforderungen der jeweils gültigen Fassungen der Barrierefreie-Informationstechnik-Verordnung des Bundes (BITV) im Allgemeinen und (soweit mit vertretbarem Aufwand realisierbar) der Norm ISO 14289-1 (PDF/UA) im Speziellen erfüllen. Dazu gehören u.a. die folgenden Anforderungen:

Anforderungen an die Dokumentstruktur

- Das Dokument verfügt über einen Strukturbaum mit semantischen Informationen (Tags).
- Es sind nach Möglichkeit die in ISO 32000-1 (PDF) definierten Standard-Tags zu verwenden.
- Nicht-Standard-Tags sind funktionell ähnlichen Standard-Tags zuzuordnen (Rollenzuordnung).
- Artefakte und nicht aussagekräftige Inhalte sind nicht Bestandteil des Tag-Baums.
- Die Tags liegen in einer logischen Lesereihenfolge vor.

- Es sind ausschließlich Schriftarten zu verwenden, die dem Unicode-Standard entsprechen.

Anforderungen an die Wahrnehmbarkeit

- Aussagekräftige Grafiken und Abbildungen sind mit einem beschreibenden Alternativtext auszustatten.
- Schriftgrafiken sind zu vermeiden. Werden sie trotzdem verwendet, sind die Inhalte im Alternativtext wiederzugeben.
- Die Kontrastverhältnisse für Texte und Schriftgrafiken sind gemäß BITV einzuhalten.
- Farbe ist nicht als einziges Mittel zu verwenden, um Informationen zu vermitteln oder eine Reaktion zu veranlassen (z. B. Links).

Anforderung an die Bedienbarkeit

- Links sind aktiviert und korrekt verknüpft.
- Ziel und Zweck eines Links ist aus dem Linktext oder dem Alternativtext ersichtlich.
- Überschriften, Abbildungen, Listen und Tabellen sind zu kennzeichnen.
- Überschriften werden im Tag-Baum in hierarchisch korrekter Weise repräsentiert.
- In Tabellen sind die Überschriftenzellen zu kennzeichnen.
- Die Tabulator-Reihenfolge ist festzulegen.
- Bei längeren Dokumenten ist ein verknüpftes Inhaltsverzeichnis anzulegen.
- Es sind Lesezeichen anzulegen, die sich an der Überschriftenstruktur orientieren.

Anforderungen an die Verständlichkeit

- Meta-Informationen und ein aussagekräftiger Dokumenttitel sind vorhanden.
- Texte sind lesbar und verständlich zu gestalten.
- Links sind verständlich oder haben einen verständlichen Alternativtext.
- Die vorherrschend verwendete natürliche Sprache ist anzugeben, Sprachwechsel sind zu kennzeichnen.
- Abkürzungen und Akronyme verfügen über einen erklärenden Alternativtext.

Nachweis der Barrierefreiheit

Um die Zugänglichkeit der gelieferten PDF-Dokumente nachzuweisen, sind Prüfberichte einzureichen, die mit den jeweils aktuellsten Versionen des PDF Accessibility-Checkers (PAC 2) und der Prüfroutine von Acrobat Pro erzeugt wurden.

Andreas Carstens

Grundlagen für eine barrierefreie IT in der Justiz*

Einleitung

Die Welt, in der wir leben, wird immer digitaler. Das gilt auch für den Bereich der Justiz[1]. Durch das Gesetz zur Förderung des elektronischen Rechtsverkehrs mit den Gerichten (ERV-FördG) vom 10. Oktober 2013[2] wird diese Entwicklung einen deutlichen Schub erfahren. Zukünftig soll es möglich werden, mit allen Gerichten[3] elektronisch zu kommunizieren. Hierzu müssen Rechtsanwälte in Deutschland bereits ab dem 01.01.2016 für die Gerichte über ein besonderes elektronisches Anwaltspostfach erreichbar sein[4], spätestens ab dem 01.01.2022 werden sie, ebenso wie Behörden, verpflichtet sein, vorbereitende Schriftsätze und deren Anlagen den Gerichten nur noch als elektronisches Dokument zu übermitteln. Auf Seiten der Gerichte wird dies dazu führen, dass die bisherigen Papierakten durch elektronische Akten abgelöst werden.[5] Die Barrierefreiheit der elektronischen Kommunikation mit und innerhalb der Justiz ist eine zentrale Bedingung, um auch blinden und sehbehinderten Menschen eine gleichberechtigte Teilhabe daran zu ermöglichen. Auch Menschen mit anderen Handicaps sind auf die Barrierefreiheit der elektronischen Vorgangsbearbeitung angewiesen. Der nachfolgende Beitrag gibt daher einen Überblick über die vielfältigen rechtlichen Vorschriften zur Barrierefreiheit, die auf dem Weg zur digitalen Justiz zu beachten

---

* Der Beitrag beruht auf einem Vortrag, den der Verfasser am 27.02.2014 im niedersächsischen Justizministerium vor Mitgliedern der AG Zukunft der Bund-Länder-Kommission für Informationstechnik in der Justiz (BLK) gehalten hat.

1 Einen guten Überblick über den Stand der EDV-Ausstattung in der Justiz ermöglichen die jährlich aktualisierten Länderberichte im gemeinsamen Justizportal des Bundes und der Länder (www.justiz.de/BLK/laenderberichte/index.php).

2 Siehe BGBl I 2013, Seite 3786.

3 Mit Ausnahme der Verfahren in Straf- und Bußgeldsachen; hierfür hat das Bundesministerium der Justiz im Sept. 2014 den Referentenentwurf eines Gesetzes zur Einführung der elektronischen Akte in Strafsachen vorgelegt (www.bmjv.de/DE/Ministerium/Gesetzarchiv/_node.html).

4 Zwei Jahre später soll der flächendeckende elektronische Rechtsverkehr beginnen.

5 Vgl. Carsten Schürger, Einführung der E-Akte – Revolution am Richterarbeitsplatz?, DRiZ 2014, 92 – 93; siehe dazu auch Martin Dommer, Per Mausklick in den Aktenkeller, AnwBl 2013, 807 – 809.

sind[6], und die hierbei einzuhaltenden technischen Standards. Auf dieser Grundlage werden wesentliche Voraussetzungen für die Verwirklichung der digitalen Barrierefreiheit in der Justiz aufgezeigt. Eine Checkliste in Form eines ausführlichen Fragenkatalogs formuliert hierzu konkrete Handlungsanweisungen.

Der rechtliche Rahmen

Nach Art. 3 Abs. 3 Satz 2 des Grundgesetzes (GG) darf niemand wegen seiner Behinderung benachteiligt werden[7]. Zugleich ist die UN-Behindertenrechtskonvention (UN-BRK) seit dem 26.03.2009 in Deutschland als geltendes Recht im Rang eines einfachen Bundesgesetzes zu beachten[8]. Sie verpflichtet dazu, Menschen mit Behinderungen einen gleichberechtigten Zugang zur Justiz und eine selbstbestimmte Teilhabe an allen modernen Informations- und Kommunikationstechnologien, die elektronisch bereitgestellt werden oder zur Nutzung offen stehen, zu ermöglichen sowie vorhandene Zugangshindernisse und -barrieren zu beseitigen (Art. 9, 13 und 27 UN-BRK). Hierzu sind nach Art. 4 Abs. 1 Buchstabe a) UN-BRK alle geeigneten Gesetzgebungs-, Verwaltungs- und sonstigen Maßnahmen zu ergreifen. Leitbild der UN-Behindertenrechtskonvention ist die inklusive Gestaltung aller Lebensbereiche[9]. Dies macht es erforderlich, Informations- und Kommunikationstechnologien, die für die elektronische Kommunikation mit Gerichten und Staatsanwaltschaften zur Verfügung stehen, im Sinne eines „design for all" von vornherein so zu gestalten, dass sie auch für Menschen mit Behinderungen in der allgemein üblichen Weise, ohne besondere Erschwernis und grundsätzlich ohne fremde Hilfe zugänglich und nutzbar sind[10]. Die

6 Siehe hierzu bereits Andreas Carstens, Barrierefreiheit von E-Justice – ein Auftrag an den Gesetzgeber, JurPC Web-Dok. 76/2013, www.jurpc.de/jurpc/show?id=20130076 sowie die Beratungen zur Barrierefreiheit im Rechtsausschuss des Bundestages (BT-Drs. 17/13948, Seite 47, 48 f. und 54 f.).

7 Eine Benachteiligung kann auch darin bestehen, dass gebotene Maßnahmen zur Verwirklichung einer gleichberechtigten Teilhabe unterlassen werden; vgl. Bundesverfassungsgericht (BVerfG), Beschluss vom 08.10.1997 – 1 BvR 9/97, BVerfGE 96, 288 (303).

8 Gesetz zu dem Übereinkommen der Vereinten Nationen vom 13.12.2006 über die Rechte von Menschen mit Behinderungen (BGBl. II 2008,Seite 1419; Bekanntmachung des Inkrafttretens: BGBl II 2009, Seite 818).

9 Hierfür ist Zugänglichkeit (Accessibility) bzw. Barrierefreiheit ein wesentliches Grundprinzip (vgl. Art. 3 Buchstabe f) UN-BRK); ausführlich dazu auch Felix Welti, Barrierefreiheit als Rechtsbegriff, DÖV 2013, 795 (796).

10 Dies entspricht der Legal-Definition für Barrierefreiheit in § 4 des Behindertengleichstellungsgesetzes des Bundes (BGG); siehe dazu auch Felix Welti, Rechtliche Voraussetzungen von

UN-Behindertenrechtskonvention formuliert damit einen umfassenden Auftrag an den Gesetzgeber, Barrierefreiheit als allgemeines Strukturprinzip im Recht zu verankern. Ungeachtet der hierfür zu erlassenden Gesetze[11] besteht darüber hinaus die Verpflichtung, durch geeignete Verwaltungs- und sonstige Maßnahmen[12] zur Verwirklichung von Barrierefreiheit beizutragen. Zugleich spielt die UN-Behindertenrechtskonvention auch bei der Auslegung und Konkretisierung des Rechts eine Rolle[13].

Behindertengleichstellungsgesetze

Nach § 11 Abs. 1 des Behindertengleichstellungsgesetzes des Bundes (BGG) gestalten die Dienststellen und sonstigen Einrichtungen der Bundesverwaltung ihre Internetauftritte und -angebote sowie die von ihnen zur Verfügung gestellten grafischen Programmoberflächen, die mit Mitteln der Informationstechnik dargestellt werden, technisch so, dass sie von behinderten Menschen grundsätzlich uneingeschränkt genutzt werden können. Inhaltlich vergleichbare Regelungen enthalten die Behindertengleichstellungsgesetze der Bundesländer[14]. Nicht zum Anwendungsbereich der Norm gehören die Gerichte und Justizbehörden sowie die Staatsanwaltschaften, soweit sie aufgrund der speziellen Prozessordnun-

Barrierefreiheit, NVwZ 2012, 725 sowie Jan Dirk Roggenkamp, Barrierefreies E-Government, NVwZ 2006, 1239 (1240–1241).

11 Darüber hinaus enthält die UN-BRK auch unmittelbar anwendbare Verpflichtungen, die keine vorherige Umsetzung durch den Gesetzgeber erfordern, siehe Bundessozialgericht (BSG), Urteil vom 06.03.2012 – B 1 KR 10/11 R, BSGE 110, 194 – 204 und BSG, Beschluss vom 10.05.2012 – B 1 KR 78/11 B, sowie Valentin Aichele, Die UN-Behindertenrechtskonvention in der gerichtlichen Praxis, AnwBl 2011, 727.

12 So ausdrücklich Art. 4 Abs. 1 Buchstabe a) UN-BRK; Barrierefreiheit ist daher auch bei der Ausübung von Ermessen oder beispielsweise im Bereich schlichten Verwaltungshandelns zu beachten.

13 Nach BVerfG, Beschluss vom 23.03.2011 – 2 BvR 882/09, BVerfGE 128, 282 (306), unter B. II. 1. b) cc) kann die UN-BRK auch als Auslegungshilfe für die Bestimmung von Inhalt und Reichweite der Grundrechte zu beachten sein.

14 Baden-Württemberg: § 10 Satz 1 L-BGG, Bayern: Art. 13 Satz 1 BayBGG, Berlin: § 17 Satz 1 LGBG, Brandenburg: § 9 Abs. 1 BbgBGG, Bremen: § 9 Abs. 1 BremBGG, Hamburg: § 10 Abs. 1 HmbGGbM, Hessen: § 14 Abs. 1 Satz 1 HessBGG, Mecklenburg-Vorpommern: § 13 Abs. 1 LBGG M-V, Niedersachsen: § 9 Satz 1 NBGG, Nordrhein-Westfalen: § 10 Abs. 1 BGG NRW, Rheinland-Pfalz: § 7 Abs. 1 Satz 1 LGGBehM; Saarland: § 8 Abs. 1 SBGG, Sachsen: § 7 SächsIntegrG, Sachsen-Anhalt: § 16 Abs. 1 BGG LSA, Schleswig-Holstein: § 12 LBGG , Thüringen: § 14 Abs. 1 ThürGIG; einige Bundesländer erstrecken die Verpflichtung zusätzlich auch auf das Intranet, vgl. z.B. Art. 13 Satz 1 BayBGG, § 9 Abs. 1 BremBGG; § 10 Abs. 1 HmbGGbM ; § 14 Abs. 1 Satz 1 HessBGG ; § 7 Abs. 1 Satz 1 LGGBehM, § 8 Abs. 1 SBGG und § 14 Abs. 1 ThürGIG.

gen und Verfahrensgesetze tätig werden[15]. Dies bedeutet zugleich, dass sie verpflichtet bleiben, soweit sie Verwaltungsaufgaben wahrnehmen[16]. Ein Blick in die Behindertengleichstellungsgesetze der Länder bestätigt dieses Ergebnis. Dort werden die Gerichte und Staatsanwaltschaften teilweise explizit in den Anwendungsbereich einbezogen, soweit sie verwaltend tätig sind[17]. Ähnlich in Niedersachsen[18], wo die Gerichte und Staatsanwaltschaften von der generellen Geltung des Gesetzes nur ausgenommen werden, soweit sie Aufgaben der Rechtsprechung, der Strafverfolgung oder der Strafvollstreckung wahrnehmen.[19] Und die entsprechende Regelung in Nordrhein-Westfalen[20] lautet: „Für ... die Gerichte sowie die Behörden der Staatsanwaltschaften gilt dieses Gesetz, soweit sie Verwaltungsaufgaben wahrnehmen". Aus § 11 Abs. 1 BGG und den Parallelvorschriften in den Landesgleichstellungsgesetzen ergibt sich damit die Verpflichtung, auch die Internetauftritte und -angebote der Gerichte und der Justizministerien sowie das gemeinsame Justizportal des Bundes und der Länder im Internet[21] barrierefrei zu gestalten. Die hierbei einzuhaltenden technischen Standards werden gemäß § 11 Abs. 1 Satz 2 BGG durch die Barrierefreie - Informationstechnik-Verordnung (BITV 2.0) vom 12.09.2011[22] konkretisiert und festgelegt.

15 Majerski-Pahlen, in: Neumann, u.a., SGB IX, Kommentar, 12. Aufl. 2010, § 7 BGG Rn 1; Kossens, u.a., SGB IX mit Behindertengleichstellungsgesetz, Kommentar, 3. Aufl. 2009, § 7 BGG Rn 3.

16 Dem entspricht es, dass nach § 1 des Verwaltungsverfahrensgesetzes des Bundes (VwVfG) jede Stelle als Behörde anzusehen ist, die Aufgaben der Verwaltung wahrnimmt.

17 So ausdrücklich § 6 Abs. 1 Satz 1, 2. Halbsatz L-BGG in Baden-Württemberg, Artikel 13 Abs. 1 Satz 1 BayBGG in Bayern, § 2 Abs. 1 NBGG in Niedersachsen, § 1 Abs. 2 Satz 2 BGG NRW in Nordrhein-Westfalen und § 4 Abs. 1 SBGG im Saarland. Auch die anderen Landesgleichstellungsgesetze gehen offenbar davon aus, dass Gerichte und Staatsanwaltschaften dem Geltungsbereich der jeweiligen Gesetze unterfallen, soweit sie eine Verwaltungstätigkeit ausüben. Dies kommt in Rheinland-Pfalz beispielsweise in der Regelung des § 5 Satz 1 LGGBehM zum Ausdruck: „... die Behörden einschließlich der Gerichte des Landes ...".

18 § 2 Abs. 1 Satz 1 NBGG.

19 § 2 Abs. 1 Satz 2 Nr. 2 NBGG.

20 § 1 Abs. 2 Satz 2 BGG NRW

21 Justizportal des Bundes und der Länder: www.justiz.de; auch die Bundesländer unterhalten eigene Justizportale, vgl. z.B.: www.justizportal.de, www.justizportal.niedersachsen.de, www.justiz.nrw.de und www.justiz.sachsen-anhalt.de.

22 BGBl I 2011, Seite 1843.

Gesetz zur Förderung des elektronischen Rechtsverkehrs mit den Gerichten

Durch das Gesetz zur Förderung des elektronischen Rechtsverkehrs mit den Gerichten wurden die Prozessordnungen und Verfahrensgesetze für die Gerichte geändert.[23] Gleichzeitig wurden an mehreren Stellen Vorschriften zur Barrierefreiheit in die Gesetze eingefügt und die Regelung in § 191a des Gerichtsverfassungsgesetzes (GVG) grundlegend novelliert[24]. Hierdurch wollte der Gesetzgeber die Barrierefreiheit der elektronischen Kommunikation mit den Gerichten umfassend sicherstellen.[25]

Elektronisches Anwaltspostfach

Nach § 31a der Bundesrechtsanwaltsordnung (BRAO) müssen Rechtsanwälte ab dem 1. Januar 2016 für die Gerichte über ein besonderes elektronisches Anwaltspostfach erreichbar sein. Die besonderen elektronischen Anwaltspostfächer sind von der Bundesrechtsanwaltskammer für die Rechtsanwälte einzurichten.[26] Sie sollen nach § 31a Abs. 1 Satz 1 BRAO barrierefrei ausgestaltet werden. Das Bundesministerium der Justiz wird durch § 31b BRAO ermächtigt, die Einzelheiten zur Barrierefreiheit durch Rechtsverordnung zu regeln.

---

23 Die einzelnen Änderungen treten zeitlich gestuft in mehreren Schritten zum 01.07.2014, zum 01.01.2016, zum 01.01.2018 und zum 01.01.2022 in Kraft. Zu den einzelnen Regelungen und ihrem jeweiligen Inkrafttreten siehe auch Alexander Müller-Teckhof, Gesetz zur Förderung des elektronischen Rechtsverkehrs mit den Gerichten, MMR 2014, 95–100.

24 Siehe hierzu bereits die Begründung des Gesetzentwurfs zum ERV-FördG (BR-Drs. 818/12, Seite 26). Der Gesetzentwurf wurde während des Gesetzgebungsverfahrens um weitere Regelungen zur Barrierefreiheit ergänzt (siehe BT-Drs. 17/13948, Seite 47, 48 f. und 54 f.).

25 Siehe dazu die 2. und 3. Lesung des Gesetzentwurfs im Bundestag am 13.06.2013 (Plenarprotokoll 17/246, Seite 31453 und 31677 ff.), sowie ergänzend die vorangehende Beratung im Rechtsausschuss (BT-Drs. 17/13948, Seite 47, 48 f. und 54 f.). Die Barrierefreiheit war auch Thema der Sachverständigenanhörung vor dem Rechtsausschuss des Bundestages am 15.04.2013; hierzu wurde u.a. der Vorsitzende des Deutschen Vereins der Blinden und Sehbehinderten in Studium und Beruf e.V., VRiLG a.D. Uwe Boysen, gehört (Protokoll der 123. Sitzung, Öffentliche Anhörung, Protokoll Nr. 123; siehe: http://webarchiv.bundestag.de/cgi/show.php?fileToLoad=2930&id=1223).

26 Die Umsetzung erfolgt über eine „trusted domain" bei der Bundesrechtsanwaltskammer auf der Grundlage eines sicheren Verzeichnisdienstes (Christian Hoffmann/Kim Corinna Borchers, Das besondere elektronische Anwaltspostfach, CR 2014, 62 (64)). Der Zugang wird voraussichtlich über eine Web-Oberfläche erfolgen, zusätzlich sind Schnittstellen zu den gängigen Programmen der Anwaltssoftware geplant (Friederike Lumme/Peggy Fiebig, Digitale Kommunikation mit den Gerichten – Der elektronische Rechtsverkehr kommt, Bundesrechtsanwaltskammer, Kammerkurzmitteilung 10/2014 vom 13.03.2014, Seite 3).

In einer Kammermitteilung der Bundesrechtsanwaltskammer vom März 2014 heißt es hierzu: „Eine Selbstverständlichkeit, die allerdings auch ... im Gesetz vorgesehen ist, ist die Barrierefreiheit des Anwaltspostfaches. Der Zugang zum Anwaltspostfach wird ... für blinde und sehbehinderte Menschen ... genauso möglich sein.“[27]

Elektronische Übermittlungswege

Die Vorschrift des § 130a der Zivilprozessordnung (ZPO) sieht vor[28], dass vorbereitende Schriftsätze und deren Anlagen, schriftlich einzureichende Anträge und Erklärungen der Parteien sowie schriftlich einzureichende Auskünfte, Aussagen, Gutachten, Übersetzungen und Erklärungen Dritter ab dem 01.01.2018 flächendeckend als elektronisches Dokument bei Gericht eingereicht werden können[29]. Während elektronische Dokumente an das Gericht bisher mit einer qualifizierten elektronischen Signatur nach dem Signaturgesetz versehen sein müssen, wird es zukünftig möglich sein, elektronische Dokumente auch ohne qualifizierte elektronische Signatur zu übermitteln, wenn hierfür einer der nachfolgenden, vom Gesetzgeber – im Hinblick auf die Authentizität und die Integrität des übermittelten elektronischen Dokuments – als sicher bezeichneten Übermittlungswege genutzt wird[30]. Als sichere Übermittlungswege benennt das Gesetz in § 130a Abs. 4 ZPO[31] erstens den Postfach- und Versanddienst eines De-Mail-Kontos[32], zweitens den Übermittlungsweg zwischen dem besonderen elektronischen Anwalts-

---

27 Friederike Lumme/Peggy Fiebig, Digitale Kommunikation mit den Gerichten – Der elektronische Rechtsverkehr kommt, Bundesrechtsanwaltskammer, Kammerkurzmitteilung 10/2014 vom 13.03.2014, Seite 3.

28 Gleichlautende Regelungen enthalten die Vorschriften der § 14 FamFG, § 46c ArbGG, § 65a SGG, § 55a VwGO und § 52a FGO.

29 Die Bundesländer haben die Möglichkeit, den Beginn des flächendeckenden fakultativen elektronischen Rechtsverkehrs für ihren Bereich durch Rechtsverordnung bis zum 31.12.2018 oder bis zum 31.12.2019 hinauszuschieben.

30 Die qualifizierte elektronische Signatur wurde in der Vergangenheit vielfach als zu beschwerlich angesehen. Die neu im Gesetz aufgeführten sicheren Übermittlungswege sollen daher einfachere Möglichkeiten des Zugangs eröffnen.

31 Inhaltsgleiche Regelungen enthalten die Parallelvorschriften in den anderen Prozessordnungen und Verfahrensgesetzen; siehe § 14 FamFG, § 46c ArbGG, § 65a SGG, § 55a VwGO und § 52a FGO.

32 Voraussetzung ist, dass der Absender bei Versand der Nachricht sicher im Sinne des § 4 Abs. 1 Satz 2 des De-Mail-Gesetzes angemeldet ist und er sich die sichere Anmeldung gemäß § 5 Abs. 5 des De-Mail-Gesetzes bestätigen lässt.

postfach[33] und der elektronischen Poststelle des Gerichts, drittens den Übermittlungsweg zwischen einem hierfür eingerichteten elektronischen Postfach einer Behörde[34] und der elektronischen Poststelle des Gerichts und viertens sonstige bundeseinheitliche Übermittlungswege[35], die durch Rechtsverordnung festgelegt werden. Die sicheren Übermittlungswege sind nach § 191a Abs. 3 Satz 2 GVG[36] barrierefrei auszugestalten. Dabei sind gemäß § 191a Abs. 3 Satz 4 GVG die Standards von § 3 der Barrierefreie-Informationstechnik-Verordnung vom 12.09.2011 in der jeweils geltenden Fassung maßgebend. Für sonstige bundeseinheitliche Übermittlungswege, die durch Rechtsverordnung festgelegt werden, sieht das Gesetz zudem vor, dass sie nur dann durch Rechtsverordnung zugelassen werden dürfen, wenn ihre Barrierefreiheit gewährleistet ist[37]. Für Rechtsanwälte von besonderer Bedeutung ist der Übermittlungsweg zwischen dem elektronischen Anwaltspostfach und der elektronischen Poststelle des Gerichts, zumal Rechtsanwälte gemäß § 130d ZPO spätestens ab dem 01.01.2022 verpflichtet sein werden, vorbereitende Schriftsätze und deren Anlagen sowie schriftlich einzureichende Anträge und Erklärungen als elektronisches Dokument zu übermitteln[38]. Hierzu ist nicht nur das besondere elektronische Anwaltspostfach, sondern auch die elektronische Poststelle des Gerichts barrierefrei zu gestalten. Gleiches gilt für den Übermittlungsweg zwischen einem künftigen elektronischen Behördenpostfach und der elektronischen Poststelle des Gerichts[39]. Als elektronische Poststelle des Gerichts hat sich in den letzten Jahren das Elektronische Gerichts- und Verwaltungspostfach (EGVP) etabliert.[40] Während Rechtsanwälten und Behörden eigene Übermittlungswege zur Verfügung stehen, können die Prozessbeteiligten, die – etwa in Verfahren ohne Anwaltszwang – mit dem Gericht elektronisch kommunizieren wollen, als sicheren Übermittlungsweg nur den Übermittlungsweg über den

---

33 Oder einem entsprechenden, auf gesetzlicher Grundlage errichteten elektronischen Postfach.

34 Voraussetzung ist, dass vor der Einrichtung des Behördenpostfachs ein Identifizierungsverfahren durchgeführt wird. Das Nähere regelt die Verordnung nach § 130a Abs. 2 Satz 2 ZPO.

35 Die Regelung ermöglicht, technologieoffen die Einbeziehung zukünftiger Entwicklungen.

36 In der ab dem 01.01.2018 geltenden Fassung.

37 § 130a Abs. 4 Nr. 4 ZPO; ebenso die Parallelvorschriften der anderen Prozessordnungen und Verfahrensgesetze.

38 Die Bundesländer können diesen Zeitpunkt für einzelne Gerichtsbarkeiten ihres Landes durch Rechtsverordnung bereits auf den 01.01.2020 oder 2021 vorverlegen.

39 Auch Behörden, die Beteiligte eines gerichtlichen Verfahrens sind, werden nach § 130d ZPO (und den Parallelvorschriften in den anderen Verfahrensordnungen) zukünftig verpflichtet sein, vorbereitende Schriftsätze und deren Anlagen an das Gericht als elektronisches Dokument zu übermitteln.

40 Siehe http://www.egvp.de/gerichte/index.php.

Postfach- und Versanddienst eines De-Mail-Kontos nutzen.[41] Eine ausdrückliche gesetzliche Verpflichtung zur Barrierefreiheit im De-Mail-Gesetz, wie sie die Verbände der Blinden und Sehbehinderten im Rahmen des Gesetzgebungsverfahrens für das Gesetz zur Förderung des elektronischen Rechtsverkehrs mit den Gerichten gefordert hatten[42], gibt es bisher nicht. Gleichwohl geht der Gesetzgeber davon aus, dass die Verpflichtung zur Barrierefreiheit aus § 191a Abs. 3 Satz 2 GVG auch für den über die Nutzung von De-Mail-Diensten eröffneten Übermittlungsweg zu beachten ist[43]. Es bleibt daher abzuwarten, wie die Justiz die Barrierefreiheit des Übermittlungsweges mittels De-Mail sicherstellen wird.

Elektronische Dokumente

Mit der flächendeckenden Einführung des elektronischen Rechtsverkehrs wird es möglich werden, sowohl die Schriftsätze der Verfahrensbeteiligten und Erklärungen Dritter als auch gerichtliche Dokumente (Urteile, Beschlüsse, Protokolle, richterliche Verfügungen und Fristsetzungen, Ladungen, ...) als elektronisches Dokument zu übermitteln.[44] Nach § 174 Abs. 3 Satz 4 ZPO[45] werden Rechtsanwälte und andere Prozessbevollmächtigte zudem verpflichtet, ab dem 01.01.2018 einen sicheren Zugang im Sinne des § 130a Abs. 4 ZPO für Zustellungen elektronischer Dokumente durch das Gericht zu eröffnen. Dementsprechend werden elektronische Dokumente des Gerichts die bisherigen Papierdokumente zunehmend ersetzen. Für elektronische Dokumente des Gerichts sieht § 191a Abs. 3 Satz 1 GVG[46] vor, dass sie für blinde und sehbehinderte Menschen barrierefrei zugänglich und nutzbar sein müssen, soweit sie in Schriftzeichen wiedergegeben werden. Die Einschränkung auf Schriftzeichen soll gewährleisten, dass die Beifügung und

41 Gleiches gilt u.a. auch für Steuerberater vgl. § 174 Abs. 3 Satz 4 ZPO.

42 Vorgeschlagen wurde u.a. das De-Mail-Gesetz wie folgt um einen § 8a zu ergänzen: „Akkreditierte Anbieter von De-Mail-Diensten haben ihre Dienste nach Maßgabe der aufgrund von § 11 Abs. 1 des Behindertengleichstellungsgesetzes des Bundes ergangenen Rechtsverordnung technisch so zu gestalten, dass sie von behinderten Menschen grundsätzlich uneingeschränkt genutzt werden können.“; siehe dazu bereits Andreas Carstens, Barrierefreiheit von E-Justice – ein Auftrag an den Gesetzgeber, JurPC, Web-Dok. 76/2013, Abs. 19–25, www.jurpc.de.

43 Zur Begründung des § 191a Abs. 3 Satz 2 GVG, der aufgrund eines Änderungsantrags des Rechtsausschusses in den Gesetzentwurf eingefügt wurde, heißt es hierzu ausdrücklich: „Zudem sind bei der Kommunikation mit dem Gericht alle sicheren Übermittlungswege barrierefrei auszugestalten.“ (BT-Drs. 17/13948, Seite 55); siehe dazu auch Fußnote 25.

44 Siehe § 130a Abs. 1 ZPO in der ab 01.011.2018 geltenden Fassung und § 130b ZPO.

45 In der durch das ERV-FördG geänderten Fassung.

46 In der ab 01.01.2018 geltenden Fassung.

Einbettung von Fotos und Skizzen in Urteilen und Protokollen möglich bleibt.[47] Nach § 191a Abs. 3 Satz 4 GVG sind zur barrierefreien Gestaltung die Standards von § 3 der Barrierefreie-Informationstechnik-Verordnung[48] in der jeweils geltenden Fassung maßgebend. Für elektronische Dokumente, die an das Gericht übermittelt werden, sieht § 130a Abs. 2 Satz 1 ZPO vor, dass sie für die Bearbeitung durch das Gericht geeignet sein müssen. Die technischen Rahmenbedingungen werden durch Rechtsverordnung festgelegt.[49] Hierzu gehört auch, dass der Inhalt der übermittelten elektronischen Dokumente für Such- und Bearbeitungsfunktionen durch das Gericht zugänglich sein muss.[50] Die Übermittlung elektronischer Dokumente, die – wie bei eingescannten Vorlagen – ihren Inhalt lediglich als Bild wiedergeben, sollte daher auf zu Beweiszwecken eingescannte Urkunden, Nachweise und Belege begrenzt werden.[51] Solange die von den Rechtsanwälten genutzten Anwaltsprogramme noch nicht so weit sind, dass sie automatisch barrierefreie elektronische Dokumente erzeugen, ist dies eine wichtige Voraussetzung, um auch Screenreadern oder Screenmagnifiern den Zugang zum Inhalt des Dokuments zu ermöglichen.[52]

Elektronische Formulare

Nach § 130c ZPO kann das Bundesministerium der Justiz für die elektronische Kommunikation mit den Gerichten ab dem 1. Juli 2014 durch Rechtsverordnung elektronische Formulare einführen. Die Rechtsverordnung kann bestimmen, dass die in den Formularen enthaltenen Angaben ganz oder teilweise in strukturierter maschinenlesbarer Form zu übermitteln sind. Die Formulare sind auf einer in der Rechtsverordnung zu bestimmenden Kommunikationsplattform im Internet zur Nutzung bereitzustellen. Die Rechtsverordnung kann bestimmen, dass eine

---

47 Müller-Teckhof, Gesetz zur Förderung des elektronischen Rechtsverkehrs mit den Gerichten, MMR 2014, 95 (100).

48 BGBl. I 2011, S. 1843.

49 Siehe § 130a Abs. 2 Satz 2 ZPO; zu den danach zu regelnden technischen Rahmenbedingungen gehören z. B. Dateiformate und andere Voraussetzungen, die für eine funktionsfähige und reibungslose Weiterverarbeitung durch die Justiz erforderlich sind (Müller-Teckhof, Gesetz zur Förderung des elektronischen Rechtsverkehrs mit den Gerichten, MMR 2014, 95 (97)).

50 Nur so lässt sich ein effektives Arbeiten in elektronischen Akten und Dokumenten gewährleisten.

51 Ausnahmen sind außerdem für Fotos, Zeichnungen und Graphiken erforderlich, die in elektronischen Dokumenten übermittelt werden.

52 Außerdem ist in der Rechtsverordnung festzulegen, dass bei PDF-Dokumenten die Eigenschaft „Kopieren für Barrierefreiheit zulässig" voreingestellt sein muss.

Identifikation des Formularverwenders abweichend von § 130a Absatz 3 ZPO auch durch Nutzung des elektronischen Identitätsnachweises nach § 18 des Personalausweisgesetzes erfolgen kann[53]. Sind elektronische Formulare eingeführt, dann sind diese nach § 191a Abs. 3 Satz 1[54] bzw. Satz 3[55] GVG blinden oder sehbehinderten Personen barrierefrei zugänglich zu machen. Dabei sind gemäß § 191a Abs. 3 letzter Satz GVG die Standards von § 3 der Barrierefreie-Informationstechnik-Verordnung[56] in der jeweils geltenden Fassung maßgebend. Dies bedeutet zunächst, dass die elektronischen Formulare technisch so gestaltet sein müssen, dass sie für blinde oder sehbehinderte Personen barrierefrei zugänglich und nutzbar sind. Da die Formulare auf einer Kommunikationsplattform im Internet zur Nutzung bereitzustellen sind, bedeutet dies aber auch, dass die Kommunikationsplattform im Internet – jedenfalls soweit sie den Zugang zu den Formularen eröffnet – barrierefrei zu gestalten ist. Wird zugleich die Nutzung des elektronischen Identitätsnachweises nach § 18 des Personalausweisgesetzes vorgeschrieben oder zugelassen, dann muss auch dies barrierefrei möglich sein.

Elektronisches Schutzschriftenregister

Die Vorschrift des § 945a Abs. 1 ZPO sieht vor, dass die Länder ein zentrales, länderübergreifendes elektronisches Register für Schutzschriften (Schutzschriftenregister) führen. Schutzschriften sind vorbeugende Verteidigungsschriftsätze gegen erwartete Anträge auf Arrest oder einstweilige Verfügung. Hierzu regelt die Verordnungsermächtigung in § 945 b ZPO, dass das Bundesministerium der Justiz durch Rechtsverordnung die näheren Bestimmungen über die Barrierefreiheit festlegt.

---

53 Gleichlautende Vorschriften sind in § 14a FamFG, § 46f ArbGG, § 65c SGG, § 55c VwGO und § 52c FGO enthalten.

54 In der seit dem 01.07.2014 geltenden Fassung.

55 In der ab dem 01.01.2018 geltenden Fassung.

56 BGBl. I S. 1843.

Zugänglichmachung

Die Vorschrift des § 191a des Gerichtsverfassungsgesetzes (GVG) wurde zum 01.08.2002 in das Gesetz eingefügt.[57] Seither konnte eine blinde oder sehbehinderte Person, die Beteiligte eines gerichtlichen Verfahrens ist, verlangen, dass ihr Schriftstücke[58] bzw. Dokumente[59], die ihr durch das Gericht zuzustellen oder formlos bekanntzugeben sind, auch in einer für sie wahrnehmbaren Form zugänglich gemacht werden.[60] Nach § 6 der Verordnung zur barrierefreien Zugänglichmachung von Dokumenten für blinde und sehbehinderte Personen im gerichtlichen Verfahren (Zugänglichmachungsverordnung)[61] hat die blinde oder sehbehinderte Person ein Wahlrecht, ob die Zugänglichmachung durch zusätzliche Übermittlung in Blindenschrift, als Audio-Dokument, als Großdruck, als barrierefreies elektronisches Dokument oder in anderer geeigneter Weise erfolgen soll. Mit der Novellierung der Vorschrift des § 191a GVG durch das Gesetz zur Förderung des elektronischen Rechtsverkehrs mit den Gerichten hat der Gesetzgeber einen grundlegenden Paradigmenwechsel[62] vollzogen.[63] Die zentrale Regelung der Vorschrift ist nunmehr in § 191a Abs. 3 GVG enthalten. Danach müssen zukünftig die Zugänge zu den Übermittlungswegen des elektronischen Rechtsverkehrs, die elektronischen Dokumente des Gerichts und die im Internet bereit gestellten elektronischen Formulare barrierefrei zugänglich und nutzbar sein.[64] Hierfür sind die Standards von § 3 der Barrierefreie-Informationstechnik-

---

57 Eingefügt durch Art. 20 Nr. 5 OLG-VertretungsänderungsG vom 23.07.2002 (BGBl I 2002, S. 2850).

58 So die bis zum 30.05.2005 geltende Fassung.

59 So die durch Art. 15c JustizkommunikationsG vom 22.03.2005 (BGBl. 2005, S. 837) geänderte Fassung.

60 § 191a Abs. 1 Satz 1 GVG und § 191a Abs. 2 GVG iVm. § 2 Abs. 1 der Zugänglichmachungsverordnung (ZMV) vom 26.02.2007 (BGBl. 2007, Seite 215).

61 Vom 26.02.2007 (BGBl. 2007, Seite 215).

62 An die Stelle einer bloß nachträglichen Zugänglichmachung im Einzelfall (integrativer Ansatz) tritt zukünftig eine von Anfang an zu gewährleistende Zugänglichkeit für alle (inklusiver Ansatz).

63 Siehe dazu auch Müller-Teckhof, Gesetz zur Förderung des elektronischen Rechtsverkehrs mit den Gerichten, MMR 2014, 95 (99).

64 § 191a Abs. 3 Satz 1 bis 3 GVG in der ab dem 01.01.20118 geltenden Fassung; die Verpflichtung zur Barrierefreiheit der elektronischen Übermittlungswege und der elektronischen Dokumente des Gerichts tritt zeitgleich mit der flächendeckenden Einführung des elektronischen Rechtsverkehrs in Kraft; die Regelung zur Barrierefreiheit elektronischer Formulare gilt bereits seit dem 01.07.2014.

Verordnung[65] in der jeweils geltenden Fassung maßgebend.[66] Die Verpflichtung des § 191a Abs. 3 GVG gilt prozessordnungs- und verfahrensübergreifend für alle Gerichtsbarkeiten. Eine zusätzliche Zugänglichmachung ist daher mit Beginn des flächendeckenden elektronischen Rechtsverkehrs nur noch dann erforderlich, wenn ein Dokument nicht von vornherein barrierefrei zugänglich und nutzbar ist, beispielsweise weil Schriftsätze noch in Papierform eingereicht wurden oder elektronische Dokumente der Verfahrensbeteiligten noch nicht den Vorgaben des § 191a Abs. 3 Satz 1 GVG entsprechen. Darüber hinaus wurden durch die Neufassung des § 191a Abs. 1 GVG der Anwendungsbereich der Vorschrift ausgeweitet und die Rechte blinder und sehbehinderter Menschen gestärkt. Der Anspruch auf barrierefreie Zugänglichmachung nach § 191a Abs. 1 GVG besteht künftig für alle Schriftsätze und Dokumente eines gerichtlichen Verfahrens.[67] Die bisher in § 191a Abs. 1 GVG enthaltene Einschränkung, wonach eine blinde oder sehbehinderte Person die Zugänglichmachung nur verlangen konnte, soweit dies zur Wahrnehmung ihrer Rechte im Verfahren erforderlich war, ist mit der Neufassung ersatzlos entfallen.[68] Außerdem werden zukünftig auch blinde und sehbehinderte Rechtsanwälte in den Anwendungsbereich der Vorschrift einbezogen. Ein Anspruch auf Zugänglichmachung steht ab sofort auch einer blinden oder sehbehinderten Person zu, die von einer anderen Person mit der Wahrnehmung ihrer Rechte beauftragt oder hierfür bestellt worden ist.[69] Eine wesentliche Neuerung enthält auch die Regelung in § 191a Abs. 1 Satz 3 GVG. Ist einer blinden oder sehbehinderten Person Akteneinsicht zu gewähren, so kann sie zukünftig verlangen, dass ihr die Akteneinsicht nach Maßgabe der Zugänglichmachungsverordnung barrierefrei gewährt wird.[70] Der Anspruch auf barrierefreie Akteneinsicht steht auch einem blinden oder sehbehinderten Rechtsanwalt zu.[71] Die Akteneinsicht in elektronische Gerichtsakten erfolgt durch Wiedergabe auf einem Bildschirm, durch Übermittlung von elektronischen Dokumenten oder durch Gestattung des

---

65 BGBl. I 2011, Seite 1843.

66 § 191a Abs. 3 letzter Satz GVG.

67 § 191a Abs. 1 Satz 2 GVG.

68 Mit Beschluss vom 10.01.2013 hatte der Bundesgerichtshof (BGH) zur alten Rechtslage den Anspruch einer blinden Person auf Zugänglichmachung mit der Begründung abgelehnt, dass ihr der Streitstoff auch durch ihren Rechtsanwalt vermittelt werden kann (BGH, Beschluss vom 10.01.2013 – I ZB 70/12, NJW 2013, 1011); ebenso BGH, Beschluss vom 19.02.2014 – I ZB 70/12, NJW 2014, 1455; dem BGH folgend BSG, Beschluss vom 04.02.2014 – B 3 P 4/13 BH, BeckRS 2014, 66675; diese Rechtsprechung dürfte mit der Neufassung von § 191a Abs. 1 GVG zum 01.07.2014 überholt sein.

69 § 191a Abs. 1 Satz 4 GVG.

70 § 191a Abs. 1 Satz 3 GVG.

71 § 191a Abs. 1 Satz 4 GVG.

elektronischen Zugriffs auf den Inhalt der Akten.[72] Gesetzessystematisch hat die Vorschrift des § 191a Abs. 1 Satz 3 GVG eine Zwitterstellung: Einerseits gewährt sie einen Anspruch auf eine barrierefrei zu ermöglichende Akteneinsicht. Andererseits ist sie Teil der Regelung über die Zugänglichmachung in § 191a Abs. 1 GVG. Soweit elektronische Akten nicht von vornherein barrierefrei zugänglich und nutzbar sind[73], ist die Barrierefreiheit daher auf Verlangen im Einzelfall herzustellen.[74] Abschließend stellt § 191a Abs. 1 Satz 5 GVG klar, dass Auslagen für die barrierefreie Zugänglichmachung nach diesen Vorschriften nicht erhoben werden.

Sozialgesetzbuch IX und Arbeitsschutzgesetz

Während die Prozessordnungen und Verfahrensgesetze der Gerichte die elektronische Kommunikation mit den Beteiligten eines gerichtlichen Verfahrens und ihren Prozessbevollmächtigten betreffen, ist im Innenverhältnis die Vorschrift des § 81 Abs. 4 Satz 1 Nr. 4 des Sozialgesetzbuchs IX (SGB IX) zu beachten. Die Vorschrift, die schwerbehinderten Beschäftigten einen einklagbaren Anspruch[75] gewährt, gilt gleichermaßen für private wie für öffentliche Arbeitgeber[76]. Unter ihren Anwendungsbereich fallen daher auch die Arbeitsplätze von Angestellten, Beamten und Richtern[77]. Nach ihr hat der Arbeitgeber die Arbeitsstätten einschließlich sämtlicher Betriebsanlagen und Geräte behinderungsgerecht einzurichten und zu unterhalten. Hierzu gehört auch die barrierefreie Gestaltung der

---

72 Vgl. § 299 Abs. 3 ZPO.

73 Nach Ziffer 4.2.7 (A.NB.5) der TR-RESISCAN (BSI TR 03138, Version 1.0 vom 20.03.2013) des Bundesamtes für Sicherheit in der Informationstechnik sind im Rahmen der elektronischen Aktenführung beim ersetzenden Scannen geeignete Maßnahmen, unter anderem zur optischen Zeichenerkennung (OCR), zur Förderung der Barrierefreiheit einzusetzen; Download: https://www.bsi.bund.de/DE/Publikationen/TechnischeRichtlinien/tr03138/index_htm.html.

74 Auch diese Vorschrift sollte daher für die Justizverwaltung ein Anlass ein, elektronische Akten bereits von vornherein soweit als möglich barrierefrei zu gestalten.

75 Vgl. Bundesarbeitsgericht (BAG), Urteil vom 14.03.2006 – 9 AZR 411/05, NJW 2006, 3740; BAG, Urteil vom 04.10.2005 – 9 AZR 632/04, NJW 2006, 1691.

76 § 71 SGB IX; siehe auch § 73 Abs. 1 und § 82 SGB IX.

77 Kossens/von der Heide/Maaß, SGB IX, Kommentar, 3. Aufl. 2009, § 81 SGB IX, Rn 39 unter Verweis auf § 128 Abs. 1 und 3 SGB IX; Ursula Spiolek, in: Ruprecht Großmann/Werner Schimanski/Ursula Spiolek, Gemeinschaftskommentar zum Sozialgesetzbuch IX – Rehabilitation und Teilhabe behinderter Menschen (GK-SGB IX), 71. Erg.-Lfg., August 2013, § 81 SGB IX, Rn 24 und 24a unter Verweis auf § 73 Abs. 1 und § 128 Abs. 1 und 3 SGB IX.

IT-Ausstattung am Arbeitsplatz[78]. Das betrifft neben den üblichen Programmen zur Bürokommunikation insbesondere elektronische Akten und besondere Fachanwendungen, aber auch die Kommunikation über das Intranet oder elektronische Dokumente am Arbeitsplatz.[79] Die Verpflichtung aus § 81 Abs. 4 Satz 1 Nr. 4 SGB IX besteht nicht, soweit ihre Erfüllung für den Arbeitgeber unzumutbar ist oder mit unverhältnismäßigen Aufwendungen verbunden wäre[80]. Hierfür trägt der Arbeitgeber die Darlegungslast[81]. Für IT-Anwendungen ist in diesem Zusammenhang daher insbesondere von Bedeutung, ob ihre barrierefreie Gestaltung bei Neuentwicklungen, Erweiterungen oder Überarbeitungen verhältnismäßig einfach mit berücksichtigt werden kann oder bei fertigen Programmen nachträglich nur mit Schwierigkeiten umsetzbar ist[82]. Ein Arbeitgeber kann sich auch dann nicht auf Unzumutbarkeit oder Unverhältnismäßigkeit berufen, wenn er die in § 84 SGB IX genannten fachlichen Stellen, insbesondere die Agentur für Arbeit und das Integrationsamt[83], nicht beteiligt, beispielsweise um mit ihnen die Möglichkeiten öffentlicher Zuschüsse zu erörtern.[84] Die Bestimmung des § 81 Abs. 4 Satz 1 Nr. 4 SGB IX bewirkt auch, dass der Arbeitgeber nicht die Bewer-

---

78 Ausführlich dazu Karsten Warnke, Ansätze für eine barrierefreie Informationstechnik, ZfPR online 12/2010, Seite 31 (32); ebenso Fuchs/Hirsch/Ritz, SGB IX – Kommentar zum Recht schwerbehinderter Menschen, 6. Aufl. 2011, § 81 SGB IX, Rn 30; siehe im Übrigen Ursula Spiolek, in: Ruprecht Großmann/Werner Schimanski/Ursula Spiolek, Gemeinschaftskommentar zum Sozialgesetzbuch IX – Rehabilitation und Teilhabe behinderter Menschen (GK-SGB IX), 71. Erg.-Lfg. August 2013, § 81 SGB IX, Rn 356 ff.

79 Karsten Warnke, Inklusion im Alltag: Wie Sie an Bildschirmarbeitsplätzen Barrieren für sehbeeinträchtigte Mitarbeiter abbauen, in: Praxishandbuch Arbeitssicherheit und Gesundheitsschutz im Betrieb, Stichwort: Sehbeeinträchtigung, Dezember 2013, Seite 4 f.

80 § 81 Abs. 4 Satz 3 SGB IX; siehe dazu ausführlich Ursula Spiolek, in: Ruprecht Großmann/Werner Schimanski/Ursula Spiolek, Gemeinschaftskommentar zum Sozialgesetzbuch IX – Rehabilitation und Teilhabe behinderter Menschen (GK-SGB IX), 71. Erg.-Lfg. August 2013, § 81 SGB IX, Rn 375 und Rn 411 – 418: „Angesichts des umfangreichen Subventionsspektrums dürften nur wenige Fälle verbleiben, in denen die Erfüllung der Ansprüche des schwerbehinderten Menschen trotz Förderungsmöglichkeit unzumutbar bzw. unverhältnismäßig ist" (ebenda, Rn 418).

81 Ruprecht Großmann, in: Ruprecht Großmann/Werner Schimanski, Gemeinschaftskommentar zum Sozilagesetzbuch – Rehabilitation und Teilhabe behinderter Menschen (GK-SGB IX), 40. Aufl. Okt. 2007, § 81 SGB IX, Rn 411 m.w.N.; BAG, Urteil vom 14.03.2006 – 9 AZR 411/05, NJW 2006, 3740; BAG Urteil vom 10.05.2005 – 9 AZR 230/04, DB 2006, 55.

82 Wird Barrierefreiheit bereits bei der Planung und Entwicklung neuer IT-Anwendungen berücksichtigt, dann sind die damit verbundenen Aufwendungen in der Regel deutlich niedriger als bei nachträglichen Anpassungen.

83 § 81 Abs. 4 Satz 2 SGB IX; siehe dazu auch §§ 77 Abs. 5, 102 Abs. 3 Nr. 2 a) SGB IX.

84 Kossens/von der Heide/Maaß, SGB IX, Kommentar, 3. Aufl. 2009, § 81 SGB IX, Rn 60; Kreikebohm/Spellbrink/Waltermann, Kommentar zum Sozialrecht, 2009, § 81 SGB IX, Rn 21; BAG, Urteil vom 14.03.2006 – 9 AZR 411/05, NJW 2006, 3740.

bung eines schwerbehinderten Menschen (z. B. einer blinden Richterin oder eines stark sehbehinderten Rechtspflegers) mit der Begründung ablehnen kann, seine Arbeitsstätte sei nicht auf diese Art der Behinderung eingerichtet.[85] Eine Verpflichtung zur barrierefreien Gestaltung der Arbeitsplätze ergibt sich auch aus der auf Grund der Vorschriften des Arbeitsschutzgesetzes (ArbSchG)[86] erlassenen Arbeitsstättenverordnung (ArbStättV). Ziel der Arbeitsstättenverordnung ist der Schutz der Beschäftigten vor Gefährdungen am Arbeitsplatz.[87] Nach § 3a Abs. 2 ArbStättV hat ein Arbeitgeber, der Menschen mit Behinderungen beschäftigt, die Arbeitsstätten so einzurichten und zu betreiben, dass die besonderen Belange dieser Beschäftigten im Hinblick auf Sicherheit und Gesundheitsschutz berücksichtigt werden.[88] Hierzu gehört nach § 3a Abs. 2 Satz 2 ArbStättV insbesondere die barrierefreie Gestaltung der Arbeitsplätze. Die Schutzpflichten des Arbeitgebers werden durch Technische Regeln für Arbeitsstätten (ASR) konkretisiert.[89] Nach Ziffer 3.2 der ASR V3a.2[90] ist die barrierefreie Gestaltung der Arbeitsstätten im Hinblick auf den hier behandelten Kontext gegeben, wenn die Systeme der Informationsverarbeitung, akustische, visuelle und taktile Informationsquellen und Kommunikationseinrichtungen für Beschäftigte mit Behinderungen in der allgemein üblichen Weise, ohne besondere Erschwernisse und grundsätzlich ohne fremde Hilfe zugänglich und nutzbar sind.[91]

Allgemeines Gleichbehandlungsgesetz

Eine Verpflichtung zur barrierefreien Gestaltung kann sich auch aus dem Allgemeinen Gleichbehandlungsgesetz (AGG) vom 14.08.2006[92] ergeben.[93] Die Vorschrift des § 19 Abs. 1 Nr. 1 AGG untersagt eine Benachteiligung wegen einer Behinderung bei der Begründung, Durchführung und Beendigung zivilrechtlicher

85 Ebenso auch Franz Josef Düwell, in: Dirk H. Dau/Franz Josef Düwell/Jacob Joussen, Sozialgesetzbuch IX, Lehr- und Praxiskommentar, 3. Aufl. 2011, § 81 SGB IX, Rn 130 m.w.N.

86 Vgl. §§ 18 und 19 ArbSchG.

87 § 3a Abs. 1 Satz 1 ArbStättV.

88 § 3a Abs. 2 Satz 1 ArbStättV.

89 Bei den Technischen Regeln für Arbeitsstätten handelt es sich um technische Normen. Hat der Arbeitgeber sie eingehalten, gilt die Vermutung, dass die entsprechenden Anforderungen der ArbStättV erfüllt sind.

90 Technische Regeln für Arbeitsstätten (ASR V3a.2), Barrierefreie Gestaltung von Arbeitsstätten, Stand August 2012 (GMBl. Nr. 37 vom 31.08.2012, Seite 663).

91 Dies entspricht der Legal-Definition zur Barrierefreiheit in § 4 des Behindertengleichstellungsgesetzes des Bundes (BGG).

92 BGBl I 2006, Seite 1897.

93 Felix Welti, Rechtliche Voraussetzungen von Barrierefreiheit, NVwZ 2012, 725 (726).

Schuldverhältnisse, die typischer Weise ohne Ansehen der Person zu vergleichbaren Bedingungen in einer Vielzahl von Fällen zustande kommen (Massengeschäfte) oder bei denen das Ansehen der Person nach der Art des Schuldverhältnisses eine nachrangige Bedeutung hat und die zu vergleichbaren Bedingungen in einer Vielzahl von Fällen zustande kommen. Nach § 21 Abs. 1 Satz 1 AGG kann der Benachteiligte bei einem Verstoß gegen das Benachteiligungsverbot unbeschadet weiterer Ansprüche die Beseitigung der Benachteiligung verlangen. Hierunter fällt auch die Verhinderung geschäftlicher Kontakte, etwa indem Menschen mit Behinderungen durch einen fehlenden barrierefreien Zugang ausgeschlossen werden[94]. Für die Anbieter von De-Mail-Diensten dürfte sich daher – auch ohne ausdrückliche Regelung im De-Mail-Gesetz[95] – aus dem zivilrechtlichen Benachteiligungsverbot schon heute die Verpflichtung ergeben, ihre Dienste so zu gestalten, dass sie barrierefrei zugänglich und nutzbar sind. Dementsprechend empfiehlt die Technische Richtlinie des Bundesamtes für Sicherheit in der Informationstechnik (BSI) zu De-Mail (TR-De-Mail), die für die Nutzung von De-Mail-Diensten erforderlichen grafischen Oberflächen unter Beachtung der Standards der Barrierefreie-Informationstechnik-Verordnung (BITV 2.0) zu gestalten[96].

EU-Vorschriften

Wesentliche Vorgaben zur Barrierefreiheit von IT-Anwendungen ergeben sich auch aus dem EU-Recht.[97] Danach haben öffentliche Auftraggeber Barrierefreiheit zukünftig als verbindliche Anforderung im Ausschreibungs- und Vergabeverfahren zu berücksichtigen. Die Neuerungen sind in der Richtlinie 2014/24/EU des Europäischen Parlaments und des Rates vom 26. Februar 2014 über die

---

94 Palandt, Bürgerliches Gesetzbuch mit Nebengesetzen, Kommentar, 73. Aufl. 2014, § 19 AGG, Rn 2; Münchener Kommentar zum BGB, Band 1, 6. Aufl. 2012, § 19 AGG, Rn 135; Dieter Schwab, Schranken der Vertragsfreiheit durch die Antidiskriminierungsrichtlinien und ihre Umsetzung in Deutschland, DNotZ 2006, 649 (659) m.w.N.

95 Vgl. dazu bereits oben, Fußnote 42.

96 Unter Ziffer 7.3 heißt es hierzu in der TR De-Mail (BSI TR 01201, Version 1.1.1) ausdrücklich „Die Gestaltung der Web-Oberfläche von De-Mail sollte entsprechend den Gesetzgebungen zur Barrierefreiheit (Verordnung zur Schaffung barrierefreier Informationstechnik nach dem Behindertengleichstellungsgesetz (BITV)) vorgenommen werden“, https://www.bsi.bund.de/DE/Themen/EGovernment/DeMail/TechnischeRichtlinien/TechnischeRichtlinien.html.

97 Vgl. Art. 10 des Vertrags über die Arbeitsweise der Europäischen Union (AEUV); darüber hinaus ist die Europäische Union der UN-BRK im Januar 2011 beigetreten (Amtsblatt der Europäischen Union vom 27.01.2010, L 23, 35).

öffentliche Auftragsvergabe enthalten.[98] Artikel 42 Abs. 1 Satz 4 dieser Richtlinie sieht vor, künftig bei jeglicher Beschaffung, die zur Nutzung durch natürliche Personen — ganz gleich, ob durch die Allgemeinheit oder das Personal des öffentlichen Auftraggebers — vorgesehen ist, die technischen Spezifikationen so zu erstellen, dass die Zugänglichkeitskriterien für Personen mit Behinderungen berücksichtigt werden. Die Richtlinie ist innerhalb von zwei Jahren in innerstaatliches Recht umzusetzen.[99] Sie löst die Richtlinie 2004/18/EG zur Vergabe öffentlicher Aufträge ab, die in Artikel 23 Abs. 1 Satz 2 schon bisher die Möglichkeit vorsieht, Barrierefreiheit als Kriterium im Ausschreibungs- und Vergabeverfahren zu berücksichtigen. Künftig werden die Anforderungen zur Barrierefreiheit zwingend in die Ausschreibungsunterlagen aufzunehmen und bei der Vergabeentscheidung zu beachten sein.[100]

Die zu beachtenden Standards

Digitale Barrieren bei der elektronischen Kommunikation mit und innerhalb der Justiz betreffen insbesondere blinde und sehbehinderte Menschen. Sie nutzen am PC assistive Technologien[101] wie Screenreader oder Screenmagnifier als Hilfsmittel, die es ihnen ermöglichen, die auf dem Monitor dargestellten Inhalte auch auf einer Braillezeile oder über eine Sprachausgabe wiederzugeben oder aber stark vergrößert darzustellen. Voraussetzung hierfür ist, dass die jeweiligen Programme und grafischen Oberflächen sowie die dargestellten Inhalte barrierefrei zugänglich und nutzbar sind. Hierzu gehört beispielsweise, dass Programme auch vollständig über Tastaturbefehle – und nicht nur per Maus-Klick – bedienbar sein müssen. Außerdem müssen die dargestellten Inhalte für

98 Richtlinie 2014/24/EU des Europäischen Parlaments und des Rates vom 26. Februar 2014 über die öffentliche Auftragsvergabe und zur Aufhebung der Richtlinie 2004/18/EG (Amtsblatt der Europäischen Union, Ausgabe in deutscher Sprache, vom 28.03.2014, L 94, 65). Die Richtlinie ist im Bereich der Informations- und Kommunikationstechnik für Aufträge ab einem Wert von 134.000 € bzw. 207.000 € zu beachten (Art. 4 RL 2014/24/EU).

99 Artikel 90 der Richtlinie 2014/24/EU: „Die Mitgliedstaaten setzen die Rechts- und Verwaltungsvorschriften in Kraft, die erforderlich sind, um dieser Richtlinie bis 18. April 2016 nachzukommen.“.

100 Im Gegenzug trifft den Bieter nach Art. 42 Abs. 6 Satz 2 der Richtlinie 2014/24/EU die Verpflichtung, in seinem Angebot nachzuweisen, dass sein Angebot den Leistungs- oder Funktionsanforderungen des Auftraggebers zur Barrierefreiheit entspricht.

101 Einen guten Überblick über diese Hilfsmittel und ihre Funktionsweise ermöglicht die einmal jährlich stattfindende Sightcity (www.sightcity.net); zu weiterführenden Informationen siehe auch: www.incobs.de.

Screenreader zugänglich und nutzbar sein, damit sie von diesen auch taktil über eine Braillezeile oder akustisch über eine Sprachausgabe wiedergegeben werden können. Auch Screenmagnifier müssen die Möglichkeit erhalten, auf die Inhalte zuzugreifen, beispielsweise um bei einer starken Vergrößerung der Schrift eine Kantenglättung vorzunehmen oder die Farben von Vorder- und Hintergrund zu verändern. Auch für Menschen mit motorischen Einschränkungen kann es erforderlich sein, dass sich ein Programm vollständig mit Tastaturbefehlen bedienen lässt.[102] Zur Verwirklichung von Barrierefreiheit gibt es je nach Art der Anwendung unterschiedliche technische Standards, die die jeweils zu beachtenden Anforderungen benennen. Hier ist insbesondere zwischen webbasierten und nicht webbasierten Anwendungen zu unterscheiden. Auch für die Barrierefreiheit elektronischer Dokumente gibt es mittlerweile eigene Standards. Darüber hinaus kann es weitere Anforderungen, beispielsweise für die Verwendung von Java oder für die Apps von Tablet-PCs geben.

Anforderungen an webbasierte Anwendungen

Als Standards für die Barrierefreiheit von webbasierten IT-Anwendungen sind insbesondere die Web Content Accessibility Guidelines (WCAG 2.0), die Zugänglichkeitsrichtlinien für barrierefreie Web-Inhalte, zu beachten[103]. Die WCAG 2.0 sind seit Dezember 2008 offizielle Empfehlung der Web Accessibility Initiative (WAI) des World Wide Web Consortiums (W3C). Seit Oktober 2009 gibt es eine vom W3C autorisierte deutsche Übersetzung[104]. Die WCAG 2.0 enthalten einen normativen und einen nicht normativen Teil. Der normative Teil wird von 4 Prinzipien[105] angeführt, denen 12 allgemeine Richtlinien (*Guidelines*) zugeordnet sind. Die 12 Richtlinien geben die wesentlichen Ziele vor, um Inhalte für Nutzer mit Behinderungen barrierefrei zu gestalten. Die Richtlinien untergliedern sich wiederum in insgesamt 61 testbare Erfolgskriterien (*Success Criteria*). Hier wird es für Webdesigner konkret. Die Erfolgskriterien beschreiben, wie Webseiten beschaffen sein müssen, um den Richtlinien zu entsprechen. Dabei sind die Erfolgskriterien so formuliert, dass objektiv überprüfbar ist, ob sie erfüllt sind

102 Siehe dazu bereits den Arbeitskreis zur Barrierefreiheit von IT-Anwendungen in der Justiz während des 19. EDV-Gerichtstages im Jahr 2010: http://www.edvgt.de/pages/5.-21.-deutscher-edv-gerichtstag/19.-deutscher-edv-gerichtstag/arbeitskreise-mit-praesentationen-und-protokollen.php.

103 Siehe http://www.w3.org/TR/2008/REC-WCAG20-20081211/.

104 Siehe http://www.w3.org/Translations/WCAG20-de/.

105 Wahrnehmbarkeit, Bedienbarkeit, Verständlichkeit und Robustheit.

oder nicht.[106] Den einzelnen Erfolgskriterien ist jeweils eine Konformitätsstufe (A, AA oder AAA) zugewiesen. Die Konformitätsstufe A bezeichnet die niedrigste, die Konformitätsstufe AAA die höchste Konformität. In einer Leistungsbeschreibung – beispielsweise im Rahmen eines Ausschreibungs- und Vergabeverfahrens – ist daher auch anzugeben, welche Konformitätsstufe insgesamt oder für die einzelnen Teile eines Webauftritts jeweils mindestens einzuhalten ist. Insbesondere für zentrale Navigations- oder Einstiegsseiten ist es erforderlich, die Anforderungen auch der Konformitätsstufe AAA einzuhalten. Der normative Teil der WCAG 2.0 wird durch weitere, nicht normative Dokumente ergänzt, die dem besseren Verständnis der WCAG 2.0 dienen. Dazu gehören u.a. die „Understanding WCAG 2.0“ sowie die „Techniques for WCAG 2.0“. Für Webdesigner sind insbesondere die Techniken sehr hilfreich. Hier stehen ganz konkrete Anleitungen und Tipps zur Umsetzung und Prüfung der in den Erfolgskriterien genannten Anforderungen.[107] Ebenso beschrieben werden typische Fehler, die dazu führen können, dass Erfolgskriterien nicht erfüllt werden. Neben allgemeinen, technikunabhängigen Techniken gibt es spezifische Techniken, beispielsweise für HTML, CSS, ECM-Script, SMIL, ARIA und Web-Server. Da die Techniken nicht normativ sind, können sie laufend aktualisiert und ergänzt – und so leichter auf dem aktuellen Stand der Technik gehalten – werden.[108] Die Vorgaben der WCAG 2.0 werden durch die Barrierefreie-Informationstechnik-Verordnung (BITV 2.0) vom 12.09.2011[109] in das nationale Recht übernommen. Hierzu werden die 61 Erfolgskriterien der WCAG 2.0 weitgehend in der Anlage 1 der BITV 2.0 als Bedingungen wiedergegeben.[110] Die BITV 2.0 unterscheidet Anforderungen in zwei Prioritätsstufen. Die Umsetzung der Anforderungen der Priorität 1 ist Pflicht.[111] Die Prioritätsstufe 1 entspricht weitgehend den Konformitätsstufen A und AA der WCAG 2.0.[112] Zentrale Navigations- und Einstiegsseiten sollen zusätzlich die unter Priorität 2 aufgeführten Anforderungen und Bedingungen berücksichtigen.[113] Darüber

106 Tiffany Wyatt und Michael Zapp, WCAG 2.0: Neue Richtlinien für Barrierefreiheit – warum eigentlich?, horus 4/2008, 162 (164).

107 Tiffany Wyatt und Michael Zapp, WCAG 2.0: Neue Richtlinien für Barrierefreiheit – warum eigentlich?, horus 4/2008, 162 (164).

108 Siehe hierzu insbesondere auch Jan-Eric Hellbusch/Kerstin Probiesch, Barrierefreiheit verstehen und umsetzen, Webstandards für ein zugängliches und nutzbares Internet, 1. Aufl. 2011.

109 BGBl I 2011, 1843; sie ersetzt damit die Barrierefreie Informationstechnik-Verordnung vom 17.07.2002 (BGBl I 2002, 2654), die noch auf dem Standards der WCAG 1.0 beruhte.

110 Karsten Warnke, Die Bedeutung der BITV 2 für die Barrierefreiheit im Inter- und Intranet, ZfPR online 12/2011, Seite 36 (37).

111 § 3 Abs. 1 BITV 2.0.

112 Karsten Warnke, Die Bedeutung der BITV 2 für die Barrierefreiheit im Inter- und Intranet, ZfPR online 12/2011, Seite 36 (37).

113 § 3 Abs. 1 BITV 2.0.

hinaus formuliert eine Anlage 2 der BITV 2.0 Anforderungen zur Verwendung der „Leichten Sprache“ und zur Gebärdensprache. Für Menschen, die aufgrund einer Lernbeeinträchtigung oder einer Gehörlosigkeit ansonsten keinen Zugang hätten, muss ein Internetangebot auch Informationen in „Leichter Sprache“ und in Deutscher Gebärdensprache enthalten.[114] Die WCAG 2.0 formulieren lediglich Anforderungen an die Zugänglichkeit von Webinhalten. Zu beachten sind daher auch die User Agent Accessibility Guidelines und die Authoring Tool Accessibility Guidelines, zwei weitere Richtlinien des W3C. Die User Agent Accessibility Guidelines (UAAG) vom 17.12.2002[115] formulieren Anforderungen an die Barrierefreiheit von Browsern und anderen Programmen[116], die Webinhalte wiedergeben. Die Authoring Tool Accessibility Guidelines (ATAG) vom 03.02.2000[117] enthalten dagegen Richtlinien zur Barrierefreiheit für Entwicklungssoftware und Autoren-Werkzeuge, die genutzt werden, um Webinhalte zu erstellen und zu veröffentlichen, und sind damit insbesondere für Web-Designer und Online-Redakteure wichtig. Die ATAG erklären anhand von 7 Richtlinien, was die jeweilige Software aus Sicht der Barrierefreiheit leisten muss.[118] Sie betreffen damit ein breites Spektrum von Entwicklungs- und Autorenwerkzeugen bis hin zu Redaktionssystemen (z. B. Content-Management-Systeme), die eingesetzt werden, um möglichst viele Aufgaben automatisch umzusetzen. Es sollten deshalb nur Werkzeuge eingesetzt werden, die einen barrierefreien Output sicherstellen.[119]

Anforderungen an nicht webbasierte Anwendungen

Als Standards für die Barrierefreiheit von nicht webbasierten IT-Anwendungen sind insbesondere die in den DIN EN ISO 9241-171 veröffentlichten „Leitlinien für die Zugänglichkeit von Software“ zu beachten.[120] Sie beruhen auf einem von der

114 § 3 Abs. 2 BITV 2.0.

115 Siehe zu den UAAG 1.0: http://www.w3.org/TR/UAAG10/; die UAAG 2.0 befinden sich zurzeit in der Vorbereitung: http://www.w3.org/TR/UAAG20/.

116 Derartige Programme werden in der Terminologie des W3C Benutzer-Agenten (= user agent) genannt; hierzu gehören außer den Browsern beispielsweise auch der Multimedia-Player und Plug-ins.

117 Zu den ATAG 1.0 siehe: http://www.w3.org/TR/ATAG10/; die ATAG 2.0 befinden sich zurzeit in der Vorbereitung: http://www.w3.org/TR/ATAG20/.

118 Darüber hinaus wird in den ATAG erklärt, wie die Werkzeuge selbst barrierefrei gestaltet werden können.

119 Alles, was die Software nicht kann, muss später von Entwicklern und Online-Redakteuren nachgearbeitet werden.

120 Der Begriff der Zugänglichkeit entspricht dem englischen Ausdruck „Accessibility“.

International Organization for Standardization (ISO) veröffentlichten internationalen Standard, der von der europäischen Normungsorganisation CEN im Juni 2008 unverändert als europäische Norm übernommen und im Oktober 2008 in Deutschland als Teil 171 der DIN EN ISO 9241 zur „Ergonomie der Mensch-System-Interaktion“ bekannt gemacht wurde.[121] Die Norm formuliert Vorgaben zur Barrierefreiheit von PC-Programmen mit einer grafischen Benutzeroberfläche. Nur wenn PC-Programme und Desktop-Anwendungen diese Vorgaben erfüllen, können assistive Technologien wie Screenreader oder Screenmagnifier sie problemlos nutzen. Hierzu enthält die DIN EN ISO 9241-171 insgesamt 142 Richtlinien mit einer Checkliste zur Prüfbarkeit der Vorgaben. Die Richtlinien unterteilen sich in 62 Anforderungen und 80 Empfehlungen: Die Anforderungen müssen eingehalten werden[122], den Empfehlungen soll Rechnung getragen werden[123]. In einer Leistungsbeschreibung, beispielsweise im Rahmen einer Ausschreibung, ist daher auch festzulegen, ob und welche Empfehlungen ebenfalls verbindlich zu beachten sind. Der Anhang C enthält eine Checkliste, mit deren Hilfe geprüft werden kann, ob die in der DIN EN ISO 9241-171 enthaltenen Anforderungen erfüllt sind und den Empfehlungen gefolgt wurde.[124] Ergänzend zu beachten ist auch die DIN EN ISO 9241-110 über „Grundsätze der Dialoggestaltung“ aus dem Jahr 2008. Sie formuliert Vorgaben zur Einhaltung der Softwareergonomie beim Einsatz von IT-Anwendungen. Da es einen großen Überschneidungsbereich von Zugänglichkeit (Accessibility) und Gebrauchstauglichkeit (Usability) gibt, betreffen etliche der Vorgaben auch Aspekte der Barrierefreiheit von IT-Anwendungen[125]. Anforderungen an die Barrierefreiheit von PC-Programmen mit einer grafischen Benutzeroberfläche enthält auch die IBM Checkliste für Software-Zugänglichkeit[126]. Sie gliedert sich in 5 Bereiche mit insgesamt 17 Anforderungen sowie einer Check-

---

121 Siehe Deutsches Institut für Normung (DIN): www.din.de.

122 Sie sind im Text der DIN-Norm erkennbar durch die Verwendung der Worte „muss“ oder „müssen“. In Anhang B der DIN EN ISO 9241-171 werden sämtliche Anforderungen noch einmal vollständig aufgelistet.

123 Sie sind im Text der DIN-Norm erkennbar durch die Verwendung der Worte „soll“ oder „sollen“.

124 Die (Prüfung der) Konformität einer IT-Anwendung mit den DIN EN ISO 9241-171 setzt neben der Erfüllung aller anwendbaren Anforderungen auch die Aufstellung einer systematischen Liste aller Empfehlungen, denen entsprochen wird, voraus. Darüber hinaus müssen alle Anforderungen, die als nicht anwendbar betrachtet werden, aufgelistet und entsprechende Gründe für deren Nichtanwendbarkeit angegeben werden.

125 Zu weiterführenden Informationen siehe auch: www.ergo-online.de.

126 Die „IBM software accessibility checklist“ in der Version 3.6 mit Stand vom 01.10.2009 ist abrufbar unter: http://www-03.ibm.com/able/guidelines/software/accesssoftware.html; eine deutsche Übersetzung der Version 3.1 aus dem Jahr 2002 ist aufrufbar unter: http://www.wob11.de/ibm_software_guidelines.html.

liste zur Prüfbarkeit der Vorgaben. Die einzelnen Prüfschritte werden durch Arbeitsblätter konkretisiert, die sich jeweils in die Abschnitte Gründe, Methoden und Test untergliedern. Der Abschnitt „Gründe“ erläutert und veranschaulicht, warum die jeweiligen Prüfschritte zur Verwirklichung von Barrierefreiheit erforderlich sind. Der Abschnitt „Methoden“ enthält die Aufzählung der eigentlichen Prüfkriterien und der Abschnitt „Test“ nennt beispielhaft konkrete Verfahren, mit deren Hilfe überprüft werden kann, ob die Prüfkriterien eingehalten wurden. Die IBM Checkliste für Software-Zugänglichkeit ist bewusst einfach und übersichtlich gehalten und verfolgt das Ziel, nur die wichtigsten Kriterien zu prüfen. Sie ist zum Einstieg und für anfängliche Prüfungen gut geeignet und vermittelt hierbei einen Überblick über die Anforderungen zur Barrierefreiheit. Die DIN EN ISO 9241-171 geht mit ihren über 140 Anforderungen viel präziser auf die Thematik ein und deckt über die IBM-Punkte hinaus auch Anforderungen an eine barrierefreie Dokumentation und barrierefreies Schulungsmaterial ab. Für die Barrierefreiheit von Desktop-Anwendungen in der Justiz sind daher die DIN EN ISO 9241-171 zugrunde zu legen.

Anforderungen an elektronische Dokumente

Auch für elektronische Dokumente gibt es Standards zur Barrierefreiheit. Soweit sich Inhalte von elektronischen Dokumenten, wie beispielsweise bei einem PDF-Dokument, auch in einem Web-Browser wiedergeben lassen, war es schon bisher möglich, hierfür die Anforderungen der WCAG 2.0 zugrunde zu legen.[127] Mittlerweile gibt es mit dem PDF/UA-Standard einen eigenständigen Standard für die Barrierefreiheit von PDF-Dokumenten.[128] Er wurde im Sommer 2012 als ISO 14289-1 veröffentlicht und im Februar 2014 in Deutschland als DIN ISO 14289-1 bekannt gemacht.[129] Der PDF/UA-Standard legt fest, wie die uneingeschränkte Zugänglichkeit (Universal Accessibility) von Inhalten in PDF-Dokumenten für Menschen mit Behinderungen sichergestellt werden kann. Von der Lesereihenfolge bis zur Schriftverwendung definiert die PDF/UA-Norm Vorgaben, um Barrieren beim Zugriff auf die Inhalte von PDF-Dateien auszuschließen. Zugleich

---

127 Dementsprechend verweist sowohl § 3 Abs. 2 der Zugänglichmachungsverordnung (ZMV) zu § 191a GVG als auch § 3 Abs. 3 der Verordnung über barrierefreie Dokumente in der Bundesverwaltung (VBD) hinsichtlich der Anforderungen für die Barrierefreiheit von elektronischen Dokumenten auf die Standards nach § 3 BITV 2.0, die auf den WCAG 2.0 basieren.

128 Mit dem PDF/UA-Standard verbindet sich der Anspruch, für PDF-Dokumente das zu werden, was die WCAG 2.0 für Webinhalte sind. Hierzu legt er den in der ISO 32000-1 festgelegten Standard für PDF zugrunde und wendet darauf die Konzepte der WCAG 2.0 an.

129 Siehe: www.din.de.

werden Mindestanforderungen an das Tagging[130] von PDF-Inhalten definiert. Um die Beachtung des PDF/UA-Standards zu fördern, hat die PDF Association[131] eine Reihe von präzise formulierten Testbedingungen entwickelt, die das Regelwerk der PDF/UA-Norm widerspiegeln und es zugleich gestatten, die Konformität mit PDF/UA schnell und sicher zu überprüfen.[132] Das Ergebnis wurde von der PDF-Association am 07.08.2013 unter dem Namen „Matterhorn-Protokoll" veröffentlicht[133]. Es besteht aus 31 Prüfbereichen mit insgesamt 136 Fehlerbedingungen. 89 dieser Fehlerbedingungen können durch ein Programm geprüft werden, die übrigen 47 Fehlerbedingungen erfordern die interaktive Bewertung durch einen menschlichen Prüfer. Mit dem PDF Accessibility Checker (PAC 2.0), einem im Internet kostenlos erhältlichen Programm[134], ist es möglich, PDF-Dokumente darauf zu überprüfen, ob sie mit dem PDF/UA-Standard übereinstimmen. Der PDF Accessibility Checker (PAC 2.0) wird auch vom W3C als Teil der Techniken der WCAG 2.0 für die Prüfung von PDF-Dokumenten empfohlen.[135]

Weitere Anforderungen

Darüber hinaus können in bestimmten Fällen weitere Anforderungen zur Barrierefreiheit zu berücksichtigen sein, die die zuvor genannten Standards ergänzen oder aufzeigen, wie sich diese Standards praktisch umsetzen lassen. Ein wichtiges Beispiel hierfür sind (web- und nicht webbasierte) IT-Anwendungen, die auf der Verwendung von Java basieren. Hier sind auch die Java Accessibility Features[136] zu beachten.[137] Andere Guidelines zeigen auf, wie sich die in den zuvor genann-

130 Eine Voraussetzung, um überhaupt eine PDF-Datei barrierefrei machen zu können, ist, dass sie durchsuchbaren Text enthält. Tags bringen Struktur in PDF-Dokumente, beispielsweise für die korrekte Lese-Reihenfolge, zum Auffinden von Überschriften oder zum Lesen von Tabellen.

131 http://www.pdfa.org/pdf-assocation/?lang=de.

132 Hierdurch wurde der ISO-Standard in ein Prüf-Protokoll übersetzt.

133 Das Matterhorn-Protokoll in der Version 1.02 vom 30.04.2014 ist abrufbar unter: http://www.pdfa.org/publication/the-matterhorn-protocol-1/.

134 Auf der Internetseite der schweizerischen Stiftung „Zugang für alle": http://www.access-for-all.ch/ch/pdf-werkstatt/pdf-accessibility-checker-pac.html.

135 http://www.w3.org/WAI/GL/WCAG20-TECHS/pdf.html.

136 http://docs.oracle.com/cd/E17802_01/j2se/javase/technologies/accessibility/docs/jaccess-1.2/doc/guide.html.

137 Siehe hierzu einerseits die Dokumentation der BIK@work Fachtagung vom 2. und 3. Februar 2012 zum Thema „Barrierefreie IT am Arbeitsplatz" (Seite 47: „Dank seiner umfangreichen _Accessibility API können Java-Anwendungen barrierefrei gestaltet werden."), http://www.bik-work.de/service/fachtagung_2012.html, sowie andererseits kritische Stimmen von Prüfern, die berichten, noch nie eine barrierefreie Java-Anwendung gesehen zu haben (http://www.bik-work.

ten Standards enthaltenen Anforderungen beispielsweise für ein bestimmtes Betriebssystem verwirklichen lassen.[138] Ein wichtiges Feld bilden darüber hinaus die Anforderungen an die Barrierefreiheit von IT-Anwendungen für Tablett-PCs und Smartphones, die auch im beruflichen Alltag von blinden und sehbehinderten Menschen immer wichtiger werden. Hier sind grundsätzlich ebenfalls die zuvor genannten Standards zu beachten. Gleichwohl können sich beispielsweise für die Nutzung von Apps weitere Anforderungen ergeben. Das W3C hat deshalb eine Mobile Accessibility Task Force gegründet, die im November 2013 ihre Arbeit aufgenommen hat. Ihr Ziel ist es, Techniken und Informationsmaterialien für die Barrierefreiheit von Webinhalten auf mobilen Geräten zu erarbeiten. Der Fokus liegt bisher auf Webinhalten und webbasierten Apps.[139] Ebenso wichtig ist die Frage, welche Anforderungen an die Barrierefreiheit von nicht webbasierten Apps zu stellen sind.

Betroffene Handlungsfelder und gebotene Maßnahmen

Von einer modernen und bürgerfreundlichen Justiz wird erwartet, dass sie barrierefrei zugänglich und nutzbar ist. Auch die IT-Ausstattung innerhalb der Justiz ist barrierefrei zu gestalten. Von entscheidender Bedeutung ist daher die praktische Umsetzung der Vorgaben zur Barrierefreiheit.[140]

---

de/infothek/artikel1/lesen/interview-girke.html). Ein Grund hierfür wird darin gesehen, dass die Java Access Bridge (JAB), die die Verbindung zu den Schnittstellen der Blinden- und Sehbehindertenhilfsmittel herstellt, seit Jahren nicht mehr gepflegt wird, so dass in bestimmten Fällen nicht zu erkennen ist, ob eine Java-Anwendung nicht barrierefrei programmiert wurde oder nur die erforderlichen Informationen von der Java Access Bridge nicht an Screenreader oder Screenmagnifier weitergegeben werden.

138 Vgl. dazu z. B. die Microsoft Accessibility Design Guidelines for Software http://msdn.microsoft.com/en-us/library/aa291308%28v=VS.71%29.aspx oder die Macintosh Human Interface Guidelines http://developer.apple.com/techpubs/mac/HIGuidelines/HIGuidelines-2.html#avail1-0 und http://developer.apple.com/techpubs/mac/HIGuidelines/HIGuidelines-40.html#MARKER-9-55.

139 http://www.w3.org/WAI/GL/mobile-a11y-tf/.

140 Siehe hierzu u.a. auch die Beiträge Bühler et al., Schadenbauer et al. und Grießmann in diesem Band.

Barrierefreiheit als umfassendes Gestaltungsprinzip

Um das Ziel einer gleichberechtigten Teilhabe von Menschen mit Behinderungen zu erreichen, ist Barrierefreiheit als umfassendes Gestaltungsprinzip in allen Bereichen der digitalen Justiz zu beachten. Davon betroffen sind insbesondere die Internetauftritte und -angebote der Justiz, der elektronische Rechtsverkehr, die elektronische Vorgangsbearbeitung einschließlich der elektronischen Akten und die elektronische Kommunikation innerhalb der Justiz.

Internetauftritte und -angebote der Justiz

Das Internet ist eine schnelle und vielfältige Informationsquelle. Die Internetauftritte und -angebote der Justiz ermöglichen den Zugriff auf den Inhalt nahezu aller aktuellen Gesetze des Bundes[141] und der Länder[142], geben einen Überblick über die Möglichkeiten des gerichtlichen Rechtschutzes und bieten Informationen zu den Themen Recht, Rechtsprechung und Justiz. Das gemeinsame Justizportal des Bundes und der Länder[143] eröffnet einen einheitlichen Zugang zu Informationen über den elektronischen Rechtsverkehr[144] sowie zu den E-Justice-Diensten von Bund und Landesjustizverwaltungen. Von hier aus gelangt man zu Gesetzesportalen, Rechtsprechungsdatenbanken[145], elektronischen Registern[146] und Verzeichnissen[147], zum elektronischen Grundbuch[148] und zu einer Vielzahl weiterer, elektronisch bereit gestellter Informationen. Auch die Bundesländer haben eigene Justizportale[149] oder stellen entsprechende Informationen über die

141 Gesetzesportal des Bundes: www.gesetze-im-internet.de.

142 Siehe z.B. für Berlin: www.gesetze.berlin.de; für Niedersachsen: www.voris.de und für Sachsen: www.revosax.sachsen.de; sämtliche Links zu den Gesetzesportalen der Bundesländer finden sich unter: www.justiz.de/onlinedienste/bundesundlandesrecht/index.php.

143 Justizportal des Bundes und der Länder: www.justiz.de.

144 Außerdem enthält das Justizportal Informationen zur Bund-Länder-Kommission für Informationstechnik in der Justiz, über den E-Justice-Rat, die ERV-Strategie und das Projekt e-Codex.

145 Die Bundesgerichte und einige Landesjustizverwaltungen veröffentlichen über das Internet Gerichtsentscheidungen im Volltext. Die Angebote sind teilweise kostenpflichtig; Zugang über: www.justiz.de/onlinedienste/rechtsprechung/index.php.

146 Z. B. zum Handels-, zum Genossenschafts- und zum Partnerschaftsregister, teilweise auch zum Vereinsregister; siehe auch: www.registerportal.de.

147 Z. B. zum elektronischen Verzeichnis aller zugelassenen Rechtsanwälte.

148 Elektronisches Grundbuch: www.grundbuchportal.de.

149 Z. B. www.justizportal.de, www.justizportal.niedersachsen.de, www.justiz.nrw.de, www.justiz.sachsen.de und www.justiz.sachsen-anhalt.de.

Internetauftritte der Justizministerien[150] zur Verfügung. Hier finden sich Wegweiser durch die Justiz, Vordrucke und Formulare[151] sowie Mitteilungsblätter und Hinweise[152] für das gerichtliche Verfahren und Publikationen und Broschüren zu verschiedenen rechtlichen Themen, die zum Download bereit stehen, von der außergerichtlichen Streitschlichtung bis zur Zwangsvollstreckung und von der Beratungshilfe bis zum Verbraucherschutz. Auch Insolvenzbekanntmachungen[153] und Hinweise auf Zwangsversteigerungen werden hier veröffentlicht. Auch die meisten Gerichte[154] sind mit eigenen Internetauftritten und -angeboten für Online-Recherchen im Netz präsent. Sie berichten über ihre Aufgaben und Zuständigkeiten, geben Informationen zum gerichtlichen Rechtschutz, beschreiben das gerichtliche Verfahren oder erläutern die Voraussetzungen für die Gewährung von Prozesskostenhilfe. Gleichzeitig informieren sie über aktuelle Gerichtsentscheidungen, geben Auskunft über ihre postalische, telefonische und elektronische Erreichbarkeit oder bieten eine online abrufbare Wegbeschreibung.

Elektronischer Rechtsverkehr

Die Kommunikation mit der Justiz wird zukünftig überwiegend digital erfolgen. Spätestens ab dem 01.01.2022 wird der elektronische Rechtsverkehr für Rechtsanwälte, Behördenvertreter und Vertreter öffentlich-rechtlicher Körperschaften der einzige zugelassene Kommunikationsweg mit den Gerichten in Deutschland sein. Hierfür sind alle Gerichte mit einer eigenen elektronischen Poststelle auszustatten. Erfolgt die Kommunikation zwischen dem besonderen elektronischen Anwaltspostfach und der elektronischen Poststelle des Gerichts oder zwischen einem hierfür eingerichteten elektronischen Postfach einer Behörde und der elektronischen Poststelle des Gerichts, dann wird die Verwendung einer qualifizierten elektronischen Signatur[155] entbehrlich.[156] Anwälten und Behörden steht

150 Die entsprechenden Links sind zu finden unter: www.justiz.de/bundlaender/index.php.

151 Z. B. zum Antrag auf Prozesskostenhilfe oder zur Beratungshilfe.

152 Z. B. Merkblätter für ehrenamtliche Richter, Zeugen und Rechtsuchende oder Informationen über Rechte von Verletzten und Geschädigten in Strafverfahren.

153 www.insolvenzbekanntmachungen.de.

154 Bundesgerichte: www.bundesverfassungsgericht.de; www.bundesgerichtshof.de; www.bundesarbeitsgericht.de; www.bundesverwaltungsgericht.de; www.bundessozialgericht.de; www.bundesfinanzhof.de; zu den Gerichten in den Bundesländern siehe die Landesjustizportale.

155 § 2 Nr. 3 Signaturgesetz.

156 Sie bleibt aber weiterhin möglich und in bestimmten Fällen auch erforderlich; siehe § 130a Abs. 3 Satz 1, 1. Alt. ZPO einerseits und § 130a Abs. 3 Satz 1, 2. Alt. i.V.m. § 130a Abs. 4 ZPO andererdarüber hinaus, ebenso wie allen anderen, die das besondere Anwaltspostfach oder das elektronische Behördenpostfach nicht nutzen können, die absenderbestätigte De-Mail für die Kommunikation mit den Gerichten zur Verfügung. Auch in diesen Fällen ist die qualifizierte elektronische Signatur entbehrlich.[157] Vorbereitende Schriftsätze und deren Anlagen, schriftlich einzureichende Anträge und Erklärungen der Parteien bzw. Beteiligten sowie schriftlich einzureichende Auskünfte, Aussagen, Gutachten, Übersetzungen und Erklärungen Dritter können ab dem 01.01.2018[158] auf diesen Kommunikationswegen als elektronisches Dokument bei Gericht eingereicht werden. Vorbereitende Schriftsätze und deren Anlagen sowie schriftlich einzureichende Anträge und Erklärungen, die durch einen Rechtsanwalt oder durch eine Behörde eingereicht werden, müssen spätestens ab dem 01.01.2022[159] als elektronisches Dokument übermittelt werden. Auch die Dokumente des Gerichts, wie Urteile, Beschlüsse, Ladungen oder richterliche Fristsetzungen, können auf diesen Kommunikationswegen als elektronische Dokumente übermittelt werden. Anwälte, Notare, Gerichtsvollzieher, Steuerberater und Behörden haben ab dem 01.01.2018 einen sicheren Übermittlungsweg für die Zustellung elektronischer Dokumente zu eröffnen. Für den Nachweis der Zustellung elektronischer Dokumente durch das Gericht ist ein elektronisches Empfangsbekenntnis vorgesehen. Außerdem können für das gerichtliche Verfahren elektronische Formulare im Internet bereitgestellt und die Identifikation des Formularverwenders auch über den Identitätsnachweis des elektronischen Personalausweises ermöglicht werden. Die flächendeckende Einführung des elektronischen Rechtsverkehrs wird dazu führen, dass die Gerichte die bisherigen Papierakten durch elektronische Akten ersetzen. Schriftstücke und sonstige Unterlagen, die – beispielsweise in der Übergangszeit oder durch andere als Anwälte und Behörden – in Papierform eingereicht werden, können im Wege des ersetzenden Scannens in ein elektronisches Dokument übertragen werden. Die Akteneinsicht in elektronische Akten kann durch Wiedergabe auf einem Bildschirm, Übermittlung von elektronischen Dokumenten oder durch elektronischen Zugriff auf den Inhalt der Akten erfolgen.[160] Da eine elektronische Akte mehr ist

---

seits; gleichlautende Regelungen enthalten die anderen Prozessordnungen und Verfahrensgesetze.

157 § 130a Abs. 3 und Abs. 4 Nr. 1 ZPO; gleichlautende Regelungen enthalten die anderen Prozessordnungen und Verfahrensgesetze.

158 Die Länder können diesen Zeitpunkt für ihren Bereich durch Rechtsverordnung maximal bis zum 01.01.2020 hinausschieben.

159 Die Länder können diesen Zeitpunkt für ihren Bereich unter bestimmten Voraussetzungen durch Rechtsverordnung auf den 01.01.2020 vorverlegen.

160 Vgl. § 299 Abs. 3 ZPO.

als nur die Gesamtheit der in ihr enthaltenen elektronischen Dokumente[161], wird es häufig nicht ausreichen, lediglich die elektronischen Dokumente zu übersenden. Außerdem muss der Inhalt elektronischer Akten bei Einlegung eines Rechtsmittels auch für das jeweilige Obergericht zugänglich sein.

Elektronische Vorgangsbearbeitung

Elektronische Akten werden zur Grundlage der gerichtlichen Vorgangsbearbeitung. Die Gesetze zum gerichtlichen Verfahren ermöglichen es den Gerichten, die Akten auch elektronisch zu führen.[162] Um das mit dem elektronischen Rechtsverkehr verbundene Potential zu nutzen und einen medienbruchfreien Workflow vom Klageeingang bis zum Abschluss eines gerichtlichen Verfahrens zu ermöglichen, werden elektronische Akten unweigerlich die bisher in Papierform geführten Akten ersetzen. Die Arbeitsplätze der Richter, Staatsanwälte, Rechtspfleger und der Service-Einheiten sind schon bisher in der Regel flächendeckend mit Bildschirmarbeitsplätzen und den üblichen Programmen zur Bürokommunikation (Standardsoftware, Office-Pakete, ...) ausgestattet. Hinzu kommt die Online-Kommunikation per E-Mail[163], der Zugriff auf juristische Datenbanken[164] und der Zugang zum Internet zu dienstlichen Zwecken. Neben der Standardsoftware unterstützen besondere IT-Fachverfahren die Arbeitsabläufe in der Justiz. IT-Fachanwendungen für die verschiedenen Aufgaben und Bereiche in der Justiz ermöglichen den Zugriff auf alle verfahrensrelevanten Daten, unterstützen das Erstellen von Entscheidungen, die Fertigung und Weiterverarbeitung von Verfügungen sowie die Korrespondenz mit den Verfahrensbeteiligten. Zugleich erleichtern sie den Informationsaustausch zwischen Richter- und Rechtspflegerarbeitsplätzen und Service-Einheiten. Über die Anbindung an eine Textanwendung werden Formulare bereit gestellt und Dokumente zentral zum Verfahren abgelegt, die sowohl von den Richtern als auch von den Rechtspflegern und Service-Einheiten eingesehen werden können. Hierdurch wird ein schneller Überblick sowohl über das eigene Dezernat als auch über das jeweilige Verfahren ermöglicht. Darüber hinaus stellen die Fachanwendungen von der Verfahrenseröffnung bis zum Fallabschluss und nachgelagerten Verarbeitungsschritten zahlreiche

161 Bedeutsam sein kann auch, wann eine Klage bei Gericht eingegangen, eine Frist gesetzt oder das Urteil der Geschäftsstelle übergeben wurde.

162 § 298a ZPO, § 46e ArbGG, § 55b VwGO, § 65b SGG und § 52b FGO.

163 Für die justizinterne Kommunikation.

164 Beispielsweise von Beck (www.beck-online.de) oder Juris (www.juris.de).

weitere Funktionen bereit.[165] Die Entwicklung, Pflege und Weiterentwicklung von Fachanwendungen in der Justiz erfolgt häufig in einem Entwicklungsverbund mehrerer Bundesländer. Die IT-Anwendung EUREKA-Fach beispielsweise kommt an Arbeits-, Verwaltungs-, Sozial- und Finanzgerichten in insgesamt 13 Bundesländern[166] zum Einsatz. Die IT-Fachanwendung forumSTAR, entwickelt unter der Federführung von Bayern, wird an den Zivilgerichten in neun Bundesländern[167] genutzt oder soll dort eingeführt werden. In neun Bundesländern[168] wird das Programmsystem web.sta von den Staatsanwaltschaften verwendet. Außerdem haben sich beispielsweise Nordrhein-Westfalen, Hessen und Niedersachsen[169] zusammengeschlossen, um rund um den Prototypen für eine ergonomische elektronische Akte unter dem Namen „e²A" die erforderlichen Grundfunktionalitäten für den elektronischen Rechtsverkehr (Postein- und -ausgang, Textverarbeitung, Fachanwendung und elektronische Akte) gemeinsam zu entwickeln und bereitzustellen. Juristische Fachanwendungen, elektronische Akten und die erforderlichen Programme für den elektronischen Rechtsverkehr werden weiter zusammenwachsen und bis zur flächendeckenden Einführung des elektronischen Rechtsverkehrs über einheitliche Kommunikationsplattformen oder Programmoberflächen bedienbar sein.

Justizinterne Kommunikation

Auch die justizinterne Kommunikation vollzieht sich weitgehend digital. Die Arbeitsplätze der Richter, Staatsanwälte, Rechtspfleger und Service-Einheiten verfügen zur justizinternen Kommunikation über E-Mail und sind in der Regel an ein justizinternes Intranet angebunden. Hier finden sich sowohl Informationen für die einzelnen Gerichte als auch gerichtsübergreifend für die gesamte Justiz eines Bundeslandes. Intranetauftritte und -angebote der Gerichte stellen Geschäftsverteilungspläne, Dienstanweisungen, Arbeitshilfen, Vordrucke und Formulare sowie sonstige Informationen für Beschäftigte zur Verfügung. Intranet-

165 Einen guten Überblick über die einzelnen Fachanwendungen und ihre jeweiligen Funktionen geben die jährlich aktualisierten Länderberichte unter www.justiz.de/BLK/laenderberichte/index.php.

166 Bayern, Berlin, Brandenburg, Bremen, Hamburg, Hessen, Mecklenburg-Vorpommern, Niedersachsen, Rheinland-Pfalz, Saarland, Sachsen, Sachsen-Anhalt und Schleswig-Holstein.

167 Baden-Württemberg, Bayern, Berlin, Brandenburg, Hamburg, Mecklenburg-Vorpommern, Rheinland-Pfalz, Sachsen, Schleswig-Holstein und Thüringen.

168 Baden-Württemberg, Bayern, Bremen, Niedersachsen, Rheinland-Pfalz, Saarland, Sachsen, Sachsen-Anhalt und Thüringen.

169 Inzwischen sind auch das Saarland, Sachsen-Anhalt und Bremen dem Verbund beigetreten.

auftritte und -angebote des zentralen IT-Betriebs der Justiz eines Bundeslandes enthalten gerichtsübergreifend Anleitungen und Informationen zur Nutzung der IT-Anwendungen der Justiz, geben Tipps und Hinweise zur IT-Nutzung, bieten Schulungsmaterial zum Download oder stellen Angebote zum eLearning bereit. Fortbildungsportale der Justiz im Intranet veröffentlichen Informationen über Fortbildungs- und Schulungsangebote und bieten die Möglichkeit, sich online zu Fortbildungsveranstaltungen und Schulungsmaßnahmen anzumelden. Auch Stellenausschreibungen sowie Mitteilungs- und Verkündungsblätter werden über das Intranet bekanntgegeben.

Erforderliche Schritte zur Verwirklichung von Barrierefreiheit

Das Ziel einer durchgängig barrierefreien IT in der Justiz schafft neue Aufgaben, die in den vorhandenen Strukturen und Arbeitsabläufen zu verankern sind. Um das Ziel zu erreichen, ist es erforderlich, Barrierefreiheit schon bei der Planung, Entwicklung, Ausschreibung und Beschaffung von IT-Anwendungen verbindlich einzubeziehen. Bei vorhandenen IT-Anwendungen, die auch in Zukunft weiter genutzt werden sollen, ist Barrierefreiheit zumindest bei Überarbeitungen, Erweiterungen und Aktualisierungen zu berücksichtigen. Zugleich ist es unerlässlich, dass die Justiz in sachlicher und personeller Hinsicht selbst über das erforderliche Know-how verfügt. Die Einrichtung eines Kompetenzzentrums zur Barrierefreiheit innerhalb der Justiz kann daher ein wesentlicher Beitrag sein, um die zur Verwirklichung von Barrierefreiheit gestellten Aufgaben zu erfüllen.

Ausschreibungs- und Vergabeverfahren

Schon bisher war es möglich, Barrierefreiheit als Kriterium in Ausschreibungs- und Vergabeverfahren einzubeziehen. Zukünftig werden öffentliche Auftraggeber verpflichtet sein, Barrierefreiheit als verbindliche Anforderung in Ausschreibungs- und Vergabeverfahren zu berücksichtigen. Hierzu sind bei jeder Ausschreibung verschiedene Schritte zu durchlaufen[170]: Zunächst ist zu klären, welcher Standard (BITV 2.0, WCAG 2.0, DIN EN ISO 9241-171, DIN ISO 14289-1, ...) für die jeweils auszuschreibende IT-Anwendung oder Dienstleistung einschlägig ist. Anschließend sind die nach dem jeweiligen Standard einzuhaltenden Anfor-

170 Siehe dazu auch den Arbeitskreis der BLK zum Thema „Barrierefreiheit als Anforderung im Ausschreibungs- und Vergabeverfahren“ beim 23. EDV-Gerichtstag 2014: www.edvgt.de/pages/23.-deutscher-edv-gerichtstag/arbeitskreise-mit-praesentationen-und-protokollen.php.

derungen in der Leistungsbeschreibung so genau wie möglich zu benennen. Enthält der Standard unterschiedliche Konformitätsstufen (wie bei den WCAG 2.0)[171] oder hat ein Teil der Richtlinien nur empfehlenden Charakter (wie bei den DIN EN ISO 9241-171)[172], dann ist in der Leistungsbeschreibung auch festzulegen, welche Anforderungen für das auszuschreibende Produkt verbindlich zu beachten sind.[173] Gegebenenfalls ist der Inhalt der Leistungsbeschreibung durch ein vorab einzuholendes Gutachten zu ermitteln.[174] Hilfreich kann es sein, dem Bieter in einem Ausschreibungsverfahren aufzugeben, zusammen mit seinem Angebot ein Konzept zur Barrierefreiheit oder einen Styleguide vorzulegen, dem sich die geplante Umsetzung zur Barrierefreiheit im Einzelnen entnehmen lässt. Für die Auswahl- und Vergabeentscheidung ist sodann sicherzustellen, dass die Barrierefreiheit hierbei als ein wesentliches Beurteilungskriterium berücksichtigt wird. Außerdem ist in den Ausschreibungs- und Vergabeunterlagen festzulegen, dass der Bieter den Nachweis (z. B. durch einen unabhängigen Test- und Prüfbericht)[175] zu erbringen hat, dass die in der Ausschreibung formulierten Leistungs- oder Funktionsanforderungen zur Barrierefreiheit eingehalten wurden.

Kompetenzzentren für Barrierefreiheit

Eine barrierefreie Informations- und Kommunikationstechnik in der Justiz setzt ein umfassendes Know-how voraus. Es bietet sich daher an, den zentralen IT-Betrieb der Justiz eines Bundeslandes mit einem eigenen Kompetenzzentrum für barrierefreie IT auszustatten, das die Justiz mit dem entsprechenden Know-how versorgt, bei allen IT-Vorhaben der Justiz beteiligt wird und die erforderlichen Maßnahmen zur Verwirklichung von Barrierefreiheit auf den Weg bringt. Der Deutsche Verein der Blinden und Sehbehinderten in Studium und Beruf (DVBS) e.V. bietet privaten und öffentlichen Arbeitgebern mit seinem Projekt „BIT inklusiv“ Unterstützung beim Aufbau von Kompetenzzentren für eine barrierefreie Informations- und Kommunikationstechnik.[176] Der Beitrag des Projektes „BIT

---

171 Siehe oben, Abschnitt „Anforderungen an webbasierte Anwendungen“.

172 Siehe oben, Abschnitt „Anforderungen an nicht webbasierte Anwendungen“.

173 Die Erfahrung zeigt leider, dass ein Auftragnehmer ansonsten regelmäßig nur die (vertraglich festgelegten) Mindestanforderungen erfüllt.

174 Als Alternative verbliebe nur die Möglichkeit, bei den WCAG 2.0 die Einhaltung aller drei Konformitätsstufen (A, AA und AAA), bei der BITV 2.0 die Einhaltung beider Prioritätsstufen und bei den DIN 9142-171 die Einhaltung auch sämtlicher Empfehlungen verbindlich vorzuschreiben.

175 Siehe dazu bereits oben, Fußnote 100.

176 Zur Unterstützung bei der Schaffung von Kompetenzzentren siehe den Internetauftritt von „BIT inklusiv“ unter: www.bit-inklusiv.de; Stichwort: „Kompetenzzentrum“.

inklusiv“ besteht im Wesentlichen im Know-how-Transfer sowie in Beratungs- und Qualifizierungsmaßnahmen. Ausgewählte IT-Mitarbeiterinnen und Mitarbeiter werden auf der Basis eines bedarfsgerechten Schulungskonzepts für das Thema barrierefreie IT sensibilisiert und qualifiziert. Angeboten werden Schulungen beispielsweise zu den Themen „Grundlagen barrierefreier Informationstechnik“, „Erstellung barrierefreier Web-Inhalte“, „Prüfung der Barrierefreiheit von Desktop- Anwendungen“ und „Erstellung, Prüfung und Optimierung barrierefreier elektronischer Dokumente“. So können z. B. auch Justizverwaltungen durch die erworbene Kompetenz IT-Barrieren lokalisieren und einen Beitrag zu deren schrittweisen Abbau leisten. Mitarbeiterinnen und Mitarbeiter eines Kompetenzzentrums fungieren als Ansprechpartner, Berater und zum Testen von IT-Anwendungen.[177] Kompetenzzentren für barrierefreie IT sollte es daher auch in der Justiz geben. Ein solches Kompetenzzentrum könnte mit folgenden Aufgaben betraut werden:

- Sammlung und fortlaufende Aktualisierung von Informationen über die zu beachtenden technischen Standards für eine barrierefreie IT
- Beratung und Mitwirkung bei der Planung, Entwicklung und Erstellung von IT-Anwendungen
- Beratung und Mitwirkung in Entwicklungsverbünden zur länderübergreifenden Entwicklung und Nutzung gemeinsamer IT-Anwendungen
- Beratung und Mitwirkung bei Ausschreibungen und Beschaffungen von IT-Anwendungen
- Koordination bei der Umsetzung und Qualitätsprüfung der Anforderungen zur Barrierefreiheit
- Entwicklung von Vorgaben zur Erstellung barrierefreier elektronischer Dokumente der Justiz und Mitwirkung bei deren Umsetzung
- Beratung und Unterstützung bei der barrierefreien Gestaltung der Auftritte und Angebote der Justiz im Internet und im Intranet
- Erstellung einer Bestandsaufnahme, welche IT-Ausstattungen der Justiz bisher nicht bzw. nur unzureichend barrierefrei sind und wo Handlungsbedarf besteht.

177 „BIT inklusiv – Barrierefreie Informationstechnik für inklusives Arbeiten“ wird gefördert vom Bundesministerium für Arbeit und Soziales.

Zusammenfassung

Barrierefreiheit ist eine Grundvoraussetzung für die gleichberechtigte Teilhabe von Menschen mit Behinderungen. Das Gesetz zur Förderung des elektronischen Rechtsverkehrs mit den Gerichten verpflichtet die Justiz, die Zugänge zu den Übermittlungswegen des elektronischen Rechtsverkehrs, die elektronischen Dokumente und elektronische Formulare zukünftig barrierefrei zu gestalten. Darüber hinaus enthalten zahlreiche weitere Gesetze Vorgaben, die zur Barrierefreiheit der IT in der Justiz verpflichten. Auch elektronische Akten und die IT-Fachanwendungen müssen barrierefrei zugänglich und nutzbar sein, ebenso die Auftritte und Angebote der Justiz im Internet und im Intranet. Für blinde und sehbehinderte Menschen, die als Richter, Staatsanwälte, Rechtspfleger, Urkundsbeamte oder Mitarbeiter der Geschäftsstellen in der Justiz arbeiten oder als Prozessbeteiligte und Verfahrensbevollmächtigte mit der Justiz kommunizieren, ist die Barrierefreiheit der Informationstechnik von zentraler Bedeutung. In einer digitalen Justiz ist es geboten, die zur Verwirklichung von Barrierefreiheit erforderlichen technischen Standards zu beachten. Für webbasierte Anwendungen, Desktop-Anwendungen und elektronische Dokumente gibt es mit den Web Content Accessibility Guidelines (WCAG 2.0), den Leitlinien für die Zugänglichkeit von Software (DIN EN ISO 9241-171) und dem PDF/UA-Standard (DIN ISO 14289-1) jeweils eigene Anforderungen, die sowohl für die Kommunikation mit den Prozessbeteiligten als auch innerhalb der Justiz zu berücksichtigen sind. Um das Ziel einer barrierefreien IT in der Justiz zu verwirklichen, ist es erforderlich, schon heute bei der Planung, Entwicklung, Ausschreibung und Beschaffung von Anfang an auf Barrierefreiheit zu achten. Bei vorhandenen IT-Anwendungen ist Barrierefreiheit zumindest bei wesentlichen Änderungen und Aktualisierungen zu berücksichtigen. Das Ziel einer durchgängig barrierefreien IT in der Justiz schafft neue Aufgaben, die in die vorhandenen Strukturen und Arbeitsabläufe einzubeziehen sind. Die verbindliche Berücksichtigung von Barrierefreiheit im Ausschreibungs- und Vergabeverfahren sowie die Einrichtung eigener Kompetenzzentren für Barrierefreiheit in der Justiz können hierfür wichtige Bausteine sein. Auch die betroffenen Nutzerinnen und Nutzer und deren Verbände, sowie die Schwerbehindertenvertretungen sind als Experten in eigener Sache einzubeziehen. Die beigefügte Checkliste zur Barrierefreiheit kann hierfür eine wichtige Hilfestellung sein.

Literatur

Aichele, V. (2011): Die UN-Behindertenrechtskonvention in der gerichtlichen Praxis, AnwBl, 727–730.

Carstens, A. (2013): Barrierefreiheit von E-Justice – ein Auftrag an den Gesetzgeber, JurPC, Web-Dok. 76/2013, www.jurpc.de/jurpc/show?id=20130076.

Dau, D. H.; Düwell, F. J. & Joussen, J. (2011): Sozialgesetzbuch IX, Lehr- und Praxiskommentar, 3. Aufl.

Dommer, M. (2013): Per Mausklick in den Aktenkeller, AnwBl, 807–809.

Fuchs, H.; Hirsch, S. & Ritz, H. G. (2011): SGB IX – Kommentar zum Recht schwerbehinderter Menschen, 6. Aufl.

Großmann, R.; Schimanski, W. & Spiolek, U. (2013): Gemeinschaftskommentar zum Sozialgesetzbuch IX – Rehabilitation und Teilhabe behinderter Menschen (GK-SGB IX), Loseblatt-Ausgabe, 71. Erg.-Lfg., Stand: August 2013.

Hellbusch, J. E. & Probiesch, K. (2011): Barrierefreiheit verstehen und umsetzen, Webstandards für ein zugängliches und nutzbares Internet, 1. Aufl.

Hoffmann, C. & Borchers, K. C. (2014): Das besondere elektronische Anwaltspostfach, CR, 62–67.

Kossens, M.; von der Heide, D. & Maaß, M. (2009): SGB IX, Rehabilitation und Teilhabe behinderter Menschen mit Behindertengleichstellungsgesetz, Kommentar, 3. Aufl.

Kreikebohm, R.; Spellbrink, W. & Waltermann, R. (2009): Kommentar zum Sozialrecht.

Lumme, F. & Fiebig, P. (2014): Digitale Kommunikation mit den Gerichten – Der elektronische Rechtsverkehr kommt, Bundesrechtsanwaltskammer, Kammerkurzmitteilung 10/2014 vom 13.03.2014, 1–3.

Müller-Teckhof, A. (2014): Gesetz zur Förderung des elektronischen Rechtsverkehrs mit den Gerichten – Harmonisierung der Formerfordernisse mit Möglichkeiten moderner Kommunikation, MMR, 95–100.

Münchener Kommentar zum BGB, Band 1, 6. Aufl. 2012.

Neumann, D.; Pahlen, R. & Majerski-Pahlen, M. (2010): Sozialgesetzbuch IX – Rehabilitation und Teilhabe behinderter Menschen, Kommentar, 12. Aufl.

Palandt (2014): Bürgerliches Gesetzbuch mit Nebengesetzen, Kommentar, 73. Aufl.

Roggenkamp, J. D. (2006): Barrierefreies E-Government, NVwZ, 1239–1244.

Schürger, C. (2014): Einführung der E-Akte – Revolution am Richterarbeitsplatz?, DRiZ, 92–93.

Schwab, D. (2006): Schranken der Vertragsfreiheit durch die Antidiskriminierungsrichtlinien und ihre Umsetzung in Deutschland, DNotZ, 649.

Warnke, K. (2010): Ansätze für eine barrierefreie Informationstechnik, ZfPR online 12/2010, 31–33.

Warnke, K. (2011): Die Bedeutung der BITV 2 für die Barrierefreiheit im Inter- und Intranet, ZfPR online 12/2011, 36–38.

Warnke, K. (2013): Inklusion im Alltag: Wie Sie an Bildschirmarbeitsplätzen Barrieren für sehbeeinträchtigte Mitarbeiter abbauen, in: Praxishandbuch Arbeitssicherheit und Gesundheitsschutz im Betrieb, Stand Dezember 2013, Stichwort: Sehbeeinträchtigung.

Welti, F. (2012): Rechtliche Voraussetzungen von Barrierefreiheit, NVwZ 2012, 725–730.

Welti, F. (2013): Barrierefreiheit als Rechtsbegriff, DÖV, 795–801.

Wyatt, T. & Zapp, M. (2008): WCAG 2.0: Neue Richtlinien für Barrierefreiheit – warum eigentlich ?, horus 4/2008, 162–166.

Anhang: Checkliste Barrierefreiheit

Die nachfolgende Checkliste formuliert auf der Grundlage eines ausführlichen Fragenkatalogs konkrete Handlungsempfehlungen für die Verwirklichung einer barrierefreien IT. Zugleich ermöglicht der Fragenkatalog eine Prüfung, ob die erforderlichen Maßnahmen umgesetzt wurden. Hierdurch erhalten sowohl Justizverwaltungen und IT-Verantwortliche, die für die Umsetzung von Barrierefreiheit zuständig sind, als auch Schwerbehindertenvertretungen sowie betroffene Nutzerinnen und Nutzer, die sich für Barrierefreiheit einsetzen, eine praktische Arbeitsgrundlage.

Prüfpunkt 1: Sind die Internetauftritte und -angebote der Justiz barrierefrei?

- Wurden bei der Gestaltung
  - des gemeinsamen Justizportals des Bundes und der Länder,
  - des Justizportals des Landes,
  - des Internetauftritts des Justizministeriums und
  - der Internetauftritte der Gerichte

  die Anforderungen der Barrierefreie-Informationstechnik-Verordnung (BITV 2.0)[178] beachtet?
- Sind auch die elektronischen Dokumente, die in den Internetauftritten der Justiz zum Abruf bereitgestellt werden, barrierefrei zugänglich und nutzbar?
- Wird die Einhaltung der Anforderungen der BITV 2.0 durch einen Prüfbericht oder einen Test (z. B. BITV-Test[179]) bestätigt?
- Sind die eingesetzten Autorenwerkzeuge und Redaktionssysteme (CMS) zur Erstellung barrierefreier Webinhalte geeignet und ausreichend? Werden verbleibende Anpassungen „von Hand“ vorgenommen?

Prüfpunkt 2: Sind die Zugänge zu den Übermittlungswegen des elektronischen Rechtsverkehrs barrierefrei?

- Sind die Programme zur Nutzung des Elektronischen Gerichts- und Verwaltungspostfachs (EGVP) barrierefrei zugänglich und nutzbar?

---

178 Siehe hierzu im Einzelnen die in den Anlagen 1 und 2 zu § 3 BITV 2.0 aufgeführten Anforderungen.
179 Siehe http://www.bitvtest.de/.

- Ist die barrierefreie Nutzung von De-Mail-Diensten gewährleistet? Wurden bei der Gestaltung der webbasierten Oberflächen der De-Mail-Dienste die Standards der BITV 2.0 beachtet?
- Ist die Verwendung der qualifizierten elektronischen Signatur (Software und Kartenlesegerät) barrierefrei möglich?
- Ist die Akteneinsicht in elektronische Akten sowie die Einsichtnahme in elektronische Bücher und Register (Grundbuch, Handelsregister) barrierefrei möglich?

Prüfpunkt 3: Sind die elektronischen Dokumente der Gerichte und der Prozessbeteiligten barrierefrei?

- Werden die elektronischen Dokumente des Gerichts entsprechend der Standards nach § 3 der BITV 2.0 bzw. nach dem PDF/UA-Standard (DIN ISO 14289-1) barrierefrei gestaltet?
- Sehen die Rechtsverordnungen nach § 130a Abs. 2 ZPO, § 14 Abs. 2 FamFG, § 46c Abs. 2 ArbGG, § 65a Abs. 2 SGG, § 55a Abs. 2 VwGO und § 52a Abs. 2 FGO vor, dass der Text elektronischer Schriftsätze sowie elektronisch eingereichte Auskünfte, Aussagen, Gutachten und Erklärungen Dritter für Such- und Bearbeitungsfunktionen des Gerichts zugänglich sein müssen?
- Können Screenreader und Screenmagnifier auf den Text elektronischer Dokumente zugreifen („Kopieren für Barrierefreiheit möglich")?
- Wird bei der Erstellung elektronischer Dokumente im Wege des ersetzenden Scannens der Inhalt der Dokumente zugleich mittels OCR[180] zugänglich gemacht?

Prüfpunkt 4: Sind die elektronischen Formulare der Justiz barrierefrei zugänglich und nutzbar?

- Sind die elektronischen Formulare der Justiz barrierefrei?
- Ist die Kommunikationsplattform im Internet, auf der die elektronischen Formulare zur Nutzung bereitgestellt werden, barrierefrei zugänglich und nutzbar?

---

180 Vgl. Ziffer 4.2.7 (A.NB.5) der TR-RESISCAN (BSI TR 03138, Version 1.0 vom 20.03.2013) des Bundesamtes für Sicherheit in der Informationstechnik: https://www.bsi.bund.de/DE/Publikationen/TechnischeRichtlinien/tr03138/index_htm.html.

- Ist der für die Nutzung der Formulare vorgesehene elektronische Identitätsnachweis nach § 18 des Personalausweisgesetzes barrierefrei zugänglich und nutzbar?

Prüfpunkt 5: Sind die elektronischen Akten und Fachanwendungen barrierefrei?

- Sind die elektronischen Akten und die Programme der elektronischen Vorgangsbearbeitung entsprechend der Standards der BITV 2.0 bzw. der DIN EN ISO 9241-171 barrierefrei zugänglich und nutzbar?
- Sind sie mit assistiven Technologien für blinde und sehbehinderte Nutzer (Screenmagnifier, Screenreader, ...) ohne zusätzliche Anpassungen (sog. Skripte) zugänglich und nutzbar?
- Sind auch die Inhalte elektronischer Akten barrierefrei zugänglich und nutzbar?

Prüfpunkt 6: Sind die Intranetauftritte und -angebote der Justiz barrierefrei?

- Wurden bei der Gestaltung der Intranetauftritte und -angebote der Justiz die Anforderungen der Barrierefreie-Informationstechnik-Verordnung (BITV 2.0)[181] beachtet?
- Sind im Intranetauftritt des Gerichts die Geschäftsverteilungspläne, Dienstanweisungen, Arbeitshilfen und sonstigen Informationen barrierefrei zugänglich und nutzbar?
- Sind im Intranetauftritt des zentralen IT-Betriebs die Anleitungen und Informationen zur Nutzung der IT-Anwendungen der Justiz barrierefrei zugänglich und nutzbar?
- Sind im Fortbildungsportal der Justiz im Intranet die Informationen über Fortbildungs- und Schulungsangebote barrierefrei zugänglich und nutzbar? Ist die elektronische Anmeldung zu Fortbildungsmaßnahmen barrierefrei möglich?
- Sind die Angebote im Intranet zum E-Learning barrierefrei zugänglich und nutzbar?

181 Siehe hierzu im Einzelnen die in den Anlagen 1 und 2 zu § 3 BITV 2.0 aufgeführten Anforderungen.

Prüfpunkt 7: Gibt es eine zentrale Kompetenzstelle für Barrierefreiheit in der Justiz?

- Gibt es in der Justiz eine zentrale Kompetenzstelle zu Fragen der Barrierefreiheit, die das erforderliche Know-how zur Verwirklichung von Barrierefreiheit bereitstellt und bei der Umsetzung mitwirkt?
- Wird die Kompetenzstelle für Barrierefreiheit bei allen Maßnahmen zur IT in der Justiz, insbesondere bei Planungen, Entwicklungen und Beschaffungen sowie bei Überarbeitungen von IT-Anwendungen, beteiligt?
- Welches sind die Aufgaben der Kompetenzstelle für Barrierefreiheit in der Justiz? Werden die sich aus dieser Checkliste ergebenden Aufgaben umgesetzt?

Prüfpunkt 8: Ist gewährleistet, dass in Ausschreibungs- und Vergabeverfahren verbindliche Kriterien zur Barrierefreiheit beachtet werden?

- Enthält die Leistungsbeschreibung verbindliche Vorgaben, die zur Einhaltung der Standards zur Barrierefreiheit (WCAG 2.0, BITV 2.0, DIN EN ISO 9241-171, DIN ISO 14289-1, ...) verpflichten?
- Wird Barrierefreiheit als wesentliches Beurteilungskriterium im Rahmen der zu treffenden Auswahl- und Vergabeentscheidung berücksichtigt?
- Wird dem Bieter aufgegeben, die Einhaltung der Anforderungen zur Barrierefreiheit durch unabhängige Gutachten und Prüfberichte nachzuweisen?

Prüfpunkt 9: Ist gewährleitstet, dass für justizeigene Entwicklungen verbindliche Vorgaben zur Barrierefreiheit beachtet werden?

- Gibt es verbindliche Vorgaben (Erlass des Justizministeriums, Dienstvereinbarungen, ...), die Standards zur Barrierefreiheit auch bei der justizeigenen Entwicklung von IT-Anwendungen zu beachten?
- Wird durch die Maßnahmen zum Controlling und zur Qualitätssicherung gewährleistet, dass Barrierefreiheit bereits während der Planung und Entwicklung kontinuierlich beachtet und umgesetzt wird?
- Ist gewährleistet, dass IT-Anwendungen nur dann zum Einsatz kommen, wenn ihre Barrierefreiheit zuvor durch ein unabhängiges Gutachten oder einen Prüfbericht bestätigt wurde?

Prüfpunkt 10: Wird Barrierefreiheit auch bei vorhandenen Fachanwendungen und Programmen zur elektronischen Vorgangsbearbeitung, die auf absehbare Zeit weiter genutzt werden sollen, berücksichtigt?

- Gibt es Testberichte oder Prüfaufträge, die den Handlungsbedarf zur Barrierefreiheit dokumentieren bzw. ermitteln?
- Gibt es verbindliche Vorgaben, Barrierefreiheit zumindest bei Überarbeitungen, Ergänzungen und Aktualisierungen zu berücksichtigen?
- Gibt es Gespräche mit den betroffenen Anwenderinnen und Anwendern, wo der Handlungsbedarf am größten ist?

Prüfpunkt 11: Werden die betroffenen Anwenderinnen und Anwender und die Schwerbehindertenvertretungen zu Fragen der Barrierefreiheit bei der Planung, Entwicklung und Aktualisierung von IT-Anwendungen beteiligt?

Prüfpunkt 12: Gibt es einen regelmäßigen Erfahrungsaustausch betroffener Anwenderinnen und Anwender zu Fragen der Barrierefreiheit der Justiz-IT?

Evaluierung von Barrierefreiheit

Sebastian Sünkler

Evaluierungstools für automatisierte Accessibility-Tests

Einleitung

Das vielfältige und sich stetig erweiternde Angebot an Inhalten und Diensten macht das Web zu einem der wichtigsten Medien für Kommunikation und Informationen unserer Zeit. Die zahlreichen Webangebote erweitern und verändern traditionelle Angebote in vielen Lebensbereichen. So lassen sich beispielweise Behördengänge und Bankgeschäfte online abwickeln, Vorlesungen und Seminare sind unter dem Stichwort E-Learning als reine Online-Kurse durchführbar, der Online-Handel bietet den Konsumenten und Anbietern mehr Möglichkeiten als der konventionelle Handel, und in der Arbeitswelt wird kollaboratives Arbeiten unterstützt und dabei auch Heimarbeit gefördert (Hellbusch/Probiesch 2011; Takagi et al. 2009). Die genannten Beispiele zeigen auf der einen Seite, wie stark die Gesellschaft durch die Webangebote profitieren kann. Auf der anderen Seite findet aber auch eine Verlagerung von Aktivitäten und Dienstleistungen ins Web statt, sodass auch ein Abbau traditioneller Angebote vorangetrieben wird, z. B. wenn Behörden konventionelle Behördengänge einschränken, weil diese online angeboten werden, oder wenn Kurse und Seminare nur noch mittels E-Learning zur Verfügung stehen. Diese Entwicklung im Web bietet dabei auch insbesondere Chancen für körperlich und geistig beeinträchtigte Personen, um stärker am öffentlichen Leben teilhaben zu können und ihre Rechte wahrzunehmen (Thatcher et al. 2006; Koutsabasis et al. 2010; Kuksenok et al. 2013). In den genannten Zusammenhängen wird die Notwendigkeit eines universellen und gleichberechtigten Zugangs für alle Personen zu den Inhalten im Web deutlich, der trotz des hohen Stellenwerts des Webs in unserer Gesellschaft bislang nicht erreicht ist (Hellbusch/Probiesch 2011). Durch die Evolution des Webs und die Entwicklung verschiedener Technologien und interaktiver Anwendungen wird die Sicherstellung eines solchen Zugangs kaum realisierbar; auch die Accessibility-Forschung stößt mit ihren Lösungsansätzen gerade durch die schnellen Veränderungen im Web immer wieder an neue Grenzen (Harper/Chen 2011). Als Nebeneffekte wurden durch die anhaltende Auseinandersetzung mit dem Thema Web-Accessibility neue Web-Technologien und Web-Anwendungen entwickelt und gefördert. (Richards et al. 2012) führen in ihrer Studie auf, dass z. B. die Trennung von

Layout und Inhalt mit CSS, neue Browserfeatures und die Gestaltung von Inhalten für mehrere Eingabegeräte durch die Accessibility-Forschung vorangetrieben wurden.

Die Gestaltung eines uneingeschränkten Zugangs wird im deutschsprachigen Bereich durch den Begriff Barrierefreiheit beschrieben (BGG, 2007). Im englischsprachigen Bereich wird dafür der Begriff Accessibility (Zugänglichkeit) verwendet. Barrierefreiheit beschreibt die Gestaltung der Umwelt sowie Information und Kommunikation in einer Art und Weise, dass diese von Menschen mit Behinderungen, älteren Menschen und anders beeinträchtigten Personen, z. B. bei der Nutzung veralteter Technologien, gleichermaßen genutzt werden kann, wie von Menschen ohne Beeinträchtigungen. Barrierefreiheit wird in einigen Staaten gesetzlich geregelt. So schreibt beispielsweise das Behindertengleichstellungsgesetz in Deutschland seit 2002 vor, dass öffentlich zugängliche Internet- und Intranet-Angebote des Bundes für jeden einschränkungsfrei zugänglich sein müssen (BGG 2007). Die notwendigen Spezifikationen und die Sicherstellung der Umsetzung der Barrierefreiheit werden in Deutschland durch die Barrierefreie-Informationstechnik-Verordnung (BITV 2.0) geregelt. (BITV 2011). In den USA wird durch Section 508 des US Rehabilitation Act eine ähnliche gesetzliche Regelung angewendet (Section 508 1998). In Italien wird Barrierefreiheit durch den STANCA-ACT (Stanca-Act 2004) und auf EU-Ebene durch den eEuropa Action Plan sichergestellt (eEuropa 2011). Neben den gesetzlichen Regelungen bestehen auch verschiedene international anerkannte Initiativen, die Rahmenbedingungen und Kriterien zur Web-Accessibility bereitstellen, z. B. durch die Web Accessibility Initiative (WAI 2013) des W3C, die die Web Content Accessibility Guidelines (WCAG 2008) bereitstellt.[1] Kommerzielle Anbieter unterliegen keinen gesetzlichen Verpflichtungen bezüglich Barrierefreiheit. Sie werden aber in Deutschland angehalten, mit Hilfe von Zielvereinbarungen ihre Produkte barrierefrei zu gestalten (BKBb 2014) (dazu siehe bspw. auch Bühler et al. in diesem Band). Die barrierefreie Gestaltung der Produkte bringt kommerziellen Anbietern dabei auch wirtschaftliche und organisatorische Vorteile. Zum Beispiel vergrößert sich die Zielgruppe der Angebote; barrierefreie Gestaltung der Inhalte bedeutet auch eine höhere Verfügbarkeit auf verschiedenen technischen Geräten und barrierefreies Design sorgt für eine saubere Struktur und Gestaltung des Quelltextes von Webangeboten und damit ergeben sich bspw. auch Vorteile für die Suchmaschinenoptimierung (Hellbusch/Probiesch 2011; Andrés et al. 2010; Moreno/Martinez 2013).

Im Zusammenhang mit der Bedeutung, den gesetzlichen Vorgaben, Einschränkung analoger Angebote und den wirtschaftlichen Vorteilen (Andrés et al. 2010; Hellbusch/Probiesch 2011) ergibt sich die Frage, wie Webinhalte angeboten

1 Ausführlich dazu siehe bspw. Kerkmann in diesem Band.

werden müssen, damit diese uneingeschränkt zugänglich sind, und wie die Barrierefreiheit der Inhalte (Webseite, Texte, Grafiken, Audiofiles, Videos etc.) evaluiert werden kann (Harper/Chen 2011). Im Folgenden wird zunächst der Begriff der Barrierefreiheit im Web-Kontext erläutert, und dabei werden mögliche Hürden für Personen mit Einschränkungen vorgestellt. Darauf aufbauend werden anschließend mögliche Methoden und Empfehlungen zu systematischen Tests der Barrierefreiheit von Webangeboten dargestellt. Mit Hilfe von Accessbility-Tests erhalten Designer, Programmierer und Anbieter Hinweise auf mögliche Hürden bei der Zugänglichkeit der Angebote. Durch die gewonnenen Erkenntnisse können Barrieren gezielt angepasst werden, um die Barrierefreiheit zu erhöhen, auch wenn ein vollständig barrierefreier Zugang kaum zu erreichen ist. (Hellbusch/Probiesch 2011). Anschließend folgt eine nähere Betrachtung zum Einsatz von Software-Tools für eine automatisierte Evaluation von Webangeboten. Bei der automatisierten Evaluation stehen vor allem die möglichen technischen Barrieren von Inhalten im Vordergrund, da automatisierte Tests nur Aussagen zu Strukturen und Layout von Webseiten liefern können. Eine Interpretation und Entscheidungen zur Umsetzung der aufgefundenen technischen Accessibility-Hürden müssen durch Entwickler und Experten getroffen werden. Im Anschluss daran werden ausgewählte, verfügbare Online-Tools gezeigt, die als Übersicht für die praktische Nutzung im Rahmen von Accessbility-Tests einsetzbar sind. Im letzten Abschnitt werden die Grenzen automatisierter Tests mit Software-Tools diskutiert.

Barrierefreiheit von Webinhalten

Barrierefreiheit

Barrierefreiheit im engeren Sinne bedeutet, dass die gestaltete Umwelt so geschaffen ist, dass Menschen mit Behinderungen diese genauso nutzen können, wie Menschen ohne Behinderungen (BGG 2009). Im weitesten Sinne geht es bei der Barrierefreiheit aber darum, dass alle Menschen die gestaltete Umwelt ohne Einschränkungen nutzen können. Die Festlegung auf eine bestimmte Personengruppe entfällt dabei (BKBa 2014). In Bezug auf die Nutzung des Webs treten je nach Beeinträchtigungs- und Behinderungsarten verschiedene Barrieren auf, die den Zugang und die Nutzung der angebotenen Webinhalte für beeinträchtigte Personen erschweren (van Eijk/Poort 2012). Anbieter im Web sollten bei der Gestaltung ihrer Inhalte alle Behinderungsarten im Sinne einer ganzheitlichen Inklusion gleichberechtigt berücksichtigen (Disability Rights Commission 2004). Für die Entwicklung barrierefreier

Inhalte sind dabei auch Kenntnisse über die Verfügbarkeit sogenannter assistiver Technologien notwendig, die Menschen mit Einschränkungen bei der Webnutzung unterstützen, z. B. Screenreader, Text-to-Speech-Anwendungen, Bildschirmtastatur, Kopfmaus (Hellbusch/Probiesch 2011; Peters/Bradbard 2010). Barrierefreiheit spielt nicht nur bei der Rezeption und Aufnahme von Inhalten eine Rolle. Barrierefreie Webangebote bieten Personen mit Einschränkungen auch zahlreiche Möglichkeiten am sozialen Leben teilzunehmen, z. B. durch die Nutzung von sozialen Netzwerken und durch die Erzeugung eigener Inhalte (User Generated Content) (Kuksenok et al. 2013).

Mögliche Einschränkungen beim Zugang zu Webinhalten

Die technischen Barrieren ergeben sich durch verschiedene Einschränkungen, die Menschen bei der Nutzung von Webinhalten behindern. Es lassen sich vorrangig vier Arten von Einschränkungen bei der Webnutzung unterscheiden:

- *Visuelle Einschränkungen, die dazu führen, dass Texte und andere Inhalte auf Webseiten nicht wahrgenommen werden können.* Sehbehinderungen und Sehbeeinträchtigungen sind sehr vielfältig. Neben objektiven Kriterien und individueller Wahrnehmung sind auch situative Faktoren zu berücksichtigen. Die Vielfältigkeit der visuellen Einschränkungen und Augenkrankheiten macht eine typische Ableitung für barrierefreies Webdesign nicht möglich. Beispiele für visuelle Einschränkungen reichen von Farbfehlsichtigkeit über Blendempfindlichkeit bis hin zur Blindheit.
- *Motorische Einschränkungen, die zu Problemen bei der Navigation auf Webseiten führen.* Ähnlich wie die visuellen Beeinträchtigungen sind diese Einschränkungen auch sehr vielfältig und reichen von einer völligen Unbeweglichkeit von Gliedmaßen hin zu Spastiken, die eine Kontrolle über die motorischen Fähigkeiten zeitweise einschränken. Zahlreiche assistive Hilfsmittel unterstützen motorisch eingeschränkte Personen bei der Nutzung und Navigation. Diese Technologien ersetzen im Allgemeinen die Eingabe über Maus und/oder Tastatur.
- *Auditive Einschränkungen bilden Barrieren im Umgang mit Audio-Inhalten wie vertonten Videos und Podcasts.* Zur Wahrung der Barrierefreiheit zu diesen Inhalten können Untertitel und Textabschriften angeboten werden. Eine weitere Barriere ergibt sich für Menschen, die von Geburt an gehörlos sind und sich durch die Gebärdensprache verständigen.

Gebärdensprache folgt aber einer anderen Grammatik als entsprechende Laut- und Schriftsprachen, was dazu führen kann, dass geschriebene Texte eine Art Fremdsprache für Gehörlose sein können.[2]

- *Kognitive Beeinträchtigungen wie Lernbehinderungen, Legasthenie, Autismus, Demenz usw. können beispielsweise zu Schwierigkeiten bei der Orientierung, der Aufmerksamkeit, Merkfähigkeit, dem Abstraktionsvermögen, der Problemlösung und dem Textverständnis führen.* In Bezug auf Webinhalte entstehen Barrieren beim Verständnis der angebotenen Inhalte und der Informationsarchitektur von Webseiten. (Borg et al. 2014; Kerkmann 2013; Peters & Bradbard 2010; Ruth-Janneck 2011; Freire et al. 2013)

Wird Barrierefreiheit im weitesten Sinne betrachtet, ergeben sich noch weitere Zielgruppen, z. B. Senioren (Cavender/Bigham 2011) und Personen mit geringeren Sprachkenntnissen, die dadurch Texte in einer Fremdsprache nicht lesen können (Vázquez et al. 2013). Ein eingeschränkter Zugang tritt auch bei Personen auf, die mit einer veralteten Technik das Web nutzen (Berger/Caspers 2010).

Kategorisierung von Barrieren

Die aufgeführten möglichen Arten von Einschränkungen erzeugen auf den unterschiedlichsten Ebenen Barrieren bei der Web-Nutzung. (Berger/Caspers 2010) grenzen drei Bereiche für Barrieren ab:

1. *Anwendungsorientierte Barrieren*, die sich direkt aus der formal-technischen Umsetzung der Anwendung ergeben. Als Beispiel nennen Berger & Caspers die Registrierungs- und Login-Vorgänge, die für die Nutzung von Web-Anwendungen vorangeschaltet werden. Für Anwender mit Einschränkungen sind Web-Anwendungen mit solchen Vorgängen nur nutzbar, wenn diese barrierefrei gestaltet sind.
2. *Behinderungsbedingte Barrieren*, die unmittelbar aus der Behinderung des Nutzers entstehen. Zum Beispiel ist die Nutzung von Videokonferenzen für blinde Nutzer untereinander nicht relevant, da die visuelle Darstellung der Gesprächspartner für sie nicht wahrnehmbar ist. Daher spricht man in diesem Fall von einer behinderungsbedingten Barriere, die einer Nutzung entgegensteht. Andere Beispiele sind die Nutzung von Fotoplattformen wie flickr für blinde Anwender untereinander.

2 Ausführlich dazu siehe bspw. Schadenbauer et al. in diesem Band.

3. *Individuelle Barrieren*, die sich direkt auf den Einzelnen ohne Berücksichtigung der Behinderung beziehen. Dazu zählen z. B. eine ungenügende technische Ausstattung, mangelnde Vorkenntnisse oder eine fehlende Medienkompetenz.

Bezogen auf die Gestaltung und Evaluierung der Barrierefreiheit sind nur die anwendungsorientierten Barrieren relevant, da behinderungsbedingte und individuelle Barrieren nicht auf mangelnde Accessibility zurückgeführt werden können. Die anwendungsorientierten Barrieren lassen sich dabei in vier Unterkategorien einordnen (Berger/Caspers 2010):

- *Technisch-funktionale Barrieren*, die sich aus der verwendeten Technik, der Programmierung und Einschränkungen bei der Software und Hardware in Bezug auf die Nutzung assistiver Technologien ergeben. Beispiele sind Captcha-Codes, Bedienelemente von Flash-Playern oder fehlende Auszeichnungen von Formularen.
- *Redaktionelle und inhaltliche Barrieren*, die auf einer mangelnden redaktionellen oder organisatorischen Aufbereitung der Inhalte und Umsetzung für das Web resultieren. Zu solchen Barrieren zählen beispielsweise schwierige Texte und fehlende Textstrukturen.
- *Barrieren, basierend auf dem Design* der Angebote, die aufgrund einer unzureichenden Gestaltung entstehen. Solche Barrieren ergeben sich z. B. aus zu geringen Kontrasten und zu kleinen Schriftgrößen.
- *Organisatorische Barrieren*, die durch organisatorische Umstände und das Umfeld des Webangebots auftreten. Beispiele dafür sind fehlende Budgets für die Produktion von Gebärdensprachenvideos oder andere alternative Aufbereitungen von Medieninhalten.

Webinhalte und Barrieren

Das Web bietet eine Vielzahl verschiedener Anwendungen und Inhalte, die bezogen auf Personengruppen mit körperlichen und kognitiven Einschränkungen nur erschwert zugänglich sein können. Wie oben erwähnt, ergeben sich die Barrieren beim Zugang im Bereich der angebotenen Dienste und sind vom Design, der Technik, der Programmierung und der redaktionellen Aufbereitung für das Web sowie von organisatorischen Umständen abhängig. Inhalte im Web, bei denen Hürden je nach Beeinträchtigung der Person auftreten können, sind textuelle Inhalte, grafische Inhalte und Elemente, Audioinhalte, visuelle Inhalte (Videos, Animationen) und interaktive Anwendungen (z. B. soziale Netzwerke, Suchmaschinen) (Berger/Caspers 2010; Harper/Chen 2011). Solche Anwendungen können aus mehreren Schritten, Tools und Prozessen bestehen (z. B. Eingabeformulare zur Abwicklung von Behördengängen oder Dienste wie Twitter und Facebook) und sich aus einer Mischung von Inhaltstypen zusammensetzen. Eine besondere Herausforderung besteht im Zusammenhang mit dynamischen Inhalten im Web, die im Gegensatz zu statischen HTML-Seiten auf Technologien zurückgreifen, die in Echtzeit Daten generieren und Echtzeitmanipulationen der angezeigten Inhalte auf Webseiten ermöglichen (Fernandes et al. 2012) sowie mit Rich Internet Applications. Die WAI hat in Bezug auf die Gestaltung von Rich Internet Applications erst in jüngster Zeit Richtlinien veröffentlicht (WAI 2014). Konformitätsrichtlinien wie die aus der WCAG 2.0 (WCAG 2008) nehmen Bezug auf die möglichen Inhalte auf Webseiten und geben Hinweise dazu, was bei der Umsetzung beachtet werden muss, um einen bestimmten Konformitätsgrad zu erreichen. Eine klare Abgrenzung der Inhalte ist in einigen Fällen nicht ohne weiteres möglich. Ein bereits genanntes Beispiel ist so genannter User Generated Content, der sich mit dem Aufkommen des Web 2.0 stark verbreitet hat. Allerdings ist dieser nicht klar abgrenzbar, da es sich dabei um Texte z. B. in Blogs oder selbst erstellte Fotos und Videos handeln kann (Kuksenok et al. 2013). Bei User Generated Content sind Prüfungen der Tools oder Backends von Webanwendungen notwendig, um zu prüfen, ob Personen mit Beeinträchtigungen dazu in der Lage sind, auf den entsprechenden Plattformen Inhalte zu erstellen. In diesem Zusammenhang sind die Richtlinien für Authoring Tools (ATAG 2013) der WAI relevant. Diese ermöglichen eine Prüfung für den barrierefreien Zugang für Tools zur Herstellung von Inhalten. Für eine umfassende Sicherstellung der Barrierefreiheit empfiehlt sich die Auseinandersetzung mit den bereits genannten Richtlinien. Zusammengefasst treten bei textuellen und visuellen Inhalten je nach Beeinträchtigungsgrad erhebliche Hürden bei Personen mit visuellen Einschränkungen auf. Die Inhalte aus Audiofiles können für Personen mit auditiven Einschränkungen nicht verfügbar sein. Bei Personen mit eingeschränkten motorischen Fähigkeiten treten Hürden beim Zugang zu den genannten Inhalten auf, während Personen mit Lernschwächen beim Verständnis der Inhalte beeinträchtigt sein können.

Methoden der Accessibility-Evaluierung

Accessibility-Evaluationen basieren auf Methoden aus den Bereichen der Software-Tests und der Usability-Evaluation. Diese Methoden lassen sich auch weiter in quantitative und qualitative Methoden einteilen. Zu den Methoden zählen u. a. heuristische Evaluationen mit Konformitätsrichtlinien, szenariobasierte Tests, Simulationen, Nutzer-Tests in Laboren und automatisierte Konformitätstests auf der technischen Ebene, die mit einer Vielzahl von Tools realisiert werden können.

(Yesilada et al. 2012) fassen die möglichen Methoden zur Überprüfung der Barrierefreiheit in fünf Kategorien zusammen:

1. *Manuelle Begutachtung* zur Feststellung der Barrierefreiheit von Webseiten durch Experten. Diese Verfahren basieren auf der Überprüfung der Accessibility durch Gutachter. Eine weit verbreite Vorgehensweise ist dabei die Konformitätsprüfung der Barrierefreiheit anhand von Richtlinien, wie WCAG (WCAG 2008), BITV (BITV 2011), ISO 9241 (Ergonomie der Mensch-System-Interaktion) (ISO 9241 2011), usw.
2. *Automatisierte Testverfahren* mit Hilfe von Software-Tools.
3. *Screening-Techniken*, bei der die Nutzung von Webseiten mit möglichen kognitiven oder körperlichen Beeinträchtigungen simuliert wird.
4. *Evaluierungen mit Hilfe von Gruppen*, z. B. über Crowdsourcing. Die Prüfer lassen dabei die Barrierefreiheit von Webseiten durch ein Panel von Nutzern durch Fragebögen überprüfen und sammeln das Feedback der Gruppen, um die Accessibility zu bewerten. Basis der Ergebnisse sind die subjektiven Einschätzungen und Eindrücke der Tester.
5. *Nutzertests*, bei denen informelle oder formale Experimente durchgeführt werden. Reale Nutzer mit ihren Bedürfnissen nutzen die Webseite, um z. B. zielgerichtete Aufgaben zu lösen. Das Verhalten wird dabei aufgezeichnet und ausgewertet, um die Barrierefreiheit des Webangebots zu messen. Solche Tests können dabei im natürlichen Umfeld oder in Laboren umgesetzt werden. Bei diesen Tests werden Methoden aus der Usability-Evaluierung angewendet (zu möglichen Testmethoden siehe bspw. auch Schadenbauer et al. und Nesbach in diesem Band).

Die Kategorisierung zeigt, dass der Einsatz von Methoden aus einer Kategorie nicht ausreicht, um umfassende Evaluationen der Accessibility zu realisieren. Der Abgleich mit Richtlinien und automatisierte Testverfahren helfen dabei, technisch-formelle und damit harte Kriterien an die Anforderungen für Barrierefreiheit zu prüfen. Daneben sind aber Nutzertests unbedingt notwendig, um auch weiche Kriterien zu evaluieren. An Nutzertests sollten daher vor allem Personen aus der potenziellen Zielgruppe teilnehmen, d. h. Personen, die beim Zugang zu Webinhalten eingeschränkt sind. Entscheidend ist dabei auch, Tests bereits während den Entwicklungsphasen zu Webangeboten durchzuführen, da die Überprüfung bereits fertiger Produkte nur dazu beitragen kann, lediglich einen Teil der Mängel zu beseitigen. Die Organisation der Evaluierungen kann auf zwei Arten durchgeführt werden: Entweder prüfen die Entwickler selbst oder externe Prüfer werden während der Entwicklung beratend hinzugezogen (Hellbusch/Probiesch 2011). Accessibility-Evaluierungen werden sowohl in der Praxis durch Entwickler von Software und Webangeboten als auch in der Forschung, je nach

Anwendungsfall mit unterschiedlichen Zielen, durchgeführt. Entwickler und Designer führen Evaluierungen durch, um Schwachstellen bei der Barrierefreiheit ihrer Angebote zu identifizieren und anzupassen (Hellbusch/Probiesch 2011).

In der Accessibility-Forschung werden andere Schwerpunkte gesetzt. So wurden in den letzten Jahren Studien zu öffentlichen, staatlichen Angeboten durchgeführt, um zu überprüfen, inwieweit diese Angebote barrierefrei gestaltet sind und ob Konformitätskriterien aus gesetzlichen oder etablierten Accessibility-Richtlinien erfüllt werden (siehe dazu beispielsweise Hassanzadeh/Navidi 2010; Goodwin 2013); andere Studien beschäftigten sich mit der Validität von Richtlinien (Brajnik/Harper 2010; Lima et al. 2012). Weitere Untersuchungen überprüften die Accessibility von kommerziellen Webseiten (Gonçalves et al. 2012; Andrés et al. 2010). Daneben wurden auch Experteneinschätzungen und Laieneinschätzungen zur Barrierefreiheit evaluiert (Asai et al. 2007) und die Effektivität der Evaluationen durch automatisierte Tools im Vergleich mit Einschätzungen durch manuelle Evaluierungen (Hong et al. 2008). Für eine ganzheitliche Evaluation von Angeboten empfiehlt die WAI (WAIb 2014) ein Modell aus mehreren Stufen, das neben der technischen Überprüfung auch Nutzergruppen einbezieht. Dieses Modell hilft dabei, Evaluierungen zur Barrierefreiheit systematisch durchzuführen und ist damit eine Handreichung besonders auch für Entwickler und Designer.

Accessibility-Evaluierungen nach dem WAI-Modell

Für die Planung und Gestaltung umfassender Accessibility-Evaluierungen bietet die W3C Web Accessibility Initiative (WAI) einen Leitfaden an, der die Prüfung in drei Ebenen aufteilt:

1. Eine vorläufige Begutachtung der Webseite durch Gutachter, um potenzielle Probleme der Barrierefreiheit zu erkennen.
2. Eine manuelle und/oder automatische Konformitätsprüfung, um zu evaluieren, ob die Webseite etablierten Accessibility-Standards gerecht wird.
3. Tests mit realen Personen, um zu identifizieren, welche Hürden bei der praktischen Nutzung der Webseite auftauchen.

Die WAI bietet dabei verschiedene Arbeitsmaterialien an, damit die Accessibility-Evaluierungen in der Praxis umgesetzt werden können. Mit Hilfe des Leitfadens ist es möglich, für die Anbieter der Inhalte eine umfassende Prüfung der Barrierefreiheit zu realisieren. Der Leitfaden bietet ein gute Basis für die Evaluierung, und der vorgestellte Ablauf bzw. die Methoden lassen sich mit den Methoden aus der Kategorisierung von (Brajnik/Harper 2010) sinnvoll ergänzen. So sind bei den vorläufigen Begutachtungen auch Einsätze von Panels denkbar, um Einschätzungen zu möglichen Barrieren zu sammeln. Screening-Techniken ermöglichen die Simulation von Nutzern, die durch technische Einschränkungen beim Zugang zu den Inhalten behindert werden. Je nach Anwendungsfall ist zu überlegen, welche Gruppen für die Begutachtungen und Konformitätsanalysen als Gutachter eingesetzt werden. Ferner sind auch Personengruppen, die ein starkes Eigeninteresse an der Accessibility der Webinhalte haben, also Nutzer mit Beeinträchtigungen, als Experten in eigener Sache zu betrachten (Hellbusch/Probiesch 2011).

Vorläufige Begutachtungen

Auf dieser Ebene werden repräsentative Seiten eines Webangebots durch Experten auf mögliche Barrieren überprüft. Die Experten setzen dabei automatische Tools ein und simulieren durch Screening-Techniken verschiedene Szenarien basierend auf den möglichen Einschränkungen durch Behinderungen, die bei der Nutzung des Angebots auftreten können. Es ist auf dieser Ebene entscheidend, nicht nur eine Seite der zu testenden Webseite zu prüfen, sondern auch auf eine repräsentative Stichprobe an Unterseiten zurückzugreifen (Hackett/Parmanto 2009). Die Begutachtung erfolgt dabei in verschiedenen Schritten. Im ersten Schritt wird der Webbrowser (z. B. Firefox, Internet Explorer, Safari) so angepasst, dass Hürden für bestimmte Formen von Beeinträchtigungen gesichtet werden können. Zum Beispiel kann die Darstellung von Bildern und die Wiedergabe von Audiomaterial ausgeschaltet werden, um zu prüfen, ob ein äquivalentes Angebot von Textalternativen angeboten wird. Ferner kann noch geprüft werden, ob die Navigation mit alternativen Eingabemethoden, beispielsweise eine Navigation nur über die Tastatur, möglich ist. Im nächsten Schritt wird mit Hilfe von Screenreadern geprüft, ob die Inhalte darüber zugänglich sind. Ein weiterer Schritt ist der Einsatz mehrerer Tools zur automatisierten Überprüfung der Barrierefreiheit. Dabei wird die technische Umsetzung gegen die Kriterien aus vorgegebenen Accessibility-Leitfäden geprüft. Die Auswahl mehrerer Tools ist sinnvoll, da nicht alle Tools unbedingt die gleichen Leitfäden unterstützen. Beim Einsatz der Tools ist aber darauf zu achten, dass die Ergebnisse nicht einheitlich sein müssen und Probleme bei der Interpretation auftreten können. Vorgaben aus den Richtlinien sind auch nicht so formalisiert, dass eine exakte Prüfung mit den Tools möglich ist. Dadurch entsteht immer ein Interpretationsspielraum für die Experten. In der Praxis können mit den Tools auch häufig nur einzelne Seiten getestet werden. Tools können auch nicht die Sinnhaftigkeit alternativer Textangebote feststellen oder Bewertungen zur Verständlichkeit der angebotenen Inhalte liefern.

Konformitätsprüfungen

Im Gegensatz zu der ersten Vorabüberprüfung der Accessibility werden bei der Konformitätsprüfung Kriterien zur Barrierefreiheit von Webseiten anhand von definierten Leitfäden und Richtlinien geprüft. Die Leitfäden werden dabei von internationalen Organisationen (WCAG 2008), durch Gesetzgeber auf staatlicher Ebene (z. B. Section 508 1998; BITV 2011) oder auch durch Unternehmen (IBM 2011) bereitgestellt. In diesen Richtlinien wird beschrieben, welche Voraussetzungen auf den Webseiten erfüllt sein müssen, damit die Prüfkriterien erfüllt werden. Abbildung 1 zeigt dabei den Aufbau des WCAG-Leitfadens, der für die Konformitätsprüfung nach den dort definierten Kriterien angewendet wird. Bei der Überprüfung der Konformität wird ebenfalls eine Mischung aus automatisierten Tests mit Tools und Expertenbegutachtung vom WAI empfohlen. Bei der Auswahl der Tools ist hier darauf zu achten, nach welchen Richtlinien bzw. Prüfkriterien und auf welcher Ebene der Konformität (bei WCAG wird zwischen A, AA und AAA unterschieden, wobei AAA volle barrierefreie Konformität bedeutet) evaluiert werden soll. Der angestrebte Konformitätsgrad wird nur erreicht, wenn alle Prüfkriterien der Konformitätsebene erreicht sind. Eine Umsetzung aller Richtlinien der höchsten Stufe wird dabei nicht als allgemeine Richtlinie zur Prüfung der Barrierefreiheit empfohlen, da die Prüfkriterien dieser Stufe nicht auf alle Inhalte anwendbar sind. Die Tools bieten für die Analyse der Barrierefreiheit oft verschiedene Leitfäden an, die für die Prüfung ausgewählt werden können. Eine Empfehlung ist bei der automatisierten Analyse das gesamte Angebot einer Domain, also alle Seiten eines Webangebots, zu überprüfen. Wenn das gesamte Angebot nicht prüfbar ist, soll ein repräsentativer Ausschnitt der Seiten für die automatisierte Evaluation verwendet werden. Dabei ist darauf zu achten, die Stichprobe so zu wählen, dass eine Vielzahl von angebotenen Funktionen und Inhalten geprüft wird. Für die manuelle Evaluierung wird ebenfalls nur eine repräsentative Stichprobe an Seiten untersucht. Bei der automatisierten Evaluation können in der Regel nur technische und formale Kriterien aus den Leitfäden getestet werden. Tests zur Verständlichkeit von Inhalten lassen sich damit nicht abdecken; auch die Prüfung anderer Kriterien ist nur durch eine manuelle Konformitätsüberprüfung möglich. Abbildung 1 zeigt die Prinzipien und Bereiche mit den Erfolgskriterien aus den WCAG 2.0 Richtlinien.

In der Abbildung werden die vier Prinzipien aus den WCAG 2.0 Richtlinien aufgezeigt (WCAG 2008):

1. *Wahrnehmbar*: Informationen und Bestandteile der Benutzerschnittstelle müssen den Benutzern so präsentiert werden, dass diese sie wahrnehmen können. Bei diesem Prinzip steht die Darstellung der Inhalte im Vordergrund. Die verschiedenen Konformitätslevel A – AAA geben dabei vor, welche minimalen Kriterien bzw. maximalen Kriterien beim Design von Inhalten gewähr-

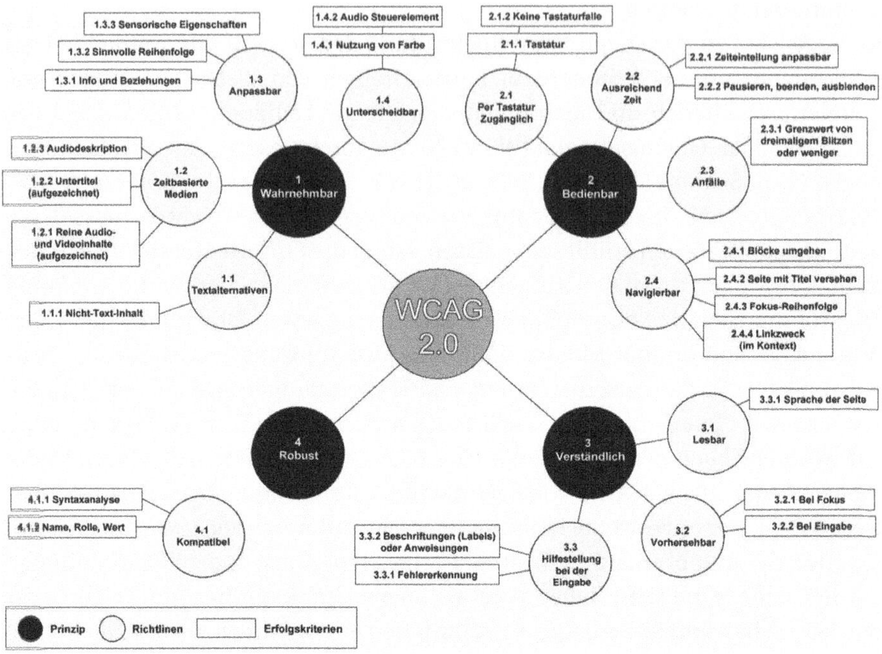

Abb. 1: WCAG 2.0 (Übersetzte Darstellung nach: http://www.avoka.com/blog/wp-content/uploads/2009/04/wcag2.jpg).

leistet sein müssen, damit diese auch wahrnehmbar sind. So müssen für die Erreichung auf Level A für die Richtlinie 1.1 Textalternativen z. B. für alle Nicht-Text-Inhalte, wie Videos oder Audiofiles äquivalente Textalternativen bereitgestellt werden. Ein Beispiel für Level AAA ist die Bereitstellung von einer Synchronisation von Audioinhalten in Gebärdensprache.

2. *Bedienbar*: Bestandteile der Benutzerschnittstelle und Navigation müssen bedienbar sein. Die Konformitätsebenen beziehen sich dabei beispielsweise auf den Zugang über Tastatur aus der Richtlinie 2.1. Für die Erreichung der Konformität auf Level A muss gewährleistet sein, dass alle Elemente auf der Webseite über Tastatureingaben erreichbar sind, ohne das Nutzer gezwungen werden, diese Eingaben innerhalb von bestimmten Zeiteinteilungen vorzunehmen, z. B. mehrfaches Drücken einer Taste in kurzer Zeit oder langes Gedrückthalten einer Taste. Auf Level A erlauben die Richtlinien noch Ausnahmen, z. B. bei der Eingabe von Inhalten in Formulare, die vom Pfad der Bewegung des Benutzers abhängig sind. Für die Erreichung der Erfolgskriterien auf Stufe AAA dürfen keine Ausnahmen bestehen, d. h. es ist nicht

erlaubt, überhaupt irgendwelche Eingaben zu fordern, die von Zeiteinteilungen abhängig sind.

3. *Verständlich*: Informationen und Bedienung der Benutzerschnittstelle müssen verständlich sein. Bei diesem Prinzip geht es darum, Barrieren zu beseitigen, die eine Verständlichkeit der Benutzerschnittstelle und der angebotenen Webinhalte beeinträchtigen. Richtlinie 3.1 beschreibt die Erfolgskriterien für die Lesbarkeit von Inhalten. Für die Erreichung auf der Ebene A ist es z. B. notwendig, eine Einstellung der Sprache anzubieten. Für die Erreichung von AAA müssten für alle Inhalte Alternativen bereitgestellt werden, die gewährleisten, dass diese auch für Personen mit niedriger sekundärer Schulbildung verständlich sind.
4. *Robust*: Inhalte müssen robust genug sein, damit sie zuverlässig von einer großen Auswahl an Benutzeragenten einschließlich assistiver Techniken interpretiert werden können. Mit diesem Prinzip soll sichergestellt werden, dass die Inhalte mit aktuellen und zukünftigen Geräten und assistiven Technologien zugänglich sind. Im Gegensatz zu den anderen Prinzipien sind hier nur Prüfkriterien auf der Stufe A zu finden.

Der beispielhafte Ausschnitt aus den WCAG 2.0 Richtlinien zeigt bereits, wie komplex sich die Sicherstellung der Barrierefreiheit von Webinhalten gestaltet. Die Beispiele für die Richtlinien auf den genannten Stufen zeigen, dass eine vollständige Barrierefreiheit kaum zu gewährleisten ist, auch wenn diese als Ideal angesehen wird. In den WCAG 2.0 wird sogar ausdrücklich darauf hingewiesen, dass der Konformitätsgrads AAA, also die Stufe der maximalen Barrierefreiheit, nicht als Maßstab für die Beurteilung von Webseiten anzulegen ist, da einige Inhalte die Prüfkriterien auf dieser Ebene nicht erfüllen können. Beispiele dafür sind Audioinhalte, die live übertragen werden. Das Prüfkriterium fordert da auf der Stufe AAA die Bereitstellung äquivalenter Informationen zu der Liveübertragung. Eine Reihe von Prüfkriterien auf der höchsten Konformitätsebene bezieht sich auf die Lesbarkeit von Text. Dort beziehen sich Forderungen der maximalen Barrierefreiheit auf Mechanismen zur Erkennung und dem Angebot von Alternativen für ungewöhnliche Wörter (Jargon, Idiome) oder Abkürzungen. Richtlinien, wie Section 508 und BITV, basieren auf ähnlichen Prinzipien. Entwickler und Designer werden kaum Angebote schaffen können, die alle Prüfkriterien erfüllen, Konformitätsprüfungen helfen aber dabei, das eigene Angebot stetig zu verbessern.

Nutzertests

Neben der heuristischen Evaluation und der Konformitätsprüfung sind vor allem Tests mit realen Nutzern im Entwicklungsprozess des Webangebots sehr relevant, da zum einen die automatisierten Tests nur auf technischer Ebene die Einhaltung von Vorgaben und Standards prüfen, die erfüllt sein müssen, damit Inhalte auf einer theoretischen Ebene zugänglich sind und zum anderen, weil auch manuelle Evaluationen nur theoretische Erkenntnisse zur Zugänglichkeit, auch im redaktionell-inhaltlichen Bereich liefern. Für Einschätzungen über Barrieren, die bei der praktischen Nutzung des Webangebots auftreten können, sind Nutzertests die zu wählende Methode. Nutzertests folgen dabei den Methoden aus der Usability-Forschung (Sarodnick/Brau 2006). Im Gegensatz zu den anderen Evaluierungsmethoden sind Nutzertests in der Regel aufwändiger zu gestalten und kostenintensiver (Hellbusch/Probiesch 2011). Bei der Planung solcher Tests ist zu beachten, dass alle relevanten Zielgruppen berücksichtigt werden, damit eine umfassende Accessibility-Evaluierung stattfindet. Ferner sollte die Testgruppe auch im Kontext zum Webangebot ausgewählt werden, damit auch potenzielle Nutzer der Webseite berücksichtigt werden. Wie auch bei anderen Experimenten mit Probanden sind noch weitere Überlegungen zu berücksichtigen, die sich z. B. auf die Testumgebung beziehen. So ist einerseits für die kontrollierte Erhebung der Daten und die Durchführung der Tests die Nutzung eines Labors sinnvoll, andererseits lässt sich das natürliche Verhalten in diesem Rahmen nur eingeschränkt abdecken. Die Entscheidung über formale Tests mit expliziten Aufgaben oder informelle Tests ohne direkte Aufgabenstellungen (bei dieser Art von Experimenten werden durch Beobachtungen Ergebnisse gesammelt, die nicht auf direkten Fragestellungen beruhen) schränkt weiterhin die Natürlichkeit der Ergebnisse ein. Bei den Experimenten zur Evaluierung der Barrierefreiheit können daneben auch Probleme mit der Usability des Webangebots identifiziert werden, die alle Nutzergruppen betreffen. Für die Überprüfung der Barrierefreiheit ist daher darauf zu achten, dass zwischen Usability- und Accessibility-Problemen unterschieden wird (Yesilada et al. 2012).[3]

Abgrenzung automatisierter Evaluierungstools

Im World Wide Web wird eine Vielzahl von automatisierten Evaluierungstools angeboten, die je nach Funktionsumfang als hilfreiche Werkzeuge bei der Evaluierung der Barrierefreiheit von Webseiten eingesetzt werden können. Anwendungsentwicklern, Designern und Accessibility-Prüfern werden mit diesen Werkzeugen Möglichkeiten geboten, die Barrierefreiheit von Webangeboten besonders auf der technischen Ebene im Rahmen von Konformitätstests zu überprüfen. Dadurch ergeben sich für die Entwickler Hinweise zu nötigen Anpassungen, um

3 Näheres dazu siehe bspw. Nesbach in diesem Band.

die Barrierefreiheit ihrer Angebote zu sichern (Hellbusch/ Probiesch 2011). Vorteile beim Einsatz ergeben sich dadurch, dass die Tools überprüfen, inwiefern die Angebote der Konformität aus den jeweiligen Leitfäden entsprechen. Zu beachten gilt bei dem Einsatz, dass die Ergebnisse aus den automatischen Tests mit den Tools stets interpretierbar sind und gezielte Maßnahmen zur Beseitigung der Barrieren abgeleitet werden müssen.

Software-Tools für Accessibility-Evaluation

In den letzten Jahren wurden verschiedene Studien durchgeführt, um die Effektivität von Software-Tools für die Accessibility-Evaluierung zu überprüfen. Einige Studien führten dazu einen systematischen Vergleich von Werkzeugen in Bezug auf die Prüfkriterien aus verschiedenen Richtlinien durch (Vigo/Brown 2013; Tanaka et al. 2011), während andere Forscher solche Vergleiche im Zusammenhang mit der Entwicklung eigener Tools oder Frameworks für Accessibility-Evaluierungen durchführten (Fuertes et al. 2009). In der Accessibility-Forschung wurden in den letzten Jahren Konzepte zu Tools und Tool-Sammlungen entwickelt, um ganzheitliche Accessibility-Evaluationen zu realisieren. In diesem Abschnitt werden Software-Tools zur Prüfung der Barrierefreiheit von Webseiten vorgestellt, die bei einer Accessibility-Evaluierung für automatisierte Tests einsetzbar sind. Kriterien für die Auswahl der Tools wurden dabei aus den oben genannten Studien zusammengestellt. Im Gegensatz zu den Ansätzen in der Accessibility-Forschung liegt der Schwerpunkt hier auf der Nutzbarkeit und Nützlichkeit frei verfügbarer Online-Tools zur Prüfung der Barrierefreiheit von Webseiten. Es werden in der folgenden Auflistung nur Tools berücksichtigt, die zum Zeitpunkt des Erscheinens dieses Bandes direkt einsetzbar sind. Framework oder Software, die noch in der Entwicklung ist, wurde nicht aufgenommen. In der folgenden Auswahl solcher Tools sind soweit nur Werkzeuge zu finden, die sich auf Online-Angebote bei der Nutzung auf Desktop-PCs in Verbindung mit Internet-Browsern beschränken. Auf den Bereich der Accessibility mit mobilen Geräten wird in diesem Zusammenhang nicht näher eingegangen, da keine Richtlinien speziell für diesen Anwendungsfall vorliegen und die verfügbaren Tools nur in wenigen Fällen eine Prüfung der Webangebote für mobile Geräte unterstützen. Das Ziel dieser Übersicht ist es, Entwicklern, Designern und Forschern zugängliche Werkzeuge für automatisierte Prüfungen der Barrierefreiheit von Webseiten vorzustellen. Bei den hier vorgestellten Tools werden nur solche behandelt, die umfassende Evaluierungen bzw. Konformitätsprüfungen nach etablierten Standards unterstützen. Tools, die auf spezielle Einschränkungen spezialisiert sind, wurden hier nicht berücksichtigt, da ein Vergleich der Softwarewerkzeuge erfolgen sollte.

Kriterien für die Auswahl der Software-Tools

Durch die Vielzahl an verfügbaren Tools, die zur automatisierten Evaluierung der Barrierefreiheit zur Verfügung stehen (siehe für eine umfassende Liste z. B. WAI 2006) wurde die hier vorgestellte Auswahl anhand definierter Kriterien zusammengestellt, die sich auf den praktischen Einsatz und die Verfügbarkeit beziehen. Darüber hinaus wurde dabei auch berücksichtigt, ob bei der Installation und Nutzung der Tools Barrieren auftreten können. Dazu zählt beispielsweise, ob das Tool nur in einer bestimmten Systemumgebung nutzbar ist, oder nur in Verbindung mit einem vorgegebenen Webbrowser funktioniert. Ein weiteres Beispiel für eine Barriere kann auf sprachlicher Ebene stattfinden, da nicht alle Tools mehrere Sprachen unterstützen. Da die englische Sprache, vor allem in der Wissenschaft, sehr weit verbreitet ist, wurde darauf geachtet, dass alle Oberflächen der Tools in der Auswahl zumindest die englische Sprache unterstützen. Die Nutzung solcher Tools für Personen mit Einschränkungen auf körperlicher und kognitiver Ebene konnten in diesem Zusammenhang aber nicht berücksichtigt werden, da keine systematische Evaluation der Barrierefreiheit der Tools im Rahmen der Sichtung erfolgte. Jedes Tool wird einzeln vorgestellt und in einer zusammenfassenden tabellarischen Darstellung wird abschließend ein direkter Vergleich mit den wichtigsten Informationen zu den Software-Werkzeugen aufgezeigt.

Für die Auswahl der Tools wurden die in Tabelle 1 aufgeführten Kriterien verwendet.

Tab. 1: Kriterien zur Auswahl der behandelten Tools

Kriterium	Beschreibung
Verfügbarkeit	Das Tool ist frei für die Evaluation nutzbar und kann ohne besondere technische Anforderungen, wie bspw. die Beschränkung auf festgelegte Systemumgebungen, eingesetzt werden. Eine Verwendung ist zu jedem Zeitpunkt möglich.
Unterstützte Leitfäden	Durch das Tool werden die aktuell anerkannten Leitfäden und Checklisten zur Überprüfung der Accessibility unterstützt. Das Tool bietet zumindest eine Evaluierung nach den Kriterien von WCAG 2.0 an. Daneben wurden hier auch besonders Tools berücksichtigt, die nach den Richtlinien des BITV evaluieren,

Kriterium	Beschreibung
	da das BITV den Rahmen für die gesetzliche Regelung der Barrierefreiheit von Online-Inhalten in Deutschland vorgibt.
Sprache	Bei der Auswahl der Tools wurde darauf geachtet, dass die Bedienoberfläche und die Ergebnisdokumentationen zumindest in englischer Sprache vorliegen.
Art der Dokumentation / Gutachten	Tools zur automatisierten Evaluierung bieten verschiedene Arten der Ergebnisdokumentation an. Während einige Tools nur Hinweise darauf geben, welche Prüfkriterien nicht erfüllt sind, zeigen andere Tools direkte Hinweise an, wie sich die Probleme beheben lassen. Da sowohl die Interpretation der Ergebnisse als auch die Entscheidungen über notwendige technische Anpassungen durch die Anbieter getroffen werden, wurde bei der Auswahl der Tools darauf geachtet, dass die Ergebnisse aus den generierten Gutachten nachvollziehbar sind. Werkzeuge, die nur wenig Hintergründe und Hinweise zu Änderungsvorschlägen anbieten, wurden bei der Auswahl der Tools nicht berücksichtigt.
Unterstützte Technologien / Webinhalte	Die Tools in der Übersicht wurden danach ausgewählt, ob Evaluierungen auf Basis von Richtlinien erfolgen, die sich auf Webinhalte beziehen, die Personengruppen mit bestimmten Einschränkungen betreffen. Dazu zählen textuelle Inhalte und audio-visuelle Inhalte.
Nutzbarkeit	In die Auswahl der Tools sind nur Werkzeuge aufgenommen worden, die Usability-Kriterien für Webseiten erfüllen. Die Auswahl orientierte sich dabei an Kriterien aus der DIN EN ISO 9241 „Ergonomie der Mensch-System-Interaktion". Zusammenfassend betrachtet wurde bei der Auswahl darauf geachtet, ob Dialoggestaltung, Menüführung und Hilfestellung gewährleistet sind.

Raster für die Einordnung der Software-Tools

Für einen Vergleich der Tools wurde ein Raster zusammengestellt, das sich folgendermaßen zusammensetzt:

Anbieter: Welche Organisation oder Institution hat die Anwendung entwickelt und bietet diese zur Nutzung an? Sind bestimmte Voraussetzungen (Lizenzgebühren o. ä.) notwendig?

Art des Tools: Handelt es sich bei der Software um eine Webanwendung, ein Browser-Addon oder eine Software, die auf ein System installiert werden muss? Ist das Tool eine eigenständige Anwendung oder handelt es sich um eine Sammlung von Werkzeugen zur Überprüfung der Accessibility?

Verfügbare Sprachen für die Bedienoberfläche: Welche Sprachen werden für die Bedienoberfläche des Tools angeboten?

Verfügbarkeit und technische Voraussetzungen: Liegt das Tool als Open-Source-Software vor? Welche Voraussetzungen müssen für eine Nutzung erfüllt werden? Kann die Software in Kooperation mit den Entwicklern in Studien eingesetzt werden?

Evaluierungsaspekte: Welche Inhalte können geprüft werden? Sind Simulationen von Einschränkungen möglich? Werden alle Beeinträchtigungsarten bei der Evaluierung berücksichtigt?

Unterstützte Leitfäden: Welche Leitfäden und gesetzlichen Leitlinien werden unterstützt?

Art der Ergebnispräsentation und Dokumentation: In welcher Form werden die Ergebnisse der Accessibility-Evaluation bereitgestellt? Werden direkte Vorschläge zur Anpassung des Designs bzw. Quelltexts geliefert, um die Inhalte barrierefrei zu gestalten?

Einschätzung für den praktischen Nutzen: Wie können die Entwickler und Designer durch den Einsatz des Tools bei der Produktentwicklung bezogen auf die Barrierefreiheit unterstützt werden? Bietet die Aufbereitung der Evaluierung genug Hinweise für die Beseitigung von Hürden? Werden aktuelle, etablierte Standards bei den Überprüfungsrichtlinien unterstützt? Werden alle Arten von Einschränkungen berücksichtigt?

Beschreibung der Accessibility-Evaluierungstools

Cynthia Says

Anbieter: Das Cynthia Says Portal ist ein Gemeinschaftsprojekt der HiSoftware Inc., dem International Center for Disability Resources on the Internet (ICDRI) und dem Internet Society Disability and Special Needs Chapter. Für die Nutzung fallen keine Lizenzgebühren an. Die Nutzung für Accessibility-Tests ist auf maximal zehn einzelne URLs innerhalb von 24 Stunden pro Nutzer beschränkt. Die Technologie von Cynthia Says ist auch Teil eines kommerziellen Softwarepakets der HiSoftware Inc. Der HiSoftware Compliance Sheriff[4] bietet Funktionen zum gezielten Monitoring einer gesamten Webseite mit allen Unterseiten.

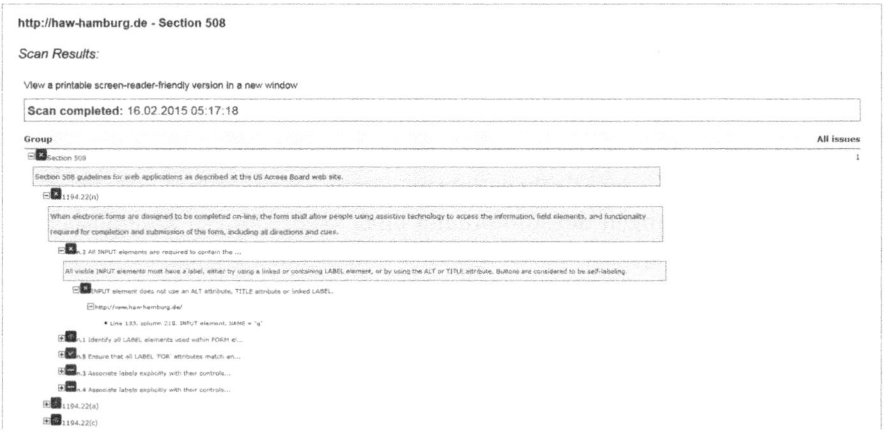

Abb. 2: Cynthia Says

Art des Tools: Das Tool ist ein Online-Portal. Die URL zu einer Webseite kann für die Accessibility-Analyse in ein Formular eingetragen werden.

Verfügbare Sprachen für die Bedienoberfläche: Cynthia Says liegt nur in englischer Sprache vor.

Verfügbarkeit und technische Voraussetzungen: Das Tool ist als Online-Dienst[5] erreichbar. Spezielle technische Voraussetzungen sind nicht notwendig. Es wird lediglich ein Web-Browser benötigt.

Evaluierungsaspekte: Cynthia Says prüft eine Webseite nach Kriterien aus einem ausgewählten Leitfaden. Je nach ausgewähltem Konformitätsgrad und Richtlinie werden verschiedene Aspekte analysiert. Es werden gerenderte Webseiten geprüft, d. h. der HTML-Quelltext ist die Ausgangsbasis für die Analysen. Rich Internet Applications, z. B. Java-Anwendungen, Flash, AJAX oder ähnliche Technologien werden nicht unterstützt.

4 http://www.hisoftware.com/products/hisoftware-compliance-sheriff.aspx
5 http://www.cynthiasays.com

Unterstützte Leitfäden: Das Tool unterstützt den aktuellen WCAG 2.0-Leitfaden auf jeder Konformitätsstufe (A–AAA) und Section 508.

Art der Ergebnispräsentation und Dokumentation: Cynthia Says bietet einen ausführlichen Bericht zu allen Kriterien aus den Leitfäden. Zu den Kriterien werden Icons angezeigt, die zeigen, an welchen Stellen Verbesserungen notwendig sind. Andere Icons zeigen, welche Kriterien erfüllt sind und auch, ob noch eine manuelle, visuelle Sichtung für bestimmte Bereiche durchgeführt werden muss. In dem Report werden auch konkrete Hinweise für die Anpassung des Quellcodes der evaluierten Webseite geliefert (siehe Abbildung 2).

Einschätzung für den praktischen Nutzen: Cynthia Says eignet sich für erste automatisierte Prüfungen der Konformität einer Webseite. Der Ergebnisbericht liefert direkte Hinweise auf Verletzungen der Prüfkriterien aus den Leitfäden. Die Hinweise sind hilfreich bei der Anpassung der Webseite, um die Accessibility zu erhöhen. Für einen produktiven Einsatz im Rahmen größerer Projekte eignet sich Cynthia Says nicht, da nur eine begrenze Anzahl einzelner Seiten in einem festgelegten Zeitraum getestet werden kann. Ein Grundverständnis von Web-Technologien ist ebenfalls Voraussetzung, um die Ergebnisse aus den Webseiten-Scans für die Entwicklungsprozesse eigener Webangebote anwenden zu können. Durch die Unterstützung der genannten Leitfäden werden alle Arten von möglichen Beeinträchtigungen bei der Analyse berücksichtigt.

Web Accessibility Evaluation Tool (WAVE)

Anbieter: Das Tool wird von WebAIM (Web Accessibility in Mind), dem Zentrum für Menschen mit Behinderungen aus den USA, bereitgestellt. WAVE ist ohne besondere Einschränkungen nutzbar. In den Nutzungsbedingungen wird nur ausdrücklich untersagt, das Tool durch automatisierte Anfragen zu verwenden.

Art des Tools: WAVE wird in mehreren Varianten angeboten. In der ersten Variante kann die URL einer Webseite über ein einfaches Formular eingetragen und anschließend automatisch analysiert werden[6]. Andere Nutzungsmöglichkeiten sind die Installation als Firefox Addon, der WAVE-Toolbar[7] und die Verwendung der WAVE-API[8], die aber nur eingeschränkt nutzbar ist. Für eine langfristige

6 http://wave.webaim.org/
7 http://wave.webaim.org/downloads/wavetoolbar1_1_8_en.xp
8 http://wave.webaim.org/api/

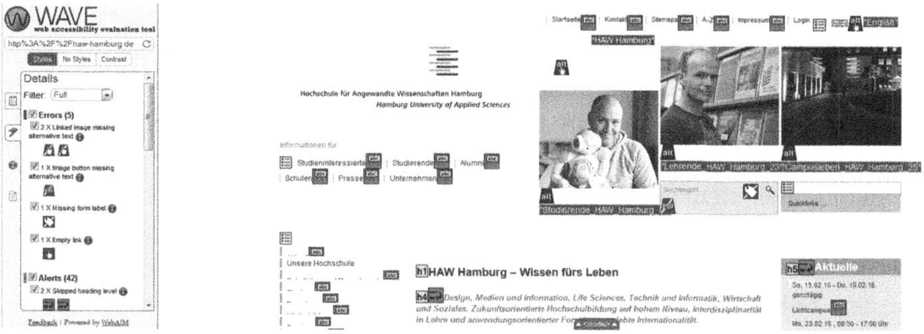

Abb. 3: WAVE Online Tool

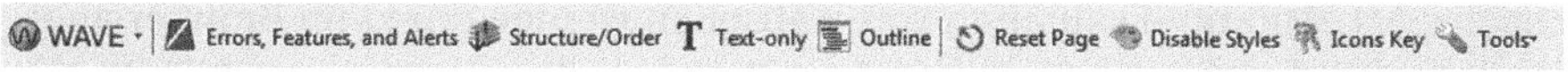

Abb. 4: WAVE Toolbar

Nutzung müssen so genannte Credits erworben werden. Mit der WAVE-API lassen sich im Gegensatz zu einer URL Inhalte einer ganzen Domain evaluieren.

Verfügbare Sprachen für die Bedienoberfläche: Alle WAVE-Angebote werden ausschließlich in englischer Sprache angeboten.

Verfügbarkeit und technische Voraussetzungen: Für die Nutzung des Online-Services sind keine speziellen technischen Voraussetzungen notwendig. Es wird lediglich ein Web-Browser benötigt. Für die Nutzung der WAVE-Toolbar ist der Webbrowser Mozilla Firefox notwendig. Die API wird über zugewiesene Schlüssel und Credits bei der Anwendung eingeschränkt.

Evaluierungsaspekte: WAVE evaluiert die Webinhalte anhand von Leitfäden und bietet darüber hinaus die Möglichkeiten, CSS-Styles zu berücksichtigen oder auszuschalten. Ein Test der Farbkontraste ermöglicht eine einfache Simulation einer Sehbehinderung, die sich auf Farbkontraste bezieht. Es werden gerenderte Webseiten geprüft, d. h. der HTML-Quelltext ist die Ausgangsbasis für die Analysen. Rich Internet Applications, z. B. Java-Anwendungen, Flash, AJAX oder ähnliche Technologien werden nicht unterstützt.

Unterstützte Leitfäden: Mit WAVE können Kriterien der WCAG 2.0 Richtlinien auf den Konformitätsleveln A – AA und die Kriterien aus Section 508 evaluiert werden.

Art der Ergebnispräsentation und Dokumentation: Die Ergebnispräsentation des Online-Tools ist ein interaktiver Accessibility-Report, der sich nach den angebotenen Leitfäden filtern lässt (Abbildung 3). Die geprüfte Webseite wird direkt mit den Hinweisen und Accessibility-Problemen angezeigt und bietet die Möglichkeit direkt nachzuvollziehen, an welchen Stellen Kriterien aus den Richtlinien zur Barrierefreiheit nicht eingehalten sind. Zu jedem identifizierten Problem werden Beschreibungen eingeblendet, die Hinweise dazu liefern, welche Anpassungen zur Sicherstellung der Accessibility notwendig sind. Der Test zum Kontrast zeigt auf den Webseiten, wo Kontrastprobleme auftreten. Die WAVE-Toolbar (Abbildung 4) für Mozilla Firefox bietet die Möglichkeit, gerenderte Versionen von Webseiten direkt auf Accessibility-Probleme hin zu untersuchen. Ergebnisse aus der Toolbar werden dabei nicht an die Server von WAVE weitergeleitet. Ergebnisse aus der Accessibility-Evaluation von Webseiten werden direkt im Browser angezeigt. Die Evaluation der Toolbar erfolgt dabei zu allen verfügbaren Richtlinien, die durch WAVE unterstützt werden.

Einschätzung für den praktischen Nutzen: Die Dokumentation der Ergebnisse und die Darstellung als interaktive Anwendung bieten auch Web-Accessibility-Laien eine gute Übersicht zu vorhandenen Hürden beim Zugang zu ihren Webinhalten. Die Einstellungen und Filter ermöglichen es, sich auf ganz bestimmte Problembereiche festzulegen und diese für den Entwicklungsprozess zu berücksichtigen. Die WAVE-Variante als einfaches Online-Tool beschränkt sich auf die Prüfung einzelner Webseiten. Für Tests mit mehreren Unterseiten lässt sich darüber hinaus aber auch die Toolbar nutzen. Die Toolbar ist aber nur in Abhängigkeit mit Mozilla Firefox einsetzbar. Mit Hilfe der API wird darüber hinaus eine Analyse ganzer Domains bereitgestellt. Die API ist für diese Nutzung aber nur eingeschränkt frei nutzbar. Durch die Unterstützung der genannten Richtlinien werden alle Arten von möglichen Beeinträchtigungen bei der Analyse berücksichtigt.

AChecker

Anbieter: Der AChecker wird vom Inclusive Design Institute (IDI) der OCAD University in Toronto, Kanada angeboten.

Art des Tools: AChecker ist eine Open Source Online-Anwendung[9]. Entwickler von Webangeboten können sich die Software herunterladen und nach eigenen

9 http://achecker.ca/checker/index.php

Bedürfnissen anpassen[10]. Dabei können auch eigene Prüfkriterien festgelegt werden. Neben der Online-Variante steht auch eine experimentelle API zur Verfügung, die jedoch seit 2009 nicht mehr weiterentwickelt wird.

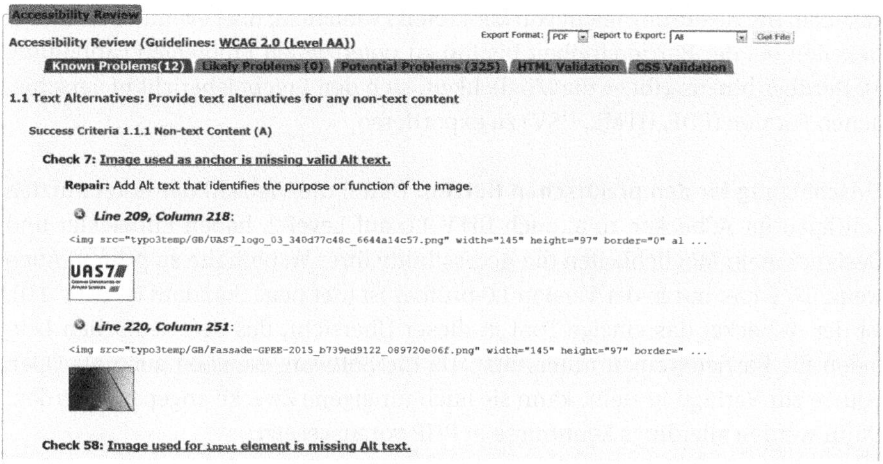

Abb. 5: AChecker

Verfügbare Sprachen für die Bedienoberfläche: AChecker wird in englischer, deutscher und italienischer Sprache angeboten. Bei der deutschen und italienischen Version handelt es sich um automatische Übersetzungen. Die Übersetzungen sind dabei nicht auf allen Webseiten zum AChecker verfügbar.

Verfügbarkeit und technische Voraussetzungen: AChecker kann ohne besondere technische Voraussetzungen zur automatisierten Accessibility-Evaluierung eingesetzt werden. Es wird ein Web-Browser benötigt. Für eine Weiterentwicklung oder Anpassung des Tools für eigene Bedürfnisse ist eine Webserverumgebung notwendig.

Evaluierungsaspekte: Neben der Prüfung einer Vielzahl von Kriterien diverser Richtlinien bietet AChecker noch eine Prüfung der Validität des HTML-Quelltexts und CSS-Stylesheets.
Unterstützte Leitfäden: Das Tool prüft gegen BITV 1.0, Section 508, Stanca Act, WCAG 1.0 (A – AAA), WCAG 2.0 (A – AAA)

10 http://www.atutor.ca/achecker/download.php

Art der Ergebnispräsentation und Dokumentation: Die Ergebnisse der Accessibility-Analyse werden innerhalb des Interfaces der Online-Anwendung in verschiedenen Kategorien dargestellt. Dabei werden identifizierte Mängel abgestuft mit Hinweisen zur Behebung und Verweise auf den analysierten HTML-Quelltext gegeben. Die Abstufung reicht von konkreten Problemen, über eventuelle Schwierigkeiten bei der Barrierefreiheit bis hin zu potenziellen Problemen (Abbildung 5). Darüber hinaus gibt es die Möglichkeit, sich den Ergebnisbericht in verschiedenen Formen (PDF, HTML, CSV) zu exportieren.

Einschätzung für den praktischen Nutzen: Durch die Vielzahl der unterstützten Leitfäden im AChecker, u. a. auch BITV 1.0 auf Level 2, haben Entwickler und Designer mehr Möglichkeiten die Accessibility ihrer Webinhalte zu prüfen. Auch wenn BITV hier nur in der Version 1.0 prüfbar ist (der neue Standard ist BITV 2.0), ist der AChecker das einzige Tool in dieser Übersicht, das den deutschen Leitfaden für Barrierefreiheit unterstützt. Da die Software daneben auch als Open Source zur Verfügung steht, kann sie auch für eigene Zwecke angepasst werden. Dafür werden allerdings Kenntnisse in PHP vorausgesetzt.

Functional Accessibility Evaluator (FAE)

Anbieter: Das FAE-Tool wird vom Illinois Center for Information Technology and Web Accessibility (iCITA) der University of Illinois at Urbana-Champaign bereitgestellt und ist kostenlos nutzbar. Neben einer Standard-Analyse, die auf eine Webseite beschränkt ist, kann durch die Registrierung eines freien Accounts auch die Möglichkeit genutzt werden, Webseiten mit Unterseiten bis zur dritten Ebene analysieren zu lassen und dazu Ergebnisberichte zu generieren, die anschließend heruntergeladen werden können.

Art des Tools: Das FAE-Werkzeug wird in zwei Varianten angeboten; zum einen als Online-Anwendung[11], bei der direkt die URL zu einer Webseite in ein Formular eingetragen wird, um anschließend Probleme bei der Accessibility zu analysieren. Registrierte Nutzer können durch die Nutzung eines angebotenens Webcrawlers auch Unterseiten bis zur dritten Ebene prüfen lassen. Die zweite Variante des Tools ist ein Firefox-Addon[12], das direkt zur Accessibility-Evaluation auf den Webseiten im Internetbrowser nutzbar ist.

---

11 http://fae.cita.illinois.edu/
12 https://addons.mozilla.org/en-US/firefox/addon/accessibility-evaluation-toolb/

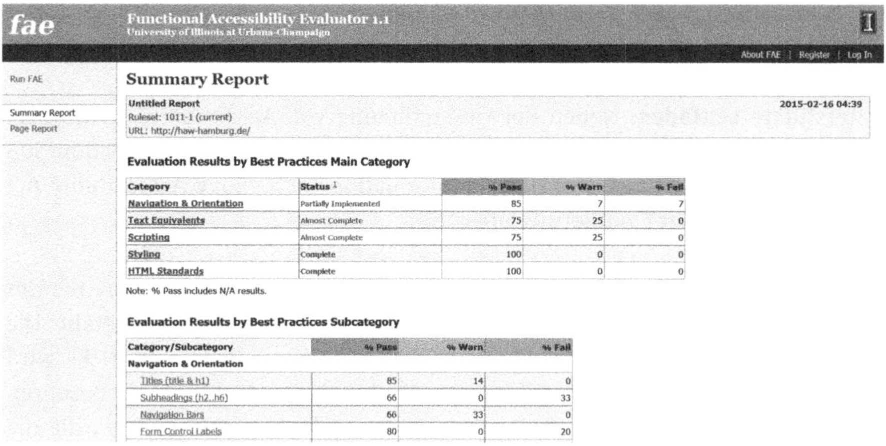

Abb. 6: Functional Accessibility Evaluator

Abb. 7: Functional Accessibility Evaluator Toolbar für Mozilla Firefox

Verfügbare Sprachen für die Bedienoberfläche: Das Tool wird ausschließlich in englischer Sprache angeboten.

Verfügbarkeit und technische Voraussetzungen: Für die Nutzung der Online-Variante sind keine besonderen technischen Voraussetzungen notwendig. Es wird lediglich ein Internet-Browser benötigt. Für das Firefox-Addon wird Mozilla Firefox benötigt. Im Gegensatz zu der Online-Variante können über das Addon auch Manipulationen auf der zu analysierenden Webseite vorgenommen werden, z. B. lassen sich Skripte und Stylesheets deaktivieren. Beide Tools unterstützen auch eine Analyse von dynamisch generierten Webinhalten (DHTML).

Evaluierungsaspekte: Das Tool orientiert sich bei der Accessibility-Analyse an durch die iCITA zusammengestellten Accessibility Best Practices, die auf mehreren offiziellen Leitfäden basieren[13]. Die Entwicklung der Best Practices orientiert sich dabei daran, einen Nutzen für Personen mit Einschränkungen, für Web-Entwickler und alle Webnutzer zu schaffen. Beispiele für Best Practices sind Überprüfungen der Nutzung von validen Standards für die Webprogrammierung und klaren Markup-Tags für die Strukturierung von Dokumenten. Auch das Angebot

13 http://html.cita.uiuc.edu/

von Alternativen, wie Textalternativen zu Bildern oder Videos, wird in den Best Practices aufgeführt.

Unterstützte Leitfäden: Neben der Unterstützung von Accessibility HTML Best Practices (iCITA, 2008) werden noch die Kriterien aus WCAG 1.0, Section 508 sowie die Richtlinien aus dem Illinois Information Technology Accessibility Act (IITAA, 2008) bei der Evaluierung überprüft.

Art der Ergebnispräsentation und Dokumentation: Der Ergebnisreport bei der Verwendung der Online-Variante wird in verschiedene Bereiche eingeteilt. Die Prüfung findet auf der Ebene der Navigation und Organisation statt. Es wird weiter geprüft, ob Alternativen für textuelle Inhalte und alternative Beschreibungen für Grafiken, Audioinhalte und Videos verfügbar sind. Skripte, die die Barrierefreiheit einer Seite beeinflussen können, und Validitätsprüfungen von HTML und CSS sind ebenfalls Teil der Kriterien, die evaluiert werden. Die Auswertung in den Bereichen erfolgt auf drei Stufen, die anteilig zeigen, wie viele Probleme bestehen und in welchen Bereichen Verbesserungen notwendig sind. Die Ergebnisdokumentation kann als XML-Dokument exportiert werden. Direkte Vorschläge zur Verbesserung der Accessibility bezogen auf den analysierten Quelltext werden durch das Tool nicht gegeben. Das Firefox-Addon bietet die Möglichkeit, eine direkte Analyse der Webseite durchzuführen und die Probleme Schritt für Schritt durch Verweise auf den Quelltext nachzuvollziehen. Zusammenfassende Berichte können direkt ausgedruckt werden.

Einschätzung für den praktischen Nutzen: Im Gegensatz zu den meisten anderen Tools wird bei dem FAE eine eigene Richtlinie geprüft, die auf den HTML Best Practices der iCITA basiert. Dabei werden aber auch WCAG 1.0 und Section 508 berücksichtigt. FAE lässt sich dabei auch dazu nutzen, nicht nur eine einzelne Seite zu prüfen, sondern auch nach Registrierung beim Anbieter kostenlos mehrere Ebenen der Seite prüfen zu lassen. Der Ergebnisreport zeigt eine Übersicht an identifizierten Accessibility-Problemen, bietet aber in der Online-Variante keinen direkten Bezug zum Quelltext der Webseite. Für diese Anwendung kann das Firefox-Addon verwendet werden. Neben der Analyse statischer Seiten wird durch den FAE auch die Möglichkeit geboten, dynamische Inhalte und Rich Internet Applications zu evaluieren.

Mauve

Anbieter: Mauve wird durch das HIIS Laboratory der Human-Computer Interaction Group vom Consiglio Nazionale delle Ricerche (CNR) in Italien angeboten und ist ohne besondere Nutzungsbedingungen oder Einschränkungen nutzbar.

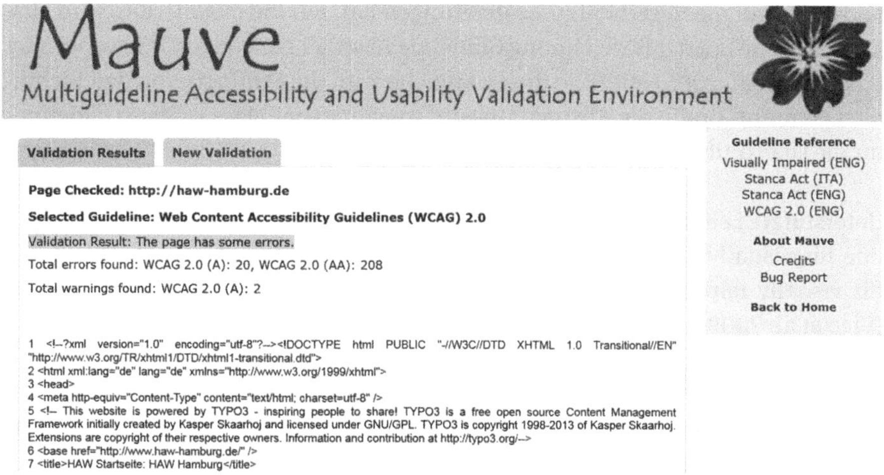

Abb. 8: Mauve

Art des Tools: Das Tool ist der Nachfolger von M.A.G.EN.T.A und wird als einfache Webanwendung angeboten[14]. Der zu prüfende Quelltext lässt sich dabei einmal direkt durch die Angabe einer URL, durch das Hochladen einer HTML-Datei oder durch die Eingabe von HTML-Quelltext angeben.

Verfügbare Sprachen für die Bedienoberfläche: Die Bedienoberfläche wird ausschließlich in englischer Sprache angeboten.

Verfügbarkeit und technische Voraussetzungen: Die Software kann ohne besondere technische Voraussetzungen eingesetzt werden. Es ist lediglich ein Webbrowser für die Nutzung notwendig.

Evaluierungsaspekte: Mauve validiert HTML-Quelltext gegen Prüfkriterien aus verschiedenen Richtlinien und bietet dabei auch eine einfache Option zur Simulierung von Personengruppen mit eingeschränktem Sehvermögen. HTLM-Quell-

---

14 http://hiis.isti.cnr.it:8080/MauveWeb/

text kann direkt gegen Kriterien geprüft werden, die sich auf visuelle Einschränkungen beziehen. Durch die Option zur Prüfung gegen andere Leitfäden lassen sich auch die anderen Einschränkungsarten prüfen. Zur Prüfung von Quelltext von Webseiten für die Nutzung an Desktop-PCs können bei Mauve auch andere Gerätetypen als Basis für die Evaluation ausgewählt werden (u. a. iPhone, iPad, Android Tablet). Dabei ist aber nicht deutlich, welchen Einfluss die Auswahl des Endgeräts auf die Accessibility-Evaluierungen hat. Für die Evaluierung wird eine XML-Sprache mit der Bezeichnung Guideline Abstract Language (GAL) verwendet (Leporini et al. 2006) Mit Hilfe dieser Sprache wird die Prüflogik von den Richtlinien getrennt. Durch die Abstraktion wird gewährleistet, dass weitere Guidelines für die Überprüfung hinzugefügt werden können.

Unterstützte Leitfäden: Es werden WCAG 2.0 (A – AAA), Stanca Act und ein Guideline für visually impaired People als Prüfgrundlagen angeboten. Der Leitfaden für visually impaired People wird von den Anbietern von Mauve bereitgestellt (Vigo et al. 2009).

Art der Ergebnispräsentation und Dokumentation: Bei Mauve werden die Hinweise zu den Prüfkriterien direkt im Quelltext der evaluierten HTML-Seite angezeigt (Abbildung 8).

Einschätzung für den praktischen Nutzen: Mauve bietet eine Evaluation zu verschiedenen Richtlinien und eine einfache Prüfung von Kriterien, um Schwachstellen im HTML-Quelltext zu finden, die darauf hinweisen, dass Personen mit visuellen Einschränkungen auf Hürden beim Zugriff auf Inhalte einer Webseite stoßen könnten. Durch die reine Darstellung von potenziellen Problemen im HTML-Quelltext sind gute Kenntnisse in HTML und CSS notwendig, um die identifizierten Schwachstellen zu erkennen und für eine Anpassung der Webinhalte zu nutzen.

TAW3

Anbieter: TAW wird von der Fundación CTIC in Spanien angeboten und durch das Government of Asturias gefördert.

Art des Tools: TAW3 wird in verschiedenen Varianten angeboten. Neben einer Online-Version[15] stehen noch eine Standalone-Version zur Verfügung, die für verschiedene Plattformen angeboten wird sowie ein Firefox-Addon.

15 http://www.tawdis.net/ingles.html?lang=en

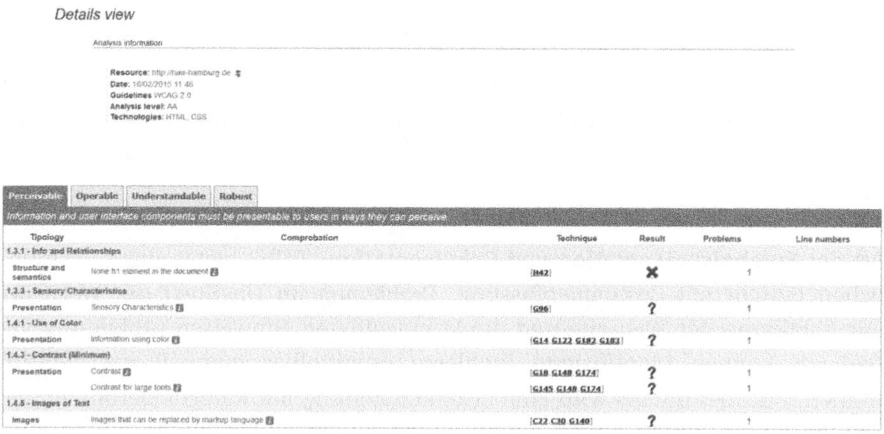

Abb. 9: TAW3

Verfügbare Sprachen für die Bedienoberfläche: Die Bedienoberfläche und der Ergebnisreport sind in englischer Sprache verfügbar. Andere Inhalte der Webseite liegen vorwiegend nur in Portugiesisch vor.

Verfügbarkeit und technische Voraussetzungen: TAW3 kann in der Online-Variante ohne besondere technische Voraussetzungen für eine Accessibility-Analyse genutzt werden. Für die Installation der Standalone-Variante wird zum einen eine Java Virtual Machine sowie eines der unterstützten Betriebssysteme benötigt. TAW3 Standalone kann auf Windows bis Windows Vista, Mac Os X, Unix, Linux, AIX, Solaris und HP-UX installiert werden. Auf der Webseite des Anbieters finden sich Installationshinweise für die Standalone-Version. Das Firefox-Addon TAW3 with a click[16] ergänzt das TAW-Angebot.

Evaluierungsaspekte: Mit TAW3 in der Online-Variante lassen sich Webseiten anhand der unterstützten Leitfäden prüfen. Dabei werden die Inhalte gegen die Erfolgskriterien aus den Leitfäden auf dem gewählten Konformitätslevel geprüft. Geprüft werden können dabei der HTML-Quelltext, das CSS-Design sowie Javascript-Inhalte. Das Tool unterstützt dabei auch die Prüfung von Webseiten bezogen auf mobile Geräte mit Hilfe des mobileOK-Validators vom W3C[17]. Dabei geht es weniger um die Prüfung der Accessibility im Sinne von körperlichen und kognitiven Einschränkungen als um die Überprüfung, ob Webseiten allgemein

16 https://addons.mozilla.org/de/firefox/addon/taw3-with-a-click/
17 http://validator.w3.org/mobile/

gut zugänglich über mobile Endgeräte sind[18]. Tests mit der Firefox-Erweiterung finden auf Ebene von WCAG 1.0 und WCAG 2.0 statt.

Unterstützte Leitfäden: TAW3 unterstützt die Richtlinien aus WCAG 1.0 und WCAG 2.0 auf den Konformitätsebenen A – AAA sowie die Validierung durch die mobileOK-Tests.

Art der Ergebnispräsentation und Dokumentation: TAW3 bietet einen ausführlichen Bericht mit Zusammenfassung, Problemen im Quelltext der Webseite mit Abbildung der Webseite und direkt eingefügten Hinweisen (Abbildung 9). Dadurch können identifizierte Probleme unmittelbar manuell nachgeprüft werden. Darüber hinaus wird eine Listendarstellung mit Kategorisierung in die vier Prinzipien (Wahrnehmbarkeit, Bedienbarkeit, Verständlichkeit und Robustheit) angeboten.

Einschätzung für den praktischen Nutzen: TAW3 in der Online-Variante bietet eine ausführliche und gute Darstellung automatisierter Evaluierung auf den gewählten Konformitätsebenen. Durch die klare Struktur im Ergebnisreport können Entwickler und Designer übersichtlich nachvollziehen, an welchen Stellen es Schwierigkeiten und Barrieren bei ihren angebotenen Webinhalten gibt. Icons in der ausführlichen Darstellung der identifizierten Probleme helfen bei der Orientierung, ob Richtlinien verletzt oder eingehalten werden. Das Firefox-Addon bietet die Möglichkeit, Schnelltests zur Accessibility durchzuführen und zeigt direkt auf der Webseite im Browser an, an welchen Stellen Accessibility-Probleme bestehen.

Tingtun Accessibility Checker

Anbieter: Der Tingtun Accessibility Checker wird von der Tingtun AS in Norwegen angeboten, ist kostenlos nutzbar und wird durch das Research Council of Norway gefördert.

Art des Tools: Der Accessibility Checker ist in drei Anwendungen eingeteilt[19]. Der Page-Checker kann genutzt werden, um eine schnelle Überprüfung einer URL durchzuführen. Mit dem PDF-Checker lassen sich automatisierte Evaluationen zur Barrierefreiheit von PDF-Dokumenten realisieren. Eine weitere Anwendung ist der Site-Checker. Dieses Angebot ist eine Prüfung zufällig ausgewählter Web-

18 http://www.w3.org/TR/mobileOK-basic10-tests/
19 http://accessibility.tingtun.no.

seiten einer Domain, die mehrere Stunden in Anspruch nimmt. Eine Mitteilung nach Fertigstellung der Evaluation wird an eine angegebene E-Mail-Adresse gesendet. Die einzelnen Anwendungen befinden sich noch in der Entwicklung, daher sind Fehler nicht auszuschließen.

Verfügbare Sprachen für die Bedienoberfläche: Die Bedienoberfläche, der Ergebnisreport und Informationsseiten sind in englischer Sprache verfügbar.

Verfügbarkeit und technische Voraussetzungen: Die Tools zur schnellen Überprüfung einer URL und eines PDF-Dokuments können ohne besondere technische Voraussetzungen für automatisierte Tests genutzt werden.

Evaluierungsaspekte: Durch die Tingtun Anwendungen lassen sich sowohl einzelne Webseiten als auch PDF-Dokumente auf Barrieren nach den Prüfkriterien aus den WCAG 2.0 Leitfäden evaluieren. Eine Überprüfung gesamter Domains wird durch die Tools nicht unterstützt. Dafür können automatisierte Accessibility-Tests zufälliger Unterseiten einer Webseite mit Hilfe des Site-Checkers realisiert werden.

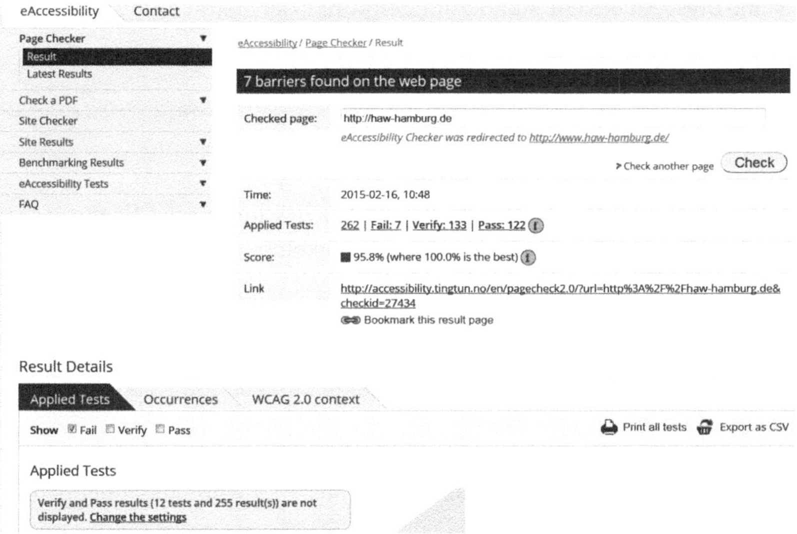

Abb. 10: Tingtun Accessibility Checker

Unterstützte Leitfäden: Für die Tests mit Webseiten unterstützt der Accessibility Checker WCAG 2.0 auf den Konformitätsebenen A – AAA. Bei der Überprüfung von PDF-Dokumenten werden die Prüfkriterien aus PDF Techniques for WCAG 2.0 evaluiert.

Art der Ergebnispräsentation und Dokumentation: Der Ergebnisbericht sowohl für Webseiten als auch PDF-Dokumente wird zugänglich und übersichtlich in Kategorien aufgeteilt. Die Tools vergeben Scores, um eine Gesamteinschätzung der Accessbility der getesteten Ressourcen abzugeben. Es ist möglich in dem Bericht direkt nachzuvollziehen, an welchen Stellen die möglichen Barrieren auftreten und warum es sich dabei um mögliche Barrieren handelt. Konkrete Hinweise auf WCAG 2.0 Prüfkriterien begründen die anzunehmenden Hürden. Darüber hinaus werden auch Hinweise zur Beseitigung der Hürden angegeben.

Einschätzung für den praktischen Nutzen: Auch wenn die Anwendungen des Tingtun Pakets noch in der Entwicklung sind, bieten diese ausführliche und begründete Hinweise auf mögliche Barrieren. Durch das Zusatzangebot PDF-Dokumente zu prüfen, hebt sich das Tool von den anderen Evaluationstools in dieser Zusammenstellung ab. Tools für die Überprüfung von PDF-Dokumenten werden in diesem Kapitel nicht näher erläutert. [20] Neben den Ergebnissen zu den Ressourcen für die Tests soll noch ein Vergleich mit anderen getesteten Webseiten möglich sein. Diese Übersicht stand zum Zeitpunkt der Betrachtung des Tools noch nicht zur Verfügung.

EvalAccess 2.0

Anbieter: EvalAccess 2.0 wurde vom Laboratory of HCI for Special Needs at the University of the Basque Country in Spanien entwickelt.

Art des Tools: EvalAccess 2.0 ist ein Online-Service,[21] mit dem einzelne Webseiten, aber auch Webseiten mit Unterseiten bis zur Ebene 3 gegen die Prüfkriterien aus WCAG 1.0 evaluiert werden können. Die direkte Eingabe von HTML-Quelltext zur Prüfung wird ebenfalls angeboten.

Verfügbare Sprachen für die Bedienoberfläche: Das Tool wird ausschließlich in englischer Sprache angeboten.

---

20 Ausführliches zur Barrierefreiheit von PDF-Dokumenten und Hinweise auf Prüftools bspw. in Grießmann in diesem Band.

21 http://sipt07.si.ehu.es/evalaccess2/index.html

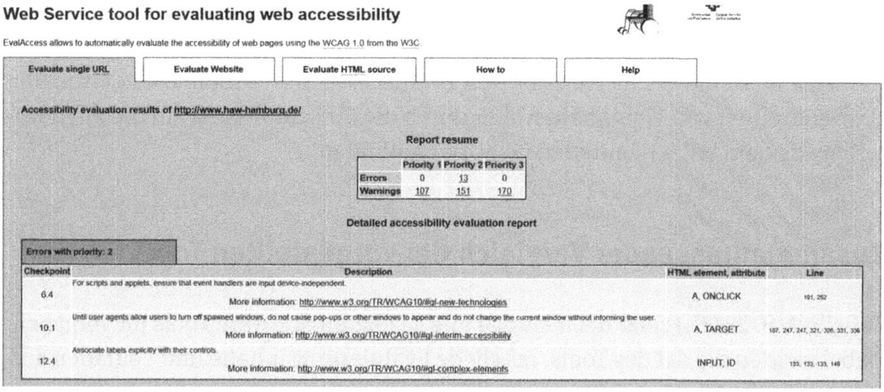

Abb. 11: EvalAccess 2.0

Verfügbarkeit und technische Voraussetzungen: EvalAccess 2.0 wird kostenlos angeboten und ist ohne besondere technische Voraussetzungen, außer dem Zugang über einen Web-Browser, nutzbar.

Evaluierungsaspekte: Das Tool bietet die Möglichkeiten, Webinhalte und einen größeren Ausschnitt von Webseiten automatisiert zu prüfen. Evaluiert wird der HTML-Quelltext der Seite. Da hier nur die Richtlinien aus WCAG 1.0 überprüft werden, fehlen einige Richtlinien, die für eine umfassende Accessibility-Evaluierung notwendig sind.

Unterstützte Leitfäden: WCAG 1.0 auf den Prioriätsebenen 1-3, wobei Prioritätsebene 1 für Muss-Kriterien steht, d. h. ein Accessibility-Problem liegt vor, das behoben werden muss, Priorität 2 Soll-Kriterien definiert und Priorität 3 Kann-Kriterien sind.

Art der Ergebnispräsentation und Dokumentation: Der generierte Ergebnisreport wird in zwei Stufen angeboten. Auf der ersten Stufe zeigt eine Zusammenfassung, welche URLs evaluiert wurden und wie hoch die Anzahl an potenziellen Problemen auf den Prioritätsstufen ist. Auf der zweiten Stufe können die einzelnen Ergebnisse für die analysierten URLs eingesehen werden. Dabei werden auch die Zeilenpositionen im Quelltext angegeben.

Einschätzung für den praktischen Nutzen: Da das Tool nur die WCAG-Richtlinien in der Version 1.0 unterstützt, fehlen bei der automatisierten Evaluation weitere etablierte Standards. Der Vorteil von EvalAccess 2.0 besteht aber darin, dass es möglich ist, nicht nur eine einzelne URL für die Prüfung anzugeben, sondern auch bis zur Linkebene 3 einer Webseite zu evaluieren. Für eine erste Übersicht zu potenziellen Accessibility-Problemen einer Webseite ist dieses Tool daher geeignet. Eine ausschließliche Nutzung von EvalAccess 2.0 ist für die Evaluierung der Barrierefreiheit von Webinhalten aber durch die Einschränkung auf die alten Kriterien aus dem WCAG-Leitfaden nicht zu empfehlen.

Zusammenfassender Vergleich der vorgestellten Tools

Tabelle 2 (S. 257 ff.) zeigt noch einmal alle gezeigten Software-Tools im Vergleich. Dabei werden die Art des Tools, mögliche Evaluierungsinhalte und Leitfäden aufgelistet sowie eine Einschätzung für die praktische Anwendung gegeben.

Grenzen der Evaluierung mit automatisierten Tools

Alle hier vorgestellten Tools eignen sich für die Durchführung automatisierter Konformitätstests der Barrierefreiheit von Webinhalten bzw. Webseiten. Dabei ergeben sich verschiedene Vorteile und Nachteile bei der Nutzung der einzelnen Tools. Zusammenfassend betrachtet würde eine Kombination solcher Tools in der Praxis den Nutzen von Accessibility-Evaluierungen steigern, da beispielsweise nur einige Tools Möglichkeiten des Crawlings anbieten (EvalAccess, FAE), um mehrere Unterseiten bis zu einer bestimmten Linkebene zu evaluieren oder auch nicht alle Tools die aktuell etablierten Standards zur Accessibility wie WCAG 2.0 (WCAG, 2008) unterstützten. Daneben ist auch zu beachten, dass verschiedene Vorkenntnisse in Bezug auf Webtechnologien, HTML-Design und Webprogrammierung vorausgesetzt werden, damit die Tools bei Evaluierungen sinnvoll eingesetzt werden können. Eine weitere Voraussetzung sind Kenntnisse zum komplexen Thema Barrierefreiheit im World Wide Web. Ohne diese Kenntnisse sind die Ergebnisberichte aller Tools nur eingeschränkt nutzbar, wobei die angebotene Visualisierung in Form einer Ausgabe von potenziellen Problemen direkt auf der überprüften URL eine große Hilfestellung ist. Eine weitere Grenze besteht bei der Evaluierung von Inhalten wie Rich Internet Applications oder auch Authoring Tools für Web-Content. Diese lassen sich mit den vorgestellten Tools kaum überprüfen, da technische Barrieren bei dieser Art von Anwendung mit anderen Technologien, z. B. AJAX, JavaScript, Dynamische Inhalte, Flash usw. auftreten können. Die vorgestellten Tools sind in der Regel nur in der Lage, generierten HTML-Quelltext mit dahinterliegenden CSS-Stylesheets zu analysieren. Auch in Bezug auf mobile Webangebote lassen sich Evaluationstools zum jetzigen Zeitpunkt nur bedingt einsetzen. Zusammenfassend betrachtet reichen Tests mit automatisierten Tools nicht aus, um Accessibility von Webangeboten zu gewährleisten. Nahezu alle Anbieter der vorgestellten Online-Tools weisen darauf auch in ihren Dokumentationen hin. Es wird immer die manuelle Prüfung durch reale Nutzer vorausgesetzt, da die automatisierten Tests nur auf formal-technischer Ebene erfolgen. Potenzielle Hürden müssen durch manuelle Prüfungen verifiziert werden.

Fazit

Das Thema Barrierefreiheit im Web ist ein gesellschaftlich hoch relevantes Thema. Das Web wächst und entwickelt sich stetig weiter. Es kommen mehr und mehr Angebote hinzu, neue Technologien bringen neue Formen und Alternativen von Web-Inhalten mit sich. Daher ist ein möglichst barrierefreier Zugang zu solchen Inhalten zu gewährleisten, damit eine gesellschaftliche Teilhabe aller Personengruppen gesichert werden kann. Bezogen auf die Schaffung eines *Accessible Webs* sind stetige und umfassende Evaluationen der Accessibility von Webinhalten durchzuführen. Anbieter von automatisierten Tools und dahinterliegenden Technologien in Zusammenarbeit mit etablierten Accessibility-Standards unterstützen die Überprüfung und Gewährleistung von barrierefreien Inhalten im Web. Sie bieten die Möglichkeit, Webseiten auf formal-technischer Ebene zu überprüfen und unterstützen dabei, Maßnahmen zu ergreifen, damit Hürden beim Zugang zu den Inhalten abgebaut werden. Es gibt eine Vielzahl von Online-Tools für automatisierte Accessibility-Tests, die im gesamten Evaluierungsprozess nutzbar sind. Die Vorstellung der Tools in diesem Kapitel soll Designern, Entwicklern und Wissenschaftlern eine Unterstützung bei der Auswahl einer passenden Software zur Analyse der Barrierefreiheit von Webangeboten bieten. Alle Tools sind für Schnellüberprüfungen der Accessibility einzelner Webseiten nutzbar. Sie unterscheiden sich dabei aber bei den unterstützten Leitfäden und haben dabei verschiedene Stärken und Schwächen. So sind Ergebnisberichte, die direkt in den untersuchten HTML-Quelltest einer Webseite mögliche Barrieren anmerken, nicht für alle sehr übersichtlich. In anderen generierten Dokumentationen fehlen ausführliche Bezüge zu den überprüften Richtlinien. Je nach Nutzer solcher Tools bieten die verschiedenen Darstellungen aber Stärken und Schwächen. So möchte ein Webdesigner vielleicht direkt auf einen Blick erkennen, an welcher Stelle im Quelltext mögliche Probleme bei der Barrierefreiheit auftreten könnten, während Forscher detaillierte Informationen zu den gefundenen Hürden erwarten. Als alleiniges Werkzeug zur Sicherstellung und Tests der Accessibility von Webangeboten reicht die Nutzung solcher Tools aber nicht aus. In Bezug auf die vielfältigen

Dienste im Netz und den Zugang über moderne Endgeräte wie Smartphones, ist es darüber hinaus erforderlich, dass solche Tools weiterentwickelt werden, damit auch in diesen Zusammenhängen Accessibility-Evaluierungen durchführbar sind.

Literatur

Andrés, J. De, Lorca, P., & Martínez, A. B. (2010): Factors influencing web accessibility of big listed firms: an international study. *Online Information Review*, *34*:1, 75–97. doi:10.1108/14684521011024137.

Asai, D., Watanabe, M., & Asano, Y. (2007): Feedback-based evaluation tool for web accessibility. *Proceedings of the 9th International ACM SIGACCESS Conference on Computers and Accessibility – Assets '07*, 223. doi:10.1145/1296843.1296883.

ATAG (2013): W3C: Authoring Tool Accessibility Guidelines (ATAG) 2.0. http://www.w3.org/TR/ATAG20/ (abgerufen am: 31.05.2014).

BKBa (2014): Bundeskompetenzzentrum Barrierefreiheit. Barrierefreiheit. http://www.barriere freiheit.de/barrierefreiheit.html (abgerufen am: 01.07.2014).

BKBb (2014): Bundeskompetenzzentrum Barrierefreiheit. Zielvereinbarungen. http://www.barrierefreiheit.de/zielvereinbarungen.html, (abgerufen am: 01.07.2014).

Berger, A., & Caspers, T (2010): Web 2.0/barrierefrei. Eine Studie zur Nutzung von Web 2.0 Anwendungen durch Menschen mit Behinderung. Aktion Mensch (Hrsg.).

BGG (2007): Gesetz zur Gleichstellung behinderter Menschen, Behindertengleichstellungsgesetz) (2002) Behindertengleichstellungsgesetz vom 27. April 2002 (BGBl. I S. 1467, 1468), das zuletzt durch Artikel 12 des Gesetzes vom 19. Dezember 2007 (BGBl. I S. 3024) geändert worden ist. § 4 Barrierefreiheit.

BITV (2011): Barrierefreie-Informationstechnik-Verordnung 2.0. Verordnung zur Schaffung barrierefreier Informationstechnik nach dem Behindertengleichstellungsgesetz.

Borg, J., Lantz, A., & Gulliksen, J. (2014): Accessibility to electronic communication for people with cognitive disabilities: a systematic search and review of empirical evidence. *Universal Access in the Information Society*. doi:10.1007/s10209-014-0351-6.

Brajnik, G., & Harper, S. (2010): Testability and Validity of WCAG 2 . 0 : The Expertise Effect, 43–50.

Cavender, A. C., & Bigham, J. P. (2011): Toward web accessibility for older users. *Universal Access in the Information Society*, *10*(4), 357–358. doi:10.1007/s10209-011-0219-y.

Disability Rights Commission. (2004): *The Web: Access and Inclusion for Disabled People*. London.

eEUROPA (2011): Communication from the Commission to the European Parliament, the Council, the European Economic and Social Committee and the Committee of the Regions. The European eGovernment Action Plan 2011–2015 Harnessing ICT to promote smart, sustainable & innovative Government. http://ec.europa.eu/digital-agenda/en/european-egovernment-action-plan-2011-2015, (abgerufen am: 01.07.2014).

Fernandes, N., Costa, D., Duarte, C., & Carriço, L. (2012): Evaluating the Accessibility of Web Applications. *Procedia Computer Science*, *14*(Dsai), 28–35. doi:10.1016/j.procs.2012.10.004.

Freire, A. P., Bettio, R. W. De, Frade, G., Ferrari, F. B., Monserrat, J., & Libardi, H. (2013): Accessibility of Web and Multimedia Content: Techniques and Examples from the Educational Context, 7–8.

Fuertes, J., González, R., Gutiérrez, E., & Martínez, L. (2009): Hera-FFX: a Firefox add-on for semi-automatic web accessibility evaluation (pp. 26–35). Madrid, Spanien: W4A2009.

Gonçalves, R., Martins, J., Pereira, J., Oliveira, M. A.-Y., & Ferreira, J. J. P. (2012): Enterprise Web Accessibility Levels Amongst the Forbes 250: Where Art Thou O Virtuous Leader? *Journal of Business Ethics*, *113*:2, 363–375. doi:10.1007/s10551-012-1309-3.

Goodwin, M. (2013): Towards automatic assessment of government web sites. *Proceedings of the 3rd International Conference on Web Intelligence, Mining and Semantics – WIMS '13*, 1. doi:10.1145/2479787.2479805.

Hackett, S., & Parmanto, B. (2009): Homepage not enough when evaluating web site accessibility. *Internet Research*, *19*:1, 78–87. doi:10.1108/10662240910927830.

Harper, S., & Chen, A. Q. (2011): Web accessibility guidelines. *World Wide Web*, *15*(1), 61–88. doi:10.1007/s11280-011-0130-8.

Hassanzadeh, M., & Navidi, F. (2010): Web site accessibility evaluation methods in action: A comparative approach for ministerial web sites in Iran. *The Electronic Library*, *28*:6, 789–803. doi:10.1108/02640471011093499.

Hellbusch, J. E., & Probiesch, K. (2011): *Barrierefreiheit verstehen und umsetzen*. Heidelberg: dpunkt.verlag GmbH.

Hong, S., Katerattanakul, P., & Lee, D. (2008): Evaluating government website accessibility: Software tool vs human experts. *Management Research News*, *31*:1, 27–40. doi:10.1108/01409170810845930.

IBM (2011): IBM Corporation. Web checklist. http://www-03.ibm.com/able/guidelines/web/accessweb.html, (abgerufen am: 31.05.2014).

iCITA (2008): IITAA View of Best Practice Rules. http://html.cita.illinois.edu/iitaa.php (abgerufen am: 31.05.2014).

IITAA (2008): Illinois Center for Information Technology and Web Accessibility. Best Practices Mapping to Illinois Information Technology Accessibility Act (IITAA). http://html.cita.illinois.edu/iitaa.php, (abgerufen am 31.05.2014).

ISO 9241 (2011): DIN EN ISO 9241. Ergonomie der Mensch-System-Interaktion.

Kerkmann, F. (2013): Web Accessibility. *Informatik-Spektrum*, *36*:5, 455–460. doi:10.1007/s00287-013-0724-x.

Koutsabasis, P., Vlachogiannis, E., Lecturer, A., & Darzentas, J. S. (2010): Beyond Specifications: Towards a Practical Methodology for Evaluating Web Accessibility. *JUS*, *5*:4, 157–171.

Kuksenok, K., Brooks, M., & Mankoff, J. (2013): Accessible online content creation by end users. *Proceedings of the SIGCHI Conference on Human Factors in Computing Systems – CHI '13*, 59. doi:10.1145/2470654.2470664.

Leporini, B., Paternò, F., & Scorcia, A. (2006): *An Environment for Defining and Handling Guidelines for the Web*.

Lima, J. F., Caran, G. M., Molinaro, L. F. R., & Garrossini, D. F. (2012): Analysis of Accessibility Initiatives Applied to the Web. *Procedia Technology*, *5*, 319–326. doi:10.1016/j.protcy.2012.09.035.

Moreno, L., & Martinez, P. (2013): Overlapping factors in search engine optimization and web accessibility. *Online Information Review*, *37*(4), 564–580. doi:10.1108/OIR-04-2012-0063.

Peters, C., & Bradbard, D. a. (2010): Web accessibility: an introduction and ethical implications. *Journal of Information, Communication and Ethics in Society*, *8*:2, 206–232. doi:10.1108/14779961011041757.

Richards, J. T., Montague, K., & Hanson, V. L. (2012): Web accessibility as a side effect. *Proceedings of the 14th International ACM SIGACCESS Conference on Computers and Accessibility – ASSETS '12*, 79. doi:10.1145/2384916.2384931.

Ruth-Janneck, D. (2011): „An integrative accessibility engineering approach using multi-dimensional classifications of barriers in the web“, Proceedings of the International Cross-Disciplinary Conference on Web Accessibility (W4A '11), ACM, New York, NY, USA, Article 10.

Section 508 (1998): Section 508 of the Rehabilitation Act (29 U.S.C. 794d), as amended by the Workforce Investment Act of 1998 (P.L. 105-220), August 7, 1998. http://www.section508.gov/Section-508-Of-The-Rehabilitation-Act, (abgerufen am: 01.07.2014).

Stanca-Act (2004): Provisions to support the access to information technologies for the disabled. http://www.pubbliaccesso.it/normative/law_20040109_n4.htm, (abgerufen am: 01.07.2014).

Takagi, H., Kawanaka, S., Masatomo, K., Sato, D., & Asakawa, C. (2009): Collaborative Web Accessibility Improvement : Challenges and Possibilities (pp. 195–202). Pittsburgh, Pennsylvania, USA: ASSETS'09.

Tanaka, E. H., Einstein, A. A., & Brasil, S. P. (2011): Evaluation of Web Accessibility Tools Heloísa Vieira da Rocha (pp. 272–279). Porto de Galinhas, PE, Brazil: IHC+CLIHC2011.

Thatcher, J., Urban, M., Lawson, B., Burks, M. R., Rutter, R., Kirkpatrick, A., Waddel, C. D. (2006): *Web Accessibility: Web Standards and Regulatory Compliance* (p. 700). New York City: Apress.

Van Eijk, N., & Poort, J. (2012): Universal service and disabled people. *Telecommunications Policy*, *36*(2), 85–95. doi:10.1016/j.telpol.2011.11.022.

Vázquez, S. R., Geneva, C.-, & Bolfing, A. (2013): Multilingual Website Assessment for Accessibility : a Survey on Current Practices (pp. 2–3). Bellevue, WA, USA: ASSETS'13.

Vigo, M., & Brown, J. (2013): Benchmarking Web Accessibility Evaluation Tools : Measuring the Harm of Sole Reliance on Automated Tests Categories and Subject Descriptors. Rio de Janeiro, Brazil: W4A2013.

Vigo, M., Leporini, B., & Paternò, F. (2009): Enriching web information scent for blind users. *Proceeding of the Eleventh International ACM SIGACCESS Conference on Computers and Accessibility – ASSETS '09*, 123. doi:10.1145/1639642.1639665.

WCAG (2008): Web Content Accessibility Guidelines 2.0. W3C Recommendation 11 December 2008. www.w3.org/TR/2008/REC-WCAG20-20081211/ (abgerufen am: 01.07.2014).

WCAG (2014): PDF Techniques for WCAG 2.0. W3C Recommendation 14 April 2014. www.w3.org/TR/WCAG20-TECHS/pdf.html (abgerufen am: 01.07.2014).

WAI (2010): Acessibility Evaluation Resources. http://www.w3.org/WAI/eval/Overview.html (abgerufen am: 01.07.2014).

WAI (2014): Accessible Rich Internet Applications (WAI-ARIA) 1.0. www.w3.org/TR/2014/REC-wai-aria-20140320/ (abgerufen am: 01.07.2014).

Yesilada, Y., Brajnik, G., Vigo, M., & Harper, S. (2012): Understanding web accessibility and its drivers. *Proceedings of the International Cross-Disciplinary Conference on Web Accessibility – W4A '12*, 1. doi:10.1145/2207016.2207027.

Tab. 2: Software-Tools für die automatisierte Evaluation der Barrierefreiheit von Webseiten

Tool	Online Tool	Firefox-Addon	Einzelne URLs	Webseiten	Leitfäden	Inhalte	Hinweise und Hilfestellung	Einschätzung für die Praxis
Cynthia Says	x	–	x	–	WCAG 2.0 (A–AAA), Section 508	HTML, CSS	Cynthia Says bietet neben einem Bericht zu identifizierten Problemen auch Hinweise zur direkten Anpassung des Quelltexts.	Für den Einsatz größerer Projekte bzw. die Überprüfung mehrerer Seiten eines Webangebots eignet sich Cynthia Says nicht, da nur eine begrenzte Anzahl von URLs innerhalb von 24 Stunden evaluiert werden können. Dafür bietet das Portal direkte Hilfestellungen und Hinweise zum Thema Web-Accessibility. Für eine Nutzung im Rahmen größerer Projekte bietet HiSoftware ein Gesamtpaket mit mehreren Komponenten, die auch das Crawling einer Domain ermöglichen.
WAVE	x	x	x	x	WCAG 2.0 (A–AA), Section 508	HTML, CSS, Color-Contrast Tests	Der übersichtliche Ergebnisreport bietet direkte Hinweise zur Anpassung von Webseiten, um die Barrierefreiheit bezogen auf die Prüfkriterien aus den Leitfäden zu gewährleisten.	WAVE bietet eine Sammlung von Tools zur Evaluierung der Accessibility von Webseiten. Mit Hilfe des Online-Tools lassen sich einzelne URLs prüfen. Die Ergebnisse werden in einem interaktiven Report dargestellt und bieten eine gute Orientierung zur nachträglichen Behebung und Anpassung der Seiten. Die Firefox-Toolbar ermöglicht schnelle Tests der Barrierefreiheit. Ergebnisse aus den Analysen werden direkt auf der zu untersuchenden Seite eingeblendet. Mit Hilfe der API ist es auch möglich, ganze Webseiten zu überprüfen, wobei diese nur eingeschränkt kostenlos nutzbar ist.

Tool	Online Tool	Firefox-Addon	Einzelne URLs	Webseiten	Leitfäden	Inhalte	Hinweise und Hilfestellung	Einschätzung für die Praxis
AChecker	x	–	x	–	BITV 1.0 (Level2), Section 508, Stanca Act, WCAG 1.0 (A–AAA), WCAG 2.0 (A–AAA)	HTML, CSS	Der AChecker kategorisiert im Ergebnisbericht die Probleme nach Prioritäten und Prinzipien ein und bietet direkte Hilfestellungen zur Beseitigung von Problemen.	Das Tool unterstützt bei der Evaluierung die meisten Richtlinien, u. a. auch die Prüfkriterien aus dem BITV 1.0. Der Ergebnisreport ist übersichtlich und bietet konkrete Hinweise zur Sicherstellung der vorliegenden Accessibility-Probleme im HTML-Quelltext einer URL. Entwickler können sich den AChecker herunterladen und eigene Anpassungen nach Bedarf durchführen, da die Software als OpenSource-Paket angeboten wird. Durch die Anpassungen ist es möglich, eigene Accessibility-Kriterien zu definieren und neben der Prüfung einzelner URLs auch ein gesamtes Webangebot zu evaluieren.
FAE	x	x	x	x	IITAA, WCAG 1.0, Section 508	HTML, CSS, DHTML, RIA	Bei der Nutzung der Online-Variante werden identifizierte Probleme aufgelistet. Eine direkte Unterstützung bei der Anpassung wird dort nicht angeboten. Dafür bietet das Firefox-Addon einen direkten Bezug zur analysierten Webseite, auch mit Hinwei-	Die Auflistung der erkannten Probleme bietet eine gute Übersicht bei der Einschätzung der Accessibility einer URL. Es fehlen in dem Ergebnisbericht des Online-Tools aber konkrete Hinweise, auch zu den Zeilenpositionen der erkannten Probleme im HTML-Quelltext. Bei der Nutzung des Firefox-Addons werden hingegen direkte Hinweise für die Anpassung gegeben, wobei der Bericht aus dem Addon nicht so ausführlich gestaltet ist, wie bei der Online-Variante. Ein Unterschied zu den anderen genannten Tools besteht hier darin, dass nicht nur etablierte oder gesetzlich festgelegte Richtlinien als Evaluationsbasis genutzt werden, sondern auch HTML Best Practices der iCITA für die Prüfung nutzbar sind. Neben der Prüfung einzelner URLs besteht nach der Registrierung eines kostenfreien Accounts auch die Möglichkeit,

Tool	Online Tool	Firefox-Addon	Einzelne URLs	Webseiten	Leitfäden	Inhalte	Hinweise und Hilfestellung	Einschätzung für die Praxis
FAE							sen zur Beseitigung von Accessibility-Problemen.	Webseiten bis zur Linkebene 3 zu analysieren. FAE hält dann die generierten Berichte nach Abschluss der Analyse zum Download bereit.
Mauve	x	–	x	–	WCAG 2.0 (A–AAA), Stanca Act, Visually Impaired	HTML, CSS	Mauve zeigt als Ergebnisreport direkt den analysierten HTML-Quelltext mit Hinweisen zur Wahrung der Accessibility an. Die gefundenen Probleme sind dabei den Prüfkriterien aus den Leitfäden zugeordnet.	Das Tool bietet neben der Analyse von HTML-Seiten für Desktop-PCs auch die Unterstützung zur Prüfung für andere Endgeräte. Dabei ist aber nicht erkennbar, inwiefern sich Unterschiede bei der Auswahl des Endgeräts in Bezug auf die Accessibility-Validierung ergeben. Mauve bietet nur einen rudimentären Ergebnisbericht, da nur der Quelltext mit eingefügten Hinweisen angezeigt wird. Dadurch wird der Bericht unübersichtlich und für Anpassungen ist es notwendig, gute HTML-Kenntnisse zu besitzen.
Tingtun	x	–	x	–	WCAG 2.0 (A–AAA), PDF Techniques for WCAG 2.0	HTML, CSS, PDF	Der zugängliche Ergebnisreport bietet neben einer Zusammenfassung der gefundenen, möglichen Barrieren auch konkrete	Die Tingtun-Anwendungen eignen sich sehr gut für die Durchführung schneller Accessibility-Tests einer URL sowie zur Überprüfung der Barrierefreiheit von PDF-Dokumenten. Mit Hilfe des gut strukturierten Ergebnisberichts lassen sich nachvollziehbare Hinweise zu Hürden in den getesteten Ressourcen finden. Tingtun bietet als einziges Tool in dieser Übersicht die Möglichkeit PDF-Files nach

Tool	Online Tool	Firefox-Addon	Einzelne URLs	Webseiten	Leitfäden	Inhalte	Hinweise und Hilfestellung	Einschätzung für die Praxis
Tingtun							Hinweise zur Beseitigung sowie detaillierte Informationen zu den Accessibility-Problemen. In der Aufbereitung der Ergebnisse lassen sich direkte Bezüge zu den Prinzipien aus dem WCAG 2.0 Leitfaden herstellen.	dem WCAG 2.0 Richtlinien für PDF-Dokumente zu evaluieren. Durch die Beschränkung auf eine Überprüfung einzelner URLs und keiner gesamten Domains ist der praktische Einsatz für erste Accessibility-Tests zu empfehlen. Für eine stichprobenartige Evaluation der Barrierefreiheit einer gesamten Domain bietet Tingtun aber die Möglichkeit eine zufällig ausgewählte Stichprobe an Unterseiten automatisiert zu analysieren.
TAW3	x	x	x	x	WCAG 1.0 (A–AAA), WCAG 2.0 (A–AAA), mobileOK	HTML, CSS, Java Script	TAW3 bietet in der Online-Variante einen ausführlichen und nachvollziehbaren Ergebnisbericht mit konkreten Hinweisen für Anpassungsnotwendigkeiten zur Sicherstellung der Barrierefreiheit. Das Firefox-Addon	TAW3 bietet in der Online-Variante den zugänglichsten und übersichtlichsten Ergebnisreport zu den Accessibility-Analysen. Designer und Entwickler erhalten eine kategorisierte Übersicht und finden schnell Positionen auf den Webseiten, an denen die Probleme auftreten. In der Online-Variante und dem Firefox-Addon lassen sich nur einzelne URLs prüfen, während die Standalone-Version auch die Möglichkeit bietet, Webseiten auf mehreren Ebenen zu testen.

Tool	Online Tool	Firefox-Addon	Einzelne URLs	Webseiten	Leitfäden	Inhalte	Hinweise und Hilfestellung	Einschätzung für die Praxis
TAW3							zeigt direkte Accessibility-Probleme auf einzelne URLs an und listet die potenziellen Probleme getrennt nach den Prinzipien aus den WCAG-Leitfäden auf.	
Eval Access 2.0	x	–	x	x	WCAG 1.0 (Priority 1–3)	HTML	Der Ergebnisreport von EvalAccess 2.0 zeigt identifizierte Probleme, geordnet nach Prioritäten und gibt dazu Hinweise auf die Position und den dazugehörigen HTML-Tags im Quelltext der analysierten URL.	Das Tool eignet sich, um mehrere Seiten einer Webseite gleichzeitig testen zu lassen. Für eine Nutzung der Ergebnisse aus dem Ergebnisbericht für die Anpassung der Webseiten ist es notwendig gute HTML-Kenntnisse zu besitzen, da keine Visualisierung potenzieller Probleme angeboten wird.

Eva Nesbach

Qualitative Accessibility-Untersuchungen

Einleitung

Sich mit den Bedürfnissen von möglichst unterschiedlichen Nutzern einer Plattform auseinander zu setzen, ist ein wichtiger Aspekt der digitalen Produktentwicklung. In Bezug auf die Gebrauchstauglichkeitsforschung bzw. Usability-Evaluierung von Websites ist dieses Vorgehen bereits weitläufig etabliert. Gerade Websites mit einer breiten Zielgruppe können jedoch darüber hinaus auch durch die Beachtung von Accessibility-Standards profitieren und Nutzern mit Einschränkungen und allen übrigen Nutzern eine verbesserte Nutzungserfahrung bieten. Diese Idee wird in vielen Unternehmen allerdings noch nicht aktiv bearbeitet. Ein Grund ist auch das fehlende Wissen über Nutzer mit Behinderungen bei der Nutzung einer Website. Die Auseinandersetzung einzelner Mitarbeiter mit dieser Zielgruppe kann die Aufmerksamkeit der Unternehmen auf diese Thematik lenken. Ähnlich wie bei der Auseinandersetzung mit der User Experience von Anwendungen, die inzwischen in vielen Branchen eine Selbstverständlichkeit ist, steht für Accessibility eine ähnliche Etablierung noch aus (vgl. UPA 2010). Die fehlende Auseinandersetzung mit der Zielgruppe und ihren Herausforderungen führt dazu, dass das Thema in Unternehmen bislang noch keine breite Aufmerksamkeit erhält. Dabei sind gerade Personen, die bspw. in ihrer Mobilität im täglichen Leben eingeschränkt sind, eine Zielgruppe für digitale Produkte und Services. Zur Untersuchung der Accessibility einer Website stehen qualitative und (halb-) automatische Methoden zur Verfügung. Die Umsetzung von grundlegenden Richtlinien für barrierefreies Webdesign kann mit halb-automatischen Methoden untersucht werden. Dazu zählt bspw. die Überprüfung des Quellcodes hinsichtlich Alternativ-Texten für graphische Informationen und der Platzierung von Webelementen, die besonders für den Zugriff über Screenreader von Vorteil sind. Für eine Vertiefung dieses Themenfeldes sei bspw. auf Sünkler in diesem Band verwiesen. Automatische Methoden können für die oben genannten Schwierigkeiten, bei der Erreichung von Barrierefreiheit eine zeit- und kostengünstige Möglichkeit sein. Will man jedoch zunächst Aufmerksamkeit für das Thema im Unternehmen herstellen oder bisher unbekannte Problemfelder aufdecken, empfehlen sich qualitative Methoden. Das Hauptaugenmerk liegt bei qualitativen Methoden auf der Auswertung von verbalisierten oder beobachteten Erfahrungswirklichkeiten durch Interpretation (Bortz/Döring 1995, 271). Dadurch lassen sich neue Problemfelder identifizieren und die Bedeutung von bestimmten Accessibility-Schwachstellen wird direkt erlebbar. Bowles/Box (2011) beschreiben wie einzelne Mitarbeiter durch ihr Engagement ein Bewusstsein für das Thema User Experience im Unternehmen schaffen können. Ein ähnliches Vorgehen kann auch dem Thema Accessibility mehr Gehör verschaffen. Qualitative Forschungsmethoden können dabei unterstützen, Empathie mit dem Teil der Zielgruppe zu entwickeln, für den die Barrierefreiheit des Produktes erforderlich ist. Es kann eine Herausforderung sein, sich in andere Personen hineinzuversetzen, besonders wenn die Wahrnehmung der anderen Person anders funktioniert als die eigene oder durch Hilfsmittel unterstützt wird. Um ein umfassenderes Bild von den Herangehensweisen und Herausforderungen von Menschen mit Behinderungen zu bekommen, geben qualitative Methoden einen Ansatzpunkt. Welche ursprünglich aus der Usability-Forschung stammenden Methoden sich für die Untersuchung von Erfahrungen von Menschen mit Behinderungen bei der Nutzung von digitalen Angeboten einsetzen lassen, wird in diesem Kapitel beschrieben. Kernstück bildet die Beschreibung von vier unterschiedlichen Methoden der qualitativen Evaluation mit ihren jeweiligen Vor- und Nachteilen. Anschließend werden zentrale Aspekte aufgeführt, die es bei der Durchführung entsprechender Studien mit Menschen mit Behinderungen zu bedenken gilt. Das Kapitel endet mit einem zusammenfassenden Fazit. Der Fokus des Beitrags liegt auf der Barrierefreiheit für Webangebote. Die beschriebenen qualitativen Methoden eignen sich allerdings ebenso für die Untersuchung von anderen Lebensbereichen, wie beispielsweise Mobilität, Studien in Ladengeschäften oder von medizinischen Geräten. Dieser Beitrag zeigt auf, wie eine Annäherung an das Themenfeld mit qualitativen Methoden gelingen kann und versteht sich weniger als allgemeine Abhandlung der Forschungsmethoden und Studiendesigns. Für allgemeine Hintergründe zu qualitativen Methoden sei bspw. auf Bortz/Döring (1995) und Lienert/Raatz (1994) verwiesen.

Methoden zur qualitativen Accessibility-Untersuchung

User Centred Design ist eine von Entwicklern und Designern genutzt Methode, die sicherstellen soll, dass Produkte den Nutzerbedürfnissen entsprechen (vgl. Lowdermilk 2013, 13). Im User Centered Design werden die künftigen Nutzer zu Beginn des Gestaltungsprozesses zur Erhebung der Anforderungen und Bedürfnisse und im späteren Verlauf zur Evaluation einbezogen. Eine Einführung in das User-Centered Webdesign gibt bspw. Cato (2001, 9–17). Wie wichtig es ist, Accessibility nicht am Ende der Produktentwicklung zu überprüfen, sondern von Beginn an in das Design mit einzubeziehen, zeigt sich beispielsweise beim Fall der Farbenblindheit. Die Farbgebung einer Website orientiert sich meist an der bestehenden Marke oder wird von der Marketingabteilung festgelegt. Es gibt verschiedene Arten von Farbfehlsichtigkeiten, je nachdem welche Farbrezeptoren auf der Retina betroffen sind. Daher ist es empfehlenswert, dass der Designer Farben und Kontraste so wählt, dass eine Webseite auch in schwarz-weiß bzw. Grautönen erfahrbar bleibt und die wichtigen Elemente hervorhebt (vgl. Guy 2014). Diese Evaluation müsste schon früh in der Entwicklung bei ersten Überlegungen zur farblichen Gestaltung der Website stattfinden. Die beschriebenen Methoden beziehen sich insbesondere auf die Evaluation von vorhandenen Produkten oder Produktideen am Beispiel von Websites und sind im Bereich der Usability-Forschung bereits etabliert. Da digitale Produkte im Browser visuell dargestellt werden, liegt der Fokus von Evaluationen gewöhnlich auf der visuellen Darstellung der Website, wobei Menschen mit einer Sehbehinderung meist nicht einbezogen werden (vgl. Harper/Yesilada 2008, 62). Die folgenden Ansätze sollen zeigen, dass eine umfassende Evaluation alle Zielgruppen einbeziehen kann. Tabelle 1 zeigt eine Übersicht der im Folgenden beschriebenen Methoden mit ihren Vor- und Nachteilen. Betrachtet werden folgende Methoden: Contextual Inquiry, Remote Test, Co-Creation-Workshop und Selbsterfahrung.

Tab. 1: Qualitative Methoden zur Accessibility-Untersuchung im Überblick

Methode	Vorteile	Nachteile
Contextual Inquiry	– Lebensumstände werden in der realen Lebensumgebung der Nutzer untersucht – Nutzer können eigene Geräte und gewohntes (meist individuelles) Setup benutzen	– Zeit- und kostenintensiv – Erschwerte Vergleichbarkeit bei der Verwendung eigener Geräten und Setups
Remote Test	– Es ist nicht notwendig, dass Nutzer vor Ort sind (Vorteil insbesondere für Personen mit eingeschränkter Mobilität) – Größere Diversität der Teilnehmergruppe bzgl. Wohnort möglich	– Bei moderierten Remote Tests: Gesprächsleiter und Testperson sind nicht am selben Ort, daher schwieriger Empathie herzustellen – Teilnehmer muss ggf. Programme auf dem eigenen Computer installieren oder aufrufen
Co-Creation-Workshop	– Teilnehmer können Ideen direkt einbringen – Testleiter kann durch direkten Dialog Empathie aufbauen	– Gruppenzusammenstellung des Workshops muss gut ausbalanciert werden

Methode	Vorteile	Nachteile
	– Unterschiedliche Personen mit individuellen Einschränkungen und Bedürfnissen werden gleichberechtigt berücksichtigt	– Ggf. Schwierigkeit, möglichst viele unterschiedliche Personen mit ihren spezifischen Bedürfnissen für die Teilnahme zu rekrutieren
Selbsterfahrung	– Kostengünstige Variante – Kein (zeitlicher, finanzieller, organisatorischer) Aufwand einer Nutzerstudie vorhanden	– Kein Feedback von realen Nutzern der Software oder des Tools – Tools bzw. Software muss ggf. angeschafft werden, obwohl es lediglich zu Testzwecken dient

Contextual Inquiry

Um die Lebensumstände und Bedürfnisse von Menschen mit Behinderungen zu verstehen, kann ein Besuch in ihrem Lebensumfeld hilfreich sein. Die Methode Contextual Inquiry ist eine Kombination aus direkter Beobachtung und Interview, die tiefe Einblicke in die Aufgaben, individuellen Probleme und Vorlieben von Nutzern geben kann (vgl. Bowles/Box 2011, 29). Dabei entsteht der Lerneffekt dadurch, in die persönliche Lebenswelt des Nutzers einzutauchen, was eine Laborstudie durch ihre künstliche Situation nicht zulässt (vgl. Portigal 2013, Pos. 476–477). Nutzerstudien haben bereits gezeigt, dass Menschen höchst individuelle Strategien entwickeln, mit Websites umzugehen, die nicht auf ihre Bedürfnisse ausgelegt sind (vgl. Harper/Yesilada 2008, 68). Diese Ausweichstrategien können am besten in der gewohnten Umgebung zum Vorschein treten, weil Nutzer sich dieser oftmals nicht bewusst sind und unbemerkt in ihren Nutzungsablauf integriert haben. Wird vom Interviewer ein solches Verhalten festgestellt, kann in der Situation gezielt nachgefragt werden. Ein Beispiel für eine solche Ausweichstrategie ist bspw. bei der Nutzung einer Website mit einem Screenreader immer einen erheblichen Teil der Website schnell zu überspringen, um zu den relevanten Inhalten zu kommen. Der Nutzer ist diesen Umweg inzwischen gewohnt und drückt automatisch eine bestimmte Tastenkombination. Es kann außerdem sehr aufschlussreich sein, wie der Nutzer den Aufbau seiner Geräte gestaltet hat oder welche Hilfsmittel er hinzuzieht. Je nach Art des Produkts, für das die Informationen über den Nutzer erhoben werden, kann auch eine Sonderform der Methode eingesetzt werden, das sogenannte Shadowing. Dabei ist die Beobachtung weniger geleitet als bei einem Feldbesuch, bei dem es darum geht, den Nutzer im Gespräch in seiner Umgebung kennenzulernen. Beim Shadowing tritt der Forschende in den Hintergrund und lässt den Nutzer die Dinge erledigen, die er ohnehin erledigen wollte, ohne in direkten Kontakt mit ihm zu treten. Der Forscher notiert sich seine Beobachtungen und kann zu einem späteren Zeitpunkt darauf eingehen (vgl. BIS Publishers 2013, 156).

Remote-Test

Remote-Tests sind insbesondere für die Anwendung im Bereich Usability bereits ausführlich beschrieben worden. Sie stellen eine Testvariante dar, bei sich der Moderator und Proband an zwei unterschiedlichen Orten befinden und durch technische Möglichkeiten wie Webtelefonie und Screensharing kommunizieren. Die Teilnehmerzahl hängt von der zu untersuchenden Fragestellung ab. Die Vorteile eines solchen Setups sind bspw., dass innerhalb der befragten Gruppe eine größere geographische Diversität bestehen kann und es möglich ist, von fast überall aus zu testen. Dadurch, dass der Interviewer bzw. der Teilnehmer nicht anreisen muss, sind auch die Kosten geringer (vgl. Bolt/Talathimutte 2011, Pos. 309ff). Es gibt verschiedene Arten von Remote-Tests. Für die Accessibility-Evaluation können insbesondere moderierte Remote-Tests hilfreich sein, weil es dabei möglich bleibt, durch den Dialog die individuellen Einschränkungen des Nutzers und das Setup, mit dem er sich umgibt, besser kennenzulernen. Automatisierte Remote-Tests, die meist auf große Fallzahlen ausgelegt sind, eignen sich weniger. Accessibility ist eine qualitative Eigenschaft und ist nicht einfach zu messen oder zu quantifizieren (vgl. Abou-Zahra 2008, 101). Zur Quantifizierung ist es eher ratsam, aus qualitativen Daten einen quantitativen Wert zu generieren, z. B. Anzahl der Momente, in denen sich ein Nutzer frustriert gefühlt hat (vgl. Jay et al. 2008, 110). Für den Einsatz von Remote Research stehen verschiedene Tools zur Auswahl. Ein barrierefreies Tool für Remote Tests ist bspw. „loop11" (vgl. Horton/Quesenbery 2014, Pos. 3457). Loop11 ist ein kommerzielles Tool der gleichnamigen Firma aus Melbourne, mit dem Online Remote Tests durchgeführt werden können. Die Software ist für Online-Accessibility-Evaluationen geeignet und somit können Personen mit ihrem individuellen Geräte-Setup an Evaluationen über das Web teilnehmen (vgl. Loop11 2014). Dabei werden Nutzern Aufgaben gestellt, bestimmte Aktionen auf einer Webseite auszuführen und zu bewerten.

Co-Creation-Workshop

In einem Co-Creation-Workshop geht es darum, viele unterschiedliche Lösungsrichtungen zu explorieren. Dabei werden verschiedene Stakeholder und unter ihnen Endnutzer in einem Workshop zur Zusammenarbeit aufgefordert (vgl. BIS Publishers 2013, 199). Die Anzahl der Teilnehmer ist von der Zielsetzung des Workshops und den eingesetzten Methoden im Workshop abhängig. Als Richtwert eignen sich fünf Personen. Für diese Methode ist es erforderlich, einen erfahrenen Moderator zu haben, der die Dynamik der Gruppe lenken kann und zu einem guten Ergebnis führt. Dabei ist es wichtig sich eine Struktur und ein Ziel für den Workshop zu überlegen und mit der Gruppe darauf hinzuarbeiten. In einem Co-Creation-Workshop können viele verschiedene Submethoden zum Einsatz kommen, wie z. B. Rollenspiele, Prototyping oder Storytelling (vgl. Tassi 2009). Der Moderator sollte darauf achten, dass die eingesetzten Methoden für alle Teilnehmer des Workshops gleichermaßen zu bewerkstelligen sind und bei der Einteilung von Gruppen darauf achten, dass die Zusammensetzung der Gruppe für die Submethode geeignet ist. Die Methode eignet sich insbesondere in der Initialisierungsphase der Produktentwicklung, da die Teilnehmer des Workshops als Ideengeber agieren und es noch nicht zu viele Beschränkungen für die Ideenfindung existieren sollten.

Selbsterfahrung

Sich in die Lage des Nutzers zu versetzen und zu erleben, wie der Nutzer etwas wahrnimmt, kann eine sehr überzeugende Methode und zentral für eine Produktentwicklung sein, die unterschiedliche Nutzerbedürfnisse berücksichtigt. Es gibt verschiedene Geräte und Accessoires, mit denen dies umgesetzt werden kann. Dazu zählt bspw. eine Brille, die die Sicht unschärfer macht, oder Handschuhe mit Gewichten, die es erschweren, Dinge präzise zu greifen (vgl. HHCDesign 2014). Es wurde bereits ein ganzer Anzug entwickelt, der es ermöglicht in den Körper einer älteren Person zu schlüpfen (vgl. Meyer-Hentschel 2014). Dieser dient Medizinstudenten dazu, sich in ihre Patienten hineinzuversetzen und zu erfahren, wie sich ein Leben mit unbeweglicheren Gelenken, verändertem Farbsehen und vermindertem Hörvermögen anfühlt. Es bieten sich allerdings auch weniger umfassende Selbsterfahrungen an. Auch kleinere Gerätschaften, wie bspw. eine Kopfmaus, bei der der Computer nicht mit den Händen, sondern durch Bewegung des Kopfes bedient wird, können leicht ausprobiert werden (vgl. Abbildung 1). Dabei wird der Computer mit einem Infrarotsender und einem reflektierenden Aufkleber auf der Stirn bedient. Mithilfe einer zusätzlichen Software, die es ermöglicht bestimmte Mausaktionen wie „Doppelklicken“ oder „Klicken und Halten“, zu bestimmen, kann der Computer bedient werden.

Abb. 1: Benutzung einer Kopfmaus zum Zwecke der Selbsterfahrung

Dies gibt bereits eine Idee davon, wie bestimmte Inhalte priorisiert werden sollen und welche Herausforderungen für die Person gegenwärtig sind. Allerdings sind die Geräte meist in der Anschaffung teuer und es ist für Unternehmen häufig nicht erschwinglich, alle gängigen Ausrüstungen anzuschaffen.

Organisation der Studiendurchführung

Bei der Durchführung von Studien mit Menschen mit Behinderungen gilt es zu bedenken, dass der Ort der Studiendurchführung an die Bedürfnisse der Teilnehmer angepasst wird, also bspw. barrierefrei zu erreichen sein sollte. Sollte es im Rahmen der Studie möglich sein, können die Nutzer zu Hause besucht werden. Dies erspart es den Teilnehmern weiterhin, etwaiges Equipment zur Studie mitzubringen. Oft sind die Einstellungen der Tools und Geräte sehr individuell (vergleichbar mit personalisierten Shortcuts auf dem Computer), und es ist sehr aufwändig, das gewohnte Setting im Labor nachzuempfinden (vgl. Jay et al. 2008, 119). Ist für die Website lediglich ein Prototyp vorhanden, muss geklärt werden, ob der Prototyp mit den erforderlichen Tools kompatibel ist und das Nutzererlebnis nachgestellt werden kann. Die Auswahl der Teilnehmer muss passend zur Studie vorgenommen werden. Es sollte darauf geachtet werden, eine angemessene Dauer für die Durchführung zu finden, die Teilnehmer nicht überanstrengt und trotzdem eine gelassene Testdurchführung ermöglicht. Henry (2007) weist darauf hin, dass die Auswahl der Teilnehmer nicht trivial ist. Zwar werden Behinderungen kategorisiert, allerdings ist die Ausprägung von Behinderungen eine individuelle Angelegenheit. Abhängig davon wie lange die Behinderung bereits besteht und welche Art von Behinderung vorliegt, gibt es große Unterschiede, die in die Studienplanung mit einbezogen werden sollten. Bei den Studien sollte weiterhin beachtet werden, dass auch die Auswahl der Zielgruppe der Menschen mit Behinderung zielführend für das Produkt ist. Sind in der angestrebten Zielgruppe Menschen mit einer bestimmten Ausprägung von Behinderung vertreten, sollte diese auch bei den Accessibility-Untersuchungen besonders mit einbezogen werden (vgl. Henry 2007).

Fazit

Die in diesem Beitrag beschriebenen Methoden geben einen Einstieg in das Thema der qualitativen Accessibility-Untersuchung und zeigen mögliche Vor- und Nachteile der einzelnen Methoden auf. Bei Überlegungen zum Einsatz qualitativer Methoden können die Ausführungen die Entscheidungsfindung unterstützen. Es handelt sich dabei jedoch lediglich um eine theoretische Darlegung der Methoden. Eine empirische Untersuchung der jeweiligen Methoden für ihren Einsatz in der Accessibility-Untersuchung ist für zukünftige Studien ratsam. Hamilton et al. (2006) geben dazu einen Einstieg in den Bereich Remote-Testing mit Nutzern mit Behinderung. Außerdem sind die für den Beitrag ausgewählten Methoden nicht für alle Arten von Behinderungen gleichermaßen geeignet. Die erwähnten Methoden eignen sich insbesondere für körperliche Behinderungen und Sinnesbehinderungen. Für einen Einsatz bspw. mit Nutzern mit Lernbehinderung wären entsprechende Anpassungen erforderlich. Welche qualitativen Methoden für die Accessibility-Untersuchung mit dieser Zielgruppe ausgelegt sind, muss in Zukunft noch untersucht werden. Im Bereich der Unternehmen bleibt weiterhin die Frage offen, wie eine höhere Beachtung des Themas Accessibility geschaffen werden kann und welche Faktoren die Untersuchung von Accessibility als Potential für Unternehmen rechtfertigen. Gründe, Personen mit Behinderung bei der digitalen Produktentwicklung zu beachten, sind in erster Linie rechtlicher, ökonomischer oder moralischer Natur (vgl. Hamilton et al. 2006, 1133). Qualitative Methoden können Mitarbeitern helfen, die Aufmerksamkeit ihres Unternehmens auf die ökonomischen und moralischen Gründe zu lenken.

Literatur

Abou-Zahra, S. (2008): „Web Accessibility Evaluation". In: S. Harper; Y. Yesilada (Hrsg): Web Accessibility : A foundation for research. London : Springer, 79–106.
BIS Publishers (2013): THIS IS SERVICE DESIGN THINKING. Amsterdam: BIS Publishers.
Bolt, N. & Talathimutte, T. (2011): Remote Research : Real Users, Real Time, Real Research. New York : Rosenfeld.
Bortz, J. & Döring, N. (1995): Forschungsmethoden und Evaluation : für Sozialwissenschaftler. 2. überarb. Aufl. Heidelberg : Springer.
Bowles, C. & Box, J. (2011): Undercover User Experience Design. Berkeley : New Riders.
Cato, J. (2001): User-Centered Web Design. Edinburgh : Pearson Education Limited.
German UPA e. V. (2010): Band II – Barrierefreiheit – Universelles Design. Bericht des Arbeitskreises Barrierefreiheit. http://www.germanupa.de/data/mediapool/g-upa-fachschrift-barrierefreiheit-universelles-design.pdf (abgerufen am: 07.05.204).
German UPA e.V. (2013): BARRIEREFREIHEIT VON WEBSITES BEWERTEN : Eine Checkliste für Usability Professionals. http://ak-barrierefreiheit.germanupa.de/data/mediapool/g-upa-checkliste-barrierefreiheit.pdf (abgerufen am: 03.08.2014).
Goodman, E., Kuniavsky, M. & Moed, A. (2012): Observing the User Experience. Waltham: Morgan Kaufmann.
Guy, T. (2014): Usability Tip: Don't Rely on Color to Convey Your Message. http://uxmag.com/articles/usability-tip-dont-rely-on-color-to-convey-your-message (abgerufen am: 04.05.2014).
Hamilton, F., King, N., Pavan, P. & Petrie, H. (2006): Remote Usability Evaluations with Disabled People. In: CHI, Proceedings April 22–27, 2006, Montréal, Québec, Canada.
Harper, S. & Yesilada, Y. (2008): „Web Accessibility and Guidelines". In: S. Harper; Y. Yesilada (Hrsg.): Web Accessibility: A foundation for research. London: Springer, 61–78.
Henry, S. L. (2007): Just Ask: Integrating Accessibility Throughout Design http://uiaccess.com/accessucd/ (abgerufen am: 03.08.2014).
The Helen Hamlyn Centre for Design (2014): Methods – Empathy Tool. http://designing-withpeople.rca.ac.uk/methods/empathy-tool (abgerufen am: 17.05.2014).
Horton, S. & Quesenbery, W. (2014): A Web for Everyone: Designing Accessible User Experiences. New York: Rosenfeld Media.
Jay, C., Lunn, D. & Michailidou, E. (2008): End User Evaluation. In: S. Harper; Y. Yesilada (Hrsg.): Web Accessibility: A foundation for research. London : Springer, 107–126.
Meyer-Hentschel, G. (2014): Altersanzug AgeMan. Die Brücke zwischen den Generationen. http://altersanzugageman.wordpress.com/altersanzug-ageman-in-den-medien/ (abgerufen am: 17.05.2014).
Lienert, G. A. & Raatz, U. (1994): Testaufbau und Testanalyse. 5., überarb. Aufl. Weinheim: Beltz, Psychologie-Verl.-Union.

Loop11 (2014): Loop11 FAQs. http://www.loop11.com/faqs/ (abgerufen am: 27.07.2014).
Portigal, S. (2013): Interviewing Users: How to Uncover Compelling Insights. New York: Rosenfeld Media.
Tassi, R. (2009): Design Activity – Co/Designing. http://www.servicedesigntools.org/taxonomy/term/1 (abgerufen am: 17.05.2014).

Friederike Kerkmann und Dirk Lewandowski

Schlussbetrachtung

Am Anfang der Arbeit an diesem Band stand der Wunsch, das Thema Barrierefreiheit aus unterschiedlichen Perspektiven zu betrachten und dabei über die bisher vor allem verbreiteten „Anleitungsbücher“, die sich mit der konkreten technischen Umsetzung von Barrierefreiheit für bestimmte Anwendungen oder im Allgemeinen befassen, hinauszugehen. Es ging uns vielmehr um eine – soweit möglich – ganzheitliche Reflexion des Themas durch Wissenschaftler und Praktiker unterschiedlicher Hintergründe. Und in dieser Hinsicht ist das nun entstandene Buch auch zu verstehen: Als eine erste Sammlung unterschiedlicher Sichtweisen, die zuerst einmal die Vielfalt der Beschäftigung mit dem Thema Barrierefreiheit aufzeigen soll. Wir haben uns deshalb in diesem Fall auch bewusst gegen eine systematische Vereinheitlichung zentraler Begriffe und ihrer Definitionen entschieden – zu unterschiedlich sind die Communities, aus denen die Autoren kommen, zu verschieden ihre Ansatzpunkte und Erfahrungshintergründe. Dies bietet einerseits einen breiten Einblick in unterschiedliche Wahrnehmungen, zeigt gleichzeitig aber auch, dass für die Zukunft noch viel Arbeit und Diskussion notwendig ist, um ein gemeinsames Verständnis, wie es für einen echten Austausch miteinander notwendig ist, zu schaffen. Dabei möchte dieser Band vor allem dabei helfen, die unterschiedlichen Communities miteinander ins Gespräch zu bringen. Sicherlich kann die Wissenschaft von der Perspektive unmittelbar Betroffener und in der praktischen Arbeit Tätigen profitieren, ebenso wie umgekehrt. Dabei sollte allerdings nicht vergessen werden, dass Barrieren bei der Benutzung von Informationssystemen nicht nur für Menschen mit Behinderungen auftreten, sondern per se jeder Nutzer davon betroffen sein kann, wenn sich auch das Maß der Einschränkung durch Barrieren erheblich unterscheiden mag. Umso wichtiger jedoch, dass alle an der Konzeptionierung, Entwicklung und Betreuung von Informationssystemen beteiligten Personen entsprechend sensibilisiert sind und Barrieren so weit wie möglich aktiv beseitigen – oder besser erst gar nicht entstehen lassen. Insofern ist auch eine breitere Betrachtung des Themas, welche sich nicht mehr auf Barrieren bzw. Barrierefreiheit für ausgewählte Gruppen, also beispielsweise für Menschen mit einer bestimmten Art von Behinderung, beschränkt, sinnvoll und wünschenswert. Während die Diskussion über Barrierefreiheit, insbesondere im Kontext der Informations- und Kommunikationstechnologie, in der Vergangenheit häufig vor allem an der Beseitigung von Hindernissen für blinde bzw. sehbehinderte Nutzer orientiert war, hat sich das Feld mittlerweile geöffnet, und es wird auf der einen Seite über die barrierefreie Gestaltung für die Bedürfnisse anderer spezifischer Gruppen diskutiert, auf der anderen Seiten aber auch – und dies ist im Sinne einer universellen Barrierefreiheit als noch bedeutender einzuschätzen – über Möglichkeiten der Gestaltung von Informationssystemen, die von vornherein so konzipiert sind, dass sie für *alle* Gruppen und Bedürfnisse unabhängig einer eventuellen Behinderung in vollem Umfang zugänglich sind. Natürlich tut sich an dieser Stelle (noch) in gewisser Weise eine Schere zwischen Theorie bzw. Anspruch und Praxis auf; Wunsch und Wirklichkeit klaffen zum Teil erheblich auseinander. Es ist nicht zu leugnen, dass nicht alles, was wünschenswert ist, gleichzeitig auch praktikabel ist. Auch in dieser Hinsicht ist eine offene Diskussion wünschenswert: Letztlich geht es hier – wie in vielen anderen Bereichen auch – um eine Priorisierung von Maßnahmen, vor allem, wenn man an Anbieter von Informationssystemen außerhalb des öffentlichen Bereichs denkt, die zur Umsetzung von Barrierefreiheit nicht direkt verpflichtet sind bzw. verpflichtet werden können. Wie kann nun eine möglichst umfassende Realisierung von Barrierefreiheit erreicht werden? Weder das alleinige Vertrauen auf rechtliche Regelungen noch die Hoffnung auf reine Freiwilligkeit oder eine bloße Weiterentwicklung technischer Gegebenheiten durch neue technische Standards wird letztlich als isolierte Maßnahme zielführend sein. Gerade die Verbindung der drei genannten Faktoren ist es, die die Umsetzung voranbringen kann. In einigen Beiträgen wurde deutlich, dass sich schon durch relativ simple und prinzipiell für jeden durchführbare technische Maßnahmen große Fortschritte erzielen lassen – allerdings ist dazu auch hier ein Bewusstsein für die ggf. durch Barrieren entstehenden Probleme sowie ein gewisses freiwilliges Engagement zwingend erforderlich. In vielen der Kapitel ist allerdings auch erkennbar geworden, dass eine Auseinandersetzung mit den rechtlichen Rahmenbedingungen, Verordnungen und Richtlinien von Barrierefreiheit unerlässlich ist, einerseits als Handlungsrahmen und Leitfaden für das eigene Tun, andererseits um dort, wo relevant, Rechtssicherheit zu erlangen. Die alleinige Befolgung entsprechender rechtlicher Regelungen wird jedoch ebenfalls nicht ausreichend sein; vielmehr muss ein gesellschaftliches Bewusstsein für Barrierefreiheit geschaffen werden, so dass das Thema schon im Rahmen des Entwurfs von Informationssystemen von Beginn an ohne viel Aufhebens und äußeren Zwang mitgedacht wird. Dabei wiederum kann Technik helfen. Neuere Designansätze sind zwar nicht explizit auf Barrierefreiheit ausgerichtet, verfolgen jedoch einen universellen Anspruch in dem Sinne, dass vor allem Webanwendungen geräteunabhängig erstellt werden; ein Ansatz, der auch die Barrierefreiheit zumindest befördert. Man kann hier also von einem nicht intendierten Effekt sprechen, der aber nichtsdestotrotz der Sache dienlich ist. Wichtig ist nun insbesondere, diese positiven Effekte zu nutzen, um dem Thema eine stärkere Gewichtung zu geben und auf eine weitergehende universelle Gestaltung von Informationssystemen zu drängen. Dazu ist vor allem eine breitere, ganzheitliche Betrachtung des Themas vonnöten; letztlich geht es um die Integration der technischen und der gesellschaftlichen Sichtweise. Auch in dieser Hinsicht sind die Ergebnisse dieses Bandes als ein erster Schritt zu werten, indem ein Bewusstsein für die beiden nur scheinbar gegensätzlichen Ansätze geschaffen wird, um schließlich – so unsere Hoffnung für zukünftige Arbeiten – beide Perspektiven zusammenführen zu können. Zuletzt bleibt als persönliches Fazit der Herausgeber, dass wir bei der Arbeit an diesem Buch sehr viel gelernt haben; direkt durch das Lesen und Begutachten der Beiträge, indirekt über die Gespräche und Kontakte mit den Autoren und ihren jeweiligen Hintergründen. Die auf unseren Aufruf hin eingereichten Beiträge haben uns gezeigt, dass das Thema Barrierefreiheit von Informationssystemen noch deutlich vielfältiger ist und breiter verstanden wird, als wir ursprünglich angenommen haben, und viele Facetten beinhaltet, die wir im Rahmen der Konzeption dieses Bandes zunächst nicht bedacht hatten. Doch nicht nur die Breite, sondern auch die Tiefe, die dieses Thema einnehmen kann (und muss), hat uns noch einmal ein deutlich differenzierteres Bild von Barrierefreiheit ermöglicht. Insofern sehen wir uns mit der Herausgabe dieses Bands auf dem richtigen Weg: Nicht im Sinne eines abgeschlossenen Werkes, das sein Thema von allen Seiten beleuchtet und alle Aspekte (zumindest vorläufig) abschließend darstellt, sondern im Sinne einer ersten Sammlung und eines Anstoßes, ein gesellschaftlich wie technisch relevantes Thema in voller Breite und Tiefe zu erschließen und allen Interessierten eine Grundlage und Ausgangsbasis für die weitere, tiefergehende Beschäftigung in Zukunft zu bieten.

Autorinnen und Autoren

Stefanie Alberding: Seit 2009 Studium der Geschichte und der Katholischen Theologie an der Universität bzw. der Theologischen Fakultät Trier, Schwerpunkte: Neuere und Neueste Geschichte, Moraltheologie.

Christian Bühler: Geboren 1958 in Mannheim, verheiratet, zwei Kinder. Schulbesuch in Mannheim und anschließend Studium der Elektrotechnik an der Universität Karlsruhe. Zunächst wissenschaftlicher Mitarbeiter am Lehrstuhl für Automatisierungs- u. Informationstechnik (AIT), Fachbereich Elektrotechnik bei der Fernuniversität Hagen, danach am Institut für Roboterforschung (IRF) Universität Dortmund. Seit 1991 Leiter des Forschungsinstituts Technologie und Behinderung, Evangelische Stiftung Volmarstein. Seit 2004 Inhaber des Lehrstuhls Rehabilitationstechnologie der Fakultät Rehabilitationswissenschaften der Universität Dortmund.

Andreas Carstens: Andreas Carstens ist Richter am Finanzgericht Niedersachsen und Vertrauensperson der schwerbehinderten Richterinnen und Richter. Berufliche Stationen: Studium der Rechtswissenschaften in Göttingen, Referendariat in Hamburg, seit 1997 Richter, zunächst am Verwaltungsgericht Schwerin, seit 2001 am Finanzgericht Niedersachsen.

Benjamin Grießmann: Der Autor und Online-Redakteur Benjamin Grießmann ist selbstständiger Berater und Gutachter für barrierefreie Informationstechnik. Durch seine langjährige Mitarbeit im Projekt „WEB for ALL“, das im Jahr 2000 von betroffenen NutzerInnen ins Leben gerufen wurde, konnte Benjamin Grießmann umfangreiche Erfahrungen auf dem Gebiet der „Web Accessibility“ sammeln. Seine Schwerpunkte liegen in den Bereichen Testentwicklung, Normen und Gesetze sowie Zugänglichkeit von PDF-Dateien.

Friederike Kerkmann: 2004–2008 Studium des Bibliotheks- und Informationsmanagements an der Hochschule für Angewandte Wissenschaften Hamburg. 2008 Diplomarbeit in der Forschungsabteilung eines internationalen Automobilkonzerns. Von 2008–2010 Tätigkeit in einem wissenschaftlichen Fachverlag. Seit 2010 Mitarbeiterin an der Hochschule für Angewandte Wissenschaften Hamburg, u.a. im Bereich Usability sowie Forschung und Transfer.

Eva Nesbach: Eva Nesbach ist User Experience Researcher bei Goodgame Studios und unterstützt Entwicklungsteams beim Einsatz von UX Research Methoden. Zuvor war sie User Insights Manager bei der XING AG und als wissenschaftliche Mitarbeiterin an der Hochschule für Angewandte Wissenschaften Hamburg für das Usability-Labor und Lehrtätigkeiten im Bereich Prototyping zuständig. Sie beschäftigt sich seit 2009 intensiv mit Nutzerforschung und ist im Arbeitskreis User Research der German Usability Professionals' Association tätig.

Alexander Nischelwitzer: FH-Prof. Dipl.-Ing. Dr.-techn. Alexander Nischelwitzer studierte Telematik an der TU Graz und besitzt fundiertes IT- sowie Elektronik- und Elektrotechnikwissen. Er ist hauptberuflich Lehrender am Studiengang Informationsmanagement der FH JOANNEUM Graz und verantwortlich für den Fachbereich „Digitale Medien Technologien“ (DMT). Er ist Zertifizierter „Senior Project Manager“ (zSPM nach PMA/IPMA) und war bereits für zahlreiche nationale und internationale Forschungs- und Entwicklungsprojekte verantwortlich. Sowohl in der Lehre als auch in Forschungsprojekten beschäftigt er sich mit den Themen Multimedia Anwendungsentwicklung, Usability Engineering, Accessibility Engineering, Interface Design, Mobile Application Design & Programming, Genderaspekten in Lehre und Lernen sowie der lerntypengerechten Gestaltung von Vorlesungen und Seminaren. Durch stark ausgeprägte Projekttätigkeiten im wirtschaftlichen Umfeld verfügt er über Wissen und Erfahrungen im Projekt- und Risikomanagement.

Christian Radek: Geboren 1962 in Wetter (Ruhr). Studium der Chemie an der Ruhr-Universität in Bochum und Marketing Management an der Hogeschool van Utrecht. In 1995 Promotion an der University of Edinburgh. Anschließend Tätigkeit in der chemischen Industrie. Seit 2010 Mitarbeiter bei der Bundesarbeitsgemeinschaft Selbsthilfe von Menschen mit Behinderung, chronischer Erkrankung und ihren Angehörigen als Leiter der Meldestelle für digitale Barrieren.

Sandra Schadenbauer: DI (FH) Sandra Schadenbauer ist seit 2010 wissenschaftliche Mitarbeiterin des Digital Media Technologies (DMT) Bereichs am Studiengang Informationsmanagement (IMA) der FH JOANNEUM Graz. Ihre Schwerpunkte liegen in der Entwicklung von interaktiven multimedialen Installationen mit alternativen Eingabegeräten sowie in den Bereichen Usability und Accessibility. Frau Schadenbauer studierte Informationsmanagement an der FH JOANNEUM Graz (2003–2007) mit Schwerpunkt Unternehmensführung und Präsentation mit neuen Medien. Sponsion zum Diplom-Ingenieur (FH) an der FH JOANNEUM Graz 2007.

Birgit Scheer: Geboren 1975 in Essen. Schulbesuch in Essen und anschließend Informatikstudium an der Universität Dortmund. Nach Abschluss des Studiums wissenschaftliche Mitarbeiterin am Forschungsinstitut Technologie und Behinderung (FTB) der Evangelischen Stiftung Volmarstein als Teamleiterin im Projekt „Aktionsbündnis für barrierefreie Informationstechnik (AbI)“. In 2011 Promotion an der TU Dortmund am Lehrgebiet Rehabilitationstechnologie im Bereich der nachhaltigen barrierefreien Gestaltung von Webangeboten. Seit 2011 erneut als wissenschaftliche Mitarbeiterin im FTB in verschiedenen Projekten in den Bereichen Barrierefreie Informationstechnik und Universelles Design.

Matthias Schneider: Seit 2009 Studium der Geschichte und der Politikwissenschaft an der Universität Trier, seit 2013 Mitarbeiter am Kompetenzzentrum für elektronische Erschließungs- und Publikationsverfahren in den Geisteswissenschaften Trier. Schwerpunkte: Digitale Geisteswissenschaften, strukturelle Textverarbeitung sowie politische, militärische und Historiographiegeschichte der Neueren und Neuesten Zeit. Fragen zur MLEIST.TF sowie zur Anpassung von TUSTEP an individuelle Bedürfnisse können gerne gerichtet werden an: schneiderm@uni-trier.de; http://m-schneider.eu.

Gerhard Sprung: Gerhard Sprung MSc. ist ausgebildeter Hauptschullehrer und studierte Interactive Media Management an der Donau-Universität Krems. Er leitete ein interkulturelles Jugendzentrum in Graz und ist seit Jahren maßgeblich für Antrag und Durchführung von Projekten, Initiativen und Schulungen im Bereich Kinder, Jugend und Technik mit speziellem Augenmerk auf die Förderung von Mädchen verantwortlich.

Robert Strohmaier: Robert Strohmaier arbeitet seit 01.04.2003 als wissenschaftlicher Mitarbeiter am Studiengang Informationsmanagement im Fachbereich „digital media technologies“ der FH JOANNEUM Graz. Seine Schwerpunkte liegen in der Entwicklung von interaktiven multimedialen

Installationen mit alternativen Eingabegeräten sowie in den Bereichen Usability und Accessibility. Seine Lehrtätigkeit umfasst die Entwicklung von Multimedia-Projekten mit den Tools Adobe Flash und Adobe Photoshop sowie Mikrokontroller-Programmierung und die Einbindung in interaktive Multimedia-Projekte. Studium: Informationsmanagement (Diplomstudium) an der FH JOANNEUM in Graz mit Abschluss als DI (FH).

Sebastian Sünkler: Sebastian Sünkler hat Informationswissenschaft und -management an der Hochschule für Angewandte Wissenschaften Hamburg studiert und arbeitet dort als wissenschaftlicher Mitarbeiter hauptsächlich in einem Projekt zur automatisierten Kontrolle des Lebensmittelmarktes im Internet. Neben der Projektarbeit beschäftigt er sich mit der Evaluierung von Suchmaschinen und hat im Rahmen seiner beruflichen Tätigkeit das Relevance Assessment Tool mitentwickelt, das zur Realisierung von Retrievaltests mit Suchdiensten eingesetzt werden kann.

Wolfgang Tigges: Geboren 1953 in Soest. Studium der Sozialpädagogik an der Heinrich-Heine-Universität in Düsseldorf. Seit 1977 Mitarbeiter der Bundesarbeitsgemeinschaft Selbsthilfe von Menschen mit Behinderung, chronischer Erkrankung und ihren Angehörigen (BAG SELBSTHILFE). Beteiligung an nationalen, europäischen und internationalen Forschungsprojekten im Bereich der Inklusion, dem Öffentlichen Personennahverkehr, der Normung, des Tourismus von Menschen mit Behinderungen. Zurzeit stellvertretender Bundesgeschäftsführer der BAG SELBSTHILFE.

Karsten Weber: Karsten Weber vertritt den Lehrstuhl für Allgemeine Technikwissenschaften an der Fakultät 1 für Mathematik, Naturwissenschaften und Informatik der BTU Cottbus-Senftenberg. Von 2008 bis 2011 war er Gastprofessor für Datenschutz und Informationsethik sowie für Informatik und Gesellschaft an der TU Berlin, von 2006 bis 2012 hielt Karsten Weber eine Professur für Philosophie an der Universität Opole, Polen. Seit 2007 ist er außerdem Honorarprofessor für Kultur und Technik an der BTU Cottbus-Senftenberg. Außerdem lehrt er an der Hochschule Regensburg über Technikfolgenforschung. Er arbeitet vor allem über die sozialen und ethischen Implikationen moderner Informations- und Kommunikationstechnologien. Hierzu sind zahlreiche Aufsätze erschienen.

Register

Printed and bound by CPI Group (UK) Ltd, Croydon, CR0 4YY

30/09/2026

14973055-0004